人力资源管理核心课系列教材

绩效管理

（第二版）

方振邦　冉景亮　编著

科学出版社
北京

内 容 简 介

本书在战略管理和战略性人力资源管理视域下，对绩效管理进行了全面的介绍。首先，注重将绩效管理与战略管理相结合，实现战略管理系统与绩效管理系统的协同；其次，以绩效管理四个基本环节为主线，全面介绍绩效计划、绩效监控、绩效评价和绩效反馈等基本内容，并将绩效评价内容、评价主体、评价周期、评价方法、结果应用五项关键决策融入四个环节之中进行介绍；最后，突出绩效管理工具的介绍与使用，其中详细介绍了几种常用的战略性绩效管理工具。同时，还注重理论与实践结合，引入中外企业及公共部门的实践案例。本书努力做到内容充实、体系完整和形式创新。在内容取舍上，坚持实用性和可操作性原则，注重先进管理理论与管理实践经验的结合；在体系上，以绩效管理系统模型为基础建立全书的逻辑体系，使全书逻辑思路简单清晰，便于掌握。

本书既可作为高等院校人力资源管理专业教材，又可作为政府、企事业单位中人力资源管理工作者的参考用书，对绩效管理感兴趣的人士来说亦是很好的教材。

图书在版编目(CIP)数据

绩效管理/方振邦，冉景亮编著. —2版. —北京：科学出版社，2016.1
人力资源管理核心课系列教材
ISBN 978-7-03-046899-4

Ⅰ.①绩… Ⅱ.①方… ②冉… Ⅲ.①企业管理—人事管理—高等学校—教材 Ⅳ.①F272.92

中国版本图书馆CIP数据核字（2016）第004471号

责任编辑：方小丽 / 责任校对：吴美艳
责任印制：赵 博 / 封面设计：蓝正设计

科学出版社 出版
北京东黄城根北街16号
邮政编码：100717
http://www.sciencep.com
保定市中画美凯印刷有限公司印刷
科学出版社发行 各地新华书店经销
*
2010年3月第 一 版 开本：787×1092 1/16
2016年1月第 二 版 印张：17 1/2
2025年1月第十九次印刷 字数：414 000

定价：42.00元

（如有印装质量问题，我社负责调换）

作者简介

方振邦，中国人民大学公共管理学院教授、博士生导师，公共组织绩效管理研究中心主任。主要研究领域为战略性绩效管理、管理思想史、领导干部选拔、人力资源管理等；主持包括国家社会科学基金项目、中共中央组织委托项目、大型企业集团委托项目等不同类型项目数十项；在国内外学术杂志上发表学术论文百余篇，出版了《战略性绩效管理》、《政府绩效管理》、《管理思想百年脉络》、《管理学基础》、《管理思想史》、《战略性人力资源管理》、《公共部门人力资源管理》和《国外人才能力标准与评价》等著作近二十部。

冉景亮，四川理工学院经济与管理学院副教授，硕士生导师，中国人民大学公共组织绩效管理研究中心兼职研究员。主要研究领域为公共组织战略管理、绩效管理等，主持包括省级规划项目在内的省厅级科研项目五项，参与包括国家自然科学基金、国家社会科学基金在内的各级科研项目十余项，在中英文杂志及国际学术会议上发表学术论文十余篇。

总　　序

组织管理，人事为本；创造财富，人才为先。任何社会的存在与发展，都离不开人口；任何组织的存在与发展，都离不开人员；任何经济的存在与发展，都离不开人力；任何技术的创造与发明，都离不开人才；任何社会组织的进步与改革，都离不开人物。人口、人员、人力、人才与人物，是人力资源形成与发展过程中的不同形态，是人力资源学科领域中研究的基本对象。人力资源是组织的生命源泉，是组织发展的第一资源。美国钢铁大王卡耐基说过，炸毁我工厂所有的财物不要紧，只要给我留下人力资源，我可以制造出比原来更好的企业。

然而，人力资源对于一个组织的贡献与作用不是自发产生的，需要通过科学的管理。同样的人才，在不同的组织中与管理方式下，其实际的价值与绩效大不一样，需要科学地开发。当今的时代，是知识经济的时代。人力资源在社会经济发展中的作用大幅度提高，而物力资源与财力资源的作用相对减小。土地、矿产等自然资源及物质资金等在经济中的首要性正逐渐让位于人力资源，因此，物资流的管理与资金流的管理逐渐让位于人力资源的管理。当今的时代，是后工业时代与人本时代。自然资源在被大量开采转化为财金资源后已日益短缺，而人力资源随着人口大幅度的增长与教育水平的提高却日益丰富。自然资源的开发必然被人力资源的优先开发所取代。当今的时代，是发展创新与组织变革的时代，特别需要的是员工的先进知识、创造能力与创新意识，而不是他们的体力与一般的劳务；特别需要的是前瞻性、全局性、系统性与开放性的管理，而不是机械性、短视性与封闭性的管理。因此，传统的人事管理必然被现代的人力资源开发与管理所取代。

1993 年我国开始批准招收人力资源专业的本科生，当时我博士生刚刚毕业，并且同年受聘为中国人民大学劳动人事学院副教授，因此有机会见证了人力资源专业及其研究在我国的发展过程。回顾我国人力资源专业二十多年来的发展，我有以下几点见解，在这里提出来与大家共同探讨。

一、专业热门，产学研政都很重视

（1）发展成果多。每个大学几乎都开设人力资源的课程或者专业，截至 2008 年，我国以“人力资源管理”或“人力资源开发与管理”为书名出现的中文著作，我见到过的有 100 多种，目前有 200 多种了；知名度较大的专业性杂志有中国人力资源开发研究会主办的《中国人力资源开发》、中国人事人才研究所主办的《中国人才》、中国人民大学报刊复印资料中心的《劳动经济与人力资源管理》，后又改名为《人力资源管理》。报纸有《中国人事报》，2011 年更名为《中国组织人事报》，知名专业网站有近 10 家。

（2）开设人力资源方向的学校与院系，从 20 世纪 90 年代的 1～2 家，发展到 1999 年的 40 多家，到 2000 年这一数据达到 60 多家，2008 年达到 100 多家，目前几乎 70%的大专院校都开设有人力资源方面的专业或者研究方向，其中师范院校与管理专业居多。许多与管理学、心理学、教育学、社会学与经济学等有关的专业机构、硕士点与博士点，都纷纷开始招收人力资源方向的学生，开展人力资源方面的研究与咨询服务。几乎所有大学都开设了人力资源的课程。

（3）报考人力资源硕士与博士的考生特别多。以北京大学政府管理学院为例，每年报考人力资源方向的研究生与报考 MPA（master of public administration，公共管理硕士）的人数最多。2005～2008 年，每年报考政府管理学院人力资源方向的博士生为 50～70 人，但每年的招生名额只有 2 名，是北京大学所有博士报考中人数较多的专业方向之一。其他学校招生情况也大体一致，人力资源管理专业一直是报考的热门专业。

（4）人力资源咨询业发展迅速。1993～1998 年咨询机构非常少，大学教师既讲课又咨询；1999～2004 年发展迅速，咨询机构大量涌现，深圳当时的咨询机构就有 2 000 多家，北京、上海更多。

（5）媒体宣传多。在中国内地，人力资源的概念频繁出现在报纸、杂志、电视、广播与领导人的讲话报告中。

2015 年中国知网检测结果表明，篇名包含主题词“人力资源管理”的报纸文献发文量从 2000 年开始持续增长，并且在 2007 年达到高峰；2008 年以后时有滑落，但是整体关注度一直保持较高态势，如图 1 所示。

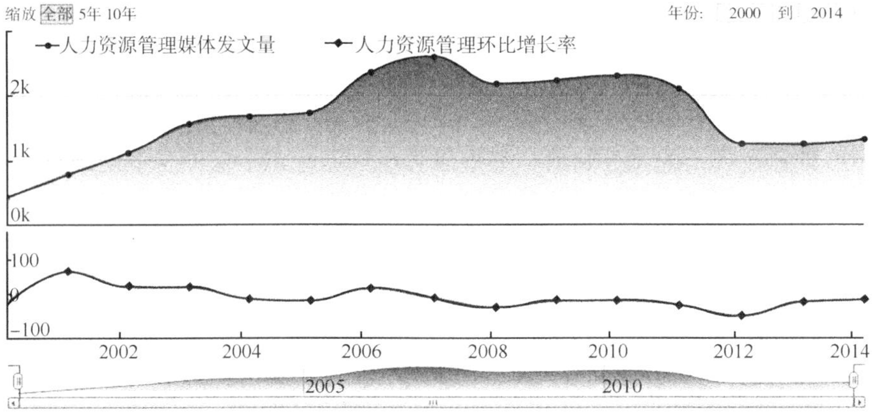

图 1　媒体发文量、增长率统计趋势图（媒体关注度）

（6）国家领导人重视多。江泽民在 APEC 会议上三次强调人力资源能力建设的问题，胡锦涛在 2003 年 12 月 19 日～20 日的全国人才工作会议上，特别提出了人才强国战略问题。2007 年人才强国战略被写进中国共产党的章程。

出现以上现象的原因在于：①知识经济已成为当今世界经济发展的趋势；②中国人口多的国情；③以新加坡为代表的国家经济发展与管理的成功实践经验。

（7）社会关注与引用度高。2015 年中国知网检测结果表明，关于人力资源管理方面的文章下载量从 2000 年开始一直呈上升趋势，到 2008 年后到达高峰值，随后一直保持高度关注态势，见图 2；对于人力资源管理方面的论文被引用量，自 2000 年以后一直居高不下，如图 3 所示。

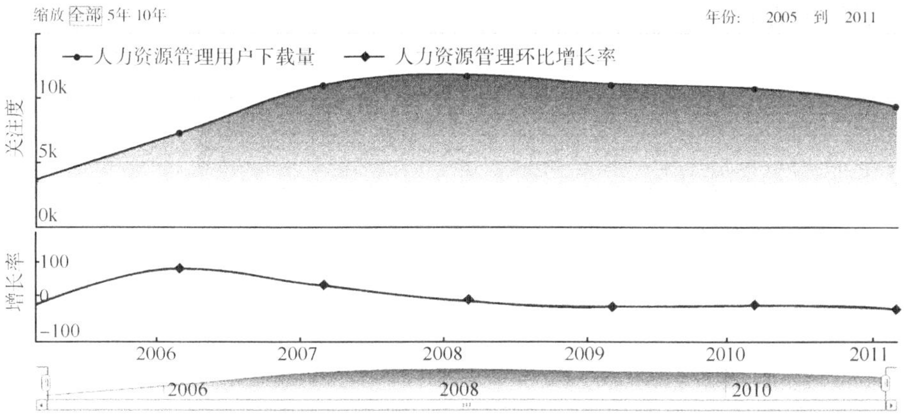

图 2　用户下载量、增长率统计趋势图（用户关注度）

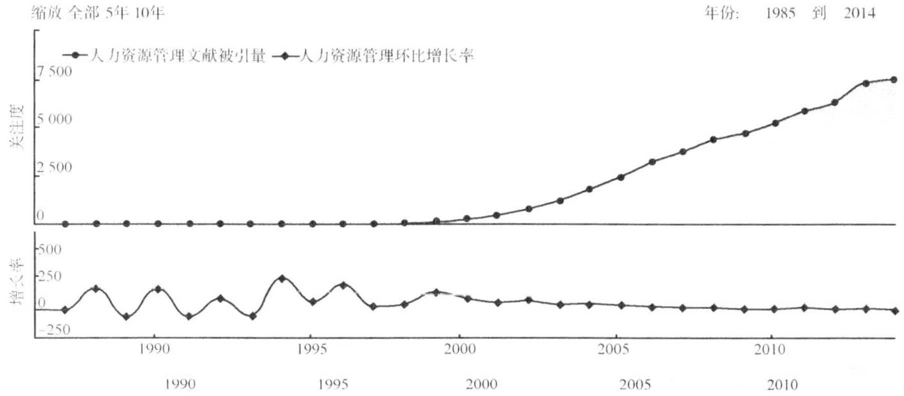

图 3　文献被引量、增长率统计趋势图（用户关注度）

二、历史较长，进展较快

（1）我国的人力资源管理思想源远流长。如果说人力资源管理是来源于人事管理，那么我国有着漫长的历史。2000 多年前的春秋战国就出现了职务能力匹配思想，隋唐时期就有严格且系统的绩效考评体系、人事选拔的制度与方法。因此，我国的人力资源管理专业的发展先是从政府人力资源管理开始的，然后再发展到企业与 NGO（non-governmental organization，事业单位与非营利组织）。

（2）我国接受现代人力资源观念是在 20 世纪 90 年代。如果说人力资源的观念是 20 世纪 60 年代初随着舒尔茨和贝克等的人力资本理论的创建而形成的，那么人力资源观念在我国的形成是什么时间呢？从有关资料及笔者的分析来看，大约在 20 世纪 90 年代。因为人力资源观念在我国被社会人士普遍接受的时间大约在 20 世纪 90 年代中期 MBA（master of business administration，工商管理硕士）与 MPA 专业出现之后，并随着

MBA 与 MPA 教育的普及而扩大，到达 2008 年前后人力资源观念在社会中的影响到达了最高峰。

（3）人力资源的观念在我国提出之初限于企业，2000 年以后随着 MBA 与 MPA 教育的出现，人们已把人力资源观念扩大到公共行政、政府机构，即所谓公共人力资源。换句话说，人力资源目前已扩大到"全民皆是"。可以说，人力资源在我国的形成大约经历了四个阶段：①1987～1991 年，传播阶段；②1992～1995 年，专业化阶段；③1996～1999 年，扩展阶段；④2000～2010 年，全员化或公共化阶段；④2011 年至今，深化研究与中国化阶段。

（4）我国人力资源专业前后隶属于不同学科，但基本都是管理学范畴。在 1988～1998 年的专业目录调整中，国务院学位委员会办公室把人事管理（人力资源管理）从政治学领域调整到行政管理学领域，又从行政管理学扩大到现在的企业管理学，实现了人力资源观念在管理学领域的全面发展。可以预测，随着高新技术经济或者知识经济的发展，人力资源的观念还将在我国得到深入的发展与普及，为我国经济的发展与中国梦的实现做出应有的贡献。

三、差距很大，问题不少

我国人力资源专业的发展尽管取得了令人瞩目的成绩，但与发达国家相比，差距很大，问题不少，主要表现在以下几个方面。

（1）研究中主观经验多，科学定量少。尽管目前我国人力资源管理专业发展很快，专业竞争力较强，学生就业相对容易，研究人员较多，但与欧美国家相比，还有很大差距。

（2）发表论文中经验描述多，深度研究少。我国学者发表的文章中，经验总结多，理论研究少；内容描述多，实证研究少；观点综述多，原创观点少。

（3）著作中翻译编译偏多。书本内容中翻译多，自己的理论少。

（4）潜心研究人员太少。研究人员与教师中，热心讲课咨询的多，潜心持续研究的少。目前，我国人力资源工作者（practitioner）非常多，但是人力资源学者（schorler）非常少，因此，我国学者需要多向美国等西方学者学习。

（5）进入创新阶段，创建中国特色的人力资源管理体系道路还很长。目前，我国的人力资源教材建设主要还处于模仿学习阶段，现阶段的模仿有三种：第一种是纯粹的模仿，鹦鹉学舌，即进行大量翻译。第二种是理解性的模仿，即进行大量的编译与综述。然而在将来的教材建设中我们应该向改造性的模仿发展，也就是汉化性的人力资源管理教材体系的建立，如中西融合与融通性的教材编写，英文与中文合讲。第三种是追随国外的研究主题进行研究，没有形成自己独立的主题研究体系。

中国知网检测显示，2000～2014 年度人力资源管理中关注的热点文献，主要集中在胜任力特征与素质模型研究，心理契约研究，工作满意度研究，任务绩效、情景绩效与周边绩效研究，组织承诺与离职意愿研究，知识型员工研究，家族企业与接班人计划研究等方面，显然，这些研究基本是追随国外学者的研究。而对于职业资格研究、品德素质结构与测评、人才选拔与开发、政府人力资源开发等本土研究的主题关注不够。

笔者认为，我国应该尽早进入人力资源学科建设与研究的创新发展阶段，即进行人力资源学科的中国化建设、人力资源问题的中国化研究，尽早创建中国式的人力资源管理思想体系、中国式的人力资源学科体系与课程教学体系。

四、人力资源学科中国化发展中值得进一步研究的几个问题

（1）人力资源专业是单独设立还是融合在经济、管理与社会学科中；是向专业深化分化还是向基础与理论综合化。

（2）人力资源学科的教学是基于实际问题的解决技能还是基于人力资源专业素质培养。

（3）人力资源学科的研究是基于理论体系建立与创新还是基于个案与样本的实证与检验；是向数理化（定量与实证）方向发展还是向综合化（理论化与多学科方法）方向发展。

（4）人力资源与人力资本有什么不同；人力资本应不应该在人力资源学科中专门出现。

（5）人力资源学科是经验性学科、思辨性学科还是操作性学科。

（6）人力资源学科是否有问无学，入门容易深入难，介绍容易创新难。

如何建立起一套适合我国高校人力资源专业需要的教材体系，一直是近年来各高校与研究机构积极探讨的事情。承蒙各位专家与同仁的厚爱，诸多学者希望北京大学人力资源开发与管理研究中心能够与大家一起努力，进行教材的开发。经过科学出版社马跃编辑的努力，本套教材的编写与出版工作才得以顺利进行。这套教材的内容目前包括《人力资源开发与管理》《培训与开发》《战略性人力资源管理》《工作分析与评价》《人员素质测评与招聘》《绩效考评与管理》《薪酬设计与管理》《社会保障学》《劳动关系与管理》《人力资源会计》《人力资源管理审计》等。其突出特点有三：一是作者都是国内资深教授，在课程教学、课题咨询与论文发表等方面同时具有3年以上的工作经验；二是在教材内容的选择与编写上，坚持简洁、典型、实用与通俗的原则；三是实行教材的立体化建设，每本教材要求配置目标导向、多个案例、习题文献等辅助材料，同时提供多媒体课件、教师手册等资料。因此，本套教材比较适合地方高校人力资源专业、重点高校非人力资源专业的课程教学与企事业单位的人力资源课程培训；同时，对于我国人力资源开发与管理的实践工作者具有重要的指导的价值。

一套教材的出版并非易事，如果没有诸位专家教授的鼎力相助，没有马跃编辑的积极策划与修改完善，没有科学出版社及其领导的大力支持，这套教材是难以与读者见面的。在此，我们特别致以诚挚的谢意。

北京大学人力资源开发与管理研究中心主任　萧鸣政教授

2016年1月

第二版前言

站在21世纪的历史高地上，回顾管理学百年发展历程，我们可以发现各个学派、各种思潮无不最终指向组织绩效、部门绩效以及个人绩效。从某种意义上讲，管理科学史就是一部以绩效为研究主题的生动历史。随着科技进步、社会发展和环境变迁，组织获得竞争优势的挑战性和不确定性愈发突出。如何建立起一套科学系统的，充分体现战略性、平衡性、协同性和动态性的绩效管理体系，使其能够化战略为行动，为组织创造持续的竞争优势，已然成为管理者关注的焦点和亟须应对的挑战。

与第一版相比，《绩效管理》第二版在结构和内容上都做了调整。在结构上，本书与第一版基本保持一致，但更突出绩效管理系统的四个环节。第一章强调在战略管理和战略性人力资源管理视域下全面理解绩效管理；第二至五章系统地阐述了绩效管理系统的四个环节；第六章主要介绍了绩效薪酬制度；第七章全面介绍了四种常用的绩效管理工具。在内容上，本书秉持科学系统、简便实用的原则对各章节进行了重新调整，紧紧围绕“化战略为行动”这条主线展开论述。第一章突出了将战略流程视为“化战略为行动”的管理方略；第二章全面介绍了绩效计划的完整体系；第三章细致梳理了绩效监控的基本流程和重要问题，并增加了绩效辅导；第四章将绩效评价周期、绩效评价主体调入评价环节予以详细介绍；第五章充实了绩效申诉等内容；第六章的主要内容未做大的改动，但在篇幅和主题上做了调整；第七章将标杆管理作为主要绩效管理工具来介绍，并对平衡计分卡部分做了较大的调整，为绩效管理系统的科学化和规范化提供了工具和平台。

总体上讲，第二版修订坚持了简洁性、系统性、实践性等原则，突出对基本概念和管理体系的全面介绍，基本上覆盖了绩效管理的主要知识点，并力争做到内容翔实、结构清晰和重点突出。读者既可以通篇阅读，建立起对绩效管理的全面认识，又可以根据需要进行重点研读。

我的研究团队为本次修订付出了辛劳和智慧。在本书即将出版之际，我要感谢我的研究团队成员陈曦、邬定国、黄玉玲、姜颖雁、韩宁、唐健、杨丹、张琼心、聂磊、刘青林、杜洋、张薇等为本书做出的贡献。同时还要感谢科学出版社的马跃编辑和方小丽编辑对本书的编辑出版付出的辛勤劳动。

虽然我们付出了极大的努力，但书中难免存在一些不足和疏忽之处，敬请各位专家、学者和读者批评指正，以使本书日臻完善。

中国人民大学公共组织绩效管理研究中心主任

方振邦

2015年10月于北京

第一版前言

一个世纪以前，以弗雷德里克·泰勒为代表的科学管理先驱以动作研究名动天下，将管理活动带入科学的殿堂。回顾管理学百年发展历史，可以发现各个学派、各种思潮无不最终指向组织绩效、群体（部门）绩效以及个人绩效。作为人力资源管理的核心职能，绩效管理与组织战略相互匹配的趋势愈发明显；另外，组织获得竞争优势的挑战性和不确定性愈发突出，各类组织也日益需要通过绩效管理系统化战略为员工的日常行动服务。管理实践也不断推动管理研究的深入和发展，各种管理思想和管理工具对组织获得高绩效提供了更大的可能性，但是如何建立高绩效系统却成为众多管理者亟须应对的挑战。

基于管理实践中的问题和近年来的研究成果，我们推出了《绩效管理》这本书。本书在内容上力求简明扼要，突出基本概念和管理体系的全面介绍，全面覆盖了绩效管理的主要知识点，并力争做到内容详实和重点突出。在结构上则力求系统完整，即本书的七章主要是在明确绩效管理系统模型的基础上，围绕绩效计划、绩效监控、绩效评价和绩效反馈四个环节展开论述；另外还对绩效管理工具进行了系统详细的介绍。总体上讲，本书坚持简洁性、系统性、实践性等原则，努力做到内容充实、体系完整、逻辑清晰和形式创新，力争为读者呈现一本注重先进管理理论和管理实践经验有效结合的教材。

鉴于本书将绩效管理与战略管理相结合，努力实现战略管理系统与绩效管理系统全面协同的特点，本书既适合作为高等院校人力资源管理专业教材，又可供政府、企事业单位中从事人力资源管理工作的人士参考使用，对绩效管理感兴趣的人士来说亦是很好的素材。读者既可以通篇阅读，建立起对绩效管理的全面认识，也可以根据需要进行重点研读。

我的博士研究生鲍春雷、金洙成，硕士研究生骆思祁、隋宇飞、何敏、谭君、陈静、孙艺参与了本书的编写工作。骆思祁、隋宇飞、何敏帮助我搜集和整理资料并提供了部分章节的初稿，鲍春雷和金洙成提供了附录中部分案例的初稿，谭君、陈静、孙艺、鲍春雷帮助我最后调整和校对了书稿。在此，我要感谢为本书的完成付出辛勤劳动的我的这些学生。同时感谢科学出版社的马跃和王编辑对本书最后的编辑出版所做出的努力。

虽然我们想尽力将本书编写好，但由于水平及时间所限，书中难免存在不少问题和疏忽，敬请各位专家、学者和读者批评指正，以使本书日臻完善。

中国人民大学公共组织绩效管理研究中心主任

方振邦

2009 年 8 月于北京

目　录

第一章　绪　　论

绩效是组织的使命、核心价值观、愿景和战略的重要表现形式，也是决定组织竞争成败和可持续发展的关键因素。如何有效地调动组织成员的积极性和创造潜力，并持续地提高其绩效水平以达成组织的战略目标，是组织非常关心的问题。因此，绩效管理的理论和实务始终是管理学界热衷的话题。本章将从绩效的概念入手，全面论述绩效管理概念、管理系统及其在组织管理中的作用。

第一节　绩效管理概述

一、绩效

（一）绩效的概念

1. 绩效的内涵

绩效一词来源于英文单词 performance，其一般意义是指工作的效果和效率。也有人采用“业绩”“实绩”“效绩”等相近或相似的词汇来表达，但这些概念，或使用领域比较狭窄，或意思表达不够完整。而“绩效”一词能够更完整、准确地反映 performance 的内涵，同时也为国内的学者和管理者所广泛接受，故本书统一采用“绩效”的概念，并在此基础上讨论绩效管理问题。

到目前为止，各界对绩效的内涵仍没有取得共识。这一方面是因为组织的多样性而缺乏普适性的评估尺度，不同的利益相关者对于组织的目标与成就的认识很难达成一致；另一方面是因为绩效概念还会随着研究和实践的发展，在内涵与外延上发生变化。关于绩效的概念，有很多的理解，如根据韦氏辞典，绩效是完成某种任务或达到某个目标，而美国学者贝茨（Bates）和霍尔顿（Holton）则指出，“绩效是一个多维构建，观察和测量的角度不同，其结果也会不同”。我们一般认为绩效是指活动的结果和效率水平。

在管理实践中，绩效更强调一个工作活动的过程及其结果，也就是说绩效包括了工作行为、方式以及工作行为的结果。个人绩效是所有绩效类型的最后落脚点，也是很多组织推行绩效管理的重点。准确理解个人绩效的内涵还需要了解态度、能力与绩效的关系。阿瑟·S. 雷伯（Arthur S. Reber）在其主编的《心理学词典》中强调，“performance 通常只包括外显行为，因而与能力有别”。对于员工个人绩效而言，员工的工作态度直接反映员工为实现绩效目标所付出的努力程度，这种努力程度能够在获取绩效结果的工作过程中得以体现，表现为员工的工作行为。但员工个人能力水平的高低仅是达成个人绩效结果的调节变量，不能作为绩效评价的内容。换言之，有能力而无意愿工作的员工在组织中大有人在，能力是影响绩效的关键因素，而不是绩效本身。因此，本书认为除了工作结果，员工在工作活动过程中表现出的行为以及该行为所反映出的员工的工作态度，也是管理者进行绩效评价和监控的重要内容。工作态度、工作能力与工作结果的关系如图 1-1 所示。此外，处于组织不同层级的员工个人绩效，其评价内容也应该有所不同。通常，中高层管理者的绩效评价内容主要以结果为主，而对于基层员工则要综合评价工作态度及工作结果。

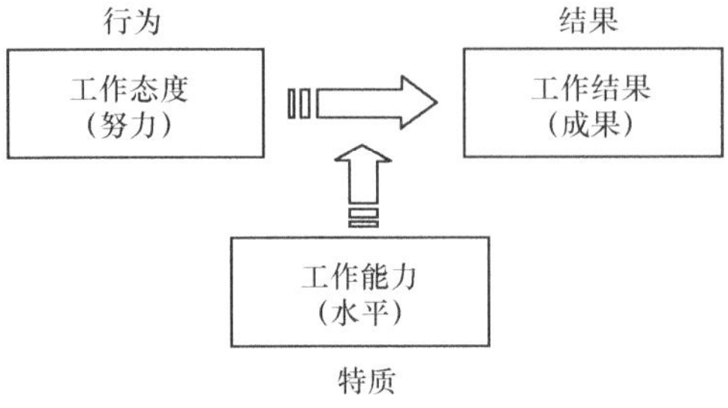

图 1-1　工作态度、工作能力与工作结果的关系

2. 绩效的层次

与组织行为主体分层一样，绩效也可以按照被衡量行为主体层次的不同，分为组织绩效、群体（主要包括部门和团队两类）绩效和个人绩效三个层次，如图 1-2 所示。组织绩效就是组织的整体绩效，指的是组织任务在数量、质量及效率等方面完成的情况。群体绩效是组织中以团队或部门为单位的绩效，是群体任务在数量、质量及效率等方面完成的情况。个人绩效是个体所表现出的、能够被评价的、与组织及群体目标相关的工作行为及其结果。

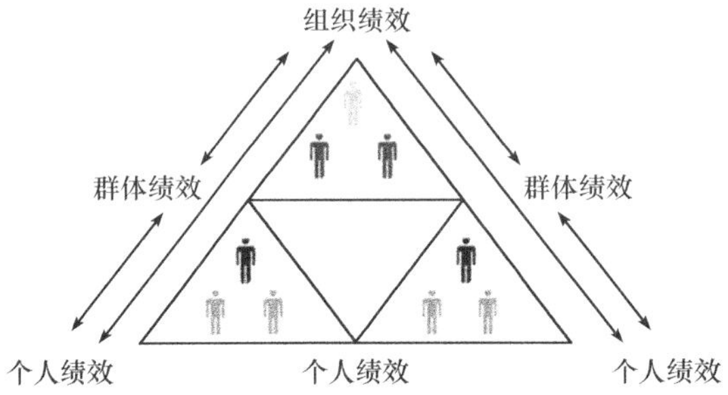

图 1-2　绩效的三个层次：组织绩效、群体绩效和个人绩效

三个层次的绩效共同构成了既相互联系、相互依存，又相互影响的绩效系统。组织绩效、群体绩效和个人绩效三个层次是自上而下层层分解的关系。组织绩效具有最高的战略价值，是绩效管理系统的最高目标。组织绩效和群体绩效是通过个人绩效实现的，离开个人绩效，也就无所谓组织绩效和群体绩效。个人绩效则是绩效管理系统的落脚点，是组织绩效的基础和保障；脱离了组织绩效和群体绩效的个人绩效是毫无意义的，个人绩效的价值只有通过群体绩效和组织绩效才能体现。

结合绩效的内涵和层次，本书认为绩效是指组织及个人履职表现和工作任务的完成情况，是组织期望的为实现其目标而展现在组织不同层面上的工作行为及其结果，它是组织的使命、核心价值观、愿景及战略的重要表现形式。绩效本身是一个多层次的有机整体，并且影响因素较多，性质构成复杂。

（二）绩效的性质

对绩效性质的全面把握有利于我们更深入地理解绩效的概念。绩效的主要性质包含多因性、多维性和动态性。

（1）多因性。多因性是指绩效的优劣并不是取决于单一因素，而是受制于主、客观多种因素的共同影响。影响绩效的内部因素主要包括组织战略、组织文化、组织架构、技术水平以及管理者领导风格等；外部因素主要包括社会环境、经济环境、国家法规政策以及同行业其他组织的发展情况等。在不同情景下，各类因素对绩效的影响作用各不相同。

（2）多维性。多维性是指需要从多个维度或方面去分析与评价绩效。组织绩效应该包括有效性、效率和变革性三个方面。有效性是指达成预期目的的程度；效率是指组织使用资源的投入产出状况；变革性则是指组织应付将来变革的准备程度。这三个方面相互结合，最终决定一个组织的竞争力。个人绩效应该综合考虑员工的工作能力、工作态度和工作业绩三个方面的情况。因此，在设计绩效评价体系时往往要根据组织战略、文化以及职位特征等方面的情况设计出一个由多重评价指标组成的绩效指标体系。

（3）动态性。动态性是指绩效表现不是一成不变的，而是随着时间推移会发生变化，原来较差的绩效有可能好转，而原来较好的绩效有可能变差。这不仅要求我们要重视绩效评价，更要重视整个绩效周期的全面管理。在确定绩效评价和绩效管理的周期时就应该考虑到绩效的动态性特征，具体情况具体分析，从而确定恰当的绩效周期，保证组织能够根据评价的目的及时充分地掌握员工的绩效情况，并减少不必要的管理成本。

（三）影响绩效的主要因素

绩效的多因性决定了影响绩效的因素是多方面的。绩效的影响因素主要包括技能、激励、环境以及机会四类，可以说，绩效是技能、激励、环境及机会的函数，如图 1-3 所示。

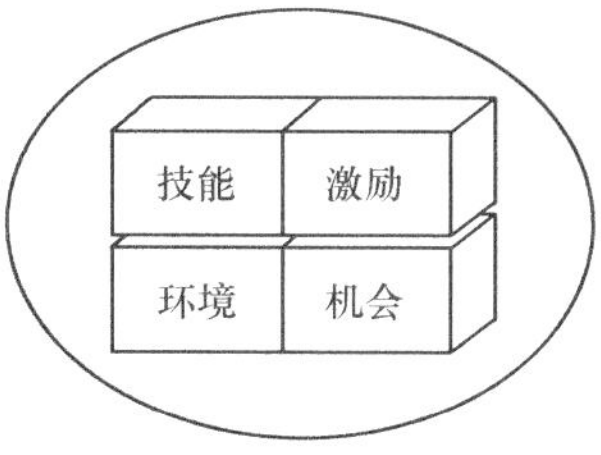

$P=F(S, M, E, O)$

绩效=F（技能，激励，环境，机会）

图 1-3 影响员工个人绩效的主要因素

（1）技能（skill）。技能指的是员工的工作技巧与能力水平。影响员工技能的因素有天赋、智力、经历、教育、培训等。组织为了提高其员工的整体技能水平，一方面可以在招聘录用阶段进行科学甄选，另一方面还可以通过在员工进入组织之后，提供各种类型的培训或依靠员工个人主动学习来提高其技能水平。

（2）激励（motive）。激励作为影响员工绩效的因素，是通过改变员工的工作积极性来发挥作用的。为了使激励手段能够真正发挥作用，组织应根据员工个人的需求结构、个性等因素，选择适当的激励手段和方式。

（3）环境（environment）。影响工作绩效的环境因素可以分为组织内部环境因素和组织外部环境因素。组织内部环境因素一般包括：工作场所的布局与物理条件；工作设计的质量及工作任务的性质；工具、设备、原材料的供应；上级的领导作风与监督方式；公司的组织结构与政策；薪酬结构与水平；培训机会；组织文化和组织气氛等。组织外部环境因素通常包括社会政治、经济状况、市场的竞争强度等。组织内部环境和外部环境，都会影响员工的工作能力（技能）和工作态度（工作积极性等），从而影响员工的工作绩效。

（4）机会（opportunity）。机会是一种偶然性。对于员工来说，被分配到什么样的工作往往在客观性之外还带有一定的偶然性。例如，某员工自学了很多自动化方面的先进技术，在帮同事顶岗期间应因生产线存在问题而急需改进，他所提出的改进意见为企业节约了一大笔资金，因而创造了他在原本职位上无法创造的工作绩效。我们可以认为机会给他的工作绩效产生了重大的影响。机会实际上是可以把握的，有效管理者应该善于为员工创造这样的机会。

二、绩效管理的概念

（一）绩效管理的内涵

绩效管理（performance management，PM）本身代表着一种管理思想和管理观念，是对绩效相关问题系统思考的集中体现。关于绩效管理的内涵很多学者都进行了论述。理查德·威廉姆斯在《组织绩效管理》中将绩效管理的观点归纳为三种体系。第一种观点认为，绩效管理是管理组织绩效的系统；第二种观点认为，绩效管理是管理员工绩效的系统；第三种观点认为，绩效管理是综合管理组织与员工绩效的系统。其中，第三种观点因强调重点不同，内涵也不统一：一是更加强调组织绩效。持该观点的代表人物考斯泰勒认为，“绩效管理通过将每个员工或管理者的工作与整个工作单位的宗旨连接在一起来支持公司或组织的整体事业目标”。二是更加强调员工个人绩效。该观点指出绩效管理的中心目标是挖掘员工的潜力，提高他们的绩效，并通过将员工的个人目标与组织战略结合在一起来提高组织的绩效。

赫尔曼·阿吉斯认为绩效管理是对个人绩效和团队绩效识别、测量和发展并根据组织战略进行绩效改进的持续的过程。雷蒙德·A. 诺伊等认为绩效管理是指管理者确保雇员的工作活动以及工作产出能够与组织目标保持一致的过程，是组织赢得竞争优势的中心环节。石金涛认为绩效管理是指为了达到组织的目标，通过持续开放的沟通，推动团队和个人做出有利于目标达成的行为，形成组织所期望的利益和产出的过程。彭剑锋认为绩效管理的根本目的是持续改善组织和个人的绩效，最终实现企业战略目标。

从绩效管理的本质含义出发，综合学者们的观点和研究成果，本书认为绩效管理是指组织及其管理者在组织的使命、核心价值观的指引下，为达成愿景和战略目标而进行的绩效计划、绩效监控、绩效评价以及绩效反馈的循环过程，其目的是确保组织成员的工作行为和工作结果与组织期望的目标保持一致，通过持续提升个人、部门以及组织的绩效水平，最终实现组织的战略目标。

（二）绩效管理的层次

与绩效的层次一致，绩效管理也可以分为组织绩效管理、群体绩效管理和个人绩效管理三个层次。我们通常从内部管理的角度来看待绩效管理，将绩效管理的最终目标预设为实现组织的战略目标，但是组织战略目标是完整的绩效系统成功运行的结果，即需要通过组织绩效、群体绩效和个人绩效的全面有效管理来实现。

1. 组织绩效管理

组织绩效的变量包括组织目标、组织设计和组织绩效管理；对组织进行系统整合与管理，实现三个方面的全面协同，才有利于组织绩效的全面提升，进而有助于实现组织绩效管理的预期目标。建立明确清晰的组织目标仅仅迈出了第一步，管理者和分析家需要设计相应的组织结构以确保目标的实现。用于组织设计的初始方法可以是检查并改进投入-产出关系，通常需要从组织系统有效运行的角度对业务流程进行调整甚至再造，促进关键流程实现系统协同，从而推动组织具有获得持续高绩效的能力。组织目标和组织设计确定后，就需要对组织绩效进行管理。

2. 群体绩效管理

群体绩效管理通常可以分为部门绩效管理和团队绩效管理，其目的是促进组织中的部门或团队获得满意的绩效。团队与部门的绩效管理，其工作方式存在差别，导致二者之间也存在不同的地方，如团队通常更加强调成员之间的共同承诺和相互协同。本书与绝大多数教科书一样将重点以部门绩效管理为例来介绍群体绩效管理，但是在管理实践中，团队绩效管理越来越普遍了。

进行团队绩效管理时，首先需要全面掌握团队的内涵、特点、作用等内容。按照乔恩·卡岑巴赫（Jon R. Katzenbach）和道格拉斯·史密斯（Douglas K. Smith）的定义，“团队由少数人员组成，这些人具有相互补充的技能，为达到共同的目的和组织绩效目标，他们使用相同的方法并且相互承担责任”。一般来说，团队具有以下四个特点：第一，团队的主要任务是完成团队的共同目标；第二，团队成员具有相互依存性；第三，团队成员共同承担责任；第四，以完成团队共同目标进行全面协调对于团队高效运作必不可少。斯蒂芬·P. 罗宾斯认为在企业中采用团队形式至少有以下几方面的作用：第一，能促进团结和合作，提高员工的士气，增加满意感；第二，许多问题由团队自身解决，从而使管理者有时间进行战略性思考；第三，团队成员熟悉问题，有利于提高决策速度；第四，促进成员队伍的多样化；第五，提高团队和组织的绩效。

团队是提高组织运行效率的可行方式，它有助于组织更好地利用雇员的才能。在多变的环境中，团队比传统的部门结构更灵活、反应也更迅速。事实表明，如果某种工作任务的完成需要多种技能、经验，那么团队运作通常比个人单干的效果更好。目前，在很多大型企业中，团队已成为它们主要的运作形式。鉴于团队工作模式的优点，很多组织在部门绩效管理中也注重向团队绩效管理学习，从而使部门绩效管理更加合理与高效。

3. 个人绩效管理

组织和群体两个层次的绩效都由组织内的个人创造，也必须以个人绩效为落脚点。在组织和群体层次的绩效管理系统背景下，个人绩效系统全面细致地描绘了员工工作任务、行为过程及其结果。个人绩效管理就是指为了组织和群体绩效目标，对员工围绕当前任务目标所开展的各种工作行为的过程和结果进行系统管理。

成功的绩效管理系统就是需要实现组织、群体和个人三个层次绩效管理的全面协同。个人绩效管理需要根据整个组织的战略目标，围绕实现一系列中长期的组织目标而开展各项具体管理工作。个人绩效管理应该全面体现员工价值创造的全过程，即能反映"投入—过程—产出"的价值创造流程，从而助推群体和组成层次的绩效持续提升。产出的质量受到投入质量、执行人员、激励以及反馈等因素的综合影响，只有充分关注产出的每个组成部分，才能实现绩效的全面改进。对个人绩效管理的深入理解，还需了解其如下特征。

（1）绩效管理是防止员工绩效不佳和提高工作绩效的有力工具。这是绩效管理最核心的目的。绩效管理的各个环节都是围绕着这个目的来进行的。因此，绩效管理不仅要针对工作中存在问题的员工，更重要的是要着眼于提高现有的绩效水平，从而促使组织的目标得以顺利实现。

（2）绩效管理还特别强调沟通辅导及员工能力的提高。绩效管理强调通过沟通辅导的过程实现它的开发目的。绩效管理不是迫使员工工作的棍棒，也不是管理者炫耀权力的工具。绩效管理非常强调直线管理者的责任，注重绩效沟通和辅导贯穿整个绩效管理系统之中。人力资源管理部门也需要做好教练和督导的工作。

（3）绩效管理是一个包括若干个环节的循环系统或过程。该系统在不断的运行中才能实现其目的。绩效管理不仅强调绩效的结果，还重视达成绩效目标的过程。绩效管理不是一年一次的填表工作。它不仅是最后的评价，而且强调通过控制整个绩效周期中的员工的绩效情况来达到绩效管理的目的。

（三）绩效管理的特点

深入理解绩效管理的特点，对构建科学的绩效管理系统有极大的帮助。本书在参考众多学者的研究成果和管理实践经验的基础上，分析和提炼出绩效管理的四个特点，具体如下。

1. 战略性

战略性是指组织绩效管理系统在纵向上确保各个层次的绩效能形成一个有机整体，最大限度地助推组织战略目标的实现。绩效管理系统涉及战略执行中与组织绩效相关的方方面面，该系统首先就应该体现组织对战略的全面谋划，通过绩效管理使整个组织管理系统与组织战略保持高度一致，确保绩效管理系统伴随组织战略的调整而调整，确保个人的绩效目标能够与组织及部门的战略目标紧密结合。美国 Renaissance Solutions 公司（RSI）和中国 CEO 杂志社对数百家实施绩效管理的企业进行调查分析的结果表明，绩效管理失败的主要原因是，这些企业的绩效管理是围绕年度预算和运营计划进行的，鼓励的是短期的、局部的行为，忽视了企业长期的发展战略和整体绩效的提升。目前我国许多组织的绩效管理系统之所以不能很好地支撑组织的战略，主要原因在于绩效管理系统不能根据组织战略的变化及时地做出调整。

2. 协同性

协同性是指通过绩效管理系统，实现组织、业务部门、支持部门、外部合作伙伴的全面协同，形成合力，促进竞争优势的形成。协同是组织设计的最高目标，也是绩效管理系统的基本特征。一个组织通常都是由很多机构、业务部门和专业部门组成的，为了实现组织整体绩效超过组织内各部门所产生的绩效的总和，即产生“1＋1＞2”的整体效应，每个部门都需要打破部门职能的壁垒和克服沟通障碍，通过与组织战略的紧密联系，实现相互协同。绩效管理系统的协同性需要重点关注组织与业务部门之间的纵向协同、业务部门之间以及业务部门与支持部门之间的横向协同、组织与外部合作伙伴的协同，从而形成全方位、多维度的协同体系，最终为实现组织战略目标服务。通常，只有组织、部门和个人三个层次的绩效管理围绕组织战略实现全面协同，才有利于组织绩效系统与战略目标保持动态一致性。在信息化、网络化、全球化的背景下，现代所有的组织都是一个复杂巨型系统，并且都处于一个或多个复杂巨型系统之中，因此全面协同显得尤其重要。

3. 差异性

差异性是指不同组织、部门以及个人的绩效管理系统应该具有独特性，特别是绩效评价系统应该有差异，即不同组织绩效评价系统不一样，也不能用一个评价量表去评价组织系统内的所有部门，更不能用一个量表去评价所有人。组织战略选择的不同决定了绩效管理系统重心的差异。例如，宝马公司选择的是产品领先战略，其绩效管理系统更加强调收入增长和产品创新；而丰田公司选择的是成本领先战略，该公司就更加关注成本控制和内部运营流程的管理。同时，个人绩效评价会因为组织绩效重心的不同而表现出更大的差异性，即使在同一个组织内部，也会因为职位和工作任务的差异，绩效评价内容也有各不相同。因此，人绩效评价量表必须针对特定岗位或特定工作任务进行评价，而不能用一张量表评价所有人。

4. 公平性

公平性是指绩效管理系统在设计和执行过程中，需要尽量坚持绩效评价的程序、结果以及人际的公平原则，确保绩效管理系统在执行过程中受到绝大部分人员的认同。绩效管理系统必须站在推动组织持续发展的立场上公平地处理各种关系。在大多数情况下，一个绩效管理系统执行的效果不佳和效率不高，主要原因之一就是人们认为该系统不能公平地对待每一名员工。因此，组织需要通过广泛参与和持续沟通，促使上下达成共识，最终形成一个各方都能接受的公平的绩效管理系统。在绩效评价过程中，人们对程序公平、结果公平和人际公平感知最强。

（1）程序公平。程序公平是指员工对于做出绩效管理决策的过程所知觉到的公平，即员工对绩效评价程序以及将绩效评价结果与薪酬相联系的程序是否公平的感知。程序公平能够影响员工对组织的信赖和承诺，因此，在开发绩效管理系统的过程中，应该格外重视程序公平对绩效管理系统的影响。

（2）结果公平。绩效管理系统的结果公平主要体现在结果与付出的关系上，是指员工对绩效评价结果以及绩效评价结果运用情况的公平感受。组织可以通过一些做法提高绩效管理系统的结果公平程度，如就绩效评价指标及其标准问题、绩效评价结果的应用与员工交换意见，告诉员工组织对他们的期望。

（3）人际公平。人际公平是指在绩效管理过程中员工从管理者那里所感受到的人际待遇的公平程度，这是管理者在使用绩效管理系统时应重视的问题。管理者可以通过一些做法提高绩效管理系统的人际公平程度，如通过加强评价者培训，规范评价者的言行，确保评价者能够礼貌、尊重地对待评价对象；在和谐友好的氛围中向被评价员工提供及时、准确的绩效评价结果；允许员工对绩效评价结果提出质疑等。

三、绩效管理的发展历程

绩效管理经过了一个较长的酝酿、产生、发展和完善的过程。对绩效管理的发展轨迹进行梳理，有利于更加深入、全面和准确地理解绩效管理的概念。

（一）绩效管理的发展与演变

纵观百年管理思想史，不论是各类组织中管理者的实践摸索，还是管理学界对管理工作的理论研究，都是围绕绩效展开的。不同时期的各学术流派虽然各自的研究假设有别、观察和分析问题的视角不尽相同，但都是以改善组织绩效作为探索的出发点，并始终致力于促进绩效水平的提升。从这个意义上讲，管理学发展的历史就是绩效管理探索的历史。而绩效管理思想从萌芽到成熟经历了一个较长的历程。

19世纪初期，被誉为“人事管理之父”的罗伯特·欧文（Robert Owen）在苏格兰的新拉纳克进行了最早的绩效管理实验。欧文坚持以人为本，强调人性化管理。他将工人的工作绩效分为恶劣、怠惰、良好和优质四个等级，并分别用一个黑、蓝、黄、白四色的木块表示。每个工人的前面都有一块不同颜色的木块，部门主管根据工人的表现进行考核，厂长再根据部门主管的表现对部门主管进行考核。他将考核结果摆放在工厂里的显眼位置，所有员工都可以看到个人木块的不同颜色，从而知道对应的员工表现如何。欧文开创了企业建立工作绩效考核系统的先河，也给他自己带来了丰厚的回报。但欧文的实验并没有立即引起足够的重视。

20世纪早期，科学管理占据管理学主导地位，以泰勒为代表的科学管理学派秉承亚当·斯密的“经济人”观点和大卫·李嘉图（David Ricardo）的“群氓假设”，将人看做一群无组织的利己主义的个体。这个时期主要通过工作标准化和培养“第一流的工人”来提高绩效。20世纪20～40年代，基于埃尔顿·梅奥（Elton Mayo）的“社会人”假设研究，人际关系学派和行为科学学派对个体的社会性需求、非正式组织的影响以及管理者的领导能力等方面进行了系统分析，对人的心理因素对绩效的影响有了更深的认识。

20世纪50年代，彼得·德鲁克在综合科学管理学派和行为科学学派的研究成果之上，把“重视物”和“重视人”的观点结合起来，提出了目标管理的思想，强调员工参与目标制定和充分尊重员工意愿以激发其内在动力。德鲁克的“目标管理和自我控制”管理思想促使目标管理发展成为一个卓越的管理工具。目标管理以制定目标为起点，以目标完成情况的评价为最重要的节点，以绩效反馈为终结；工作成果是评价目标完成程度的标准，也是评价管理工作绩效的最重要的标准。总之，德鲁克的目标管理理论为绩效管理发展做出了重要的贡献。50年代以后，激励理论、领导理论、权变理论、战略管理理论等研究成果的涌现，使个体绩效的影响因素呈现多层次、多维度和动态性的特征，并逐渐与组织的战略联系起来。

到了20世纪70年代后期，学者们在总结绩效评价局限性的基础上进一步丰富了绩效的内涵，并提出绩效管理的概念。但是直到20世纪80年代，企业内部绩效评价和控制的研究及实践仍然主要是针对组织财务绩效的衡量、个体绩效标准及其影响因素，这种模式立足于事后评价，关注企业自身状况，重视明确可见的短期绩效，并且以财务指标为主。这种模式对依靠会计信息披露进行投资决策和管理的投资者和分析家来说曾经是一个有力的工具，但是随着知识经济的兴起，无形资产对企业获取核心竞争优势的影响日益扩大，这一典型的“秋后算账”式的传统绩效衡量模式暴露出不少缺点。

在组织绩效方面，1903年，美国杜邦火药公司开始使用投资报酬率法对企业整体绩效进行衡量，并将其发展成为一个评价各个部门绩效的手段，奠定了财务指标作为评价指标的统治地位。尽管之后不同时期在财务指标的选择以及衡量的手段上存在差异，但以财务指标为主导这一事实从未改变过。80年代出现的关键绩效指标（key performance indicators，KPI）试图通过不同层级的绩效评价指标之间的承接和分解来建立组织战略与个人绩效的联系。虽然关键绩效指标描述了绩效评价指标的设计思路及其关键环节，但却未能在个体绩效的衡量内容上形成一个比较明确和统一的系统框架。这一时期的组织绩效形成了以投资报酬率和预算比较为核心，包括销售收入、利润、现金流量和各种财务比率的评价指标体系；个体绩效仍然从组织的生产效率和经济效益出发，提炼出以财务指标为主体的结果性指标。

20世纪90年代以来，企业开始重视对客户、质量、技术、品牌、文化、领导力等非财务要素进行评价，出现了把财务指标评价和非财务指标评价、过程评价和结果评价紧密结合的趋势。卡普兰和诺顿于1992年在《哈佛商业评论》上发表了《平衡计分卡——驱动业绩的衡量体系》一文，提出了平衡计分卡（balanced scorecard，BSC）这一划时代的管理工具。从此之后，卡普兰和诺顿历时二十余年，发展和完善平衡计分卡，使之从绩效管理工具升级为战略管理工具，将绩效管理系统与组织战略成功对接起来，并推动绩效管理理论体系更加深入和丰满。

（二）绩效管理与绩效评价

在理解绩效管理发展历程中，搞清楚绩效评价和绩效管理这两个概念仍然具有重要意义，很多人在管理实践中仍然不能准确把握这两个概念的核心思想。过去，组织在建立绩效管理体系时更加关注“怎样评价”，即绩效评价（performance appraisal，PA），而忽视了绩效管理的整个过程。绩效评价与绩效管理是既紧密联系又相互区别的两个概念。从发展历程上看，绩效评价，又称绩效考核，是人们更为熟知的概念；绩效管理是在绩效评价的基础上产生的，是绩效评价的拓展，可以说绩效评价是绩效管理思想发展的一个重要的阶段。从管理实践上看，绩效评价仅是绩效管理的一个关键环节，不能用一个重要环节来代替整个管理系统。只有把绩效评价置于绩效管理的整个系统中，才能有效地实现绩效管理的目标。如果一个组织只进行绩效评价而忽略了绩效管理的其他环节，那么组织的绩效目标将难以达成。绩效评价成功与否不仅取决于绩效评价本身，而且在很大程度上取决于与绩效评价相关联的整个绩效管理过程。绩效管理与绩效评价的比较如表1-1所示。

表 1-1　绩效评价与绩效管理的比较

绩效评价	绩效管理
管理过程中的一个环节	一个完整的管理过程
注重考核和评估	注重信息的沟通与绩效目标的达成
只出现在特定的时期	伴随管理活动的全过程
滞后性	战略性与前瞻性

四、绩效管理系统模型

为了更加准确、全面地理解绩效管理，掌握绩效管理的运行机制，我们结合国内外绩效管理的相关理论和实践发展动态，在组织使命和核心价值观的指引下，通过对组织愿景和战略的全面承接，设计了一个绩效管理系统模型，即“目的、环节和关键决策模型”，如图 1-4 所示。

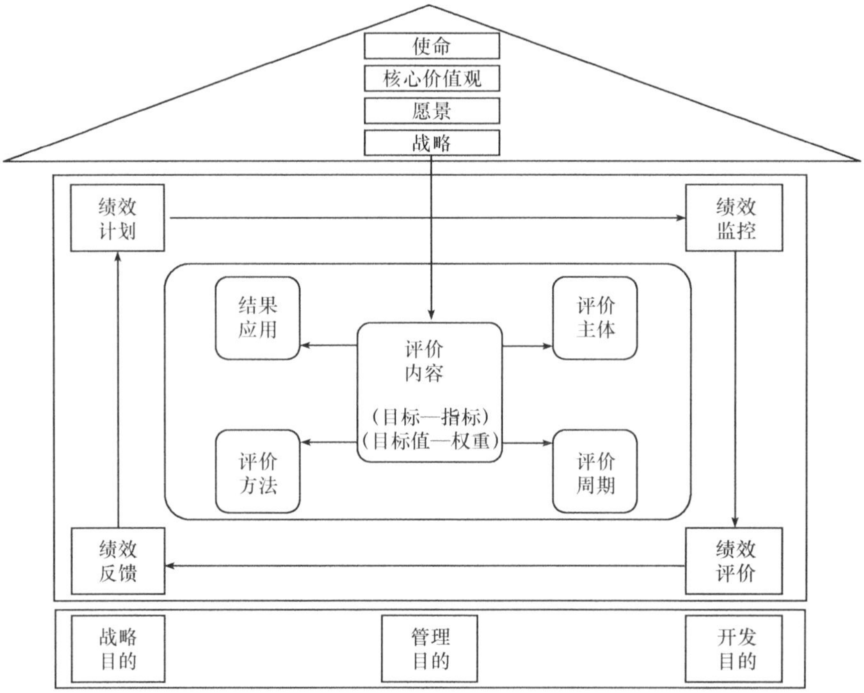

图 1-4　绩效管理系统模型

组织的使命、核心价值观、愿景和战略属于管理系统的顶层设计，对绩效管理具有规范和导向作用，是构建绩效管理系统的基础。使命是组织存在的根本理由，概括了组织对人类的贡献和创造的价值。使命是永远不可能完全实现的，其可以延续上百年，永远激励着组织持续地追求。核心价值观是指引组织决策和行动的永恒原则，体现在组织成员日复一日的行动中，反映了组织深层的、根本的信仰和价值准则。愿景是组织勾画的发展蓝图和期望实现的中长期目标，是组织内人们发自内心的意愿。愿景能够反映组织的使命、核心价值观，指引战略的制定，指导组织成员执行战略的行动，确保组织沿着正确的方向发展。战略是组织达成愿景的一种规划，是一种假设，是关于为或不为的选择，是组织在认识其经营环境和实现使命过程中所接受的显著优先权和优先发展方向，是组织资源配置的行动指南。因此全面和深入地理解使命、核心价值观、愿景和战略，对构建绩效管理体系有决定性的作用和重要的意义，特别是在制订绩效计划时，需要对此进行全面回顾和深入沟通。

绩效管理系统就是将顶层设计，转化为整个组织系统内各级员工行动指南的管理系统。只有所有员工的绩效产出符合组织战略的需要，才能真正实现“化战略为行动”。国内外的研究及实践表明，不论采用何种形式，一个科学、有效的绩效管理系统应该包括管理目的、具体环节和关键决策三个方面的内容。我们将绩效管理系统归纳为包括“三个目的、四个环节和五项关键决策”的系统模型。

（一）绩效管理的目的

绩效管理的目的是设计绩效管理系统的出发点和基础，是检验一个组织绩效管理系统设计和实施有效性的指南。组织内的一切绩效管理活动都是围绕绩效管理的目的展开的，偏离了目的，绩效管理就失去了存在的价值和意义，失败将不可避免。绩效管理目的全面实现有利于保持绩效管理活动的科学性、有效性和合理性，以及通过绩效管理获取人力资源竞争优势。绩效管理的主要目的包括战略目的、管理目的和开发目的。

1. 战略目的

绩效管理系统就是化战略为行动的管理系统。绩效管理系统通过将员工的工作活动与组织的战略目标联系起来，采用先进的管理工具，如关键绩效指标、平衡计分卡等，把组织、部门和个人的绩效紧密地联系在一起，实现员工个人绩效和组织绩效的共同提升，从而确保组织战略目标的实现。但是，这要求在构建绩效管理系统时，首先应明晰组织战略，通过战略目标的承接与分解，将组织的战略目标逐层落实到部门和员工个人，并在此基础上制定绩效评价指标体系、设计绩效评价和反馈系统等。管理者可以通过绩效评价指标体系来引导员工的行为，帮助员工正确认识自己的优势与不足，使员工的努力与组织的战略保持高度一致，促使组织战略的顺利实现。

2. 管理目的

管理目的主要是指通过评价员工的绩效表现并给予相应的奖惩，以激励和引导员工不断提高自身的工作绩效，从而最大限度地实现组织目标。组织各项人力资源管理决策，如组织做出培训、调薪、晋升、保留、解雇等，都需要以准确的绩效评价结果为依据。这就要求管理者通过绩效计划为战略目标的分解和实施确定具体可行的行动方案；通过对战略目标的实施过程进行有效的监督和控制，确保组织资源的合理利用和配置；特别是通过设计科学、规范的绩效评价系统保障绩效评价结果的公平性和有效性，从而不断提高员工的工作绩效和组织的管理水平，确保绩效管理目标的达成。

3. 开发目的

开发目的主要是指管理者通过绩效管理过程来发现员工存在的不足，以便对其进行有针对性的培训，从而使员工能够更加有效地完成工作。为了实现绩效管理的开发目的，当员工没有达到预期的绩效目标时，管理者就需要与员工面对面地讨论他们的绩效差距。通过绩效反馈环节，管理者不仅要指出员工绩效不佳的内容，同时还要帮助他们找出导致这种绩效不佳的原因，如技能缺陷、动力不足或某些外在的障碍等，继而针对问题采取措施，制订相应的绩效改进计划，只有这样才能够更有效地帮助员工提高他们的知识、技能和素质，促进员工个人的发展和达成组织绩效管理的开发目的。

（二）绩效管理的环节

绩效管理是一个包括几个连续环节的管理过程，并且各环节之间彼此存在着非常紧密的联系，任何环节的执行出问题都会对整个绩效管理体系带来负面的影响。我们认为，一个完整有效的绩效管理系统必须包含绩效计划、绩效监控、绩效评价和绩效反馈四个环节。虽然这四个环节表现为一个循环往复的闭循环，但事实上，这些环节在发生的时间和方式上既具有一定的连续性，又存在许多交叉的地方，其目的在于确保组织的弹性和实现即时管理。

1. 绩效计划

“凡事预则立，不预则废。”没有具体的行动计划，目标只是一个美好的愿望。绩效计划（performance planning）作为绩效管理系统闭循环中的第一个环节，是指当新的绩效周期开始时，管理者和员工依据组织的战略规划和年度工作计划，通过绩效计划面谈，共同确定组织、部门及个人的工作任务，并签订绩效目标协议的过程。绩效计划是管理者和员工通过追问如下问题而进行的双向沟通过程。

（1）本绩效周期的主要工作内容和职责是什么？按照什么样的程序完成工作？何时完成工作？应达到何种工作效果？可供使用的资源有哪些？

（2）本绩效周期应如何分阶段地实现各种目标，进而实现整个绩效周期的工作目标？

（3）本绩效周期工作内容的目的和意义何在？哪些工作是最重要的，哪些是次要的？

（4）管理者和员工计划如何对工作的进展情况进行沟通？如何防止出现偏差？

（5）员工在完成工作任务时拥有哪些权利？决策权限如何？

（6）为了完成工作任务，员工是否有接受培训或自我开发相关工作技能的必要？

从以上问题可以看出，绩效计划不仅仅是完成一份工作计划那么简单。作为整个绩效管理过程的起点，绩效计划非常注重管理者和员工的互动式沟通和全员参与，使管理者与员工在如何实现预期绩效的问题上达成共识。

2. 绩效监控

绩效监控（performance monitoring）是绩效管理的第二个重要环节，也是整个绩效周期中历时最长的环节，是指在绩效计划实施过程中，管理者与员工通过持续的绩效沟通，采取有效的监控方式对员工的行为及绩效目标的实施情况进行监控，并提供必要的工作指导与工作支持的过程。它要求管理者在整个绩效计划实施过程中持续与员工进行绩效沟通，了解员工的工作状况，预防并解决绩效管理过程中可能发生的各种问题，帮助员工更好地执行绩效计划。从绩效监控的手段看，管理者与员工之间进行的双向沟通是实现绩效监控目的的一项非常重要的手段。为了实现对员工绩效的有效监控，管理者与员工应共同制订一个相互交流绩效信息的沟通计划，从而能够有针对性地帮助管理者指导并鼓励员工不断地提高工作绩效，缩小绩效差距，确保绩效目标的顺利完成。

3. 绩效评价

绩效评价是绩效管理系统的核心环节，也是技术性最强的一个环节，是指根据“绩效目标协议书”所约定的评价周期和评价标准，由绩效管理主管部门选定的评价主体，采用有效的评价方法，对组织、部门及个人的绩效目标完成情况进行评价的过程。绩效评价不能与绩效管理其他环节相脱离，应当把绩效评价放到绩效管理过程中考察，这一点主要体现在如下三个方面。第一，绩效评价的基本依据是绩效计划协议，并且不能根据管理者的喜好随意修改。第二，绩效评价不可能与绩效监控过程中的绩效沟通相分离，管理者与员工之间进行绩效沟通的过程实际上也是评价者观察评价对象绩效情况的过程。第三，绩效评价不仅是为了简单的评价，更为重要的是通过客观、公正的绩效评价得到详尽、有效的绩效信息，从而使管理者能够通过绩效评价的结果，向员工反馈其绩效优秀或绩效不佳的原因，为绩效改进提供决策依据。因此，绩效评价与绩效反馈的过程也是密切相关的。

4. 绩效反馈

绩效反馈（performance feedback）是指在绩效评价结束后，管理者与员工通过绩效反馈面谈，将评价结果反馈给员工，并共同分析绩效不佳的方面及原因，制订绩效改进计划的过程。绩效反馈在绩效管理过程中具有重要的作用，是绩效管理过程中的一个重要环节，也是一个正式的绩效沟通过程。绩效反馈是使员工产生优秀表现的重要条件之一。通过绩效反馈，员工可以知道管理者对他的评价和期望，从而不断修正自己的行为；而管理者也可以通过绩效反馈指出员工的绩效水平和存在的问题，从而有的放矢地进行激励和指导，确保员工行为与组织要求保持一致。而绩效管理能否确保组织目标的实现，则在很大程度上取决于管理者如何通过绩效反馈环节使员工充分了解并持续提升其绩效水平。

（三）绩效管理的关键决策

为了实现三个目的，组织在实施绩效管理的四个环节中，必须把握好五项关键决策。这五项关键决策的具体内容，我们将在本书后面有关绩效管理四个环节的章节中详细介绍，这里仅作概要性的提示。

1. 评价内容

所谓“评价内容”，即“评价什么”，就是指如何确定绩效评价所需的评价指标、指标权重、目标值等。为了确保组织战略目标的实现，需要在绩效管理过程中，将组织的战略目标转化为确定周期内的绩效目标，再将绩效目标转化为可以衡量的绩效评价指标，从而将组织战略目标的实现具体落实到各个部门和每个员工。基于我们在界定绩效概念时所持的观点，我们主张对组织、部门和个人绩效的评价从工作过程和工作结果两个角度进行考虑。而绩效评价制度的行为引导作用在很大程度上就体现在评价指标的选择和设计中。制定绩效评价制度时的一个核心工作就是根据组织的实际情况设计科学的绩效评价指标体系。绩效评价指标的设计是绩效管理中技术性较强的工作之一。

2. 评价主体

所谓“评价主体”，即“谁来评价”，是指对评价对象做出评价的人。在设计组织的绩效评价体系时，评价主体与评价内容相匹配是一个非常重要的原则，即根据评价的内容和指标来选择评价主体。根据这一原则，需要评价主体对被评价的职位有所了解，既要了解所评价职位上的人，又要了解该职位的工作内容，只有这样，评价才能有助于实现一定的管理目的。例如，对于工作业绩类指标，显然员工的直接上级最清楚，适合由上级进行评价；而部分工作能力类和态度类指标的评价主体则可以扩展到同级和下级，由同级和下级进行评价。

3. 评价周期

评价周期所要回答的问题是“多长时间评价一次”。评价周期的设置应尽量合理，不宜过长，也不能过短。如果周期太长，评价结果会出现严重的“近期误差”，即由于人们对最近发生的事情记忆深刻，而对以前发生的事情印象浅显，所以考核人员会用被考核人的近期表现来评断其整个绩效周期的表现。而且这种做法也不利于个人绩效的改善；如果周期太短，一方面工作量很大，另一方面许多工作绩效尚无法体现出来。一般说来，评价周期与评价指标、企业所在行业特征、职务职能类型、绩效实施的时间等因素有关，显然，评价周期不宜一概而论，而应根据管理实际情况科学界定。

4. 评价方法

所谓“评价方法”，就是判断员工个人工作绩效时所使用的具体方法。各种不同的评价方法都是管理实践积累的宝贵财富，绩效评价方法的使用，总的原则是根据所要评价的指标特点选择评价方法。例如，评价“费用节约率”指标，可以采用结果导向型的目标管理法，而评价员工的“工作主动性”指标，则可以采用行为过程导向型的行为锚定量表法。具体采用何种评价方法，还需要考虑设计和实施成本问题，有的评价方法设计成本虽高，但实施时操作简单，有的设计成本虽低，但实施时操作难度比较大，需要权衡使用。各种绩效评价方法各具特点，并无绝对优劣之分，在绩效管理实践中，可以加以综合使用，以适应不同发展阶段对绩效评价的不同需要。

5. 结果应用

绩效评价结果能否被有效利用，关系到整个绩效管理系统的成败，也关系到人力资源系统运行有效性的高低。在管理实践中，绩效评价结果主要用于两个方面：一是通过分析绩效评价结果，诊断员工存在的绩效问题，找出产生绩效问题的原因，制订绩效改进计划，以提高员工的工作绩效。二是将绩效评价结果作为其他管理决策的依据，如招聘、晋升、培训与开发、薪酬福利等；具体应用于哪些方面是和评价指标的性质相联系的，如能力类指标的评价结果可应用于招聘、晋升、培训与开发等决策，态度类指标的评价结果可应用于晋升、培训等决策，工作业绩指标则可直接应用于薪酬福利决策等。如果绩效评价结果没有得到相应的应用，就会产生绩效管理“空转”现象，评与不评一个样，评好评差一个样，绩效管理失去了应有的作用。

第二节　绩效管理与战略管理

任何组织开展绩效管理的根本目的都是实现组织的战略目标，也可以说绩效管理系统就是化组织战略为员工日常行动的管理系统。因此，在战略管理背景中全面审视绩效管理，对构建成功的绩效管理系统来说具有非常重要的意义。

一、战略的概念

战略（strategy）一词来自希腊语中的军事术语“strategos”，指的是在一场战争或者战斗背后所隐含的筹划、谋略与构想。《韦氏新英语大辞典》将“战略”一词定义为“谋略的巧妙运用和协调”以及“艺术性的规划和管理”。在企业管理领域，战略就是管理的策略（game plan），主要是指管理者用来运营企业的一系列管理行为和业务措施，具体包括通过吸引和满足顾客需要、进行市场定位、制定和执行管理实践，通过成功竞争达成预定的目标等。

战略也可以分为不同的类型，组织的战略类型与组织的层次之间联系密切。按照组织层次的不同，可以将战略分为公司层战略（corporate-level strategy）、事业层战略（business-level strategy）和职能层战略（functional-level strategy），如图 1-5 所示。绩效管理对接的战略通常是指公司获得战略竞争力（strategic competitiveness）或竞争优势（competitive advantage）的一系列综合的、协调的约定和行动，主要指竞争战略。

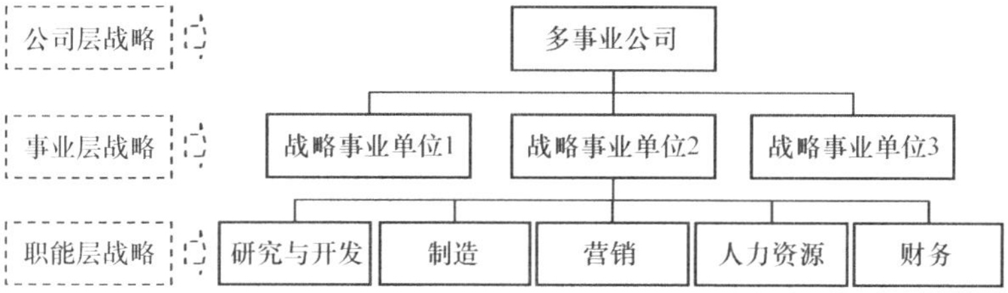

图 1-5 组织战略类型

资料来源：罗宾斯 S P，库尔特 M. 管理学［M］. 第 7 版. 孙健敏，黄卫伟，王凤彬，等译. 北京：中国人民大学出版社，2004：533

（一）公司层战略

所谓公司层战略，是寻求确定公司应该从事什么事业，以及希望从事什么事业。公司层战略决定组织的方向，也决定每一个事业部将在公司战略中扮演的角色。每个组织探索其成长方向一般是通过回答一系列问题实现的，其中主要问题有：我们是扩张、收缩或维持现有业务不变？我们集中于当前产业，还是通过多元化进入其他产业？如果是要成长、扩张，是采取内部开发，还是通过收购合并或合资等手段从外部获取？

描述公司层战略最常用的方法是大战略框架，有时也被称为组织的方向战略，根据成长方向的不同可以分为三类，即增长战略（growth strategy）、稳定战略（stability strategy）和收缩战略（shrinking strategy）。

1. 增长战略

增长战略，又叫成长战略，实施的条件是组织内部与其他的同类组织相比具有宝贵的优势，同时外部环境也存在大量有利于组织发展的机会。在这种情况下，组织通常采用增长战略，即扩展公司的业务活动和范围，寻求扩大组织的经营规模。组织的增长战略又可以分为集中战略和多元化战略。

（1）集中战略。集中战略是指组织在扩大规模时集中于一个产业或者一类产品。集中战略是在组织经营的当前业务或者当前产品确实有足够的增长潜力时实施，如果当前产品或者业务潜力较大，则把组织的资源集中于这些产品或业务就有助于实现较快的增长。集中战略有两种基本的类型：纵向一体化和横向一体化。纵向一体化是在同一个业务链或者产业链上进行业务扩展，实现增长，也就是替代以前由供应商或者分销商承担的职能。横向一体化是指组织在空间范围上扩张，在多个地点运营，但是都处于某个产业价值链上的同一点。横向一体化的优势是，通过横向一体化，公司把产品扩展到其他地方或者向当前市场提供更多、更广泛的产品和服务，从而实现增长。纵向一体化和横向一体化的实现方式都有内部实现和外部实现两种。内部实现是通过组织内部投资于新的产品或者劳务，外部实现则是通过合并、并购和战略联盟等手段来完成。

（2）多元化战略。多元化战略是指组织在扩张时进入与原来所在的产业不同的产业，或者经营与原有产品不同类的产品。多元化战略往往用于组织当前的产品或者业务不具备较大的增长潜力时，管理层会选择多元化经营，以获得新的增长点。多元化战略可以分为同心多元化（又称为相关多元化）和离心多元化（又称为不相关多元化）。同心多元化是指公司通过合并或收购相关产业不同业务的公司而实现增长，是进入一个相关产业的好办法。当公司在产业内具有很强的竞争优势，而该产业吸引力低时，这是一个合适的策略。通过集中于那些给公司带来独特能力的特性，公司可以运用这些优势作为多元化的基础。这样，公司可以在新产业内高效运用原有产业的产品知识、制造能力于营销技能，以确保战略匹配。离心多元化是指组织通过收购和兼并不同产业、不同业务领域的公司而实现增长，这些产品是不相关的。当管理层意识到当前产业没有吸引力，同时公司也没有超长的能力与技能可以很方便地转移到其他产业的相关产品或服务上时，最可能的战略选择就是离心多元化——进入与当前产业不相关的产业。离心多元化战略强调的是财务问题，而不是像同心多元化那样考虑产品与市场方面的融合。

2. 稳定战略

稳定战略的特征是在战略方向上没有重大改变，继续维持当前活动。在预期良好的环境中成功运营的公司采用稳定战略是合适的。稳定战略在短期内运用非常有效，但不适宜长期实施。最基本的稳定战略通常包括暂停/谨慎战略、无变战略和利润战略三类。

（1）暂停/谨慎战略，即为了巩固已有的优势，暂时放慢发展速度。在一段较长时间的快速发展后，企业可能会遇到一些问题导致效率下降，这时就可以采用暂停/谨慎战略，即在一定时期内降低企业的目标和发展速度。暂停/谨慎战略可以让企业充分积聚能量，为今后的发展做准备。

（2）无变战略，即选择继续当前的运营和政策，以实现可预见的未来，提供同样的产品或者服务，保持市场份额等。其成功取决于公司面临的环境没有重大变化。此时，公司所在产业几乎没有成长的空间，公司在产业内的竞争地位也相对稳定，只需要针对销售额和利润目标做很小的浮动调整。公司既没有面临明显的机会和威胁，又没有出现大的优势与劣势；几乎没有进攻性的新竞争者进入公司所在产业；并且公司具有合理的盈利，产品占据稳定的市场空间。在所在产业没有发生巨大变化的情况下，公司处境舒适和地位适当，管理层就会采用无变战略，公司的未来就是当前状况的延续。

（3）利润战略，即公司在销售额不断下降时，企图通过减少投资，削减一些可控费用，人为地维持利润。管理层不是向股东和投资机构通报公司的不利处境，而是选择这一具有诱惑性的战略。通常这样做的目的是，管理层为了保全自身利益，达到监管部门要求的盈利水平，以便维持持续融资能力。它是管理层被动地、短期的、为了保全自身利益而对环境变化做出的反应。需要注意的是，这种战略极具诱惑性，并且只能帮助公司渡过临时困境，如果维持时间过长，将会导致公司的竞争地位严重恶化。

3. 收缩战略

收缩战略通常是组织在处理劣势时使用，此时组织在某些产品或服务上的竞争地位处于劣势，导致业绩下降，销售额下降，由盈利变为亏损。收缩战略在组织面临困境时，有利于使之保持稳定经营，以激活组织的资源和重新恢复竞争力。收缩通常包括扭转、成为俘虏公司、出售或剥离、破产或清算等几种可采取的战略。

扭转战略强调改进运营效率，当公司的问题已经普遍深入但还不到公司崩溃的地步，这一战略比较合适。成为俘虏公司就是做另一个公司的独家或最大的供应商或分销商，以取得该公司的长期合同，公司实际上是用独立换取安全。竞争地位处于劣势地位的公司也许更愿意成为某个大客户的俘虏公司，通过长期合同确保公司持续生存。在扭转无望，又没有机会成为俘虏公司的情况下，可以采取出售或剥离的策略。出售是把整个公司卖掉，彻底离开所在产业；剥离是出售公司多种业务中的一个或多个事业部中的一个。当公司发现自己处于最恶劣的环境，在产业内的竞争地位也最差，几乎没有前景，前三种战略都不可能或者都不能令人满意，没人有兴趣购买一个处于没有吸引力产业的弱势公司时，公司只能选择破产或清算。

综上，公司战略（大战略）的具体分类可以总结为四个层次的系统模型，如图 1-6 所示。

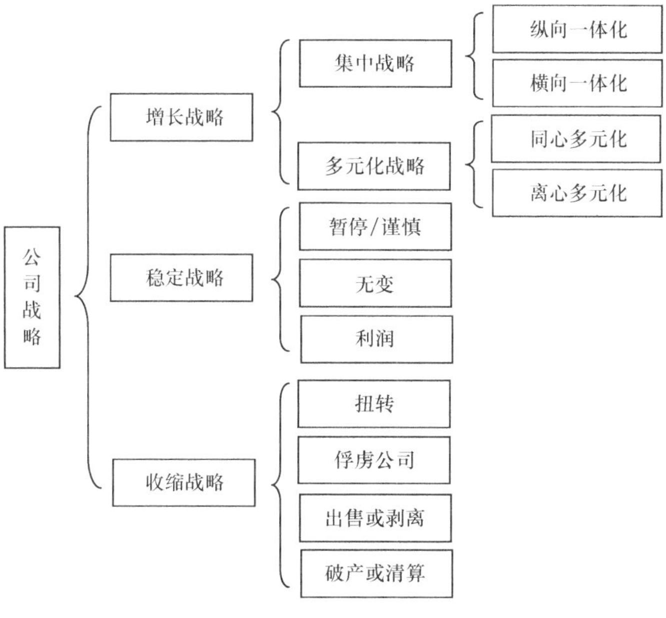

图 1-6 公司战略分类

（二）事业层战略

事业层战略寻求决定组织如何在每一项事业上展开竞争，以获取竞争优势。所谓竞争优势，是指使组织有别于竞争对手的与众不同的特色。竞争优势来自于组织的核心能力，即组织能够做到其他竞争对手做不到的事情，或者能比其他竞争对手做得更好。因此，事业层战略就是我们通常所说的竞争战略。

竞争战略主要通过产业分析，选择适当的战略获取竞争优势。同时，每个企业都会有许多优点或缺点，任何优点或缺点都会对相对成本优势和相对差异化产生作用。成本优势和差异化都是企业比竞争对手更擅长应对五种竞争力的结果。将这两种基本的竞争优势与企业相应的活动相结合，就可导出让企业获得较好竞争位置的三种一般性战略，即成本领先战略（cost leadership strategy）、差异化战略（differentiation strategy）及聚焦战略（focus strategy），三种基本战略如图 1-7 所示。其中聚焦战略又可以分为成本聚焦和差异化聚焦。

		竞争优势：低成本	竞争优势：差异化
竞争范围	定位较宽	成本领先	差异化
竞争范围	定位较窄	成本聚焦	差异化聚焦

图 1-7　三种基本战略

1. 成本领先战略

成本领先战略就是瞄准较宽的大规模市场的低成本战略。这种战略要求建立高效大规模生产设施，通过经验曲线与严格的成本和费用控制努力寻求成本消减，实现在研发、服务、营销等方面成本最小化。因为成本更低，成本领先者可以使产品价格更低，往往可以获取比较满意的利润。低价格可以防守竞争对手，构建起进入壁垒，极少有新进入者能够与领先者的成本优势相抗衡；低成本意味着更高的市场占有率，这就意味着在供应商那里更大的讨价还价能力。因此成本领先者可能获得高于平均水平的投资收益。

2. 差异化战略

差异化战略就是瞄准较宽的大规模市场，生产在整个产业看来都比较独特的产品或服务。这种独特性可以与设计、品牌形象、技术、性能、代理商网络或客户服务有关。产品或服务的要价可能比较高，它主要是通过满足特定客户的需求，给客户带来特殊价值，因此它靠顾客忠诚度来成功，这些顾客对于价格不是那么敏感。它是特定业务超过平均收益水平的有效战略，增加的成本往往转嫁给购买者。购买者忠诚也是一个很强的进入壁垒，研究表明，差异化战略更可能获得比成本领先战略更高的利润，因为差异化战略设置了一个更高的进入壁垒。

3. 聚焦战略

聚焦战略又可以根据重点关注低成本还是差异化，分为成本聚焦和差异化聚焦。成本聚焦战略针对某一购买群体或区域市场采用低成本战略，只服务于这一市场空隙（细分市场）。采用成本集中的公司或事业部在目标市场中寻求成本优势，那些认为自己集中努力能够比竞争对手在目标细分市场做得更好的公司或者事业部采用成本集中战略更有价值。成本集中战略要求在市场占有率与营利性之间能够较好平衡。差异化聚焦就是针对某一购买群、产品细分市场或区域市场采用差异化战略。采用集中一点战略时，公司或事业部在目标细分市场寻求差异化。那些认为自己集中努力能够比竞争对手更有效地满足目标市场中特殊需求的公司或事业部，采用集中一点战略就更有价值。

（三）职能层战略

职能层包括制造、营销、人力资源、研究与开发、财务等部门，它们的战略需要支持事业层的战略，需要围绕事业层战略制订具体的行动计划。职能层战略的目的是决定如何支持事业层的竞争战略。单个或少数职能模块创造出高绩效，并不代表组织就能取得竞争优势，只有各职能模块相互协同并且能创造出较高的绩效，才能获取竞争优势和实现竞争战略。

各项职能战略共同构建了企业的价值创造体系。职能战略是否成功的判断标准就看是否有利于形成高度协同的价值创造体系，并助推企业获得竞争优势。组织的价值链展示了组织的设计、生产、营销、物流等为顾客创造价值的一系列活动、功能以及商业流程之间的连接情况，如图 1-8 所示。整个价值链可以分为基本活动和辅助活动两大类：基本活动是企业直接创造价值的各项业务活动，而辅助活动则是指为业务活动提供支持的辅助性活动。但无论是基本活动，还是辅助活动，都必须围绕价值链的内在要求开展，以确保各项职能活动围绕组织战略目标实现系统协同，最终助推事业层战略的实现。

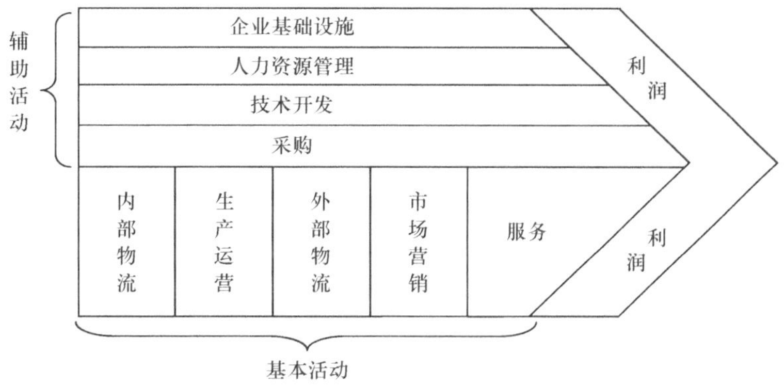

图 1-8　组织的价值链

资料来源：波特 M E. 竞争优势［M］. 陈小悦译. 北京：华夏出版社，2005：37

二、战略管理的概念

战略管理是目前最重要也是最泛滥的概念之一，对其内涵的理解也有差异。有人将战略管理定义为“制定、实施和评价使组织能够达到其目标的，跨功能决策的艺术与科学”。也有学者认为战略管理是一个动态过程，通常包括确立战略方向、制订方案、贯彻执行并进行过程控制的循环流程，是对生产经营活动实行的总体性管理，所有的努力都是为了满足关键的组织支持者或利益相关者需要。还有学者认为，战略管理是帮助企业迎接所面临的竞争性挑战的一种手段，在这样一个完整的过程中，管理者需要首先分析企业所处的竞争环境、确定企业的战略目标，然后再设计出最有可能帮助企业实现预定目标的行动计划以及资源（人力资源、组织资源和物力资源）的配置方式。也有人从职能战略层面描述战略管理，认为战略管理致力于对市场营销、财务会计、生产作业、研究与开发及计算机信息系统进行综合的管理，以实现企业成功。彼得·德鲁克（Peter Drucker）曾说过，战略管理的主要任务在于思考企业的总体任务是什么：

……这也就是说，要回答这样的问题，“我们的业务是什么？”这是建立企业目标、制定企业战略和为明天的前景做出今日决策的基础。显然这一任务要由企业中可以通观业务全局的人来承担，这样才能在各种目标之间及今日需要和未来需要之间做出权衡，也才能够合理地配置人力和财力资源，使其在关键之处发挥作用。

管理者大部分时间都是在进行运营控制。运营控制对战略的有效实施至关重要，但这些工作实际上是在公司已有发展战略的指导下，由组织中有限的一部分机构来承担，关注的是对已有资源的有效管理。但是战略管理与运营管理的特点有很大的不同，如表1-2所示。

表1-2 战略管理与运营管理的各自特点

战略管理	运营管理
模糊性/不确定性	常规的
复杂的	与具体运营相关的
全组织范围内的	有短期影响的
基本的	
有长期影响	

资料来源：约翰逊G，斯科尔斯K. 战略管理［M］. 第6版. 王军，等译. 北京：人民邮电出版社，2004：9

战略管理的范围比运营管理的任何一个领域都更为广泛，它关注的是在模糊的、非常规的环境中可能影响全组织而不仅是某个具体运营单位的复杂问题。若想从事战略管理或影响战略的制定，管理者需要培养全局观念。战略管理具备一定的复杂性，因此需要在对困难问题“概念化”的基础上做出相应决策和判断，这些管理决策和行动决定了组织的长期绩效。另外，也需要通过绩效管理系统连接战略与运营，实现各项具体的管理活动围绕战略的全面协同。

三、战略管理流程

战略管理是一个管理过程，这已成为学界和管理实践者的共识。如何才能使管理实践变成围绕战略而展开的持续过程呢？卡普兰和诺顿在《战略中心型组织》一书中提出了一套战略管理框架，对此问题进行了全面的回答。该框架从动员、转化、协同、激励和管控五个方面构建了完整的战略管理体系，具体包括高层领导推动变革、将战略转化为可操作的行动、使组织围绕战略协同化、使战略成为每个人的日常工作、使战略成为一个持续的流程五项基本原则。

“使战略成为一个持续的流程”是前四项原则的综合体现，也是构建完整的战略管理体系的基本要求。卡普兰和诺顿开发的战略管理流程包括开发战略、诠释战略、协同组织、规划运营、监控与学习、检验与调整六个阶段，这六个阶段形成了一个封闭的环形图，如图 1-9 所示。这六个阶段的工作几乎覆盖了企业管理的所有重要方面，以此为主线谋划和带动组织的全局工作，无疑会带来管理水平的大幅提升。通过将战略管理系统与绩效管理系统有机融合，全面贯彻这六个阶段流程，有助于实现组织战略的流程化管理和推动组织绩效的持续提升。

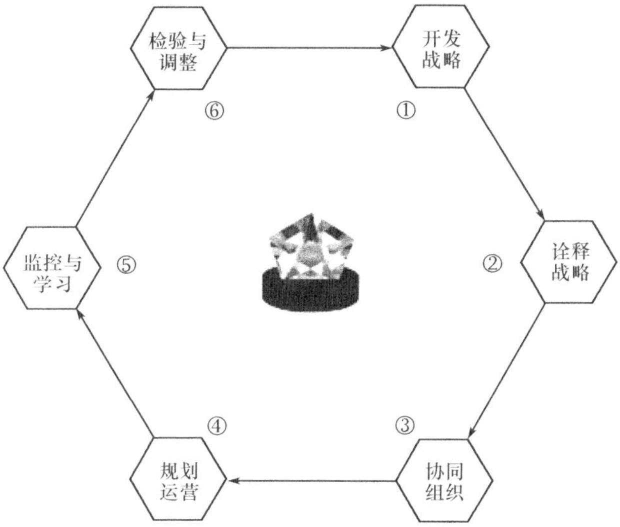

图 1-9 基于平衡计分卡的战略管理流程

（一）开发战略

战略管理流程始于管理层的战略开发。开发战略阶段的主要任务是回顾组织的使命、核心价值观和愿景，分析环境信息，完成战略开发或者对组织战略进行微调或变革。在这个过程中，组织需要全面回答如下三个问题。

(1) 我们做的业务是什么，为什么？回答这个问题主要是为了明晰组织的使命、核心价值观和愿景，即明确组织存在的目的，为组织内部的行为提供指导原则，以及确立令人鼓舞的未来目标。

(2) 我们获取竞争优势的最关键因素是什么？回答这个问题需要进行全面的战略分析，即从外部环境分析、内部环境分析以及现有战略执行情况三个方面入手，审视组织竞争与运营环境，尤其需要重点关注上一轮战略制定之后发生的重大变化，将具体开发战略时需要注意的重要问题列出来。对战略分析中的重大问题向组织成员进行沟通或说明，强调必须通过变革才能实现挑战性目标或赢得竞争优势，营造出变革的氛围，必要时可以启动“战略变革日程”的管理工具来为变革提供动力。所谓战略变革日程，是指为达成愿景所确定的组织最高层面的宏伟的战略目标，组织必须对现有的结构、能力、流程、文化等方面的状况与未来3～5年组织想要达成的状况进行分项对比，从而指明组织将在何种范围、规模、领域进行必要的变革。

（3）我们如何做到最好地参与竞争？最后一步就是完成战略开发或战略调整。在这个阶段我们必须明确组织的竞争领域，明确在该领域我们应当确定的客户价值战略，明确什么样的关键业务流程能带来战略上的差异化，清楚什么样的人力资源、信息技术以及组织资本才能支撑战略等问题。

（二）诠释战略

诠释战略是将战略转化为可操作的行动的重要环节。诠释战略的主要任务就是将战略转化为基于战略主题的战略地图（strategy map），为战略地图中每一个战略目标设定相应的计分卡指标和目标值，以及开发达成战略目标的行动方案和资源计划。诠释战略过程犹如在传统的战略制定和战略规划之间增加了一个显微观察的环节，放大了战略所包含的细节元素，从而使人们对战略有更微观、深入和透彻的理解。从这个意义上讲，诠释战略可以说是整个战略管理流程的关键一环，是开发战略过程的拓展和延伸。这一阶段主要围绕如下五个典型的问题展开。

（1）我们应如何描述战略？回答这个问题主要是为了开发战略地图，用直观的战略地图展示所有的战略主题，并对每个战略主题进行规划和管理，保障每个战略主题协同运作。

（2）我们应该如何衡量战略？回答这个问题主要是为了制定绩效指标和确定目标值，将战略地图确定的绩效目标转化为可衡量的具体规划。

（3）我们应该采取什么样的行动才能实现战略？回答这个问题主要是为了达成战略地图上的绩效目标，我们需要选择什么样的战略行动方案，确定系统的、具体的和相互协同的行动计划。

（4）我们如何为行动方案配置资金？由于传统的预算管理是按照既有的组织机构的部门或业务单元进行资金分配的，而跨部门、跨业务单元的战略性的行动方案常常得不到足够的资金支持，因此高层管理者需要特别保障所有重要的战略行动方案都有相应的预算支持。

（5）由谁来牵头制定战略？这个问题主要是解决每个战略主题都有负责人，一般需要由一个高层管理者来牵头组建主题团队，来对每个战略主题负责。

（三）协同组织

企业创造的价值不仅包括来自客户的价值，还包括来自企业的价值。前者由企业的业务单元通过创造产品和服务为目标客户提供独特的客户价值主张而得以实现；后者产生于企业所创造的跨职位、跨层级、跨部门和跨边界的协同效应。按照系统论的观点，企业中不同管理层级之间、不同业务单元之间、业务单元和职能部门之间以及与外部利益相关者之间需要实现协调一致。如果说诠释战略是从组织层面对战略进行可视化分析，使组织成员对共同的战略目标和竞争方式达成共识，那么组织协同则是进一步将战略逐层推向管理一线和市场前沿，使每一个部门、员工和利益相关者都能理解自身的战略角色和工作任务，进而实现密切配合和协同作战。在协同过程中，企业需要回答如下三个问题。

（1）如何确保企业所有的业务单元都理解战略并达成一致？回答这个问题主要是为了实现企业总部与业务单元的协同。总部的全部工作就是协同不同业务单元的价值创造活动，使其能够为客户创造更多的价值或降低总体运营成本，从而超越每一个业务单元独立运作所能够达到的程度。对企业价值主张的清晰阐述和有效管理是总部的首要责任。管理者需要将战略地图纵向分解到每一个业务单元，确保每个业务单元都能反映战略；同时还需要特别注意组织协同的差异和企业价值主张的统一这两个方面的问题。

（2）如何实现支持单元与业务单元、组织层面的战略协同？回答这个问题主要是为了实现协同支持单元与业务单元。组织的支持和服务单元，如人力资源、财务、法律、公共关系等部门，承担支持业务部门从事产品生产和服务提供的职能性和辅助性工作。由于支持单元不直接创造经济价值，其产出是无形的且难以量化，因此在组织中经常被称作“纯费用中心”。同时，支持单元的工作人员通常是某一领域的职业经理人，他们的观念意识与长期在一线工作的业务经理往往有较大差异，可能导致支持单元与业务单元各行其是，业务经理总是指责他们置身职能壁垒中不能响应业务需求。为此，组织的高层管理者一直都在努力寻找有效的方法来监控和评估组织的支持单元，以确保它们带来的收益大于所花费的成本。在管理实践中，需要通过成功的绩效管理系统来有效地整合与协同业务单元和支持单元之间的关系，为实现股东长期价值做出贡献。

（3）如何激励员工帮助组织实施战略？最后一个问题主要是实现协同员工。所有的战略最后都需要员工去执行，只有将战略与员工连接起来才能实现战略“落地”。战略的成功执行离不开员工的积极参与，再完美的战略只有转变成员工日常工作的一部分才具有现实意义。化战略为员工日常行动，通常有三个步骤：向员工传授战略，与员工沟通战略；将员工的个人目标和激励与战略相连接；协同个人培训和发展计划，培养员工执行战略所需的各种知识、技能和能力。

（四）规划运营

战略和运营虽然是组织体系的两个不同功能模块，但两者都非常重要，并且需要融为一体。一份美好的战略如果没有优异的运营系统予以支撑，就像没有基础的空中楼阁，不可能成功地达到预期目标。反之，一个优异的运营系统虽然有可能在成本控制、质量改进和效率提升上取得不俗的成绩，但如果缺少战略指引和战略聚焦，最终将变成迷失在市场竞争大潮中的帆船，纵然竭尽全力也难以到达成功的彼岸。在规划运营阶段，管理者需要回答如下两个关键问题。

（1）哪些业务流程的改进对战略执行最关键？回答这个问题主要是改进关键流程。关于流程改进的主张及研究成果主要分为两大类：其一是渐进式流程改进，以戴明和朱兰的全面质量管理为代表；其二是激进式流程改进，以哈默和钱皮的流程再造思想为代表。但是，无论是全面质量管理还是流程再造运动，在协同流程改进计划与战略目标上都存在明显不足。这些理论要么聚焦于局部的、缺乏关联性的流程改进，要么拘泥于策略性的流程变革，往往是孤立地看待运营短板和进行资源配置，因此难以获取持续性的流程改善。管理实践中需要一个连接战略和运营的封闭性综合管理体系，帮助组织围绕战略进行关键流程识别、衡量和改进，以便在流程改进与价值（客户价值和股东价值）创造之间建立清晰的因果关系。

(2) 如何将战略与运营规划、预算联系起来？连接战略与运营的另一个重要任务就是把高层的战略规划转化为具体的运营计划和预算。虽然公司在战略行动方案和流程改进项目上的投入对于有效实施战略至关重要，但是通常公司的战略性支出和流程改进费用只占公司预算总额的10%左右，剩下的约90%都用于具体的运营计划。这要求将战略规划与资源分配、财务预测及动态预算有效连接起来，确保战略性支出获得足够的重视。

（五）监控与学习

战略执行过程包括实施战略行动方案、流程改进项目以及销售和运营计划等，战略执行的成功要求实现战略和运营的有效连接。为确保战略目标顺利达成，组织通常需要在战略执行过程的不同阶段，通过不同的反馈机制，掌握执行的进展和效果，以便采取相应的控制措施纠正各类偏差。组织的战略监控和调整机制主要是一套结构化会议（运营回顾会议和战略回顾会议），会议主要是回顾组织的运营和战略，并根据需要调整和改变战略。运营回顾会主要通过回顾部门和业务单元的绩效情况，并找出问题。战略回顾会则是讨论各业务单元平衡计分卡上的指标和行动方案，评估战略执行的进程和障碍。这个过程主要需要回答如下两个问题。

(1) 组织的运营受控吗？回答这个问题主要通过召开运营回顾会解决，主要讨论短期内必须马上解决的问题。运营回顾会的频率与运营数据产生的频率是一致的，主要监控的是仪表盘指标。

(2) 战略执行有效吗？回答这个问题主要通过每月召开的战略回顾会解决，主要监控战略制定过程中存在的问题，并找出原因、提出修正意见和明确责任人。与我们熟知的PDCA（即计划—实施—检验—调整）循环相比，战略回顾就是解决战略执行本身的“检验和调整”两个阶段的工作。

（六）检验与调整

由于战略制定和战略选择本身就是艺术，不一定是完全科学的，因此在管理实践中还需要深入分析内部运营数据和外部环境信息，通过运营与战略的反向链接来对战略进行检验。对战略本身进行检验与调整一般通过召开战略检验与调整会来实现。与运营回顾会和战略回顾会都是在不质疑战略本身不同，战略检验与调整会是在质疑战略本身所含的假设和推理的前提下，对战略的正确性和有效性进行检验，重点是研究战略调整或转型，以便及时修改或重新制定战略，即是根据产品线和渠道的营利性、变化的外部环境、出现的新战略机会以及新的技术发展等情况，来具体审视或调整战略。

第三节 绩效管理与战略性人力资源管理

绩效管理是战略性人力资源管理体系的核心职能模块，全面深入理解战略性人力资源管理及其系统模型的构成，对正确理解绩效管理和提高绩效管理的有效性与针对性都有重要意义。另外，以绩效管理为核心构建战略性人力资源管理系统，也有利于更加系统全面地理解组织如何通过人力资源管理赢得竞争优势。

一、战略性人力资源管理的概念

20世纪80年代，传统人力资源管理的局限性越来越明显，战略性人力资源管理（strategic human resources management，SHRM）作为一种新的人力资源管理形态进入人们的视野。美国学者沃克（Walker）在《将人力资源规划与战略规划联系起来》一文中，第一次从理论角度深入阐述了如何更好地实现人力资源管理机制与组织发展战略同步，提出了将战略规划与人力资源规划联系起来的思想，被认为是战略性人力资源管理理论的萌芽。Devanna、Fombrun和Tichy发表的《人力资源管理：一个战略观》一文是战略性人力资源管理产生的标志性论文，被认为是战略性人力资源管理史上的一个重要里程碑。随着对战略性人力资源管理研究与讨论的日趋深入，战略管理的资源基础观（resource-based view，RBV）被引入人力资源管理领域，促使人力资源管理获得了极大的发展，并被欧洲、美国、日本企业的管理实践证明了是获得长期可持续竞争优势的战略途径。

目前，学界仍没有就战略性人力资源管理的概念完全达成共识。米勒（Miller）认为，战略性人力资源管理是企业中所有与人力资源有关的决策，而这些决策主要是为了协助组织实施战略以获得竞争优势。怀特（Wright）和麦克马汉（McMahan）认为战略性人力资源管理是有助于实现战略目标的有计划的人力资源部署和管理行为。德勒瑞（Delery）和都狄（Doty）认为战略性人力资源管理是组织为实现所制定的经营战略而采取不同人力资源管理活动，即不同的经营战略需搭配不同的人力资源管理活动。泰森（Tyson）将战略性人力资源管理界定为整合公司与战略业务单元（strategic business unit，SBU）的人力资源战略，包括把员工视为资产、分析组织变革的需求、提出并购或合并的建议、确认人才需求以及战略性人力资源规划等。

马特尔（Martell）和卡罗尔（Caroll）认为战略性人力资源管理具有以下特性：①长期的观点；②与人力资源管理及战略规划有新的联系；③人力资源管理与组织绩效有关联；④直线主管参与人力资源政策制定过程。

综合不同学者的观点，本书认为战略性人力资源管理就是以组织战略为导向，通过动态协同人力资源管理的各项职能活动，确保组织获取持续竞争优势，达成组织目标的过程。

二、战略性人力资源管理的基本特征

战略性人力资源管理是现代人力资源管理发展的新阶段，无论在实践方面还是在理论创新方面，都体现了很大的进步。与传统人力资源管理相比，战略性人力资源管理是一种新概念、新模式，不仅具有新的内容，而且具有新的特征，主要表现在以下四个方面。

（一）战略性

战略性是战略性人力资源管理的本质特征。战略性人力资源管理强调所有人力资源管理活动都必须围绕组织战略的实现，强调将人力资源管理与组织的战略结合起来，让人力资源管理为组织战略目标的实现服务。其目标不仅是着眼于组织的短期目标，而应更加关注影响组织长期发展的战略性因素，注重从人力资源的角度构建组织的核心竞争力，确保组织持续、稳健地发展。同时，战略性人力资源管理使人力资源管理职能在组织中的地位发生转变，人力资源管理部门的地位得到提升，人力资源管理方式发生根本性改变，人力资源管理的重心向战略性工作转移。

（二）系统性

人力资源管理系统处于组织这个大系统之中，同时自身又含若干子系统。系统性强调的是系统内各要素间的协调与配合，追求系统整体功能的最优。人力资源管理的业务边界逐渐淡化，人力资源管理不再只是人力资源管理部门的职责，非人力资源部门管理者的人力资源管理职责日益突出。同时，系统性也要求人力资源管理部门更多地了解组织内其他部门的业务，以便更好地为组织战略服务。这不但要求人力资源管理决策具有系统性，更强调人力资源管理者的全局思想和整体观念。

（三）匹配性

匹配性是战略性人力资源管理的核心要求，包括纵向匹配和横向匹配。纵向匹配包括三个方面：人力资源规划、组织结构及组织文化与战略的匹配；人力资源具体的实践活动与人力资源规划的匹配；个体目标与组织目标的匹配。横向匹配也包括三个方面：人力资源规划与组织结构及组织文化的匹配；人力资源各种实践活动间的匹配；个体成员间的匹配。因此，战略性人力资源管理非常关注人力资源管理战略与组织战略的契合性，重视员工目标与组织目标的一致性，强调人力资源管理各项实践活动间的协作性。全面实现纵向匹配和横向匹配，有利于发挥战略性人力资源管理活动的协同效用，实现组织协同和促进战略达成。

（四）动态性

环境变化和战略调整决定了人力资源管理具有动态性的特征，战略性人力资源管理必须考虑环境适应性和战略灵活性。因此，需要不断地增强战略性人力资源管理的战略弹性，提高组织的学习创新能力：一方面，在外部环境改变时，能够积极地调整人力资源管理战略；另一方面，在与组织内部进行战略匹配时，能够保持灵活的动态互动过程，从而确保组织能够有效应对不同的发展需求和多变的竞争环境。

三、战略性人力资源管理系统

战略性人力资源管理是为组织获得竞争优势而构建的一个完整的管理系统，即通过人力资源规划来实现人力资源战略与组织战略的匹配，通过人力资源管理关键职能活动的开展来打造满足组织战略所需的核心人力资源队伍，并通过人力资源管理的基础建设来保证战略性人力资源管理系统的有效运行，从而不断提升组织的竞争优势，实现组织的战略目标。

（一）战略性人力资源管理系统模型

战略性人力资源管理系统的构建始于对组织使命、核心价值观、愿景及战略的明晰。组织的使命、核心价值观是组织所信奉的核心理念，愿景是组织所期望的美好未来，这些因素直接影响并引导组织战略的制定与执行，是构建有效的战略性人力资源管理系统的重要前提。一个较为完整的战略性人力资源管理系统通常由组织架构及设计、工作设计与工作分析、招募与甄选、职业生涯管理、培训与开发、员工流动管理、劳动关系管理、薪酬管理以及绩效管理等职能活动组成。这些职能活动都受组织文化和员工激励政策的影响，并且各项职能活动相互联系、相互影响，共同为组织的人力资源战略与规划提供支撑。战略性人力资源管理系统模型全面展示了战略性人力资源管理的主要职能及其关系，将战略性人力资源管理活动与相关运作情境结合起来，从战略的角度诠释了人力资源管理的实质，如图 1-10 所示。

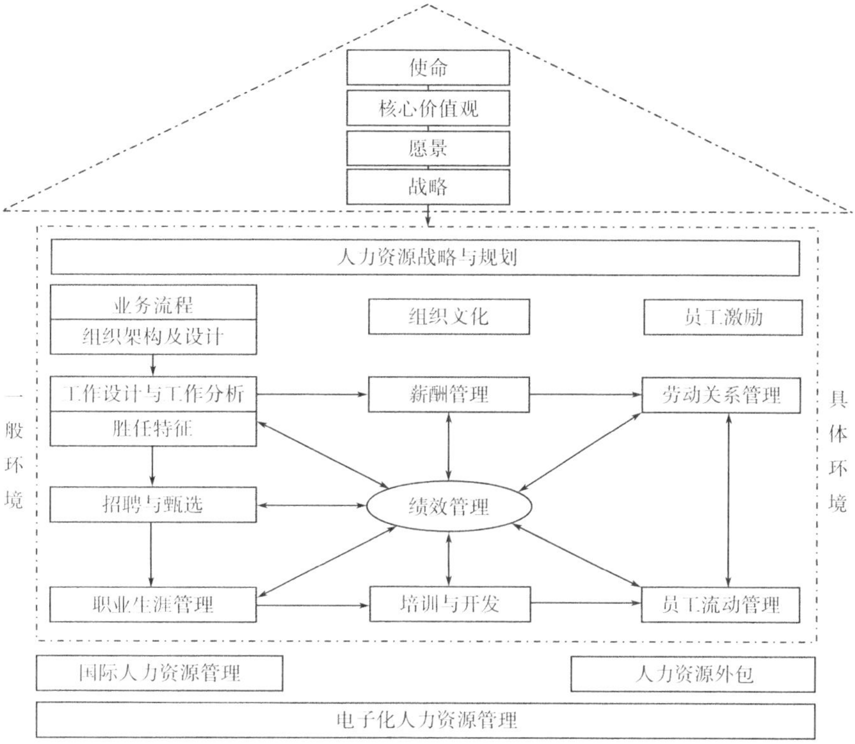

图 1-10 战略性人力资源管理系统模型

（二）战略性人力资源管理系统的影响因素

战略性人力资源管理系统的影响因素主要包括组织环境（一般环境和具体环境）和组织战略两个方面。

组织环境是组织生存的土壤，它既为人力资源管理活动提供条件，同时也影响着人力资源管理活动的开展。根据组织界线，可以将组织环境划分为一般环境和具体环境。一般环境是指组织所处的整个社会环境和经济环境，主要包括经济、政治、文化、法律、技术、资源等因素。而具体环境是指与组织关系紧密的、对组织影响较大的局部环境。影响人力资源管理活动的具体环境包括物理环境、心理环境以及文化环境等。

人力资源战略属于职能层次的战略，需要与事业层次的竞争战略进行无缝对接，才有利于将组织竞争战略转化为组织各层次人员的日常行动。因此，组织的使命、核心价值观、愿景及战略也是战略性人力资源管理的重要影响因素。在环境日益多变和竞争日益激烈的时代，组织比以往任何时候都更需要明确自身的使命，这样才能使组织的工作变得更有意义，更能吸引、激励和留住杰出的人才。核心价值观是促使组织长盛不衰的根本信条，不能将其与特定的文化或作业方法混为一谈，也不能为了经济利益或短期权益而自毁立场。愿景反映的是人们发自内心的对组织的美好愿望，具体包括宏大的目标和对目标的生动描述两部分。其中，生动描述要求用激情、情感和信念等形式，生动描述愿景，吸引并激发组织的员工，鼓舞他们为实现美好的愿景而不懈努力。另外，组织的战略选择对人力资源战略有决定性的影响，决定了人力资源战略规划以及具体的人力资源管理政策和实践。

四、绩效管理在战略性人力资源管理系统中的地位

绩效管理在战略性人力资源管理系统中处于核心地位，它与战略性人力资源管理系统的其他职能模块之间存在非常密切的关系。全面、系统地了解并把握它们之间的相互关系，对更好地设计出科学有效的绩效管理系统和战略性人力资源管理系统，进而对推动组织战略目标的实现有重要的意义。

（一）绩效管理与工作分析的关系

工作分析（job analysis）就是对“某一职位应该做什么”和“什么样的人来做最适合”的回答，具体是指研究一个企业内每一个职位包括的具体工作内容和责任，对每一个职位的工作内容及有关因素做全面的、系统的描述和记载，并指明担任这一职位工作的人员必须具备的知识和能力。通过工作分析可界定某一职位工作与其他职位工作的差异，且通过工作分析得到的信息可被用来制作职位说明书。绩效管理与工作分析的关系表现在工作分析的结果是设计绩效管理系统的重要依据。

首先，对当前职位的全面了解是实施绩效管理体系的重要前提条件。它需要完成哪些工作任务；如何才能完成这些工作任务；需要具备哪些知识、技能、能力和其他个人特征。这些知识可通过职位分析来获得。如果我们获得了关于职位的清晰认识，那么就很容易创建表明职位工作成功的标准，从而做到“干什么考什么”。为了确保绩效管理系统具有较高的效度，就必须尽力减少评价指标中缺失的部分和受污染的部分。

其次，绩效管理也能反过来促进工作分析的有效开展。绩效不达标现象会促进管理者和员工对其深层次原因的追问，其中就可能追问到工作分析的科学性和准确性上，甚至还可能追溯到工作设计是否合理上。例如，一个能力出众且态度认真的员工，在绩效评价中表现不理想，通常就会追溯到工作分析甚至工作设计的合理性上去。

（二）绩效管理与招募和甄选的关系

招募（recruitment）是指组织以发现和吸引潜在员工为目的而采取的所有行动的总称。甄选（selection）是指组织通过运用一定的工具和手段对已经招募到的求职者进行鉴别和考察，区分他们的人格特点与知识技能水平，预测他们未来的工作绩效，从而最终挑选出组织所需要的、恰当的职位空缺填补者的过程。招募和甄选的目标是使个人的特点（能力、经验等）与工作要求相匹配，如果人员配置不当，员工的工作绩效和满意度都会受到不利影响。

取得高绩效管理所需要的知识、技能等胜任力情况是招募与甄选的决策基础和依据。当一个组织需要考虑具有哪些技能的人才需要从组织外部引进，而具有哪些技能的人才则可以从组织内部挖掘的时候，对组织当前以及未来人才储备状况的了解就显得非常重要。只有人力资源的数量和质量达到了组织的要求，才有利于组织绩效水平的提升和战略目标的实现。

绩效评价的结果也可能会促使企业做出进行招募活动的决定。企业通过分析员工绩效评价的结果可能发现存在的诸多问题。当问题体现在现有员工能力和态度上有所欠缺时，如果考虑到培训成本的问题，或者培训时效无法满足需要时，企业就要制订相应的招聘计划；如果通过分析绩效评价的结果发现问题不在于现有员工的能力和态度，而是工作量过于饱和，即现有的人力资源数量无法满足完成工作任务的需要，企业也会做出招聘新员工的决策。从录用的角度来看，在企业人员甄选过程中经常会发生两类错误：一是选拔录用了本该淘汰的人，也可称之为“错误的选拔”；二是淘汰了本该选拔录用的人，也可称之为“错误的淘汰”。产生错误的原因是企业的甄选系统缺乏预测效度。检验一个企业的甄选系统是否具有较高的预测效度，其依据就是员工绩效评价的结果。运用员工绩效评价的结果检验企业现有甄选系统的预测效度，并不断探索和开发更加适合本企业特点的甄选方法是企业人力资源专业人员的一项非常重要的工作。

（三）绩效管理与培训和开发的关系

培训（training）的主要目的是使员工获得目前工作所需的知识和能力，帮助员工完成好当前的工作。开发（development）的主要目的是使员工获得未来工作所需的知识和能力，帮助员工胜任企业中其他职位的工作需要，并且通过提高他们的能力来使他们能够承担起一种目前可能尚不存在的工作；开发是以未来为导向的，因此在开发过程中所学习的东西并不一定与雇员当前所从事的工作有关。培训和开发项目是改进员工能力水平和组织业绩的一种有计划的、连续的工作。提供培训开发机会已成为企业总体报酬体系中的一个重要组成部分。

绩效管理与培训开发之间的关系是双向的。不论是培训开发还是绩效管理，都是一种对员工的行为进行引导的机制，只是这两种机制发生作用的方式和时机不同。组织引导员工行为的目的都是使员工行为能够有助于实现组织目标。

绩效管理的目的中包括开发目的，即了解人们目前绩效状况中的优势与不足，进而改善和提升绩效，因此培训与开发的手段是在绩效评估之后的重要工作。人员开发并不是盲目的开发，而是有目标的开发。这种目标的确定在一定程度上需要依据绩效评价结果确定。在绩效评价之后，主管人员往往需要根据员工的绩效现状，结合他们个人的发展愿望，与员工共同制订绩效改善计划和未来发展计划。人力资源部门则根据员工目前绩效表现中有待改善的方面，设计整体的培训开发计划，并帮助主管和员工共同实施培训开发。由此可见，绩效管理为确定员工的开发需要提供了信息。良好的绩效管理体系可以帮助一个组织确定培训与开发的重点领域，提升相关措施的针对性。另外，人力资源管理人员往往通过对比受训者在培训前后的绩效表现对培训开发手段的效果进行评价，不断对培训方案进行调整，从而提高培训的有效性。

培训开发也会对绩效管理产生影响。正是由于在绩效管理中发现员工存在的能力不足才需要进行相应的培训开发。因此，当员工这一方面的技能得到了切实提升，员工绩效也会因此而获得稳步提升。绩效评价与培训开发作为整个人力资源管理系统中的两个重要的行为引导机制，应该向员工发出相同的“信号”，从而强化行为引导的效果。

（四）绩效管理与职位变动及解雇退休的关系

职位变动包括职位晋升和职位调动。职位晋升是一种常用的激励手段，做出晋升决策的方式将影响企业员工的工作动力、工作绩效以及献身精神的强弱。职位变动是指在不改变薪资或薪资等级的情况下从一种工作换到另外一种工作。员工有可能会从以下几个方面的愿望出发要求调动工作：丰富个人的工作内容、从事自己更感兴趣的工作、从事能够为个人提供更大便利条件（如更好的工作时间、地点等）的工作或者能够提供更大发展潜力的工作；将员工从一个不需要人手的工作上调往需要人手的工作上、留住资深员工，或者是在企业内为某一位员工找到一个更为适合的工作。职位变动越来越成为许多企业为那些在企业中无法得到晋升的员工提供实现工作多样化，从而实现自我成长的手段。

解雇是指员工与企业的雇佣关系的非自愿性终止。解雇应当是正确的、有充分理由的。一般情况下，解雇可能有以下几个原因：工作业绩不合要求、行为不当、缺乏从事本职工作的资格、工作要求改变等。其中，工作业绩不合要求是最重要的原因之一，通常界定为一直没有完成指定任务或一直不符合规定的工作标准，其具体的原因包括旷工过多、行动迟缓、一直不符合额定的工作要求，或对组织、主管或同事持反感的态度。

退休（retirement）是一个人停止自己工作的时间点，通常在60～65岁，但由于企业实行的提早退休激励方案，提早退休的人越来越多。对大多数员工来说，退休是一种苦乐交织的体验。对一些人来说，退休是他们职业生涯的终点，他们可以休养，享受他们劳动的成果，不必再为工作的问题担忧了。而对另一些人来说，退休本身就是一种创伤，由忙忙碌碌到无所事事，会产生无限的惆怅。

绩效管理的结果会影响职位变动和解雇退休方面的决策。对绩效优秀且有潜力的员工，应该及时提升以促进其为组织做出更多贡献。当绩效管理中发现员工无法胜任现有的工作时，绩效管理的结果便可能成为职位变动或解雇退休的依据之一。另外，绩效管理对职位变动的影响还表现在可以从绩效管理的结果中发现该员工的长处，根据各个职位对人员的不同要求为他选择一个更适合的职位，并通过绩效管理的结果检验职位变动决策是否达到了预期的效果。

（五）绩效管理与薪酬福利的关系

薪酬（compensation），是指员工因雇佣关系的存在，而从雇主那里获得的所有各种形式的经济收入、有形服务以及福利，主要包括基本工资、绩效工资、奖金和奖励、福利和服务等形式。目前比较盛行的制定薪酬体系的原理是3P模型，即以职位价值决定薪酬（pay for position）、以绩效决定薪酬（pay for performance）和以任职者的胜任力决定薪酬（pay for person）的有机结合。因此绩效是决定薪酬的一个重要因素。在不同的组织中，对于不同性质的职位和不同的薪酬体系，绩效所决定的薪酬成分和比例是有区别的。一项好的薪酬制度应该由相对稳定的部分（基本工资）和相对动态的部分（绩效工资、奖金、绩效加薪）组成。通常来说，职位的价值决定了薪酬中比较稳定的部分，绩效则决定了薪酬中一些变化的部分，如绩效工资、奖金等。我们一般将这种与绩效管理结果相联系的薪酬方案称为绩效薪酬方案。只有将绩效管理的结果与人们所获得的回报相挂钩，才能够使绩效管理真正发挥应有的作用。

总体来说，提高员工的工作绩效是人力资源管理的重要目标，而绩效管理的结果正是对这一目标的直接体现。绩效管理的结果是指导人力资源管理各项职能的“风向标”，在很大程度上决定了人力资源管理各项职能能否取得预期效果；相关人力资源管理职能因此也对绩效管理系统提出了新的要求。因此，设计一套符合本企业实际的、科学的、动态的绩效管理系统是人力资源管理系统设计中的核心工作之一。

思考题

1. 绩效管理具有哪几个层次？
2. 绩效评价和绩效管理之间的联系与区别是什么？
3. 试论述绩效管理系统模型的基本内容。
4. 试论述战略管理流程。
5. 绩效管理与战略性人力资源管理系统中其他职能模块的关系是怎样的？

第二章 绩效计划

绩效计划作为绩效管理的第一环节，也是绩效管理成功的关键环节。在新的绩效周期开始时，各级管理者需要与员工一起，在组织使命、核心价值观、愿景和战略的基础上，共同制订出一套具有系统性、协同性和可操作性的绩效计划体系，并就员工在该绩效周期内要做什么、为什么做、需要做到什么程度、何时做完以及员工的决策权限等问题进行讨论，促进相互理解并达成协议。

第一节 绩效计划概述

一、绩效计划的概念

（一）绩效计划的内涵

在全球化、信息化和网络化时代，组织发展所面临的宏观与微观环境无时无刻不在发生着变化，企业要想生存和发展，比以往任何时候都需要系统化的前瞻性思考，管理者必须具有远见并为未来做好准备，否则就会陷入难以预见和无法拯救的困境。计划是对未来的预想及使其变为现实的有效方法的设计，是对未来进行预测并制订行动方案。计划既是制定目标的过程，又是这一过程达成的预期目标，既涉及目标（做什么），又涉及达到目标的方法（怎么做）。计划的目的和作用在于给出行动的方向，尽量避免变化的冲击，减少浪费和冗余，设立标准以利于控制。

绩效计划作为一种重要的计划形式，具有计划的一般功能和特点。绩效计划既包括对工作绩效有目的地进行计划的过程，又包括这一过程形成的计划协议。绩效管理系统通过绩效计划来连接战略与运营，使管理中的计划职能得以实现。绩效计划作为绩效管理的首要环节，也是谋划绩效管理的关键环节，在绩效管理系统中具有非常重要的作用。作为绩效管理系统闭合循环中的第一个环节，绩效计划是在新绩效周期开始时，管理者和员工经过一起讨论，就员工在新的绩效周期将要做什么、为什么做、需做到什么程度、何时应做完、员工的决策权限等问题进行识别、理解并达成绩效目标协议。也就是说，绩效计划是管理者和员工就工作目标和标准达成一致意见，形成契约的过程。它是整个绩效管理过程的起点，但并不是说绩效计划一经订立就不可改变，由于环境总是在不断地发生变化，在计划实施的过程中往往需要根据实际情况不断地调整绩效计划。

因此，本书认为，绩效计划（performance planning）是指当新的绩效周期开始时，管理者和员工依据组织的战略规划和年度工作计划，通过绩效计划面谈，共同确定组织、部门以及个人的工作任务，并签订绩效目标协议的过程。绩效计划的内涵重点包含以下几个方面：第一，实现组织的战略目标是绩效计划的目的；第二，确定绩效目标、绩效指标、绩效评价标准以及行动方案是绩效计划的主要内容；第三，绩效计划面谈是绩效计划的重要环节；第四，签订绩效协议是绩效计划的最终表现形式。

（二）绩效计划的类型

根据不同的分类标准，可以将绩效计划分为不同的类别。根据绩效层次的差别，可以将绩效计划分为组织绩效计划、部门绩效计划、个人绩效计划；根据不同人员在组织系统内人员岗位层次的不同，可以将绩效计划分为高层管理者绩效计划、部门管理者或团队领导绩效计划、一般员工绩效计划；根据绩效周期的差别，可以将绩效计划分为任期绩效计划、年度绩效计划、半年绩效计划、季度绩效计划、月度绩效计划、周计划甚至日计划等。各类绩效计划并不是独立的，而是相互影响、相互渗透、相互融合的。在绩效管理实践中，最普遍的分类方式通常是组织绩效计划、部门绩效计划、个人绩效计划。

（1）组织绩效计划。组织绩效计划是对组织战略目标的分解和细化，组织绩效目标通常都是战略性的目标。组织绩效目标和绩效指标是整个绩效计划体系的指挥棒和风向标，决定着绩效计划体系的方向和重点。

（2）部门绩效计划。部门绩效计划的核心是从组织绩效计划分解和承接而来的部门绩效目标体系，是在一个绩效周期之内部门必须完成的各项工作任务的具体化。同时，部门绩效计划还需要反映部门职责相关的工作任务。

（3）个人绩效计划。个人绩效计划包含组织内所有人员的绩效计划，即包括高层管理者绩效计划、部门管理者绩效计划以及员工绩效计划。高层管理者绩效计划直接来源于组织绩效计划，是对组织绩效目标的承接；部门管理者绩效计划直接来源于部门绩效计划，是对部门绩效目标的承接；员工绩效计划是对部门绩效计划的分解和承接，同时也反映个人岗位职责的具体要求。

二、制订绩效计划的原则

在制订绩效计划的过程中，无论是制订组织绩效计划、部门绩效计划还是个人绩效计划，都应该遵循一些基本原则。

（一）战略性原则

在制订绩效计划体系时，必须坚持战略性原则，即要求在组织使命、核心价值观和愿景的指引下，依据战略目标和经营计划制订组织绩效计划，然后通过目标的分解和承接，制订出部门绩效计划和个人绩效计划。

（二）协同性原则

绩效计划体系是通过以绩效目标为纽带形成的全面协同系统。在纵向上，要求依据战略目标和经营计划制定的组织绩效目标、部门绩效目标和个人绩效目标是一个协同的系统。在横向上，业务部门和支持部门的目标也需要相互协同，特别是支持系统需要为业务部门达成绩效目标提供全面的支持。

（三）参与性原则

在制订绩效计划的过程中，管理者必须与员工进行充分的沟通，确保组织战略目标能够被组织所有员工正确地理解。同时，管理者还需要认真倾听员工的各种意见，妥善处理各方利益，确保绩效计划制订得更加科学合理。总之，通过全员参与绩效沟通，确保管理者和员工都对绩效计划中绩效目标、绩效指标、绩效标准、行动方案等内容达成共识，以保障在签订绩效协议的时候，做出充分的承诺。

（四）SMART原则

SMART原则是重要的操作性管理原则。在制定绩效目标和绩效指标的过程中，特别是在制定绩效目标时，需要遵循SMART原则。SMART原则的具体含义如下。

(1) 绩效目标应该是明确具体的。“S”（specific）是指绩效目标应该尽可能的细化、具体化。只有将这种要求尽可能表达得明确而具体，才能够更好地激发员工实现这一目标，并引导员工全面实现管理者对他的绩效期望。例如，某客户经理的绩效目标为“3天内解决客户的投诉”，而不是“尽快解决客户投诉问题”；人力资源部培训主管的绩效目标是“第一季度20%的时间用于培训新员工”，而不是“要利用淡季进行员工培训”等。

(2) 绩效目标应该是可衡量的。“M”（measurable）是指目标要能够衡量，就是可以将员工实际的绩效表现与绩效目标相比较，即应该为绩效目标提供一种可供比较的标准。绩效目标通常通过绩效指标和绩效标准来体现可衡量的特征。例如，客户经理的绩效目标为“提高客户满意度”，衡量该目标的绩效指标之一是“回复客户投诉率”，绩效标准则是“24小时内答复投诉问题”。需要指出的是，可衡量并不一定要绝对量化。

(3) 绩效目标应该是可达到的。“A”（attainable）是指目标通过努力就能够实现，即做到目标切实可行，使目标能“蹦一蹦，够得着”。切实可行是在两者之间找到一个最佳的平衡点，即一个员工通过努力可以达到的可行的绩效水平。因此，在绩效目标制定过程中，管理者和员工需要充分沟通，共同制定具有很强可行性的绩效目标，而不是一味为了追求高绩效，盲目利用行政手段和权力，强加给员工的高绩效目标。

(4) 绩效目标应该与战略有关联。“R”（relevant）是指绩效目标体系要与组织战略目标相关联，个人绩效目标要与组织绩效目标和部门绩效目标相关联。与战略相关联原则要求在制定绩效目标时，应对组织战略有清晰明确的界定，同时在分解和承接过程中，要避免错误推理而制造出看似漂亮，但对组织战略无贡献甚至适得其反的绩效目标。

(5) 绩效目标还应该有时限性。“T”（time-based）就是指实现目标需要有时间限制。这种时间限制实际上是对目标实现方式的一种引导，要求确定工作任务的权重、事情的轻重缓急、员工的工作能力，确定完成绩效目标的最后期限，并确定项目进度安排，并据此对绩效目标进行有效的监控，以便在出现问题的时候，能及时对员工进行绩效辅导。

三、绩效计划的关键点

（一）必须承接组织战略

绩效管理的战略性原则集中体现在绩效管理的实施要支持组织战略，这要求绩效管理系统围绕组织战略进行设计，即关于绩效管理的五项关键决策都要服务于企业战略目标的实现。具体到绩效计划环节，就是要将企业的战略目标清晰明确地转化为部门直至每个员工个人的绩效目标，使每个员工的工作行为、方式和结果能够有效促进组织绩效的改进。因此，绩效计划的核心是确保各个部门和工作团队中每个职位上员工的绩效目标与组织的战略目标协调一致。

（二）应当面向绩效评价

绩效计划的实施，必须得到客观公正的评价才能形成有效的绩效信息，并推动绩效管理战略目的、开发目的和管理决策目的的实现，因此，评价是绩效管理的核心环节。这也要求绩效计划环节应当面向评价，在绩效计划环节就必须解决好“评价什么”和“多长时间评价一次”两个问题。

第一，确定“评价什么”。所谓评价什么，即评价内容，是指如何确定绩效评价指标、指标权重及其目标值。广义的评价指标通常包括工作业绩类指标和态度类指标。一般情况下，态度类指标在职位说明书中进行界定，工作业绩类指标则需要根据企业战略和部门职责具体分析确定。设计与组织和部门战略匹配的员工评价指标，是绩效管理实现战略目的的保证。只有设计有效的评价指标体系，通过对员工工作绩效的有效衡量和评价，才能将组织战略转化为员工的日常行动，从而有效地实现组织的战略。

第二，确定“多长时间评价一次”。所谓多长时间评价一次，是指如何确定绩效评价的周期。评价周期的设置应尽量合理，不宜过长，也不能过短。如果周期太长，评价结果会出现严重的“近期误差”，而且这样也不利于个人的绩效改善；如果周期太短，一方面工作量很大，另一方面许多工作绩效尚无法体现出来。一般说来，评价周期的长短，与多种因素相关，应当根据具体的因素确定。

（三）重视员工参与和承诺

在通常情况下，人们对于自己亲自参与做出的选择投入程度更大，从而增加了目标的可执行性，也增加了员工对绩效计划的认可度，有利于目标的实现。绩效计划是一个双向沟通的过程。管理者和员工之间的充分沟通，有利于就绩效目标达成共识，制订具体的计划，确定绩效标准，签订正式的绩效计划。另外，充分沟通也有利于员工对自己的绩效计划内容做出公开承诺，促使其履行自己的工作计划。

四、绩效计划的制订者

由谁来做绩效计划是计划制订中的关键问题之一。通常不同层次绩效计划的制订者不同，但是上级对员工绩效计划的制订应该提供必要的指导。组织层次的绩效计划是为了完成董事会或外部评价者的评价，一般采取结果导向。通常组织中有一个专门的团队，如建立高层领导参加的专门委员会，来对绩效计划工作进行统筹安排，以保障各部门和各层级的绩效计划相互协同，共同支持组织绩效计划，确保组织战略目标的实现。从组织管理视角来看待绩效管理，绩效计划的制订者主要包括人力资源管理专业人员、直线管理者和员工三类。

由于绩效计划的过程要求掌握许多有关的职位信息，直线管理者在整个过程中承担了十分重要的角色，并且是整个部门绩效计划工作的最终责任人。直线管理者最了解每个职位的工作职责和每个绩效周期应完成各项工作的人，由他们来主导制订下一周期的员工绩效计划有利于使整个计划更加符合现实的情况和更加具有灵活性，部门内部人员之间的合作也更顺畅。例如，他们能够根据每个绩效周期的特定工作安排修订各个职位的工作职责和绩效标准，以确保本绩效周期工作任务得以顺利完成。

在许多组织中，人力资源管理专业人员与直线管理者一起设计一个符合各个部门情况的有关绩效结果和绩效标准的框架，以指导直线管理者与员工针对每个岗位的具体情况制订绩效计划。人力资源管理专业人员还会发出相关的培训材料，指导直线管理者和员工进行绩效计划的工作。另外，人力资源管理专业人员有责任向管理者（有时包括普通员工）提供必要的指导和帮助，以确保整个组织内绩效计划中确定的绩效结果和绩效标准具有相对的稳定性，从而保证整个绩效管理系统的战略一致性。总的来说，人力资源管理专业人员的责任就是帮助相关人员确保绩效计划工作围绕如何更好地实现组织的目标顺利进行。

员工参与是提高绩效计划有效性的重要方式。绩效计划不仅仅能够确定员工的绩效目标，更重要的是能够帮助员工了解如何才能更好地实现目标。员工通过参与制订绩效计划，强化对所制订的计划的认同感，从而实现更高的投入水平；还可以通过绩效计划的互动过程，了解组织内的绩效信息的沟通渠道，了解如何才能得到来自管理者或相关人员的帮助等。

五、绩效计划面谈

绩效计划的制订过程通常需要管理者与员工进行双向、充分的绩效沟通来实现。绩效沟通的形式可以根据需要灵活设计，可以是管理者与员工之间的一对一面谈，也可以是正式的绩效计划会议。绩效面谈是通过管理者与员工就绩效管理相关问题进行面对面的沟通和确认，以实现绩效持续提升为目的的沟通方式；整个绩效管理过程中都需要进行绩效面谈，在绩效计划阶段的面谈就称为绩效计划面谈。绩效计划会议则是指为制订绩效计划而通过召开会议的形式进行的绩效沟通方式；会议形式既可以是召开员工大会，又可以是小组会议；会议过程则分为会议准备、召开和结束等。绩效计划面谈和绩效计划会议在内容上虽然有所偏重，但是核心内容是基本一致的，本书在此重点介绍绩效计划面谈。

（一）绩效计划面谈的概念

绩效计划面谈是指管理者和员工就绩效计划的相关问题所进行的双向、全面和有针对性的沟通过程。在理解绩效计划面谈的概念时，需要特别注意绩效计划面谈是一个管理者与员工之间双向沟通和全员参与的过程。

1. 绩效计划面谈是管理者与员工双向沟通的过程

传统的目标制定过程通常是由最高管理者制定总目标，然后依据组织结构层层分解，是一个单向的制定过程。而绩效管理中的绩效计划强调互动式沟通，需要管理者和员工共同参与绩效目标、指标、目标值和行动方案的讨论和确定。也就是说，在这个过程中管理者和员工双方都负有责任。在这个双向沟通的过程中，管理者需要向员工做好解释和说明工作，员工则应就本职工作与管理者进行深入沟通，并向管理者初步预测完成工作可能存在的困难和需要的帮助，以便对绩效执行进行主动控制。

2. 绩效计划面谈是全员参与的过程

在绩效计划面谈中，人力资源管理专业人员、管理者和员工需要全面参与，并且这个过程中，三者的职责不一样。第一，人力资源管理专业人员的主要责任是帮助相关人员制订绩效计划。具体说来，人力资源管理专业人员的责任就是向管理者（有时包括普通员工）提供必要的指导和帮助，以确保组织的绩效计划系统中的绩效结果和绩效标准保持稳定性和协同性，从而保证组织绩效管理系统的战略一致性。第二，直线经理在整个过程中扮演着十分重要的角色，并且是部门绩效计划工作的责任人。直线经理最了解每个职位的工作职责和绩效周期内应完成的各项工作，有责任帮助员工制订绩效计划，并确保部门内部人员的计划之间的协同。第三，员工参与是绩效计划得以有效实施的保证。管理者在制定绩效目标和绩效标准时，应尽可能地让员工参与进来，制定具有挑战性的目标，通过员工目标的实现来实现组织目标。另外，绩效计划不仅要确定员工的绩效目标，更重要的是让员工了解如何才能更好地实现目标，了解组织内的绩效信息沟通渠道，了解如何才能够得到来自管理者或相关人员的帮助等。

（二）绩效计划面谈的实施

成功地实施绩效计划面谈需要注意如下几个方面的内容。

1. 绩效计划面谈的信息准备

绩效计划面谈的准备工作主要是事先为面谈的有效开展提供相关准备信息，这些信息归纳起来可以分为关于组织的信息、关于部门的信息和关于个人的信息。

（1）关于组织的信息。全面回顾组织战略目标是制订组织绩效计划的基础，也是化战略为各级人员日常行动的基础。为了使员工的绩效计划能够与组织的目标结合在一起，在进行绩效计划面谈之前，管理者和员工都需要重新回顾组织目标和计划，保证在绩效计划面谈之前双方都已经熟悉了组织的目标。通常，员工对组织的信息了解得越多，就越能在自己的工作目标中保持正确的方向。

（2）关于部门的信息。部门目标都是由组织的整体目标逐渐分解而来；同时，部门经营或工作计划是制订部门绩效计划的基础。不但经营性的指标可以分解到生产、销售等业务部门，而且对于业务支持性部门，其工作目标也与整个组织的经营目标紧密相连。例如，某公司的整体经营目标是：第一，将市场占有率扩展到60%；第二，在产品的特性上实现不断创新；第三，提高产品质量，降低产品成本。那么，人力资源部门作为一个业务支持性部门，在上述的整体经营目标之下，将自己部门的工作目标设定为：第一，建立激励机制，鼓励开发新客户、创新、提高质量和降低成本的行为；第二，在人员招聘方面，注重在开拓性、创新精神和关注质量方面的核心胜任特质；第三，提供开发客户、提升创造性、质量管理和成本管理方面的培训。

（3）关于个人的信息。个人信息的准备主要包括两方面：一是工作描述的信息，二是上一个绩效期间的评价结果。在员工的工作描述中，通常规定了员工的主要工作职责，以工作职责为出发点设定工作目标可以保证个人的工作目标与职位的要求联系起来。但是，在管理实践中，工作描述可能是过时的，甚至与实际工作是错位的，这就要求相关组织对工作描述进行及时修订。在设定绩效目标之前，对工作描述进行回顾，重新思考职位存在的目的，根据变化了的环境调整工作描述是十分必要的。另外，员工在每个绩效期间的工作目标通常是连续的或有关联的，因此，在制定本次绩效期间的工作目标之前有必要回顾上一个绩效期间的工作目标和评估结果。而且，在上一个绩效期间内存在的问题和有待进一步改进的方面也需要在本次的绩效计划中得到体现。

2. 绩效计划面谈的内容

绩效计划面谈的主要任务是进行工作回顾，全面审视绩效计划体系，并就绩效计划实施过程中可能存在的困难进行分析，并促使绩效计划的内容得到员工的认可。围绕绩效计划面谈的主要任务，面谈的主要内容具体包括如下几个方面。

第一，回顾有关的信息。在进行绩效计划面谈时，首先往往需要回顾一下已经准备好的各种信息，在讨论具体的工作职责之前，管理者和员工都应该知道企业的要求、发展方向以及对讨论具体工作职责有关系和有意义的其他信息，包括企业的经营计划信息、员工的工作描述和上一个绩效期间的评估结果等。

第二，绩效计划目标的具体化。在对有关的信息进行简短的回顾后，就应该尽快把绩效计划的目标具体化。目标就是对期待员工创造或达到的具体结果的描述。管理者和员工在设定目标时要把注意力集中在结果而不是过程上，注意使每个目标尽可能具体，并将每个目标同具体工作或结果联系起来，明确规定出结果的时限和资源使用的限制，使每个目标简短、明确和直接。

第三，讨论重要性级别和授权问题。要明确每项任务或计划目标的重要性级别，如必须级、重要级、一般级等。管理者和员工必须就相关任务和目标的重要性级别达成一致，这样员工就可以根据情况自主分配时间，而不必事事请示上级。虽然设置重要性级别的过程相对简单，但管理者和员工只有共同参与，才有利于他们达成共识并保证重要性级别能正确反映企业的需要。另外，授权问题也是重要的沟通内容，员工必须知道何时可以自己做决定，何时必须请示上级。对于每一个绩效目标，都需要讨论清楚员工拥有的决策权力，如完全授权、先执行后报告或请示等。

第四，讨论衡量的标准。绩效标准是评判员工是否成功达成目标的标准。绩效标准应该具体、客观、方便度量，在员工通过努力后可以达到。它通常回答这样一些问题，如什么时候、怎么样、有多少失误、让谁满意等。在制定绩效标准时，我们会发现如果绩效计划的目标设定得越具体，绩效标准就会与目标越相似，但是我们不能因此就把目标定得过于具体，要保持目标的灵活性，特别是在不了解计划任务的具体要求时，目标必须要保持适度的灵活性，然后才随着了解的不断深入，逐渐使目标精确化和科学化。

第五，讨论计划实施的困难和需要提供的帮助。当管理者和员工制定了绩效标准之后，还需要了解员工完成计划和达到标准过程中可能遇到的困难、障碍和问题，应尽可能对计划执行过程中可能出现的各种问题进行主动控制，而不是等问题出现后再来解决。另外，很多困难不是员工靠个人力量就能解决的，管理者必须尽量向遇到困难的员工提供力所能及的帮助，促使难关得以及时攻克。

3. 绩效计划面谈的过程

总体来说，绩效计划面谈的实施过程是一个采用合适的沟通方式，进行充分沟通的过程，也是管理者与员工就绩效计划的内容达成一致，并通过绩效协议做出绩效承诺的过程。

1）选择沟通方式

绩效计划面谈需要根据绩效管理的目标，选择合适的沟通方式，以便增加员工了解绩效管理的目的，正确认识绩效计划，营造一种合作的氛围，同时消除担忧和敌对情绪。一般来说，采取什么样的方式对绩效计划的内容达成共同的理解，也需要考虑不同的环境因素，如企业的文化和氛围、员工的特点，以及所要达成的工作目标的特点。因此，沟通方式选择主要应该注意沟通的时机选择、地点选择和程序选择。选择沟通方式通常以有利于管理者和员工之间的充分沟通为基本原则。例如，有的管理者喜欢先向员工介绍公司未来的发展前景和计划，然后再讨论员工个人的工作目标；有的管理者则喜欢请员工谈一谈对个人未来发展的想法；有的管理者则开门见山，直接与员工谈工作。这些方式并非某一种一定就比其他种好，而是要根据具体的情况来选用不同的方式。

在沟通过程中，通常应该遵循如下原则：第一，管理者和员工在沟通中是一种相对平等的关系，他们是共同为未来业务单元的成功而做计划；第二，承认员工是真正最了解自己所从事工作的人，员工是其所在工作领域的专家，在制定工作衡量标准时应该更多地发挥员工的主动性，更多地听取员工的意见；第三，管理者影响员工的主要领域是如何使员工个人工作目标与整个业务单元乃至整个组织的目标结合在一起，以及员工如何在组织内部与其他人员或其他业务单元的人进行协调配合；第四，管理者应该是与员工一起做决定，而一定不是代替员工做决定，员工自己做决定成分越多，绩效管理就越容易成功。绩效面谈主要分为绩效计划面谈、绩效监控中的持续沟通以及绩效反馈面谈。

2）实施过程

不同的沟通方式有不同的实施程序，但是通常都应该关注如何开场、如何组织面谈以及如何结束面谈。开场阶段，主要是营造气氛，创造平等、轻松的沟通氛围；组织面谈阶段则需要就绩效计划的主要内容进行深入交换意见，特别对有分歧的地方进行重点讨论。很多人忽视绩效面谈的结束阶段。事实上，这时管理者需要感谢员工的参与，再次说明面谈的重要性和作用，对面谈的重点进行简单的总结，同时安排制作相关的文档和计划解决遗留问题的后续步骤。在这个持续的沟通过程中，沟通的重点除了最终的个人绩效目标之外，还包括双方应采用什么样的方式、做出什么样的努力、进行什么样的技能开发等，以达到计划中的绩效结果。也就是说，管理者和员工对绩效计划面谈的成功都负有责任，其中，管理应该要向员工解释和说明的主要问题包括以下内容。

（1）组织整体的目标是什么？

（2）为了完成这样的整体目标，我们部门的目标是什么？

（3）为了达成这样的目标，对员工的期望是什么？

（4）对员工的工作制定什么样的标准？

（5）完成工作的期限应如何制定？

在这个双向沟通的过程中，员工应该向管理者说明的内容主要包括如下方面。

（1）自己对工作目标和如何完成工作的认识。

（2）自己所存在的对工作的疑惑和不理解之处。

（3）自己对工作的计划和打算。

（4）在完成工作中可能遇到的问题和需要的帮助。

第二节 绩效计划的内容

绩效计划的主要任务是谋划一个绩效周期内应该“做什么”和“如何做”。“做什么”在绩效计划中具体体现为确定绩效目标、绩效指标和绩效评价标准。这需要管理者和员工通过沟通，确保组织战略目标能分解到部门目标和个人目标，最终实现组织战略目标在个人目标上的落地。“如何做”的问题主要体现为行动方案。其保障绩效计划内容的完整性、系统性、科学性和可操作性，对绩效计划环节乃至整个绩效管理系统的成功都有非常重要的意义。

一、绩效目标

绩效目标是连接组织战略与绩效管理系统的纽带，也是绩效计划的关键内容。绩效目标体系是对组织战略目标的分解和细化，是制定绩效指标、绩效评价标准和行动方案的起点和基础。

（一）绩效目标的内涵

绩效目标是指管理者与员工在使命和核心价值观的指引下，对愿景和战略进行分解和细化，具体体现为绩效主体在绩效周期内需要完成的各项工作。具体明确的绩效目标是实现组织纵向和横向协同的基础，也是实现组织、部门和个人协调一致的纽带和关键。在管理实践中，有时候可以用“到什么时间完成什么目标”这样的模式来界定绩效目标，但是很多工作是持续性的和重复性的，没有明确的起止时间，则很难界定。因此，目前对绩效目标的理解主要有两种：一种是将绩效目标理解为“绩效指标加目标值”，如“完成年度销售额300万元”；另一种则是将绩效目标理解为绩效的行为对象，具体表现为一个动宾词组，如“增加团体客户总量”和“开发并维持战略伙伴关系”等。理解绩效目标的内涵还需重视以下内容。

（1）绩效目标的来源。绩效目标的来源主要有两类。首先，绩效目标来源于对组织战略的分解和细化。客户价值主张决定组织竞争战略的选择，合理构建和妥善传递的客户价值主张是绩效管理的精髓和核心。通过对战略的分解与细化，形成组织绩效目标、部门绩效目标和个人绩效目标来引导每个员工都按照组织要求的方向去努力，从而确保组织战略的顺利实现。其次，绩效目标来源于职位职责。职位职责描述了一个职位在组织中扮演的角色，即这个职位对组织有什么样的贡献或产出。职位职责相对比较稳定，除非该职位本身从根本上发生变化。

（2）绩效目标的差别。使用不同的绩效管理工具，对绩效目标的理解有较大差别。在目标管理中，绩效目标通常采用“绩效指标加目标值”的表述形式。在关键绩效指标中，没有明确提出绩效目标的概念，不同层次的绩效计划是通过指标分解建立起相互的联系。在平衡计分卡中，主张将绩效目标和绩效指标分开，绩效目标具体表现为一个动宾词组，在不同层次的绩效计划体系中，通过绩效目标的承接与分解建立关系，在一个绩效计划之内，强调绩效目标之间是一个具有因果关系的逻辑体系。

（二）绩效目标的类型

在管理实践中，比较常见的分类方式是依据绩效层次的不同将绩效目标分为组织绩效目标、部门绩效目标和个人绩效目标。除此之外，还有以下几种常见的分类方式。

第一，按照绩效周期的长短，可以将绩效目标分为短期绩效目标、中期绩效目标和长期绩效目标。短期绩效目标通常是在几天、几周或几个月内完成的绩效目标；中期目标是指半年或一年，甚至一年多内完成的绩效目标；而长期绩效目标则是指完成时间更长一些，可能要2～3年，甚至更长时间，或者需要划分为几个关键性阶段的绩效目标。

第二，根据绩效目标的来源，可以将绩效目标分为战略性绩效目标和一般绩效目标。战略性绩效目标来源于对组织战略目标的分解，强调激发组织内所有人的创造力，激励所有人为之采取新思维、新方法或新思路，为了实现组织战略目标而群策群力、协同合作和共同奋斗。一般绩效目标则是来源于组织系统内具体职责的要求，是指维持组织正常运行必须履行的日常工作。

第三，根据持续时间和内容的差别，还可以将绩效目标分为成就型绩效目标与标准型绩效目标。两种类型的绩效目标含义、适用范围和举例如表2-1所示。

表2-1 成就型绩效目标与标准型绩效目标的区别

目标	成就型绩效目标	标准型绩效目标
含义	通过在特定的时间点上应该达到怎样的结果、取得怎样的成就来表示绩效目标	通过在持续性和重复性的工作中应遵循怎样的标准来衡量的绩效目标
适用范围	从事有明确可见的结果产出的工作的人员，如业务人员、销售人员、管理者、有特殊技能的专业人员等	工作内容主要是重复性、支持性的职位，如秘书、行政事务专员、出纳、前台等
举例	到6月底完成600万元的销售额； 将年度经营成本控制在100万元的范围内； 年底提交软件的测试版本	报表的错误率低于1%； 现金报销在3个工作日内完成； 电话铃响3声之内必须接听

资料来源：武欣．绩效管理实务手册［M］．第二版．北京：机械工业出版社，2005：72-73

此外，在以平衡计分卡为基础的绩效管理实践中，还可以根据绩效目标协同方式的不同进行分类。按照纵向协同的要求，可以将绩效目标分为承接目标、分解目标和独有目标；按照横向协同的要求，可以把绩效目标划分为共享目标、分享目标和独有目标。

（三）绩效目标的制定

绩效目标是制订绩效计划的首要内容。绩效目标的制定，需要在遵循绩效计划制订基本原则的基础上，严格按照目标制定的基本步骤进行，并能把握住制定过程中的关键点。

1. 明确绩效目标制定的基本步骤

绩效目标的制定过程通常包括如下几个步骤。

第一，成立一个由高层领导参与的战略规划小组，负责拟订和描述组织的愿景，在高层领导之间达成共识后，确定组织的战略目标。对一个成熟的组织来说，则是直接根据组织的愿景和战略，结合组织的年度工作计划，制定组织的绩效目标。

第二，每位高层领导与其分管部门的管理者组成小组，提出各部门的目标，然后基于部门目标和部门工作计划，制定部门绩效目标。在制定部门绩效目标时，管理者需要注意部门绩效目标和组织绩效目标的纵向协同和不同部门之间的横向协同。

第三，部门管理者与员工就部门目标分解和实现方式进行充分沟通，形成每个人的绩效目标。在这一过程中，上级需要统筹协调每个人的工作内容，保证本部门的目标能够实现。同时也要保障双向沟通渠道的畅通和员工的发言权，并鼓励下级人员积极参与绩效目标的制定。通过保证基层员工的绩效目标与部门绩效目标的协同性和一致性，来确保个人、部门和组织目标的协同性和一致性，进而通过绩效系统化组织战略为每个员工的日常行动。

2. 绩效目标制定的关键点

在绩效目标制定的过程中，为了确保绩效目标的科学性和可操作性，绩效目标制定者还需要把握如下几个关键点。

（1）进行充分的绩效沟通。在制定绩效目标的过程中，管理者和员工需要进行充分、平等、全面的沟通。绩效计划制订中的沟通与承诺，主要体现为通过充分参与提升员工对绩效目标的承诺程度和工作卷入程度，从而提升目标达成的可能性。在传统的目标制定过程中，缺乏充分的沟通，采取上级给下级分派任务的方式，由组织的最高管理层制定组织的战略及目标，然后逐层分解到组织的各个层次；最高领导层的目标经常是一种充满激情的陈述，使用的往往是泛泛的描述性语言，而下面每一个层级在接受信息时必然加入自己的理解，经过层层过滤，到一线人员所做的往往是与战略毫不相关的事，甚至朝着相反的方向进行。传统的目标设定过程如图 2-1 所示。

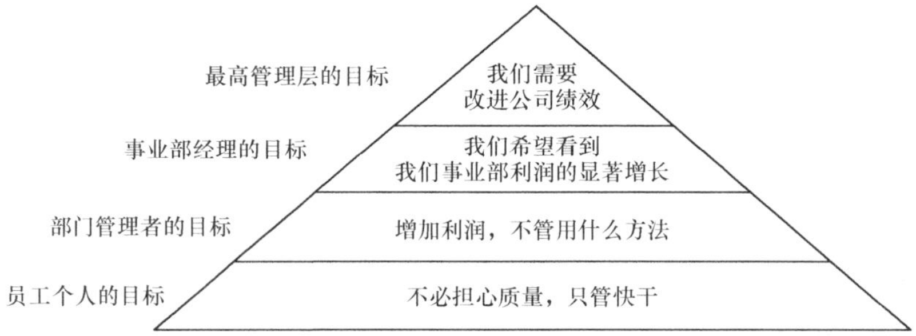

图 2-1　传统的目标设定过程

资料来源：罗宾斯 S P，库尔特 M. 管理学［M］. 第 7 版. 孙健敏，黄卫伟，王凤彬，等译. 北京：中国人民大学出版社，2004：188

（2）确保绩效目标的动态调整。绩效目标的制定通常遵循“先建立后完善”的原则。绩效目标制定需要严格遵循 SMART 原则，先确定至关重要的绩效目标，同时避免将绩效目标与日常工作计划等同。然后保证目标数量适中，绩效目标过少，则说明可能有重要的目标被忽略；目标过多，则可能造成工作繁杂，没有重点，或者是工作职责相互交叉和重叠。在建立了绩效目标之后，管理者与员工进行持续沟通，对已经制定的绩效目标进行修正和完善。绩效目标是根据每个绩效周期的现状确定的，而现实情况处在不断的变化之中，因此，管理者应注意对目标进行及时的动态调整。特别是在制定了分阶段目标的情况下，这种调整应更频繁。

（3）管理者需要提高对绩效目标的认识。第一，不能将需要达到的目标和切实可行的目标混淆。管理者可能面对来自其上级或客户的压力，这些压力对部门绩效目标常常有较大的影响，部门绩效目标又需要落实到部门内个人绩效目标上。在这种情况下，管理者提出的绩效目标就可能会超越员工的能力与资源的限制。如果员工没有最后的决定权或缺乏充分沟通，其常常会面对超出自身能力的绩效目标，因此而充满挫折感，并致使工作的努力程度降低。第二，需要清楚所有绩效目标都必须为组织战略目标服务，保障目标体系在纵向上注重协同性和一致性，在绩效周期长短上注意长、中、短兼顾，在重要性上注意重点突出。第三，不可将所有需要解决问题都包含在绩效目标之中。管理者必须清楚绩效管理不是万能的，不能医治百病，更不能代替一切，绩效管理只有与组织的各种制度规范、组织文化、管理实践以及外部环境结合起来，才能充分发挥绩效管理系统的作用。

二、绩效指标

绩效目标必须转化为可以直接衡量的绩效指标，把绩效目标转化为可衡量的绩效指标是绩效计划中具有较高技术含量的工作。绩效指标是员工日常行为的指挥棒，绩效指标设置的科学与否在很大程度上影响着整个绩效管理系统的成败。

（一）绩效指标的概念

1. 绩效指标的内涵

指标（indicator）是指衡量目标的单位或方法，是指目标预期达到的指数、规格、标准。绩效指标（performance indicator）是用来衡量绩效目标达成的标尺，即通过对绩效指标的衡量来判断绩效目标的实现程度。绩效指标必须包括行动、期望的程度结果、到期时间以及某种形式的质量或数量指标。绩效指标反映了组织对该职位工作的要求，是对该职位上每个员工工作赋予的基本目标值，是评价该职位上员工绩效的基准。由于绩效指标是直接面向绩效评价，因此绩效指标也叫绩效评价指标或绩效考核指标。

绩效指标可以涉及某一个具体目标的诸多方面，如数量、质量、时间和成本等。质量是指目标完成得如何，通常包括有用性、响应度、所获得的效果（如问题得到解决的程度）、接受率、差错率以及客户反馈（如客户的投诉、差错率、回报）等。数量是指产出情况如何，包括产出量、产出效率、消耗成本等。时间，即要在预定的期限内完成，可分为严格遵守时间表、工作周期以及最终完成期限（如时间表、进度报告等）。成本，即指生产单位产品的成本是多少、投资回报率是多少等。

2. 绩效指标的类型

为了更好地设计绩效管理系统中的绩效指标，我们应该熟悉绩效指标的具体分类，并将各类绩效指标纳入绩效评价系统之中。

1）工作业绩与工作态度指标

根据绩效评价内容不同，可以将绩效指标分为工作业绩指标和工作态度指标。

（1）工作业绩指标。所谓工作业绩就是工作行为所产生的结果，通常应该直接反映企业绩效目标或战略目标。评价员工绩效时所强调的工作业绩指标应该体现组织成功所需要的关键绩效结果。这些指标可能表现为该职位的关键工作职责，或一个阶段性的项目，也可能是年度的综合业绩。在设计工作业绩指标时，通常的做法是将业绩具体表现为完成工作的数量指标、质量指标、工作效率指标以及成本费用指标。

（2）工作态度指标。在组织中常常可以见到这样的现象：一个能力很强的人出工不出力，没能实现较高的工作业绩；而一名能力一般的员工兢兢业业，却做出了十分突出的工作业绩。这两种不同的工作态度产生了截然不同的工作结果。因此，为了对员工的行为进行引导从而达到绩效管理的目的，在绩效计划和绩效评价中应加上对工作态度进行评价的指标。

2）硬指标与软指标

美国著名管理学家和社会心理学家斯坦利·E. 西肖尔（Stanley E. Seashore）认为硬指标（如营业额、废品数量等）和软指标（如协作关系好坏、顾客满意度等）必须互相补充，二者同等重要。所谓硬指标，指的是那些可以以统计数据为基础，把统计数据作为主要评价信息，建立评价数学模型，以数学手段求得评价结果，并以数量表示评价结果的绩效指标。使用硬指标进行绩效评价能够摆脱个人经验和主观意识的影响，具有相当的客观性和可靠性。在处理硬指标的评价结果时，如果需要完成复杂或多变的计算过程，还可借助电子计算机等工具来进行，以有效提高评价的可行性和时效性。软指标指的是主要通过人的主观评价得出评价结果的绩效指标。在行为科学中，人们用专家评价来指代这种主观评价的过程。所谓专家评价，就是由评价者（专家）对系统的输出做出主观的分析，直接对评价对象进行打分或做出模糊评判（如很好、好、一般、不太好或不好）。这种绩效指标完全依赖于评价者的知识和经验来做出判断和评价，容易受各种主观因素的影响。

3）“特质、行为、结果”三类绩效指标

在很多理论和实证研究中，综合运用“特质、行为、结果”这三类指标进行绩效指标体系的设计是一种比较常见的方式，这三类绩效指标的详细比较如表 2-2 所示。

表 2-2 “特质、行为、结果”三类绩效指标对照

指标	“特质”绩效指标	“行为”绩效指标	“结果”绩效指标
适用范围	• 适用于对未来的工作潜力做出预测	• 适用于评价可以通过单一的方法或程序化的方式实现绩效标准或绩效目标的岗位	• 适用于评价那些可以通过多种方法达到绩效标准或绩效目标的岗位
不足	• 没有考虑情境因素，通常预测效度较低； • 不能有效地区分实际工作绩效，员工易产生不公正感； • 将注意力集中在短期内难以改变的人的特质上，不利于改进绩效	• 需要对那些同样能够达到目标的不同行为方式进行区分，以选择真正适合组织需要的方式，这一点是十分困难的； • 当员工认为其工作重要性较小时，意义不大	• 结果有时不完全受评价对象的控制； • 容易诱使评价对象为了达到一定的结果而不择手段，使组织在获得短期效益的同时丧失长期利益

资料来源：杨杰，方俐洛，凌文辁．对绩效评价的若干基本问题的思考［J］．中国管理科学，2000，8（4）：74-80

（二）绩效指标设计的准备

在绩效管理过程中，绩效指标扮演着双重角色，既是“晴雨表”，又是“指挥棒”。既通过指标衡量实际绩效状况，又对管理决策和员工行为产生指引作用。可以说，组织成员对绩效指标的准确理解和认识直接关系到绩效管理的成败。因此，绩效指标体系的构建是一项具有很高的技术性和挑战性的工作，管理者需要为此做全面的准备。

1. 绩效指标的基本特征

高质量的指标体系应该具有如下基本特征。

（1）独立性。独立性指的是绩效指标之间的界限应清楚明晰，不会发生含义上的重复。这要求各个绩效指标必须有独立的内容，有独立的含义和准确的界定。指标名称的措辞要讲究，要求做到内容界限清楚，避免产生歧义。在必要时需要给出操作性的定义，做到含义具体、明确，避免指标之间出现重复。例如，“沟通协调能力”和“组织协调能力”中都有“协调”一词，但实际上应用的人员类型是不同的，这两种协调能力的含义也是不同的。“沟通协调能力”一般可以运用于评价普通员工，“组织协调能力”则主要针对管理者，用于评价他们在部门协调和员工协调中的工作情况。

（2）可测性。绩效指标之所以需要测量和可以测量，最基本的特征就是该绩效指标指向的变量具有变异性。具体来说，评价能够产生不同的评价结果。只有这样，绩效指标的标志和标度才具有存在的意义，绩效指标才可能是可以测量的。另外，在确定绩效指标时，还要考虑到评价中可能遇到的种种现实问题，确定获取所需信息的渠道以及是否有相应的评价者能够对该指标做出评价等。绩效指标本身的特征和该指标在评价过程中的现实可行性共同决定了绩效指标的可测性。

（3）针对性。绩效指标应针对某个特定的绩效目标，并反映相应的绩效标准；应根据部门职责或岗位职能所要求的各项工作内容及相应的绩效目标和标准来设定每一个绩效指标。

2. 绩效指标的选择依据

在确定绩效指标的过程中，需要关注如下几个选择指标的基本依据。

（1）绩效评价的目的。绩效评价的目的是通过对绩效指标的评价来促进促进绩效目标的实现，从而助推组织战略目标的实现。通过对绩效指标的有效监控和评价，对员工行为产生正面的导向作用，但由于各部门或具体岗位的工作内容涉及的指标往往很多，对绩效指标的监控和评价不可能面面俱到。因此，绩效评价的目的是选择绩效指标的一个非常重要的原则。

（2）工作任务和绩效标准。每个部门或岗位的工作任务在组织系统中已经有相对明确的规定，每个组织的总目标都会逐步分解到具体的部门和员工。组织、部门和个人的工作任务（绩效任务）和绩效标准事先都应该有明确的规定，以确保工作的顺利进行和工作目标的实现。因此，绩效指标应该体现这些工作任务和标准，从数量、质量、时间上赋予绩效指标特定的内涵，使绩效指标的名称和定义与工作任务相符、指标的标度与绩效标准相符。这样的绩效指标方能准确地引导员工的行为，使员工的行为与组织的目标一致。

（3）获取绩效信息的便利程度。高绩效管理系统通常对各环节有明确要求：绩效监控应该方便易行；绩效评价必须有据可依、避免主观随意性；绩效评价结果也易于被评价对象接受。这就要求我们能够方便地获取与绩效指标相关的统计资料或其他信息，并且要求信息来源必须稳定可靠和获取信息方式简单可行。获取绩效信息的难易程度并不是可以直观判断的，通常需要在管理实践中进行小范围试行，并不断进行调整。如果信息来源渠道不可靠或者相关资料呈现矛盾状态，也应该及时予以调整，以使绩效指标能够方便、准确地得到评价。有时，员工所从事的工作是不可量化的，对这类工作绩效指标的选择通常反映在“工作质量”、“与同事协作的情况”以及各种“特殊事件”等方面。

（三）绩效指标体系的设计

绩效指标体系的设计是一项系统性的工作，要求指标的设计者必须系统全面地认识绩效指标，使用科学的方法，选择合适的路径，并为每一个绩效指标赋予合适的权重。

1. 绩效指标体系的设计方法

设计绩效指标体系的主要工作之一就是依据准确全面地衡量绩效目标的要求，在坚持相关基本原则的基础上，采用科学的方法设计合适的绩效指标。常见的设计绩效指标体系的方法主要有以下五种。

（1）工作分析法。工作分析是确定完成各项工作所需履行的责任和具备的知识及技能的系统工程，是人力资源管理的基本职能。工作分析的主要内容由两部分组成：一是职位说明；二是任职资格。职位说明包括：工作性质、职责、进行工作所需的各种资料、工作的物理环境、社会环境、与其他工作相联系的程度等与工作本身有关的信息。对人员的要求包括：员工为了完成本工作应具备的智力、体力、专业知识、工作经验、技能等相关要求。在制定绩效指标的过程中进行的工作分析，最重要的就是分析从事某一职位工作的员工需要具备哪些能力和条件，职责与完成工作任务应以什么指标来评价，指出这些能力和条件及绩效指标中哪些比较重要，哪些相对不那么重要，并对不同的指标完成情况进行定义。这种定义就构成了绩效指标的评价尺度。

（2）个案研究法。个案研究法是指对个体、群体或组织在较长时间里连续进行调查研究，并从典型个案中推导出普遍规律的研究方法。例如，根据评价的目的和对象，选择若干个具有典型代表性的人物或事件作为调研对象，通过对他们的系统观察和访谈来分析、确定评价要素。常见的个案研究法有典型人物（事件）研究与资料研究两大类。典型人物研究是以典型人物的工作情境、行为表现、工作绩效为直接对象，通过对他们的系统观察和分析研究来归纳总结出他们所代表群体的评价要素。资料研究是以表现典型人物或事件的文字材料为研究对象，通过对这些资料的总结、对比和分析，最后归纳出评价要素。

（3）问卷调查法。问卷调查法就是设计者根据需要，把要调查的内容设计在一张调查表上，写好填表说明和要求，分发给被调查者，让被调查者根据个人的知识与经验，自行选择答案，以收集和征求不同人员的意见。调查的问题应设计得直观、易懂，不宜过多，应尽可能减少被调查者的回答时间，以免影响调查表的回收率和调查质量。例如，研究者通过访谈法把评价某员工的绩效指标归纳为 40 个指标，为了从这 40 个指标中筛选出关键的绩效指标，就可以采用问卷调查法。问卷调查法按答案的形式可以分为封闭式问卷和开放式问卷两大类。封闭式问卷分为是非法、选择法、计分法、排列法四种。另外，开放式问卷没有标准化答案，被调查者可以按照自己的意愿自由回答。

（4）专题访谈法。专题访谈法是指研究者通过面对面的谈话，用口头沟通的途径直接获取有关信息的研究方法。例如，通过与企业各部门主管、人力资源部门人员、某职位人员等进行访谈获取绩效指标。专题访谈的内容主要围绕下述三个问题展开。

- 你认为担任该职位的员工最基本的要求是什么？
- 该职位的工作的主要特点是什么？
- 检验该职位的工作成效的主要指标是什么？

研究者通过分析汇总访谈所得的资料，可以获取许多极其宝贵的材料。专题访谈法有个别访谈法和群体访谈法两种。个别访谈轻松、随便、活跃，可快速获取信息；群体访谈以座谈会的形式进行，具有集思广益、团结民主等优点。

(5) 经验总结法。众多专家通过总结经验，提炼出规律性的研究方法，称为经验总结法。其一般又可分为个人总结法和集体总结法两种。个人总结法是请人力资源专家或人力资源部门人员回顾自己过去的工作，通过分析最成功或最不成功的人力资源决策来总结经验，并在此基础上设计出评价员工绩效的指标目录。集体总结法是请若干人力资源专家和企业内有关部门的主管（6～10 人）集体回顾过去的工作，采用头脑风暴的方式分析绩效优秀者和绩效一般者的差异，列出长期以来用于评价某类人员的常用指标，在此基础上提出绩效指标。

2. 绩效指标体系的设计原则和路径

在具体设计绩效指标体系的管理活动中，管理者需要根据绩效指标的基础知识、基本理念和思想，设计出符合组织具体要求的绩效指标体系，以确保组织、部门和个人三个层次的绩效指标体系能有效地支撑组织战略目标的实现。虽然管理实践各不相同，但是了解绩效指标设计中的具体原则和绩效指标体系的设计路径却是绩效指标体系设计工作中普遍需要高度重视的两个问题。

1）绩效指标体系的设计原则

绩效指标体系通常是由一组既独立又相互关联，既能衡量绩效目标又便于监控和评价的系列指标构成。绩效指标体系呈现出层次分明的结构。一方面，绩效指标包括组织、部门和个人绩效指标三个层次；另一方面，针对每一个职位的绩效指标也呈现出层次分明的结构。无论采用何种分类方式，每一类指标都包含若干个具体的绩效指标，都会形成一个层次分明的结构。为了使各个指标更好地整合起来，以实现评价的目的，在设计绩效指标体系时，需要遵循一些基本的设计原则，其中最常见的原则有如下两条。

第一，坚持“定量指标为主，定性指标为辅”的原则。定量化原则是绩效指标设计实践中的首要原则，一般通过执行 SMART 原则以提高绩效指标设计的质量和效率。但是并不是所有绩效都能量化或都好量化，因此还需要一定的定性指标作为补充。例如，根据不同职位的工作性质，人们往往会发现将所有绩效指标量化并不可行，这时我们就需要考虑设计定性指标；当然，对于定性的绩效指标，也可以运用一些数学工具进行恰当的处理，使定性指标得以量化，从而使评价的结果更精确。

第二，坚持“少而精”的原则。这一原则指的是绩效指标需要反映绩效管理的根本目的，但不一定要面面俱到。设计“少而精”的关键性绩效指标体系，做到简洁明了和重点突出，便于监控和评价。所以在制定绩效指标或者从绩效指标库中选择绩效指标时，需要确定或选取最有代表性的项目，从而简化绩效监控和评价过程。

2）绩效指标体系的设计路径

设计绩效指标的一个重要标准就是评价对象所承担的工作内容和绩效标准，这种工作内容和绩效标准的区别很明显地反映在个人的职位职能上。在制定处于组织中不同层级和职位的个人绩效指标时，我们需要使用不同的绩效指标和权重。在设计绩效指标的实践中，通常首先设计组织绩效指标和部门绩效指标，然后通过承接和分解，分别获得组织高层管理者和部门管理者的绩效指标。具体来讲，绩效指标体系的设计路径有如下两种。

路径一：针对不同层级的目标设定相应的绩效指标。

管理层级是设计绩效指标体系纵向框架的依据。不管采用何种类型的组织结构，管理层级是必然存在的，只不过层级数量有所差异而已。一般来说，企业可以划分为组织、部门和个体三个层级，相应的个体也可区分为高层管理者、中基层管理者和普通员工。由于不同层级的主体在纵向上存在职责和权限的分工，因此各自的绩效目标或者绩效目标的侧重点也存在相应的差异。但是，由于组织、部门和个体以及不同层级的人员是通过绩效目标之间的承接和分解来实现牵引、支持和配合的，因此各自的绩效目标大多存在一定的逻辑关系。

绩效指标是用以衡量绩效目标的手段，它的设计和组合是以目标为导向的。因此，基于绩效目标在纵向上的逻辑链，我们可以建立起具有一定关联的绩效指标体系。如果上下级主体之间绩效目标相同，则他们的衡量指标也相同；如果下级目标是对上级目标的分解，就需要根据目标细化的程度设置各自的衡量指标，但是这些指标所评价的内容综合起来应该能够大体上反映上级目标的绩效状况。另外，不同层级的主体总归有自己的特殊任务，需要独立完成自己特有的目标，相应地，这些目标的指标一般也是个性化的，与其他指标没有必然的联系。由此，我们可以从纵向上对指标体系进行归类，区分上下级的绩效指标是共同的、有关联的还是独有的指标。

路径二：针对不同职位的特点选择不同的绩效指标。

职位类别是设计绩效指标体系横向框架的依据。在我国，由于没有建立起严格的职位职能分类标准，不同的企业对于职位职能的分类存在不同的看法。常见的职位类型包括生产类、工程技术类、销售类、研发类、行政事务类、职能管理类、政工类等。常见的职能等级包括经理、部长、主管、主办、操作工人等。但不论用什么样的称谓，最重要的是在企业的职位体系中对这些不同的称谓进行严格的定义和区分，以便为人力资源管理的各方面工作提供一个准确的、可操作的职位平台。

按职位职能标准进行绩效管理的前提就是在企业中建立健全这样一个明确的职位系列。在分层分类评价时，不一定要严格按照这个职位系列来进行。通常，我们会对比较复杂的职位系列进行一定的合并。分层评价的层次究竟应该如何确定并没有明确的规定，具体的分类方式应该根据企业规模，特别是管理幅度和管理层次来确定。至于分类的标准，则要根据企业的生产经营对人员类别的需要而定。

为了更好地推行分层分类的绩效管理，可以将企业的职位系列体现为一个以职位类型为横坐标、以职位等级为纵坐标的矩阵图，其简单的例子如图 2-2 所示。

从职位类型矩阵图中可以看出，该组织存在 4 个不同的职位类型，并有 5 个职能等级。这样一来，就存在 20 种不同的职位职能等级。对于这 20 种人员来说，由于职位类型和职能等级的不同，他们承担着不同的工作内容和管理职能。在评价他们的工作绩效时，必然要考虑到这一点进行个性化的指标设计。某公司采用分级分类的观点，得到了不同层级和不同职位的人员的绩效指标，其汇总表如表 2-3 所示。

3. 绩效指标的权重设计

绩效指标的权重是指在衡量绩效目标的达成情况过程中，各项指标的相对重要程度。在设计绩效指标体系过程中，不同的指标权重对员工行为具有牵引作用，确定各项指标的权重是一项非常重要的工作，也是一项具有较高技术要求的工作。权重设计通常需要注意影响绩效指标权重的因素和具体的设计方法两大方面的内容。

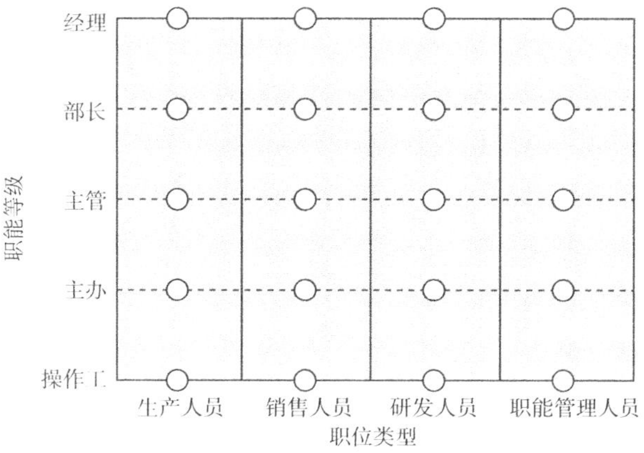

图 2-2 职位类型矩阵图

表 2-3 分级分类评价的绩效指标汇总表（示例）

绩效指标 \ 人员类别		生产人员			销售人员			研发人员			职能管理人员		
		经理	主管	主办	经理	主管	主办	经理	主管	主办	经理	主管	主办
工作业绩	工作数量		•	•									•
	工作质量	•	•	•				•	•	•			
	工作效率	•	•	•	•	•	•				•	•	•
	目标完成程度	•	•	•	•	•	•	•	•	•	•	•	•
工作态度	全局意识	•			•			•			•		
	责任感	•	•	•	•	•	•	•	•	•	•	•	•
	纪律性			•			•			•			•
	积极性			•			•			•			•
	培育员工意识	•	•		•	•		•	•		•	•	
	自我开发意识			•			•			•			•

1）影响绩效指标权重的因素

影响绩效指标权重的因素很多，其中最主要的因素包括以下三类。

第一，绩效评价的目的是影响指标权重的最重要的因素。绩效管理是人力资源管理职能系统的核心模块，绩效评价的结果往往运用于不同的人力资源管理目的。不同的评价目的要求对各个绩效指标赋予不同的权重，但是关于权重的这种规定并不需要明确到每个绩效指标。例如，将绩效指标分为工作业绩指标和工作态度指标这两个大类，然后根据不同的评价目的，规定这两个评价维度分别占多大的比重。

第二，评价对象的特征决定了某个绩效指标对于该对象整体工作绩效的影响程度。例如，责任感是评价员工工作态度时常用的一个指标。但是对于不同种类的员工来说，责任感这一绩效指标的重要程度各不相同。对于一个保安人员来说，责任感可能是工作态度指标中权重最大的指标，而对于其他类型的员工，责任感的权重可能就不那么大。

第三，组织文化倡导的行为或特征也会反映在绩效指标的选择和权重上。例如，以客户为中心的文化较为重视运营绩效和短期绩效，而创新型文化更为关注战略绩效和长期绩效，因此在指标选择和权重分配上两者会各有侧重。

2）权重设计方法

在综合分析指标权重的影响因素之后，就需要对每个绩效指标设定相应的权重系数。在通常情况下，指标权重设定工作是在统筹考虑各种影响因素的基础上，采用科学的设计方法设计具体的权重系数。主要的权重设计方法有如下几种。

第一，专家经验判定法。专家经验判定法是最简单的权重确定方法。它是决策者个人根据自己的经验和对各项绩效指标重要程度的认识，对各项绩效指标的权重进行分配。有时决策者也会召集相关人员和专家学者共同讨论，听取大家的意见，共同商定权重的大小。也可以请多个专家为每个绩效指标打分，然后取专家赋值的平均值为权重。这种方法基本上是基于个人的经验决策，往往带有片面性。对于比较简单的绩效评价工作，这个办法花费的时间和精力比较少，容易被接受。但在实际的应用过程中，应注意不同利益主体之间观点的平衡，避免决策专断的行为。

第二，权值因子判断表法。权值因子判断表法是指由评价人员组成评价专家小组，由专家组制定和填写权值因子判断表，然后根据各位专家所填写的权值因子判断表来确定权重的方法。这种方法的实施一般包括组成评价的专家组、制定绩效指标权值因子判断表、专家填写权值因子判断表、对各位专家所填写的权值因子判断表进行统计、得出绩效指标权值等步骤。

第三，层次分析法。层次分析法是对人们的主观判断进行形式的表达、处理与客观描述，通过判断矩阵计算出相对权重后，进行判断矩阵的一致性检验，克服两两相比的不足。层次分析法确定指标权重一般包括建立树状层次结构模型、确立思维判断定量化的标度、构造判断矩阵、计算权重等步骤。

第四，加权平均法。传统确定绩效指标的方法是将绩效指标人为地划分为一定比例，这种方法在管理实践中常常出现权重分配不完全的现象。采用加权平均法来确定绩效指标权重，具体包括如下三个步骤：首先，将所有指标划分为三类并赋予不同的权重系数，即全局性指标的权重系数为 5，局部性指标的权重系数为 3，事务性指标的权重系数为 1；其次，每个指标的满分赋值为 100 分，考核主体依据考核标准进行打分，经权重系数加权，得到每个指标的加权得分；最后，对所有指标加权得分进行求和，并根据指标数量对权重进行求和，取两者的商即为最终评价得分。计算公式如下：

$$\bar{x}=\frac{x_1f_1+x_2f_2+\cdots+x_kf_k}{f_1+f_2+\cdots+f_k}=\frac{\sum_{i=1}^{k}x_if_i}{\sum_{i=1}^{k}f_i}\quad\left(\text{可简记为}\bar{x}=\frac{\sum x_if_i}{\sum f_i}\right)$$

这一思路的特点是所有指标的满分赋值相同，所有情形下同一指标的权重系数相同。其优点在于，指标的权重结构统一、简单，便于进行指标设计与管理；被考核对象的得分不受指标数量及其权重结构的限制，突破了组织指标设计时经常遭遇的容量问题；指标赋值和权重系数的统一，便于对不同组织、岗位的绩效进行比较分析，也有利于指标权重分配保持一致性。当然，这一思路也有其难点，即如何科学划分指标类型。也就是说，哪些指标是全局性的，哪些指标是局部性的，哪些指标是事务性的？全局性、局部性和事务性的判定标准是什么？实际上，这些问题的根源存在于考核内容本身，其破解之道依赖于考核内容的设计思路和质量。

三、绩效标准

（一）绩效标准的概念

绩效标准又被称为绩效评价标准，描述的是绩效指标需要完成到什么程度，反映组织对该绩效指标的期望达到的绩效水平。通常，每个绩效指标都应该设定相应的绩效标准，便于管理者在绩效监控和绩效评价中判断绩效指标的完成情况。对绩效标准的理解还需要重点关注如下两个方面的内容。

1. 最低绩效标准和优秀绩效标准

最低绩效标准是指对某个被评价对象而言必须达到的最低绩效水平。这种标准是每个被评价对象经过努力都必须达到的水平，主要是用于判断被评价者的绩效是否达到组织的基本要求，其评价结果主要用于决定一些非激励性的人事待遇，如基本的绩效工资要求等。优秀绩效标准是指对被评价对象未做要求和期望，但可以达到的高绩效水平，通常只有一小部分员工付出很大努力才能够达到。优秀绩效标准通常不设上限，只设优秀的基准线。执行优秀绩效标准主要是为了确定一些激励性的人事待遇，如额外的奖金、分红、职位的晋升。最低绩效标准和优秀绩效标准几个案例比较如表 2-4 所示。

表 2-4　最低绩效标准和优秀绩效标准几个案例比较

职位	最低绩效标准	优秀绩效标准
司机	• 按时、准确、安全地将乘客载至目的地；遵守交通规则； • 随时保持车辆良好性能与卫生状况； • 不装载与目的地无关的乘客和货物	• 在可选择行车路线中选择最有效率的路线； • 在紧急情况下能采取有效措施； • 在旅途中播放乘客喜欢的音乐或在车内放置乘客喜欢阅读的报刊以消除旅途的寂寞； • 高乘客选择率
打字员	• 录入速度不低于 100 字/分钟，无文字及标点符号的错误； • 版式、字体等符合要求	• 提供美观、节省纸张的版面设置； • 主动纠正原文中的错别字
销售代表	• 正确介绍产品或服务； • 达成承诺的销售目标； • 回款及时； • 不收取礼金或礼品	• 对客户偏好和个性等做详细记录和分析； • 为市场部门提供有效的客户需求分析； • 维持长期、稳定的客户群

资料来源：杜映梅．绩效管理［M］．北京：对外经济贸易大学出版社，2003：55-56

2. 绩效标准要求稳定性和动态性的平衡

绩效标准的制定过程是管理者和员工充分沟通后共同确定的，标准一旦确定，在外部环境没有发生重大变化的时候，应该保持标准的稳定性。不能因为领导个人的喜好和意志的变化对绩效标准随意调整，否则会降低绩效系统的权威性。但是当管理和技术的大幅进步、外部环境的急剧变化或竞争突然加剧等情况导致原来制定的绩效标准不适应新形势的时候，就需要及时对绩效标准进行动态调整或修正。例如，一家生产型企业因为引进大型先进生产设备，从而实现了生产率和产品质量的大幅提升，原来的卓越标准就有可能变成基本标准，这就要求对原来的绩效标准进行及时调整。

（二）绩效标准的表现形式

在绩效管理实践中绩效标准具体表现为如下两种形式：一种表现为一个区间值；另一种表现为一个数值，即目标值。

1. 作为一个区间值的绩效标准

绩效目标描述的是实现战略所必须做好的事项；绩效指标强调的是从哪些方面衡量绩效目标，具体来说就是追踪和评价目标实现程度的“晴雨表”。绩效标准则指各项绩效指标分别应该达到什么水平才符合组织的期望。绩效标准是绩效指标“晴雨表”的具体体现，在绩效管理实践中，通常反映为绩效评价结果在某个特定区间该达到的绩效标准。例如，某公司在年销售额这个指标上，具体的绩效标准为“达到80万～100万元”，这个标准就体现为一个区间值，其他指标的衡量标准也表现为一个区间，如表2-5所示。绩效标准通常需要特别注意可行性，与整个绩效计划体系协调一致，并直接面向绩效管理各环节。

表2-5　某公司销售员的绩效计划（示例）

绩效目标	绩效指标	类型	绩效评价标准
提高销售利润	年销售额	数量	年销售额达到80万～100万元
	税前利润百分比	数量	税前利润率控制在20%～22%
降低销售成本	实际成本与预算的变化	数量	实际费用与预算相差在4%以内
……	……	……	……

虽然绩效标准可以分为最低标准和优秀标准两大类，但是通常是用一个连续的绩效等级来衡量具体的绩效指标完成情况。要具体说明的是评分标准和等级描述实际上共同构成了绩效评价过程的标尺。评分标准的划分通常有四种方式：第一种是量词式，即采用带有程度差异的形容词、副词、名词等词组表示不同的等级水平，如好、较好、一般、较差、差。第二种是等级式，即运用一些能够体现等级顺序的字词、字母或数字表示不同的评价等级，如优、良、中、差，甲等、乙等、丙等、丁等以及1、2、3等。第三种是数量式，即用具有量的意义的数字表示不同的等级水平，可细分为离散型和连续型两种，如表2-6和表2-7所示。第四种是定义式，即通过语言描述的方式界定评分标准和等级。相对于前面三种评价尺度而言，定义式的评价标尺比较复杂，要求设计者针对每一个绩效指标的不同绩效等级进行具体描述，不仅要求语言高度简练，而且要具体、准确、具有很强的针对性。尽管设计难度大，但是它能够有效地提高评价的客观性，更好地实现评价的行为引导作用，因此在绩效评价中得到了越来越广泛的运用。表2-8是定义式评价标尺的一个例子。

表2-6　离散型评价标尺

绩效指标	指标定义	标度（尺度）				
计划能力	能够有计划、有步骤地完成领导交给的工作，使本业务领域的工作与整个部门或所在工作团队的工作目标相匹配	0分	3分	6分	9分	12分

表 2-7 连续型评价标尺

绩效指标	5～4.5 分	4.4～4 分	3.9～3.5 分	3.4～3 分	3 分以下
协作性	很好	尚可	一般	较差	极差

表 2-8 定义式评价标尺（示例）

对象	要素定义	分等级说明				
		S	A	B	C	D
主管级	是否重视工作目标的树立并在工作中对团队目标完成情况进行监控，能否使员工了解目标的重要性，并通过鼓励参与目标制定激发其工作热情	重视工作目标的树立并在工作中对团队目标的完成情况进行监控，让员工参与目标制定，团队人员的工作热情很高	重视工作目标的树立并在工作中对团队目标的完成情况进行监控，让员工参与目标的制定，目标基本上切实可行，员工的工作热情较高	了解目标重要性，但不善于制定目标，所制定的工作目标不能为一部分员工所接受，在目标实施过程中有一定困难	在日常工作中有一定的计划性，但往往无明确的长期或阶段性目标，常常"走一步算一步"，员工也难以确定自己的阶段性工作目标	工作完全没有计划性，总是在上级或其他同事的要求下被动地组织本团队的工作
普通员工	是否重视工作目标的树立，积极参与个人工作目标的确定，个人目标是否符合团队工作目标的要求，是否能在工作中按照预定的目标落实每一项工作	重视工作目标的树立，积极参与个人工作目标的确定，个人目标符合部门或团队的工作目标，并能够在工作中按照预定的目标落实每一项工作	了解工作目标的重要性，参与个人工作目标的确定，个人目标基本符合部门或团队的工作目标，工作中能按预定的目标落实每一项工作	重视工作目标的树立，但不善于制定目标，不能将自身的目标与部门或团队的目标很好地结合	在日常工作中有一定的计划性，但缺乏长期的或阶段性的工作目标，在领导的要求下被动地展开工作	工作完全没有计划性，每天都在被动地完成上级领导交给的工作

2. 作为一个数值的绩效标准

将绩效标准设定为一个具体的数值，有利于对绩效的判断形成一个明确的标准。在平衡计分卡中，通常使用一个具体的目标值作为衡量绩效指标是否达成的标准。目标值是组织所预期的特定指标的未来绩效状态，通常决定了组织为实现既定目标的资源投入程度和员工努力程度。将目标值设定为一个具体的数值，要求在最低标准和优秀标准中取一个平衡点，即兼顾目标值实现的挑战性和可行性。由于目标的设置和指标的选择在某种程度上带有一定的价值判断成分，员工即使有不认同的地方也不至于激烈反对。但是确定目标值和行动方案的过程更多地依赖历史数据和客观条件，而且与员工的个人利益紧密相关，这更容易产生分歧和争议。这要求通过目标值引导员工行为，既有利于组织绩效目标的达成，也能得到员工认同和信服。设定科学合理的目标值对于组织绩效的影响非常明显，但它的确是一个艰难的过程。在管理实践中，深入理解具体设计步骤和方法对目标值的设定非常关键。

1）目标值设定的步骤

目标值的设定可以分为两个主要步骤：一是将整体的价值差距分解到每个战略主题；

二是在每个战略主题内，根据战略地图因果关系分别设置目标值。

第一步，分解价值差距。目标值设定源于愿景描述，由于愿景是一个宏伟而大胆的挑战性目标，因而在现实和理想状态之间必然产生价值差距。管理层常通过执行战略来缩小这种价值差距，具体做法是把价值差距分解到不同的战略主题。每个战略主题都会以一种独特的方式创造价值，并且它所创造的价值累加起来应该能弥合整体的价值差距。每一个主题的目标值都反映了该主题在支持和实现战略各组成部分过程中的影响力。例如，美国消费者银行在当前运营收入达2 000万美元的情况下，设立了“5年内收入超过1亿美元”的挑战性目标。随后，它将这一价值差距分解到“运营管理”、“客户管理”和“增长”三个战略主题上。其中，为运营管理主题设定的目标值是，要求“降低25%的单位客户的服务成本”，但仍然要提供始终如一的服务。为客户管理主题设定的目标值是“单位客户的收入提高50%”，实现途径是成为客户可信赖的财务规划者，向他们交叉销售多种金融产品和服务。为增长主题设定的目标值是通过卓越的绩效表现和创新的产品“吸引40万名新客户”。最后，再制定今后5年中每一年应该实现的目标值，根据这个时间进程表持续到第5年年末，如果三个战略主题都达到了目标值，那么该银行就能实现“营业收入超过1亿美元”的预定目标。

第二步，运用因果逻辑关系设定目标值。这一步就是将每个战略主题的目标值进一步分解到主题内的战略目标。在具体设定目标值时，每个目标值的设定应该和主题中其他战略目标的目标值形成因果关系。战略地图四个层面的目标之间具有因果逻辑关系，这条因果关系链提供了清晰的自下而上的战略可行性验证，从而提高了目标值设定的科学性和可行性。例如，美国消费者银行的客户服务战略主题在财务层面设定了“提高净收入50%”的挑战性目标。为实现这一目标值，该银行在财务层面还设置了“提升单位客户收入”这一子目标，目标值为20%，这个增长将为实现总体目标做出贡献。然后在客户层面则设置了减少客户流失率，目标值是减少25%的客户流失；具体途径是通过改善客户服务要求提升员工能力来实现，要求服务水平提高30%。优秀员工是实现这些目标的基础，因此设定了关键员工流失率降低20%的目标值。运用因果关系模拟设定目标值的具体流程如图2-3所示。

2）运用标杆法设定目标值

目标值的数据确定在最初阶段主要依赖管理者的经验判断，随着有关历史数据的不断积累，目标值的数据将变得日益精确。尽管经验判断或多或少会带有主观色彩，但还是有一些客观数据可以参考，通常的做法是设定标杆目标值，也就是说，在设定目标值时可以考虑采用绩效指标的外部标杆。运用标杆法设置目标值就是一个对标的过程，即通过对比标杆找差距来设置目标值。参考公共数据、行业协会的数据或者查询公司数据库，公司可以确定它要达成的各项指标的绩效水平。如果公司的状况和那些对标的外部公司具有相似性，那么这些数据就形成了公司目标值的参考值。但是在运用标杆法设置目标的时候，需要认真考虑外部标杆产生的条件及其与公司内部的实际情况是否具有可比性，应该避免将与自身情况差异巨大的外部优秀实践作为标杆。

四、行动方案

（一）行动方案的概念

行动方案是指为实现具体的目标值而制订的有时间限制的、自主决定的项目或行动计

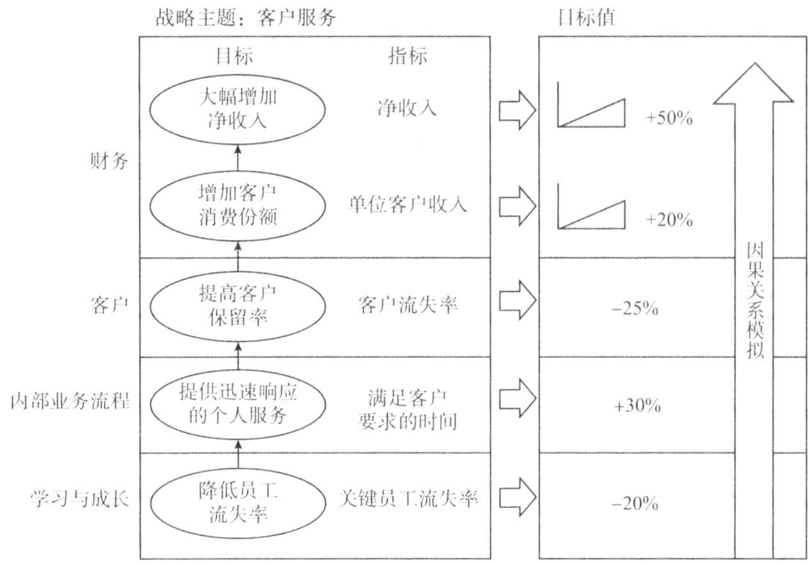

图 2-3 运用因果关系模拟设定目标值

资料来源：卡普兰 R S，诺顿 D P. 平衡计分卡战略实践［M］. 上海博意门咨询有限公司译. 北京：中国人民大学出版社，2009：78

划，旨在确定达成绩效目标的途径，其最终目标是为达成组织战略目标服务。行动方案是目标、指标和目标值落地的具体实现路径，其完成质量会受到时间限制和成本制约，同时还受组织管理系统的影响。除企业财务目标之外，所有的非财务目标通常都应该配置具体的行动方案。行动方案之间的逻辑关系也受到绩效目标之间的逻辑关系的影响。在确定行动方案过程中，应该着重关注行动方案是否能帮助管理者和员工都达到规定的绩效标准，并确保各类行动方案如何配合与协同，从而有利于达成组织战略目标。

组织层面的行动方案通常都是战略行动方案。战略行动方案与组织日常运营活动不同，也是有时间限制的自主决定的项目或计划的集合，其直接目标是促进组织绩效目标的达成，最终目标是实现组织战略目标。在管理实践中，将长期战略规划与短期行动方案连接起来，实现战略执行力和协同性，有利于组织战略的顺利“落地”，但如何将两者紧密联系起来则成了管理者面临的重大挑战。

（二）行动方案的制订

绩效目标、绩效指标和目标值确定之后，管理者和员工就需要谋划如何才能达成这些目标值了，因此制订行动方案就成为当务之急。

首先，实现组织战略目标是战略行动方案的要义所在，但是许多企业虽然制订了各种行动方案，但其中很多方案都对组织战略目标贡献非常有限，甚至很多部门都各自为政，为争夺有限的资源而恶性竞争。在确定战略行动方案的过程中，需要实现行动方案之间系统相互协同，共同助推战略目标的达成。高层管理者的时间和注意力对战略行动方案的制订和执行都极为珍贵。高层管理者应该通盘谋划各个战略性行动方案的制订，尽量实现各个行动方案之间的相互协同、相互支持。员工对工作的熟悉有利于目标值的顺利达成，因此，管理者还应该调动员工实现目标值的积极性和主动性，通过员工充分参与激发员工内在潜力，以便制订科学合理、执行力强的行动方案。

其次，通常每个非财务指标都需要配置相应的行动方案，来确保预定目标值的顺利达成。在行动方案确定之后，还应该评估目前的方案是否能够帮助他们实现这些目标值，如果存在问题，是否需要增加新的行动方案予以配合。

（三）行动方案的检验

行动方案是企业资源配置的指南，在各种行动方案确定之后，还应该进行及时检验，以剔除不合理的现有方案，并开发新的替代方案。通常公司管理者在各种行动方案汇总之后，应该按照规范的流程进行正式评估，对正在执行的行动方案和新提议的行动方案的优先级进行排序并得出量化的分数，以筛选出高质量的行动方案。每个公司都应该设计适合公司实际的评价流程和标准。例如，某公司就按照战略匹配度与收益（50%权重）、资源需求（30%权重）以及组织能力和风险（20%权重）三个标准对其行动方案进行了排序，如图 2-4 所示。其中，每个标准都进行了含义说明，并划分为三个等级，每个等级赋予 1、3、9 三个不同分值。三个标准的得分分别乘以相应权重，加总之后就可以得到行动方案的总分，然后公司就可以根据每个方案的得分进行优先排序。

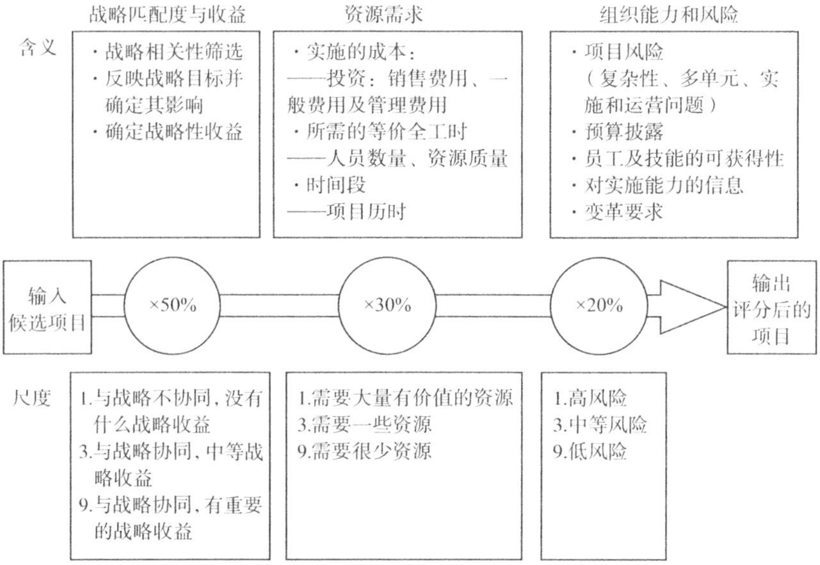

图 2-4　行动方案评估：进行优先等级排序

资料来源：改编自卡普兰 R S，诺顿 D P. 平衡计分卡战略实践［M］. 上海博意门咨询有限公司译. 北京：中国人民大学出版社，2009：92

第三节　绩效计划的制订

绩效计划体系是包括组织、部门和个人三个层面的完整体系，其最终目的在于保证所有员工的工作行为、方式和结果都为实现组织战略目标服务。绩效计划的制订是一个多层次的、复杂的管理流程，其关键点则是通过流程化的制度设计来保障绩效计划兼具科学性和操作性。

一、绩效计划的总体设计

（一）绩效计划体系的构成

与绩效管理一致，绩效计划体系通常可以分为组织、部门和个人三个层次。围绕组织战略制定绩效计划体系，需要保障几个层次的绩效计划能层层支撑，以确保绩效计划系统能全面反映组织战略目标的具体要求。绩效计划体系的制定过程就是通过对组织战略的层层分解、细化、承接，最终落地到个人绩效计划的完整流程。

我们以大型企业集团的绩效计划体系构建为例对此进行详细说明。大型企业的绩效计划体系通常包含企业集团、业务单元与支持单元、部门和个人四个层次的绩效计划，其总体构成如图 2-5 所示。确保绩效计划体系的全面协同是绩效管理的重要特征，也是设计绩效计划体系的技术难点之一。每个层次的绩效计划都包含绩效目标、绩效指标、绩效标准和行动方案等基本内容，其中目标和指标是绩效计划体系的核心内容。绩效计划体系需要以绩效目标为纽带，在纵向上协同企业总部与业务单元，在横向上协同业务单元和支持单元。

图 2-5 全面协同的绩效计划体系

通过对组织战略目标的层层分解获得绩效目标体系是设计绩效管理系统的重点、难点和关键。保障绩效计划体系四个层次相互协同的要义就在于绩效目标体系坚持战略导向，具体路径就是保障高层次的绩效目标通过有效的分解或承接的方式，获取下一层次的绩效目标，下面以制定业务单元绩效目标为例对此进行详细讲解，如图 2-6 所示。组织绩效目标直接源于组织战略目标，通过对组织绩效目标的承接或分解来获得业务单元的主要绩效目标，有利于保障业务单元绩效计划体系的战略性。从操作层面来讲，有的组织绩效目标能够被业务单元直接承接，这类目标在两个层次上目标名称都保持一致；有的目标则不能被业务单元直接承接，而是需要经过分解才能被不同的业务单元承接，这类目标的名称在两个层次上发生了变化。业务单元的核心绩效目标主要来源于对组织绩效目标的承接和分解，但是也有部分目标是组织层次没有的，而是业务单元的独有目标。因此，业务单元的绩效目标体系常常包括承接目标、分解目标和独有目标三个大类。

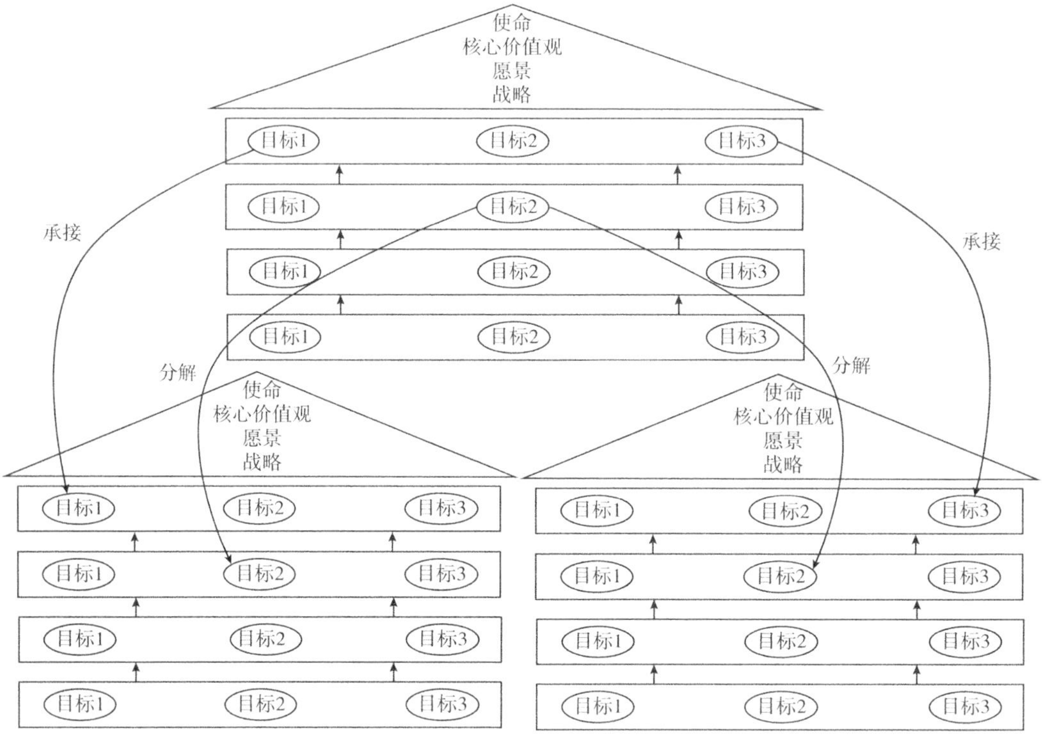

图 2-6 业务单元绩效目标的确定过程

（二）制订绩效计划的步骤

在绩效管理实践中，通常将绩效计划制订过程分为绩效计划的准备、绩效计划的制订、绩效协议的签订三个步骤。

1. 绩效计划的准备

绩效计划的制订是一个管理者和员工双向沟通的过程，绩效计划准备阶段的主要工作是交流信息和动员员工，使各层次绩效计划围绕组织战略目标的实现而展开。绩效计划的准备工作主要是收集准备组织、部门和个人相关信息，并确保员工能有效理解相关信息。

信息准备工作通常是三个层级的信息都要全面准备，其中完备的组织信息是保障绩效计划系统有效性的关键。首先，组织信息准备工作的核心是让组织内部所有人员熟悉组织的使命、核心价值观、愿景和战略，使其日常行为与组织战略保持一致。传递这些信息的形式有很多，除了举办专门培训之外，还有年度总结大会、部门或业务单元的传达会、高层领导的走访，或者通过各种文件、通告、组织内部网以及内部刊物等形式。其次，部门绩效信息主要是指为了制订部门绩效计划所必需的各种信息，主要包括在组织战略指导下部门运营计划、部门职责相关材料、部门上一绩效周期的绩效情况。最后，个人信息的准备主要包括所任职位的工作分析和上一周期的绩效反馈。管理者必须对高绩效员工给予肯定，对造成绩效不佳的原因进行深入分析，在绩效计划中全面体现绩效改进措施，并承诺提供必要帮助，从而使员工不断提高其工作绩效。

2. 绩效计划的制订

绩效计划的质量决定了整个绩效管理系统的成败，绩效计划的制订是绩效计划的核心工作。绩效计划制订过程是一个持续沟通的过程，其主要任务是制定出内容完整、各层次相互协同的绩效计划体系，最终为实现组织战略目标服务。在绩效计划制订过程中，需要考虑绩效计划能否被有效执行，是否便于有效地监控，是否面向绩效评价，以及计划被成功执行后，结果能否被有效应用等问题，本节后面将对此进行详细讲解。

3. 绩效协议的签订

绩效协议是绩效计划的最终表现形式，是指关于工作目标和标准的契约。具体来说，管理者和员工经过充分沟通，对绩效协议的核心内容（绩效目标、绩效指标、目标值、指标权重和行动方案等）达成共识，经过双方确认之后，签订了绩效协议，就标志着绩效计划工作的完成。绩效协议的签订包括对初步拟订的绩效计划的再审核和确认。这个阶段的时限可以根据绩效计划的复杂程度或者层次不同确定具体期限。一般组织绩效计划和部门绩效计划审核的时间更长、反复修订次数更多，个人绩效计划审核修订的时间较短。绩效协议审核主要是针对绩效计划拟订过程中未尽事宜进行增补或修订，主要是对细节上的进一步确认。管理者和员工都有完善初步的绩效计划的义务，都需要对一些细节问题深入思考、反复推敲和最后确认，具体问题如下：

（1）在本绩效周期内，主要工作内容和职责是否明确？

（2）应达到何种工作结果？

（3）这些结果可以从哪些方面去衡量？评判标准是什么？

（4）各个绩效指标的权重分配是否科学？各类目标主次是否明确？对战略实现非常重要的目标是否受到足够的重视？

（5）在本绩效周期内，绩效目标是否需要分段完成？对目标完成过程中存在的困难和挑战的估计是否充分？领导应该提供的帮助是否足够？

（6）员工在完成工作任务时拥有哪些权利？决策权限如何？

（7）管理者和员工对绩效计划执行过程中的沟通程序是否清楚？如何防止出现偏差？

（8）为了完成工作任务，员工是否有必要接受某一方面的培训或通过自我开发的手段掌握某种工作技能？

在经过严密的审核之后，管理者和员工都应在绩效协议上签字确认。绩效协议的签订标志着绩效计划的完成。绩效协议的签订，不仅仅是书面协议的签订，也代表了管理者和员工在心理上做出的一种承诺。某公司车间主任的绩效协议书就体现了上下级对计划内容进行确认等内容，如表 2-9 所示。

表 2-9　车间主任绩效协议书

职位名称		车间主任	任职者签名			直接上级签名	
绩效评价周期			年　月　日　至　年　月　日				
工作要项	目的	重要性	权重	潜在障碍	绩效目标	可能的业绩指标	行动计划
成本控制	在第二季度使部门开支减少 15%	必须控制成本，以提供利润	25%	买方价格过高以及竞争的限制	对所有零件招标竞价，找到至少 3 家新的供应商	任务完成提高的百分比	分别在 4 月 10 日、15 日和 5 月 15 日前完成、核准和实施招标计划
生产时间安排	把订单延期减少到 3 个工作日	如果过分延期，将会失去主要客户	40%	使用新机器开支的增加，雇员的抵制	9 月 1 日前安排一线、二线自动化零件生产线	错过最后期限的产品数量；顾客保有量	5 月 1 日前准备好报告；5 月 12 日前核准计划；6 月 30 日前完成自动化项目
供应	获得及时可靠的原材料供应	上月流失 4 个客户，损失总额 18.5 万美元订单	15%	卖主不可靠；货运方的违约责任	寻找新卖主；指派检验员到采购部监督工作进展	完成天数；顾客保有数；拒收货物百分比；货物延期造成的损失金额等	4 月 20 日前找到新卖主；4 月 30 日前招聘、培训新的检验员
保安	避免内部员工偷窃行为发生	上季度库存货物损失达 5.5 万美元	10%	绝大多数材料存放在无人看守的地方	在 3 个月内将库存货物损失减少 50%	遭盗窃的次数；丢失库存原材料的总价值	4 月 1 日前提出行动计划；4 月 15 日前为重要材料提供安全的储存地
安全生产	减少事故发生	过去两年保险费增加 60%，受伤员工带薪休假日增加	10%	发现了新的风险隐患；主管人员没足够重视安全问题	本季度事故发生率和事故严重程度均降低 12%	能在事故第二天写出报告的次数和百分比；事故中受伤人数和工时损失；改善不安全工作条件的支出	4 月 1 日起每周做一次报告；5 月 1 日前提出改进行动方案；6 月 30 日前实施计划

资料来源：改编自弗里茨 R. 个人绩效合约——树立切实可行的目标［M］. 朱珊，朱仁宏，王哲译. 广州：中山大学出版社，2001

在公共部门，签订绩效协议同样是提升绩效管理水平的重要手段，也是各项工作真抓实干和有序推进的保障。公共部门的领导者和公务员个人绩效协议需要与绩效评价内容保持一致。下面以北京市某县经济开发区副主任的绩效协议为例，对公共部门的个人绩效协议进行举例说明，如表 2-10 所示。

表 2-10　某县经济开发区副主任的绩效协议

<table>
<tr><td colspan="2">单位</td><td colspan="2">经济开发区</td><td colspan="2">职位名称</td><td colspan="2">副主任</td></tr>
<tr><td colspan="2">姓名</td><td colspan="2"></td><td colspan="2">直接上级</td><td colspan="2">主任</td></tr>
<tr><td colspan="2">主管（分管/协管）工作</td><td colspan="6">主管开发区物业工作；分管经济开发区物业服务中心、经济开发区长城服务产业园物业服务中心工作</td></tr>
<tr><td>层面</td><td>目标</td><td>指标</td><td>目标值</td><td>指标等级</td><td>指标类型</td><td>责任部门</td><td>行动方案</td></tr>
<tr><td rowspan="2">利益相关者层面</td><td rowspan="2">提升服务质量</td><td>企业对园区服务满意度</td><td>90%</td><td>处级</td><td>考核指标</td><td></td><td></td></tr>
<tr><td>居民对园区服务满意度（供暖）</td><td>80%</td><td>处级</td><td>考核指标</td><td></td><td></td></tr>
<tr><td rowspan="5">实现路径层面</td><td>加强运行保障和安全生产</td><td>园区重大安全生产事故次数</td><td>0 次</td><td>县级</td><td>减分项</td><td></td><td></td></tr>
<tr><td>提供优质的职工生活服务</td><td>入住企业职工对居住条件满意度</td><td>%</td><td>处级</td><td>考核指标</td><td></td><td></td></tr>
<tr><td>做好道路维护与绿化工作</td><td>道路清洁卫生合格率</td><td>100%</td><td>处级</td><td>考核指标</td><td></td><td></td></tr>
<tr><td rowspan="2">抓好集中供暖工作</td><td>南城供暖温度达标率</td><td>98%</td><td>处级</td><td>考核指标</td><td></td><td></td></tr>
<tr><td>南城供暖覆盖率</td><td>%</td><td>处级</td><td>监控指标</td><td></td><td></td></tr>
<tr><td rowspan="3">保障措施层面</td><td>促进协调一致</td><td>部门协作满意度</td><td>%</td><td>县级</td><td>考核指标</td><td></td><td></td></tr>
<tr><td>争创先进单位</td><td>获市级以上荣誉数量</td><td>个</td><td>处级</td><td>加分项</td><td></td><td></td></tr>
<tr><td>控制行政成本</td><td>“三公”经费占总支出比重</td><td>%</td><td>处级</td><td>考核指标</td><td></td><td></td></tr>
<tr><td>单位负责人签名</td><td></td><td colspan="2">分管县领导签名</td><td></td><td colspan="2">书记/县长确认签名</td><td></td></tr>
<tr><td>确认日期</td><td>年　月　日</td><td colspan="2">确认日期</td><td>年　月　日</td><td colspan="2">确认日期</td><td>年　月　日</td></tr>
</table>

二、制订绩效计划的准备工作

为了保障绩效管理系统具有战略导向性和协同性，绩效管理流程一般是从审视和重申组织使命、核心价值观、愿景和战略开始。在制订组织绩效计划前，高层管理团队通常需要就组织的使命和核心价值观达成一致，并对愿景和战略有清晰的描述。

（一）明晰使命

1. 使命的内涵

使命是组织存在的根本原因，它概括了组织为人类所做出的贡献和创造的价值。使命就像是组织远航时的灯塔，指引着组织发展的方向，指导和鼓舞着组织成员不懈努力。使命就像启明星，是组织永远不可及的追求，虽然使命本身不发生变化，但是它却可以激发改变。“使命永远不可能完全实现”这一事实，恰恰激励着组织持久地追求。使命不仅仅锚定了组织发展方向，也是组织战略制定的根本指南，而且为组织配置资源提供了最高准则，为组织所有管理系统的协同提供了根本依据。

使命可以延续上百年，因此不能将其和具体的目标、战略混为一谈。使命不等于经济目标，“利润最大化”并不能激励组织中各个层级的成员，并且不具有指导作用。正如管理学家詹姆斯·C. 柯林斯（James C. Collins）所说：“对于那些尚未认清真正核心目的的组织来说，‘股东财富最大化’是一种现成的、标准的目的，但它实际上是一种无效的替代品。”

2. 明晰使命的方法

使命如果经过适当的构思，可以成为基础广泛且长盛不衰的动力源泉；清楚地认识组织的使命，对组织持续健康发展具有根本性意义。需要注意的是，使命的主要作用是指引和激励，而不是一定需要造成不同。换言之，使命陈述的关键在于真实，不必独一无二，不在于与众不同。在管理实践中，很多组织都认识到使命的重要性，但是却不明确自身的真正使命是什么。例如，对迪士尼来说，“我们的存在是为了替小孩制作卡通”必然是个差劲的使命宣言，既不引人入胜，又没有足够可延续百年的弹性，但是，“用我们的想象力，带给千百万人快乐”，就是一个让人动容和富有弹性的使命。

明晰使命的一种有效方法是提出下面这个问题：“为什么不干脆把这个组织关闭，出售资产，获取利润?”然后致力于寻找现在和百年后同样正确的答案。具体操作时，可从职责和价值两个方面对组织的使命进行陈述。阐述职责就是界定组织归根结底是做什么的，即为何存在；阐述价值就是要表明做好这些事能够给社会带来何种益处，即存在的理由。这需要组织成员采用追问的方式不断寻找组织存在的深层次原因，并直接决定了使命的准确性和清晰度。例如，一家制药厂开始把“为人类医疗制药”作为其使命，其中“制药”是其职责，“为人类的医疗”是其价值。经过反复讨论，最终形成的使命是“为人类健康致力于医疗的重大改善”，其职责由“制药”深入“医疗的重大改善”，其价值由“为人类的医疗”清晰化为“为人类的健康”。

（二）提炼核心价值观

1. 核心价值观的内涵

核心价值观是一个组织在实现所肩负使命的过程中，必须长期坚持的深层的、根本的信仰和价值准则，也是指引组织决策和组织成员日常行动的永恒原则。核心价值观是最为根本、深植在组织内部的，变动或妥协的机会极为稀少。组织真正的核心价值观只有几条，在数量上一般严格限制在3～6条，如果超过6条，很可能是混淆了核心价值观和经营做法、管理谋略、文化标准，而不是组织长期坚持的根本价值准则。因为只有少数的价值观才是深植于组织内部的、最为根本的指导原则。核心价值观是促使组织长盛不衰的根本信条，不能将其与特定的文化或作业方法混为一谈，也不能为了经济利益或短期权益而自毁立场。

经过组织文化长期积累和沉淀，高瞻远瞩的组织一般都提炼出了独特而明确的核心价值观，这些核心价值观一般源于组织创始人或最高领导者的个人信仰，并且是组织领导者长期倡导的、全体员工一致信奉的价值观念。核心价值观应具有个性，防止趋同现象，但价值观的功能在于引导和激励，因此不必过于强调价值观的差异而忽视其核心功能。另外，一个组织真正的和有效的核心价值观，要求在内容上必须真实反映组织长期坚持的基本信条，在语言表述上必须通俗易懂，在数量上必须严格控制。核心价值观在陈述的时候，必须做到表达简单、清楚、直接而有力。例如，沃尔玛第一条价值观，“我们把客户放在前面，如果你不为客户服务，或是不支持为客户服务的人，那么我们不需要你”就非常好；像“上善若水”、“厚德载物”和“达兼天下”之类的价值观则偏于晦涩、空洞，很难转化为实际行动。

2. 提炼核心价值观的方法

真正的核心价值观是在组织长期实践过程中沉淀下来，长期指导组织实践、规范员工行为，并经受住实践考验的价值准则。因此，组织在提炼核心价值观时，必须保持绝对的自我诚实，即必须由“自我需要”来决定自己应该持有的核心价值观，而不能出于当时的环境、竞争需求或追逐管理时尚，也非来自对其他组织价值观的模仿；同时，需要强调核心价值观能够经受时间的考验，不能将组织的一般价值观也当成核心价值观。最后，对讨论结果进行深入分析和提炼，找出组织长期坚持的本质的东西，即找出那些长期指导组织实践、规范员工行为，并且是实实在在的、可见可闻可感的基本信条。

阐明核心价值观的关键是怎样从个人的层次入手，逐渐上升到组织的层次。提炼组织核心价值观最通行的一种方法是在组织内部举行所有员工参与的关于核心价值观的大讨论。领导者应发动管理层和所有员工都参与到核心价值观的讨论中，共同对核心价值观和价值体系做出详细定义。员工讨论得越充分，核心价值观内容就越细致，员工就越能准确把握领导者和组织对他们的要求以及他们需要努力的方向。为了提炼组织的核心价值观，并区分组织真正坚守的核心价值观和应时而变的做法或谋略，通常采用追问的形式。在提炼核心价值观的实践中，以下几个问题比较常见，特别是最后三个问题尤为关键。

（1）你在工作中持有什么样的核心价值观，即是你始终追求的，不管是否有益，你都会坚持？

（2）如果要你向你的孩子或其他亲人形容你在工作中持有什么样的核心价值观，并且希望在他们长大成人、出来工作时也坚守同样的价值观，你会怎么做？

（3）假设第二天一早醒来，你就拥有了一笔足够供你安度余生的钱，你还会继续坚守这样的核心价值观吗？

（4）你可以预见自己所坚持的核心价值观在100年后还会像今天一样有意义吗？

（5）如果有人指出你所坚持的核心价值观中有几点将使你在竞争中不利，你还愿意坚持吗？

（6）如果将来你要在一个全新的领域建立一个公司，你会为这个新的公司注入什么样的核心价值观，而无须考虑这个公司从事的行业？

（三）描述愿景

1. 愿景的内涵

愿景是组织勾画的发展蓝图和期望实现的中长期目标，是组织成员“发自内心的意愿”。愿景能够反映组织的使命和核心价值观，指引战略的制定，指导组织成员执行战略的行动，确保组织沿着正确的方向发展。

柯林斯和波勒斯认为，组织的愿景一般包括两个组成部分：一是组织在未来10～30年要实现的胆大包天的目标（big hairy audacious goals，BHAG）；二是对组织完成胆大包天的目标后的情景的生动描述。胆大包天的目标应该是简洁、可行并且鼓舞人心的，它是组织成员共同努力的目标，是团队精神的催化剂，能够激发所有人的力量，促使组织团结。而生动描述则是用憧憬的语言传达想要展现给世界的形象。例如，亨利·福特对“大众化汽车”这个胆大包天的目标所进行的生动描述是：“我们要为大众生产一种汽车，这种汽车的价格很低，不会有人因为薪水不高而无法拥有它，人们可以在上天赐予的广阔空间里尽情地享受他们幸福的家庭生活……当我们实现这个目标时，每个人都将拥有一辆汽车。马会从马路上消失，汽车取而代之……我们将会给众多的人提供就业机会和令人满意的工资。”

卡普兰和诺顿认为，愿景应该表明组织最高层面的宏伟战略目标，并认为陈述愿景应该包含挑战性目标、市场定位、时间期限三个要素。其中，挑战性目标是指愿景应该与组织当前的定位有所区别。卡普兰和诺顿赞同柯林斯和波勒斯的观点，认为领导最重要的作用就是为组织设立宏伟、长期和大胆的目标，也就是说，一个优秀的领导者首先要承担起设定宏伟目标的责任，在组织内营造一种紧迫感，为所有员工设定挑战性目标并规定具体的时间期限和明确的评判标准。对于政府机构或非营利组织来说，愿景应该是与其使命相关的挑战性目标。市场定位是指愿景应该以市场为导向，对业务、顾客、竞争者、资源和能力做出综合分析和判断，明确组织将要参与的竞争领域和预期的市场表现。清晰的、准确的市场定位实际上表明了组织想要如何创造价值，能够为战略分析和决策提供指引。时间限制是指愿景表达的是组织的中长期目标，应具有明确的完成期限，其时间跨度一般为3～10年。

2. 愿景的陈述

卡普兰和诺顿与柯林斯和波勒斯在愿景的界定上总体是相同的，但是在细节上存在较大的区别。他们都强调宏伟目标的重要性，虽然对时限的界定和理解不一样，但是都强调愿景是组织的中长期目标。卡普兰和诺顿的论述更加侧重在组织的使命、核心价值观、愿景和战略这个体系中，去理解愿景，注重操作性和实效性；柯林斯和波勒斯对胆大包天的目标进行生动描述就是强调愿景的激励性。美国学者保罗·尼文则认为一个清晰的、具有说服力的愿景陈述应该具有简洁、吸引所有利益相关者、与使命和价值观保持一致、可验证性、可行性和鼓舞人心等基本特征。

对愿景的准确陈述有助于一个组织获得竞争优势。但组织对愿景的陈述除了有一个清晰的、具有说服力的宏伟目标之外，通常还包括三个关键因素，即挑战性目标、市场定位和时间期限。下面，本书列举几个组织愿景陈述的示例，如表2-11所示。

表 2-11 愿景陈述样本

案例	内容	因素
美国肯尼迪政府空间计划	在 20 世纪 60 年代结束之前，实现登陆月球，并安全返回地球（1961 年）	挑战性目标：实现登陆月球并安全返回地球 市场定位（竞争领域）：航空航天事业探月工程 时间期限：在 20 世纪 60 年代结束之前
英国利兹大学	到 2015 年，我们整合世界水平的研究、学术和教育，进入世界大学前 50 强	挑战性目标：进入世界大学前 50 强 市场定位：整合世界水平的研究、学术和教育 时间期限：到 2015 年
中国金鹤门业有限公司	到 2015 年，成为中国木门行业的领导品牌（2008 年）	挑战性目标：成为国内木门品牌的领导者 市场定位：国内木门行业、产品领先 时间期限：到 2015 年
中国东莞市科学技术博物馆	到 2015 年，成为国内一流、国际知名的（专题）科技馆（2009 年）	挑战性目标：国内一流、国际知名 市场定位：专题科技馆 时间期限：到 2015 年

愿景是一个组织的中长期目标，而且是一个具有很高挑战性的宏伟目标，或者说是一个胆大包天的目标，仅仅运用三因素框架对愿景进行陈述，还远远不够，还需要通过有效的管理技术或途径，将愿景与战略对接在一起，并通过战略的制定，绘制一幅完整的、详细的、可操作的宏伟蓝图。目前，最有效的方式就是通过绘制战略地图，实现愿景与战略的无缝对接，从而完成愿景的完整陈述。可以说描述愿景的最后一个环节是确定细化的愿景，而战略地图就是一个很好的细化愿景的工具。

（四）制定战略

1. 战略构成与战略描述

战略是一种假设，是关于为或不为的选择，因此在进行战略开发与调整的时候，首先需要对战略的构成有一定的了解。迈克尔·波特主要从竞争战略层面来探讨战略，他将战略分为三个层次：一是定位，即战略就是一种独特、有利的定位，关系到各种不同的运营活动；二是抉择，即在市场竞争中做出取舍；三是配置，即在组织的各项运营活动之间建立一种有效的联系。因此，一份完整的战略不仅要定义“战略是什么”，还应指出“如何实现战略”，具体如图 2-7 所示。

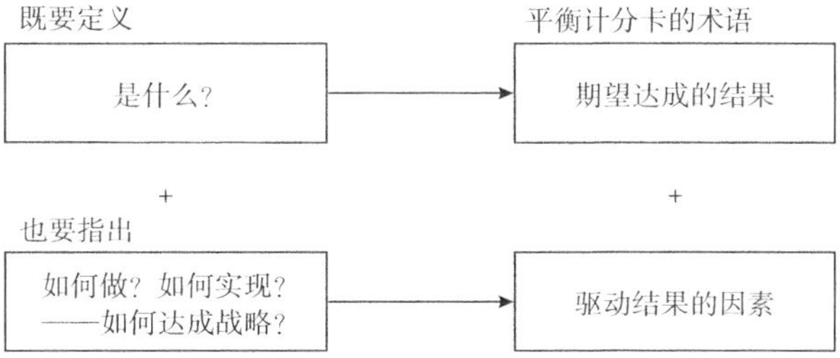

图 2-7 一份完整战略的构成

哈佛商学院研究得出一个结论，无论战略形成的来源如何，一个好的战略表述都需要包含以下三项基本要素：①目标（objective），即战略要达到的最终结果；②优势（advantage)，即组织达到目标所使用的方法；③范围（scope)，即组织想要经营的领域及市场。目标、优势和范围三项要素构成的战略框架常称为OAS框架（英文首字母），三项要素的具体含义如下。

战略表述中“目标”部分的陈述与先前讨论的愿景类似，既要求尽量对目标进行量化，如盈利能力、规模、市场份额、排名或股东回报等，也要求设定具体的时间期限，如3～5年实现。“优势”表示企业将采取何种差异化、更好的或独特的竞争手段，描述了企业如何吸引客户的价值主张。价值主张应该包含那些企业想要区别于或优于竞争对手的购物体验或关系。它可以用传统的战略术语表述，如低成本或产品、服务、客户关系等方面的差异化。“范围”界定了企业想要竞争或赢取的细分市场。范围可以是细分的目标客户、产品线的宽度、采用的技术、服务的地区及纵向一体化的程度。三项要素共同构成了一个公司的战略表述，如美国西南航空公司的OAS战略表述如表2-12所示。

表2-12　美国西南航空公司的OSA战略表述

目标（O）	战略要达到的最终结果	成为美国最盈利的航空公司
优势（A）	组织达到目标采用的方法	以公共汽车、火车的价格、频率及可靠性，提供快速的航空服务
范围（S）	组织想要经营的领域与市场	针对那些注重飞行便利性并对价格敏感的乘客

明确战略表示的根本目的，就是要实现“化战略为每一个员工的日常行动”，这就要求我们对战略进行更加深入的阐述，通常也叫战略方向描述。在OAS框架的基础上，战略方向描述包含三个组成部分：①“战略目标”，即确定具体要实现的目标。②“要做好的事”，即确定如果要实现目标，必须采取哪些关键的行动。这些必须做好的事是下一步设计战略地图和行动方案的重要信息来源。③“首要衡量指标”，即确定如何衡量目标绩效。下面以某公司“购物体验”这一战略问题为例对此进行简要说明。首先，该公司将战略问题具体化为“如何使我们的店有情趣？”，然后针对这个问题的分析可以导出战略方向描述，并以此为基础形成具体的战略目标、要做好的事（实现目标的具体路径）以及对目标绩效进行衡量的指标，如图2-8所示。

2. 战略制定的工具选择

开发和选择战略方案需要借助战略分析和规划工具。半个世纪以来，关于战略制定和开发的论述已积累不少，其中不乏非常优秀的战略理论，如战略定位思想、资源基础观、核心竞争力理论、客户价值理论、蓝海战略、应急战略、经验共创和颠覆性创新等；除了这些战略性方法，还有很多运营改善的方法论，如全面质量管理、六西格玛、国际标准化组织（International Standardization Organization，ISO）认证体系、精益制造和学习型组织等；此外，还有补充战略和运营管理以使风险最小化的方法论，如企业风险管理、内部控制、COSO（Committee of Sponsoring Organizations of the Treadway Commission）内部控制等。很多公司有效地运用以上方法或工具成功地制定各种战略，但是也有很多管理者对这些工具的使用缺乏明确的认识。平衡计分卡作为一种集大成的战略性管理工具，充分吸收了各种先进管理思想的精华，对各种战略的、运营的或风险管理的方法在管理实践中的地位和作用进行了定位和描述。当面对纷繁复杂的管理理论和工具无从下手时，高层

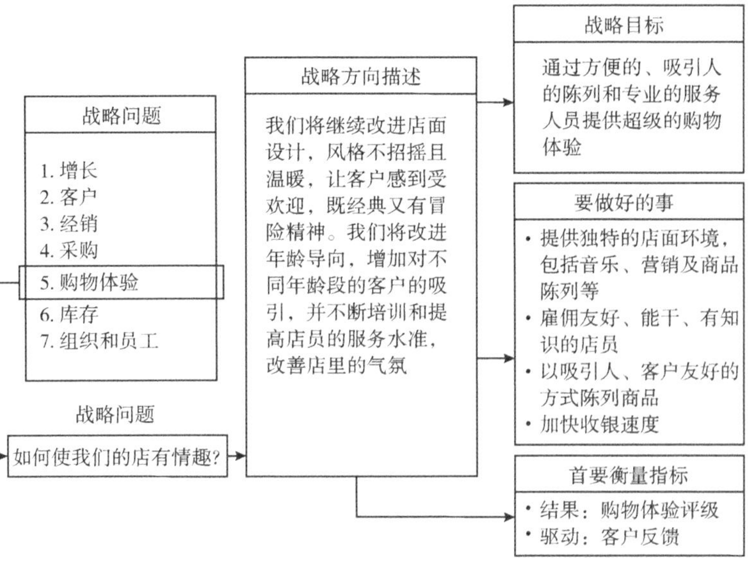

图 2-8 战略方向描述示例

资料来源：卡普兰 R S，诺顿 D P. 平衡计分卡战略实践［M］. 上海博意门咨询有限公司译. 北京：中国人民大学出版社，2009：51

管理团队可以利用战略地图引导战略选择。每种管理和分析工具有特定的应用范围，这要求以战略地图为基本框架，多种方法共同支撑战略制定，如图 2-9 所示。如果要深入理解如何进行战略选择，管理者需要构建全面的、以战略地图为核心的、逻辑清楚的认知体系，拥有以战略地图引导战略选择的能力。

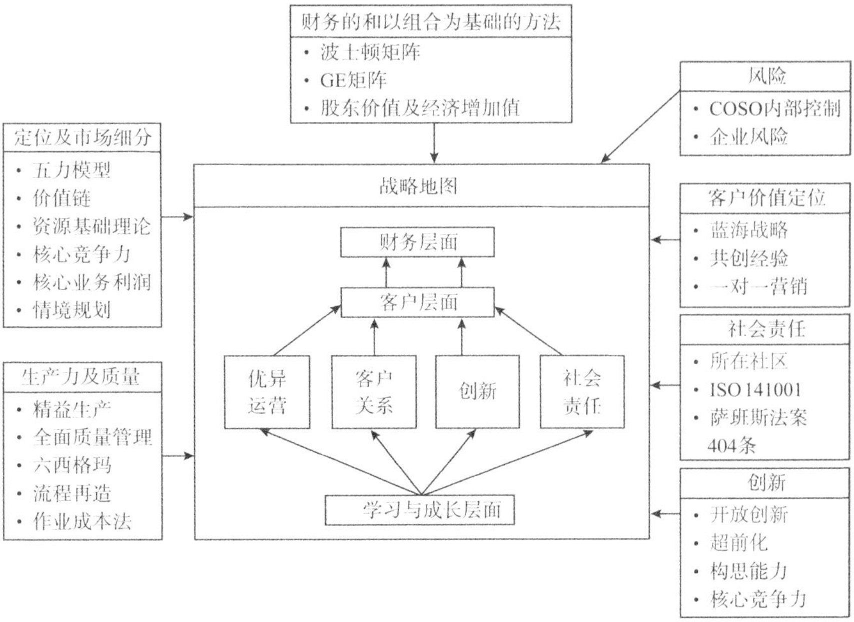

图 2-9 多种方法共同支撑战略制定

资料来源：卡普兰 R S，诺顿 D P. 平衡计分卡战略实践［M］. 上海博意门咨询有限公司译. 北京：中国人民大学出版社，2009：45

不管采用哪种方式，战略制定的结果都是形成公司的发展方向，形成公司区别于竞争对手的差异化的定位和产品组合，获得持续性的竞争优势和出色的财务绩效（对于政府及非营利组织来说是获得社会认可和赞许）。战略的创造性是达到这个目标的重要手段。战略规划的参与者可以运用上述方法形成差异化战略。当管理层对战略制定工具更加了解之后，他们就可以根据企业的状况、历史、文化以及竞争力选用最贴近实际、最有效的工具。

战略地图是一种战略制定和战略描述的可视化工具。绘制合适的战略地图，即绘制化战略为行动的蓝图，是制订绩效计划的第一步。通过战略地图的制定，组织内各层次的员工通过这个显微观察的环节，全面审视战略所包含的细节元素，从而使人们对战略有更直观、深入和透彻的理解。从某种意义上说，通过绘制战略地图并确定组织绩效计划，是战略开发过程的拓展和延伸，是化战略为行动的关键环节。战略地图的内容本书第七章将详细讲解。

三、绩效计划体系的制定

绩效计划体系的制定需要重点掌握两个方面的内容：一是全面掌握特定层级绩效计划的制订流程；二是掌握绩效计划体系分级开发的基本原理。

（一）绩效计划的制订流程

在制订绩效计划时，需要在充分准备的基础上，完成绩效计划体系的制定。虽然这两部分的内容在前面已经进行了全面阐述，但这些素材只有按照合适的流程进行整合才能形成完整的绩效计划体系。

1. 确定工作要项

工作要项是对组织战略目标起到增值作用的重要工作或任务，其目的是确保各层级的绩效计划均紧扣当前的工作重心。组织工作要项通常由组织战略目标和重要工作计划决定，这就要求管理者和员工对组织使命、核心价值观、愿景和战略目标有全面深入的了解。另外，工作要项是确定绩效目标、绩效指标以及目标值的基础，核心是通过工作要项确定绩效目标体系。

组织内不同层级的工作要项的来源及责任人不一样。组织工作要项是制订组织绩效计划的基础，而组织绩效计划的责任人则是高层领导团队，组织最高领导都是第一责任人。部门工作要项则由组织绩效目标、部门运营计划和工作计划共同决定。部门工作要项决定了部门绩效计划，同时部门绩效计划的责任人是整个部门管理团队。一般员工则需要从职位分析、职位描述以及部门各项任务的分解等方面确定其工作要项。对于职位描述中所包含的各项工作任务，可以根据它们彼此之间的相关度高低，将它们划分为几个任务族或职责领域。每一个工作任务族或职责领域就是员工需要在其中达成一定结果的一个宽泛的工作区域。

一般来说，确定工作要项需要遵守以下几个原则。

（1）增值产出原则，即工作要项必须与组织目标相一致，这要求在组织的价值链上能够产生直接或间接的增值。

（2）客户导向原则，即制定工作要项需要从客户的需求出发，凡是被评估者工作要项输出的对象都是被评估者的客户。

（3）结果优先原则，即工作要项应尽量为某项活动的结果，实在难以界定结果的再考虑工作过程中的关键行为。

（4）设定权重原则，即应为各个工作要项确定合适的权重。

基于以上原则，管理者和员工就能开展确定工作要项的工作，通常必须做如下工作。

（1）关于部门以及部门员工的增值工作要项列表。

（2）针对每一项工作要项的绩效目标和指标。

（3）各项增值工作要项的相对重要性等级。

（4）追踪个人或部门实际表现的方式，以便将个人实际表现与要求的绩效计划相对照。

一旦工作要项被确定下来，就需要进一步确定他们的相对重要程度。为了理解这个问题，需要回答以下几个问题。

（1）员工在完成每一项工作职责方面所花费的时间占总工作时间的百分比是多少？

（2）如果员工未能充分履行自己的职责，是否会对其所属工作单位的使命达成产生重大影响？

（3）员工的工作失误会产生重大的不利后果吗？未能充分履行职责会导致员工本人或其他人受伤或死亡吗？会导致严重的财产损失吗？会导致时间和金钱的损失吗？

2. 制定绩效计划体系

基于工作要项确定确定绩效计划体系，是化战略为行动的重要举措。化战略为行动的具体流程包括：以战略为基础确定工作要项，并通过工作要项决定核心绩效目标体系，然后在此基础上制定包括目标、指标、目标值和行动方案在内的完整的绩效计划体系。

（1）制定目标。在确定了工作要项之后，我们需要确定分别从什么角度去衡量各工作要项，从哪些方面评估各工作要项。绩效目标作为对工作要项的可衡量的结果陈述，对组织战略目标的达成具有重要的影响。在绩效目标确定之后，各级员工应该能够获得及时的反馈，从而指导自己在实现绩效目标过程中的进展状况。制定绩效目标环节的关键点就是确保工作要项完全无死角地由明确的、可衡量的绩效目标来承接，从而避免重要工作不被考核而遭到忽视甚至遗忘的情况出现。

（2）制定和审核绩效指标。绩效指标为评价者提供有用的参照信息，从而帮助他们判断绩效目标的实现状况。一旦绩效目标确定下来，就必须确保每个目标能被准确衡量，也就开启了绩效指标的制定流程。绩效指标制定通常分为指标制定和审核两个步骤，在实践中很多组织常常忽视审核环节。绩效指标审核的目的是确认初步制定的绩效指标是否能够全面、客观地反映被评估者的工作绩效，以及是否具有可操作性。审核绩效指标通常包括如下几个方面：绩效指标是否是对工作结果的评估，绩效指标是否可以证明和观察，绩效指标是否可以解释被评估者80%以上的工作目标，是否从客户的角度来界定绩效指标，多个评估者对同一个绩效目标进行评估，结果是否能取得一致，跟踪和监控这些绩效指标是否可以操作。

（3）设定目标值。绩效指标确定之后，就需要确定每项指标的衡量标准，即确定目标值，才有利于衡量绩效目标的实现程度。设定合适的目标值是绩效计划制订的重要内容。在实践中，目标值本身就能产生一种锚定效应（所谓锚定效应是指当人们需要对某个事件做定量估测时，会将某些特定数值作为起始值，起始值像锚一样制约着估测值），即员工通过目标值来锚定努力程度和工作产出的标准。目标值过高容易造成很多员工不能达成目标，使之产生挫败感，进而形成消极的氛围；目标值过低，又没有激励效果，容易造成慵懒的文化，对核心员工尤其不利。因此，成功的管理实践通常强调适度挑战性的目标值，在确保绝大多数员工经过努力能实现目标的同时，还能产生正面的激励效果。

（4）制订行动方案。以绩效目标、指标和目标值为基础制订行动方案，并以此为资源配置和预算的基础性依据，是战略目标顺利实现的重要保障措施。特别需要注意的是，所有具有挑战性的目标值，都应有专门的行动方案予以支持，以确保其顺利实现。但是，由于很多行动方案都与既定战略目标关系不够紧密，甚至没有关系，因此在制订行动方案时不能忽略对行动方案的审核或检验。

（二）绩效计划体系体系的分级开发

绩效计划体系是一个包含多个层级的完整体系，需要实现组织战略目标逐级落地到组织内个人头上，即确保所有工作要项都有人承担。在绩效管理实践中，绩效计划体系是采取分级开发的模式，首先开发组织绩效计划，然后以此为基础制订高层管理团队的个人绩效计划；其次依据组织绩效计划制订部门绩效计划，再以此为基础制订目标管理团队的个人绩效计划；最后依据部门绩效计划，制订部门内员工的个人绩效计划。组织类型的不同和绩效管理工具的差异，并不影响绩效计划体系分级开发的基本流程。下面以平衡计分卡为基础的绩效计划体系为例，详细讲解分级开发操作步骤。

1. 企业绩效计划体系分级开发步骤

制定绩效计划体系的关键点，就是保障整个体系围绕战略全面协同。首先，要求在纵向上，实现总公司、分公司和部门之间的全面协同，这要求通过承接和分解等形式，对组织战略进行有效分解；其次，要求在横向上，保障领导团队成员之间协同，这要求领导干部个人对领导团队的绩效目标通过承接和分解的形式落实到具体的责任人。通常，绩效计划体系的轴心是纵向协同，而领导团队成员之间的横向协同则是绩效计划体系实现的重要保障。例如，某集团公司基于平衡计分卡分解开发了其绩效计划体系，其分级开发模型如图 2-10 所示。一般来说，企业分级开发包括如下三个步骤。

第一步，开发总公司绩效计划体系。首先，需要开发总公司战略地图和平衡计分卡，主要是确保总公司所有战略目标或工作要项全部细化为绩效目标和可衡量的指标。其次，在横向上还需要确保总公司所有目标和指标由总公司高层领导团队通过承接（共同承接或单独承接）和分解的形式承担下来。在实践中，领导团队个人承担的绩效目标和指标因分工不同会有差异：有的目标和指标需要所有高层领导者共同承接；有的目标和指标则需要根据分工情况，由分管领导主要承担下来；而有的目标则不能直接由个人承担，需要经过分解才能由不同领导者个人承担下来。但总体上说，结果性的目标和指标需要所有领导者共同承担。另外，有些工作没有进入总公司的绩效计划，但却需要在分管领导的工作中体现出来，这部分目标和指标也需要补充进来，以便形成领导干部个人完整的绩效计划。

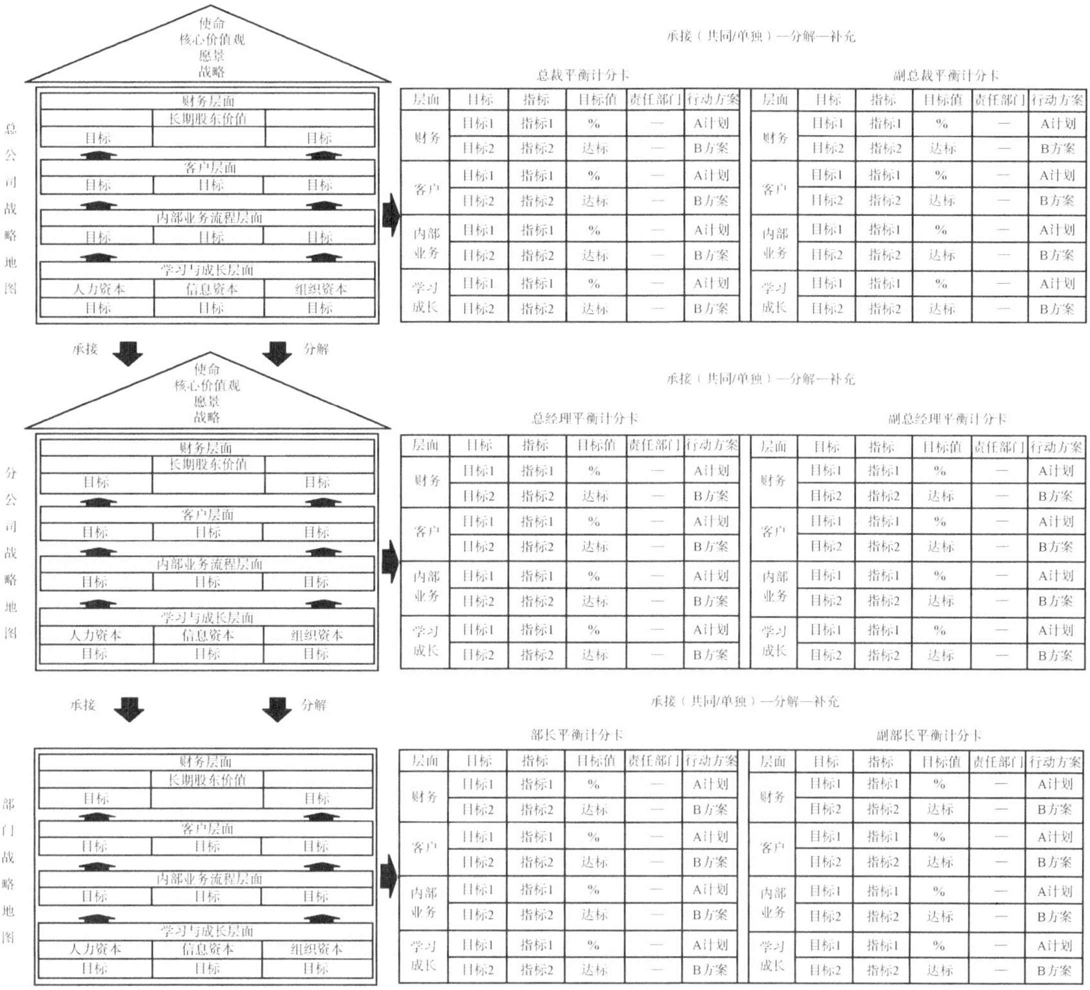

图 2-10　某集团公司个人平衡计分卡分级开发模型

第二步，制定分公司绩效计划体系。首先，通过对总公司目标的承接和分解，结合分公司战略规划，开发分公司战略地图和平衡计分卡，并制定分公司的绩效目标和指标。其次，分公司绩效目标和指标同样由分公司领导团队通过承接（共同承接或单独承接）和分解的形式共同承担。与总公司一样，分公司领导者也通过承接、分解和补充等形式分别确定不同领导者的个人目标和指标；权重分配也需要根据分工协商确定。

第三步，部门和个人绩效计划体系的制定。通过对分公司目标的承接和分解，结合部门职责，开发部门战略地图和平衡计分卡，并以此为基础开发部门管理者和普通员工的平衡计分卡，确定部门绩效目标和指标。部门管理者的目标和指标设计流程与组织层次保持一致。对于普通员工平衡计分卡的开发，除了注意对部门目标的承接之外，还需要充分考虑职位的具体职责。

2. 政府组织绩效计划体系分级开发步骤

政府组织绩效计划体系开发步骤与企业相似。但通常政府管理幅度宽和管理层级多，并且组织结构复杂、职责涉及面更广、利益相关者诉求差异大等，因此政府绩效计划体系更需要强调协同性。政府绩效计划通常是根据上级政府规划和任务、本级政府五年规划与年度计划相关规定进行编制。在分级开发步骤上，与大型企业集团并无不同。例如，某县级政府绩效计划体系分级开发实践也包括如下三个步骤：第一步，开发县委县政府绩效计划，即首先开发县政府的战略地图和平衡计分卡，其次在此基础上开发县委县政府领导班子个人平衡计分卡；第二步，开发党政工作部门和乡镇政府绩效计划体系，同样也包括开发部门战略地图和平衡计分卡，还要制定二级班子领导干部个人平衡计分卡；第三步，开发内设部门和公务员个人的绩效计划。

以上三个开发步骤总体上体现为完整的分级开发的过程，事实上，每一个总体步骤还可以进一步细分为三个具体的步骤。下面以党政工作部门绩效计划体系开发为例进行详细说明。例如，某县园林局基于平衡计分卡分级开发了领导班子个人绩效计划体系，如图2-11所示。

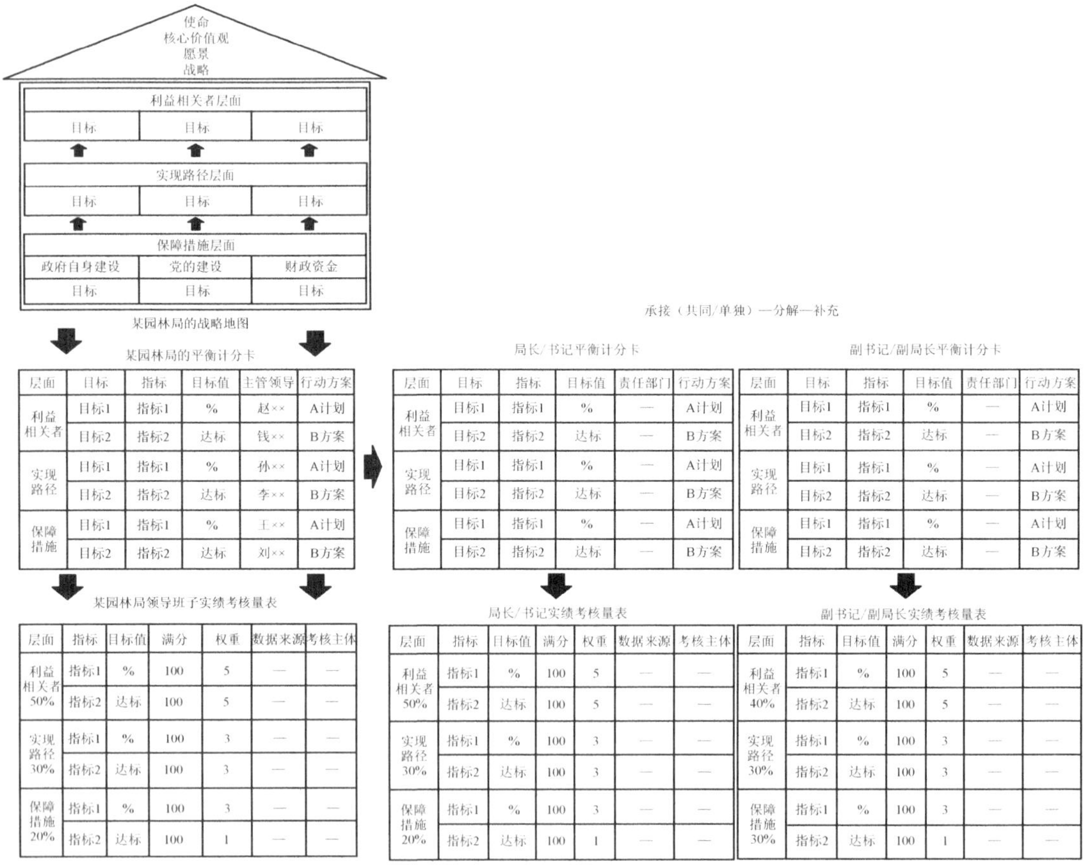

图2-11　某县园林局的平衡计分卡分级开发模型

第一步，绘制局战略地图，开发局平衡计分卡。根据县委县政府的要求，依据县五年发展规划和年度计划、局五年规划和年度工作计划，绘制整个局的战略地图。然后以战略地图确定的绩效目标为基础，深入沟通并确定具体的绩效指标、目标值、主管领导和责任部门，形成班子成员达成共识的组织平衡计分卡，如表 2-13 所示。

表 2-13 某县园林局的平衡计分卡

单位名称				分管领导		
层面	目标	指标	目标值	指标类型	主管领导	责任部门
利益相关者层面	优化县域生态环境	城市绿地年增长面积	114 公顷/5 年 22.8 公顷/年	考核指标		
		城市绿化覆盖年增长率	4.06%/5 年 0.81%/年	监控指标		
	增加森林资源总量	新增森林面积	1 196 公顷/年	考核指标		
	保障森林资源安全	重大森林资源灾害事件发生次数	0 次/年	减分项		
层面	目标	指标	目标值	指标类型	主管领导	责任部门
实现路径层面	推进城乡园林绿化建设	新增造林面积	2.76 万亩	考核指标		
		新增封山育林面积	6 万亩	考核指标		
	加快林业产业发展	年花卉种植面积	1.2 万亩	考核指标		
	加强森林资源保护	年林下经济发展面积	3.5 万亩	监控指标		
保障措施层面	坚持依法行政	行政处罚案卷合格率	100%	考核指标		
	加强行政问责	行政问责次数	0 次/年	减分项		
	提升党的组织工作科学化水平	人才队伍建设工作	达标	考核指标		
	控制行政成本	三公经费占总支出比重	降低 10%	考核指标		

注：1 亩≈666.67 平方米

第二步，依据局的平衡计分卡，开发局领导干部个人的平衡计分卡。基本原则是确保领导班子总的绩效目标和指标，能够按照承接（单独承接或共同承接）或分解的方式分类到个人头上。同样，不同领导在所有指标上承担的权重，则需要班子成员协商和讨论确定。领导班子成员个人平衡计分卡一般必须包括目标、指标、目标值、责任部门、行动方案等内容，表 2-14 为某县园林局副局长个人平衡计分卡的例子。

表 2-14 某县园林局副局长个人平衡计分卡

单位名称			直接上级			
姓名			职位名称		党委书记、副局长	
主管（分管/协管）工作		党务工作，负责党的思想、组织、作风建设和精神文明建设、纪检监察、党风廉政建设工作				
层面	目标	指标	目标值	指标类型	责任部门	行动方案
利益相关者层面	提高林业产业效益	林业总产值	22 202 万元	考核指标	林业产业服务中心	技术服务、产业引导、政策扶持
	提升公民生态文明意识	公民生态文明意识调查	等级	考核指标	全局	宣传教育

续表

层面	目标	指标	目标值	指标类型	责任部门	行动方案
实现路径层面	加强森林资源经营管护	林地管护面积	232万亩	考核指标	全局	
	加快林业产业发展	年花卉种植面积	1.2万亩	监控指标	林业产业服务中心	制订方案，任务分解落实到镇、村
	开发生态资源文化价值	开发生态文化产品数量	1～3个	监控指标	全局	积极研发
保障措施层面	提升党的宣传思想工作水平	政治理论教育工作	达标	考核指标	政工科	
	提升党的组织工作科学化水平	班子和干部队伍建设工作	达标	考核指标	政工科	
	加强行政问责	行政问责次数	0次/年	减分项	全局	严格管理

第三步，确定领导干部实绩评价量表。领导干部实绩评价量表与平衡计分卡在结构上基本一致，只是评价聚焦于指标的完成情况，在栏目设置上计划的绩效目标、指标、目标值和行动方案，变为绩效指标、目标值、指标权重、考核主体等。绩效计划面向评价，就主要通过计划量表与评价量表的对接来实现。

3. 个人绩效计划的其他模式

任何组织的绩效计划体系，最终都要落地到个人绩效计划，但是在不同的情况下，计划应该包括哪些具体内容，要视组织文化、员工情况和管理者的管理风格等方面的因素而定。不过在管理实践中，人力资源管理部门往往会向各级管理者提供一个绩效计划的框架，作为对管理者制订计划的过程和方式的指导性建议；另外，根据实际需要，这一框架还会提供一种（也可能为若干种）结构化的管理绩效计划表格。由于绩效计划在管理实践中没有统一的模式，因此本书在此也提供一些个人绩效计划的表头的例子，如表2-15～表2-17所示，希望能够为管理者根据现实情况设计绩效计划表格提供一些思路。在这些表格中，有一些项目也许并不属于计划的内容，仅作为对计划的一种监控，在绩效周期中的这种阶段性评价记录能够帮助管理者达到改进绩效的目的。

表2-15　绩效计划表格示例一

对应的工作要项	绩效目标	目标的难度等级	潜在的障碍及可能的解决方案	行动计划	实施情况

表2-16　绩效计划表格示例二

时间	分阶段目标	行动计划	实施情况	阶段性评语

表 2-17 绩效计划表格示例三

维度	目标	实现情况
工作业绩		
工作态度		

思考题

1. 谈谈绩效计划的内涵。
2. 绩效计划工作的关键点有哪些？
3. 谈谈一份完整的绩效计划一般应包含哪些基本内容。
4. 绩效指标可以分为哪几种类型？
5. 谈谈绩效计划制订的步骤。
6. 谈谈制订组织绩效计划需要做哪些准备。
7. 谈谈你对绩效计划体系分级开发的认识。

第三章　绩效监控

绩效监控是连接绩效计划和绩效评价的中间环节，也是绩效管理系统中耗时最长的一个环节。在整个绩效监控过程中，管理者需要与员工进行全面的绩效沟通，进行及时的绩效辅导，同时为评价收集必要的绩效信息。

第一节　绩效监控概述

一、绩效监控的内涵

管理的基本职能包括计划、组织、领导和控制。不能简单地将绩效监控与管理学中“控制”的概念等同起来，更不能将其简单视为一个束缚员工手脚的贬义词。绩效监控是为了达成组织战略目标和实现组织竞争力的全面提升，对绩效计划实施情况进行全面监控的过程，涉及管理的组织、领导、控制等基本职能。

关于绩效监控的内涵，不少学者从员工个人绩效和战略绩效两个方面进行了探索和研究，但是目前学术界关于绩效监控的明确界定并不多见。例如，有学者认为绩效监控指的是在绩效考核期内管理者为了掌握员工的工作绩效情况而进行的一系列活动；有学者认为绩效监控的目标是为决策层提供决策依据，为其更好地监控组织战略与运营提供有力支持和保障，同时也为个人业务与管理部门的业绩评价提供依据。

本书认为绩效监控（performance monitoring）是指在绩效计划实施的过程中，管理者与员工通过持续的绩效沟通，采取有效的监控方式对员工的行为及绩效目标的实施情况进行监控，并提供必要的工作指导与工作支持的过程，其目的是确保组织、部门及个人绩效目标的达成。

二、绩效监控的内容

绩效监控是对绩效计划实施情况的全面监控，主要进行全面的绩效沟通和提供及时的绩效辅导，并收集相关绩效信息。绩效计划的内容和重点不一样，绩效监控也随之表现出不同的特点。通常情况下，为实现组织绩效目标和战略目标，管理者需要通过监控组织、部门和个人等绩效计划的执行情况。为了确保组织战略目标的实现，绩效监控通常重点关注如下几个方面的具体内容。

（一）组织系统协同的监控

组织协同是一个系统性工作，也是组织获得高绩效的重要条件，其目的在于创造各部分之和大于整体的综合效应。管理者对组织系统协同性监控的目的，是确保所有人的工作行为和工作产出都能为实现组织战略目标服务。协同的实质就是围绕战略整合组织，实现密切配合和协同作战。组织协同通常围绕企业的价值创造战略展开，价值创造战略通常需要考虑企业价值主张和客户价值主张的一致性问题（价值创造战略＝企业价值主张＋客户价值主张）。企业价值主张，也叫企业价值定位，是为创造企业价值所设定的跨业务单元的目标，是公司总部为下属单位所界定的战略大纲。组织协同通常是自上而下的协同，即由公司总部阐述企业价值主张，然后交由各战略业务单元执行。理想的组织协同需要企业总部清晰地了解竞争环境和每一个战略业务单元的优缺点，并以此来制定和贯彻企业价值主张。客户价值主张通常是指战略业务单元所坚持的关于其怎么面对客户的价值主张，如总成本最低、产品领先、全面客户解决方案，或者系统锁定等。明确的客户价值主张有利于高层管理者认可战略业务单元，并能以此为基础进行合理的资源配置，从而确保战略得以有效执行。

组织协同的监控是一个流程，常常通过整合或延长价值链来创造协同效应。在基于平衡计分卡的价值创造体系中，通过四个层面的目标体系相互协同来创造协同效应，具体则体现在这四个层面都需要体现企业价值定位，在绩效监控上则需要聚焦核心的监控指标。表 3-1 展示了一个常见的企业价值链整合战略的价值主张以及对应的监控（衡量）指标。

表 3-1 通过价值链整合创造协同效应

协同效应	企业价值定位	典型的监控（衡量）指标
财务	确定通过价值链整合实现交叉业务的收入增长和生产率提高目标	• 协同服务收入所占百分比 • 全生命周期成本降低额
客户	确定整合各业务单元的服务后所形成的新客户价值主张	• 客户关系的持久度 • 客户平均支出 • 客户份额
内部业务流程	确定整合各业务单元达成无缝运作所需的新流程	• 集中采购的项目比率 • 共享目标客户的人数 • 关键流程周期
学习与成长	确定价值链整合所需的知识、能力、信息技术和文化	• 交叉业务知识的培训合格率 • 平衡计分卡目标的挂钩比率 • 团队奖金

当企业把各个分散经营的业务单元和职能单元的不同工作协同在一起时，将会产生一种额外的价值，即企业衍生价值。与优秀的赛艇舵手为具有优秀素质的划桨手提供一个协同发挥的舞台一样，高效的企业总部也能整合与协同业务单元和职能单元，围绕企业价值主张，创造出高的衍生价值。这要求企业总部能清晰阐述企业价值主张，并通过由上至下的管理流程使业务单元、职能部门和外部合作伙伴之间产生协同效应。这个流程通常包括如下四个步骤：第一，实现企业总部与业务单元的协同；第二，整合内部支持和服务部门；第三，实现组织与外部组织协同；第四，协同全体员工。创造组织协同效应从来都不是一蹴而就的，它是一个持续的管理过程，并且随着公司战略的调整，由公司高层领导做出及时的反应和明确的工作安排。

（二）关键业务流程的监控

关键业务流程是构筑企业竞争优势的战略性流程，对关键业务流程进行全面、系统、动态的监控和改进，有利于改善运营短板和提升资源配置效果，有利于持续提升组织绩效和达成组织战略目标。关键业务流程的确定始于企业的客户价值主张，不同的客户价值主张所关注的关键业务流程也不同。总成本最低战略聚焦于降低成本、提高质量以及缩短供应、生产、分销和服务交付周期。全面客户解决方案战略则关注目标客户的选择、获得以及加深与目标客户的关系。产品领先战略注重发掘创新机会、提高产品研发的技术和管理能力以及对上市时机的准确把握。系统锁定战略则致力于提高产品和服务平台的标准化等级以及与辅助厂商开展良好合作。

管理实践表明，全面质量管理和流程再造思想在对战略目标与流程改进计划的协同上存在着显著不足。企业应该根据客户价值主张，厘清价值创造的流程，识别能够产生战略差异化的关键业务流程，并对阻碍绩效持续提升的流程设计进行改善。对企业的全部业务流程进行梳理并根据企业价值主张区分流程的战略优先级，是流程监控和改进计划的关键控制点，其中鲍德里奇质量标准、卡普兰和诺顿对企业流程的分类有助于对企业流程进行有效监控。

鲍德里奇质量标准将企业现有流程分为“卓越”和“需要改进”两类。企业应该在分类管理的基础上，至少努力实现战略性流程达到“卓越”标准，通常的做法是立足于公司价值定位对战略性流程进行识别、衡量和改进。例如，采取总成本最低的航空公司认为“只有当飞机运送乘客时，公司才能为客户创造价值”，因此“缩短飞机地面周转时间”就成为最核心的运营流程目标。通过对地面周转流程的关键环节的分析，发现通过对如下三点进行优化就能成功缩短周转时间：①乘客下机，清洁和再次登机；②行李卸载和重新装载；③地面维护和燃料补给。某航空公司通过流程改进成功缩短了周转时间，如表 3-2 所示。

表 3-2　流程改进消除绩效差距（示例）

航班间地面周转活动	周转时间/分钟		流程改进
	当前用时	最短用时	
等待飞机舱门打开	3：16	0：00	A. 预计飞机到达时间，在跑道等待飞机停下； B. 更严格地控制携带行李，减少乘客在过道上找行李的情况； C. 清洁人员提前就位； D. 工作流程、时间、方法标准化，如提前准备好工具箱； E. 飞机准备起飞时，机组人员发出起飞信号； F. 空乘人员积极管理头顶行李舱； G. 最后一位乘客登机时，及时传递乘客信息表； H. 准备好关闭机舱门
乘客离机	6：41	4：38	
等待清洁员登机	0：24	0：18	
清洁飞机	10：48	7：40	
等待机组人员登机	4：11	0：00	
等待第 1 名乘客登机	4：06	0：00	
乘客登机	17：32	14：00	
等待乘客信息表	1：58	0：13	
关闭机舱门	0：57	0：09	
登机舷梯分离	1：39	0：43	
总周期时长	51：34	27：41	

资料来源：卡普兰 R S，诺顿 D P. 平衡计分卡战略实践［M］. 上海博意门咨询有限公司译. 北京：中国人民大学出版社，2009：141

卡普兰和诺顿则将流程分为战略性流程和重要流程两类。虽然战略性流程监控非常重要，但是对公司日常运营计划的有效监控也不可忽视，因为其占用了公司90%左右的资源和时间。任何战略性流程都不会独立发挥作用，只有在公司整体运营水平有力支持下才能发挥出应有的带动作用。公司通常应该开发出一套完整的仪表盘指标，对运营过程进行全面系统的监控，以便及时发现问题和采取补救措施。

（三）个人绩效的监控

组织各层次的绩效都是由人创造的，整个绩效监控体系的落脚点是个人绩效的监控。通常，组织协同性和关键业务流程监控，在很大程度上也是通过对个人绩效的有效监控来实现的。如果在个人绩效监控中发现问题，管理者应该与员工进行及时沟通，深入分析存在问题的原因，搞清楚到底是因为组织协同和工作流程等组织制约因素造成，还是个人原因影响，以便及时有效地采取应对措施。

个人绩效监控一般需要通过绩效监控表对绩效监控过程进行规范和记录，以确保绩效信息的完整性和准确性。例如，某公司所采用的岗位绩效监控表（表3-3），对绩效周期、绩效指标完成情况、关键事件和原因分析等内容进行了明确的规定。该公司对员工绩效信息进行全面收集，有利于管理者对员工绩效进行全面监控。

表3-3　岗位绩效监控表（示例）

岗位名称			部门名称	
受约人			发约人	
监控周期	年　月　日　至　年　月　日			

编号	关键绩效指标名称	目标值	实际值	关键事件描述	原因分析
1					
2					
3					
…					

认定部门（签章）
年　月　日

三、绩效监控的过程

良好的绩效表现不会自动获得，正如庄稼不会播种后就自动获得丰收。在绩效计划执行过程中，只有持续不断地进行绩效监控，才可能得到预期的绩效结果。绩效监控作为连接绩效计划和绩效评价的中间环节，是一个持续的沟通过程，起始于绩效协议的签字确认，终止于绩效评价。绩效协议签订之后，管理者就需要对绩效计划执行情况进行监控，与员工进行充分的绩效沟通，针对存在的问题提供必要的辅导，并对沟通和辅导过程中收集的绩效信息进行汇总，为绩效评价提供准确有效的绩效信息。

管理者一般通过抓住监控过程中的关键问题来提升监控的效率和改善监控的效果。这些问题主要包括：第一，围绕组织战略的实现和绩效目标的达成进行持续沟通，以保障在绩效计划实施过程中能及时发现问题，并能够提出解决方案。第二，针对绩效监控过程中发现的问题，进行及时的绩效辅导，为员工实现绩效提升提供支持，并修正工作任务实际完成情况与目标之间的偏差。第三，正确理解绩效沟通和绩效辅导的关系。虽然绩效辅导与绩效沟通的目的都是帮助员工达成绩效目标，但是绩效沟通是贯穿整个监控过程的双向沟通，绩效辅导仅在出现问题时才出现，并且是指管理者通过沟通的形式帮助员工达成绩效目标的行为。第四，进行绩效信息收集，特别是记录员工工作过程中的关键事件或绩效数据，为绩效评价提供信息。

四、绩效监控的方法

严格来讲，确保组织战略目标顺利实现的所有沟通方式都可以作为绩效监控的方法，管理者需要了解每种绩效监控方法的优缺点，并能针对具体情况选择一种或多种监控方法。本书在此介绍三种最常用的绩效监控的方法。

（一）书面报告

书面报告是绩效监控中最常用的一种方法，主要是指下级以文字或图表的形式向上级报告工作进展的情况。书面报告可以分为两种类型：一类是定期的书面报告，如工作日志、周报、月报、季报、年报等；另一类是不定期的书面报告，主要是对绩效管理实践中，对绩效影响重大的工作所做的各种专项报告，可以根据工作进展的情况做具体的安排。

书面报告能提供大量、全面的绩效信息，也可以在管理者与员工无法面对面沟通的时候进行及时的监控。在具体使用该方法时，需要注意以下三点：第一，汇报内容需要做到重点突出；第二，尽量通过绩效信息平台做到绩效信息的共享；第三，与其他方法组合使用，确保信息的双向沟通并避免汇报内容的形式化。

（二）绩效会议

绩效会议是指管理者和员工就重要的绩效问题通过召开会议的形式进行正式沟通的绩效监控方法。为了使绩效会议能达到预期目的，管理者需要注意绩效会议的目的、过程以及基本技术等关键点。

召开绩效会议的目的主要包括以下几个方面：为了对绩效实施情况进行例行检查；对工作中暴露的问题和障碍进行分析和讨论，并提出必要的措施；对重大的变化进行协调或通报；临时布置新任务。

虽然绩效会议形式有差别，但是一般都包含如下几个基本步骤：会议准备、确定议程、进行会议沟通、达成共识、制订行动方案等。通常需要做好会议记录，并将会议记录及时反馈给所有与会者。

为了达到有效监控的目的，管理者在召开绩效会议时要注意以下几点：营造平等和谐的氛围；给予员工充分的表达机会，充分挖掘员工的积极性；会议目的具体、明确，不开无谓和冗长的会议等。

（三）走动式管理

美国管理学者彼得斯（Thomas J. Peters）与沃特曼（Robert H. Waterman）在《追求卓越》一书中提出了“走动式管理”（management by wandering around 或 management by walking around，MBWA）的概念，具体指高层管理者为了实现卓越绩效，利用时间经常抽空前往各个办公室走动，以获得更丰富、更直接的员工工作相关信息，并及时了解下属员工工作困境的一种策略。走动式管理不是说管理者到各部门随便走走，而是通过非正式的沟通和实地观察，尽量收集第一手绩效信息，发现问题或潜在危机，并配合情境做出最佳的判断。同时，走动式管理也是对员工汇报的绩效信息进行核查的过程，带着问题到工作实践中去分析原因和排除障碍。

在使用走动式管理进行绩效监控的时候，管理者需要注意以下几点：第一，需要走进基层和一线，接触工作实际，通过现场的观察和沟通来了解员工的工作进度、实际困难和潜在能力，并获得他们的信任与尊重。第二，不一定每次走动都能获得重要的信息，但是管理者经常走动对重大绩效事故的防范有很大的帮助，不必等到事故发生之后再焦头烂额地处理。第三，走动式管理不仅是一种有效的绩效监控的方法，更是一种情感管理、现场管理方法。在使用走动式管理的时候，管理者需要思考如何实现管理方法和领导艺术的有效融合，有效提升组织绩效，从而使组织获得持续的竞争优势。

第二节 绩效沟通

绩效沟通贯穿整个绩效管理过程，绩效沟通的效果在一定程度上决定着绩效管理的成败。绩效监控阶段是绩效沟通最集中的阶段，因此本书在绩效监控中详细介绍绩效沟通。

一、绩效沟通的概念

绩效沟通是管理者和员工为了实现绩效目标而开展的建设性、平等、双向和持续的信息分享和思想交流。其中，绩效沟通中的信息包括有关工作进展情况的信息、员工工作中的潜在障碍和问题的信息以及各种可能的解决措施等。对绩效监控过程中的绩效沟通概念的理解，需要特别注意以下几个方面。

（1）绩效沟通的目的是实现绩效目标。绩效沟通的目的是解决问题，应该在不损害人际关系的前提下进行。所有沟通都应该围绕实现组织的战略目标展开，同时应尽量避免不好的情绪、不当的方法和无关的内容。

（2）绩效沟通是一 8 种平等的沟通。沟通最本质的目的就是思想的传递，为了让对方准确了解自己的想法，信息发出者应该通过了解听者的需要和可能的反应，决定自己要使用的沟通手段和方式。坚持换位思考，从对方的立场出发思考问题，“己所不欲，勿施于人”。信息只有在平等主体间传递，才有利于信息形成沟通的环路。否则管理者高高在上，信息传递通常不顺畅，即使有信息传递，信息本身的准确性和及时性也会受到影响。

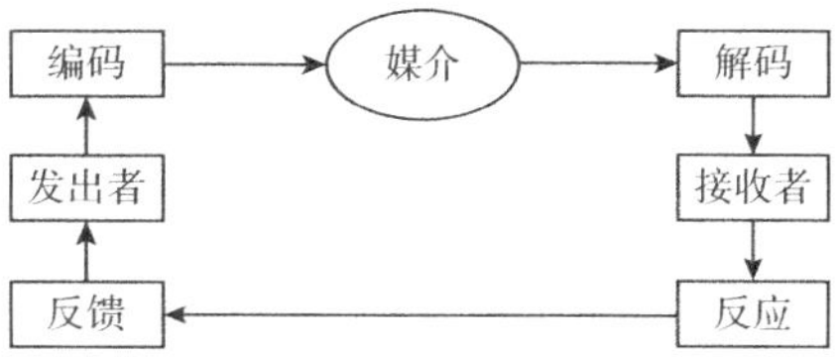

图 3-1 沟通过程模型

（3）绩效沟通是一种有效的沟通。绩效沟通是一个封闭的环路，七个环节中任何环节出问题，都可能导致沟通的失败，如图 3-1 所示。管理者必须准确地知道计划执行的情况，员工要及时将绩效计划的执行情况向上级反映，并且所传递的信息要能被双方充分理解。沟通更重要的意义在于传递想法而非传递信息本身，让发出的信息（语言或行为）被接受者充分理解才是真正有效的沟通。我们都有这样的体验：我们请某人做某事，而他却没有反应。这个时候，我们的第一反应就是更大声地重复一次，甚至会嚷嚷："难道你没有听见吗？"人们往往会将沟通失败归咎于听力的问题，而事实也许并非如此。

在沟通过程模型中，信息的编码、沟通媒介（渠道）的选择和信息的解码是沟通取得成功的关键环节。整个沟通过程从信息的发出开始，到得到来自接收者的反馈为止，不断循环。之所以强调反馈阶段，是因为沟通的目的就是传达信息（更进一步就是传达思想），接收者接收信息的情况能够说明沟通的目的是否得以实现。因此，接收者的反应是沟通过程模型中的重要一环。结合上面的模型，我们认为，有效的沟通过程包括以下七个方面的基本要素。

第一，沟通的目的。沟通的目的就是整个沟通过程所要解决的最终问题，这是统领整个沟通过程的灵魂。

第二，信息源（发出者）。信息源就是指做出沟通行为，将信息向外传达的人。

第三，信息本身。有多少信息、有什么方面的信息需要传达，取决于沟通的目的和信息源的意志。发出者应该充分考虑其他要素的情况，如考虑接收者的接收能力和沟通环境的特征等，在此基础上决定如何组织信息。

第四，媒介。媒介的存在方式包括书面、口头语言、肢体语言等，更具体地说，有面对面的会谈、电子邮件、录像等方式。媒介的选择是沟通过程中的一个重要因素。

第五，接收者。接收者就是通常所说的听者。听者听的愿望（或者说接收信息的愿望）是积极的、消极的还是中性的，都会影响整个沟通过程的效果。

第六，反馈。从沟通过程模型中可以看出，接收者的反应是沟通过程的一个要件。这种反应传递到信息源处就形成了反馈，反馈是接收者向发出者传递信息的方式。发出者应根据反馈的情况调整下一步的沟通方式，以更好地实现沟通的目标。

第七，环境。沟通的环境因素影响着发出者编码与接收者解码的方式。在管理环境中，这种环境因素不仅包括沟通的物理环境，还包括企业文化和管理者的管理风格等。

沟通模型为我们提供了一个研究有效沟通的理论框架。在研究绩效沟通问题时，掌握沟通模型的构成和运作原则是非常重要的。在解决各种沟通问题时，我们可以通过分析沟通过程模型中的每一个要件，准确地找出问题所在。

（4）绩效沟通是一种持续的沟通。绩效沟通贯穿于整个绩效管理的四个环节，在绩效监控中持续时间最长，但是却最容易受到忽视。绩效沟通的中断会导致管理者与员工之间产生各种各样的摩擦，使绩效管理成为员工与管理者之间不断争执和冲突的重要原因。因此，充分了解绩效沟通，掌握绩效沟通的技巧成为每一名管理者必须掌握的管理技能之一。

二、绩效沟通的目的和内容

（一）绩效沟通的目的

绩效沟通的直接目的是通过管理者与员工持续有效的沟通实现员工绩效的改善和提

升，最终目的是实现组织的战略目标。为了提高绩效沟通的质量，管理者作为绩效沟通的设计者和主导者，必须深入地理解沟通和绩效沟通的重要性。

1. 沟通的重要性

著名管理学家亨利・明茨伯格（Henry Mintzberg）于 20 世纪 60 年代末期提出了经理角色理论，在该理论中，他将管理者在日常管理活动中扮演的角色分为如下 10 种，即挂名首脑、领导者、联络者、监听者、传播者、发言人、企业家、混乱驾驭者、资源分配者、谈判者。有人将这 10 种角色进一步组合成三类角色，即愿景设计者、激励者和推动者。首先，管理者是愿景设计者，必须把自己设定的愿景转化为员工共同的愿景。这就要求管理者具有高超的沟通技巧。其次，管理者要通过愿景激励员工的工作积极性，就要使员工的目标与管理者设计的愿景相融合。管理者作为激励者的角色进一步强化了沟通的重要性。最后，管理者还要通过大量的沟通活动推动组织愿景的实现。无论是作为愿景设计者、激励者，还是推动者，沟通都发挥着重要作用。

此后，弗雷德・卢森斯（Fred Luthans）和他的助手对 450 名管理者进行了研究，具体通过“管理者究竟在做什么”系列问题进行：在组织中提升最快的管理者与在组织中总成绩最佳的管理者从事的工作相同吗？他们对管理工作强调的重点相同吗？他们从另一个角度考察了沟通的重要性，具体来说他们发现管理者都从事以下四种活动。

（1）传统管理：决策、计划和控制。

（2）沟通：交流信息、处理各类书面文件等。

（3）人力资源管理：激励、惩戒、协调冲突、人员配备和培训。

（4）网络联系：社交活动、政治活动和外界交往。

他们发现，沟通对各种管理者来说都是一项十分重要的管理活动，具体反映在普通管理者、成功管理者和有效管理者都在“沟通”上花费了很多时间，如图 3-2 所示。在这里，成功的管理者是指那些在组织中晋升速度最快的人，而有效的管理者是指那些工作业绩的数量最多、质量最高，员工对他的满意度和承诺度最高的管理者。从组织的角度出发，我们最关注的就是有效的管理者在四类活动中的时间分配情况。研究表明，有效的管理者花费了最多的时间（44%）用于沟通。即使对于普通的管理者和成功的管理者，沟通在这四类工作中也处于占用时间第二多的位置。

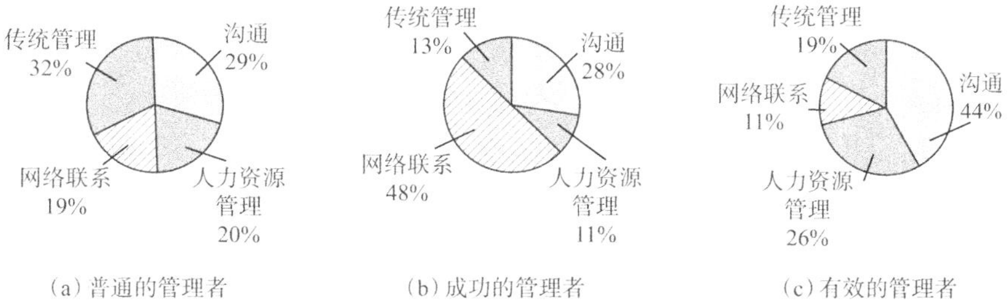

图 3-2　不同管理者用于沟通活动的时间分布

资料来源：罗宾斯 S P，库尔特 M. 管理学［M］. 第 7 版. 孙健敏，黄卫伟，王凤彬，等译. 北京：中国人民大学出版社，2004：12

2. 绩效沟通的重要性

在传统的工作环境中，工作场所和工作内容都相对固定，员工往往只需要根据既定的绩效计划，按照明确的流程按部就班地工作，就能够达到其职责要求，从而完成相应的绩效任务。员工掌握必要的知识和技能对获得高绩效相对更加重要，而绩效沟通对绩效的影响还不是非常明显。但是，在信息化、网络化和全球化时代，科技迅猛发展、信息日益膨胀、工作生活节奏加快等因素深刻地影响了人们的行为，组织战略以及生产和经营的模式调整周期越来越短，职位说明书的更新速度也越来越快，在某些行业中，人们甚至发现为某些职位制定明确、翔实的职位说明书几乎已变得不再可能。这种情况在绩效管理中的直接表现就是必须保持绩效计划的弹性，确保员工的工作实践与实际情况的要求保持一致。面对变化的工作环境，管理者与员工的持续有效的绩效沟通就显得日益重要。如果缺乏必要的沟通，管理者在计划调整或增加临时任务时，员工可能产生不满甚至抵触情绪，从而影响绩效目标的达成。

（二）绩效沟通的内容

鉴于绩效沟通的重要性，管理者和员工都应该根据绩效沟通的目的，精心准备沟通的内容。对管理者而言，如果不能掌握最新的情况，可能会面临许多不必要的麻烦。管理者特别应该有意地收集一些绩效评价和绩效反馈时需要的信息，这些信息将帮助管理者更好地履行他们在绩效评价中担负的职责。通常管理者需要关注以下问题。

（1）我必须从员工那里得到哪些信息，以帮助他们更好地协调员工的工作，并在必要的时候向上级汇报？

（2）我必须提供给员工哪些信息和资源，以帮助他们完成工作？

员工通过与管理者之间的绩效沟通，可以了解到自己的表现获得了什么样的评价，以便保持工作积极性，并且更好地改进工作。员工还需要通过这种沟通了解管理者是否知道自己在工作中遇到的各种问题，并从中获得有关如何解决问题的信息。当工作发生变化时，员工能够通过绩效沟通了解自己下一步应该做什么，或者应该着重去做什么。因此，员工通常首先关心以下问题。

（1）我必须从管理者那里得到什么样的信息或资源？

（2）我必须向管理者提供哪些信息，以保证更好地完成工作目标？

通过对以上问题的回答，管理者能够更好地明确绩效沟通的内容，这是确定绩效沟通内容的一个非常实用的思路。通过绩效沟通，管理者和员工应该能够回答以下问题。

（1）工作进展情况如何？

（2）绩效目标和计划是否需要修正？如果需要，如何进行修正？

（3）工作中有哪些方面进展顺利，为什么？

（4）工作中出现了哪些问题，为什么？

（5）员工遇到了哪些困难，应如何帮助他们克服困难？

三、绩效沟通的原则

实现高效的绩效沟通并不是一件简单的事情，管理者和员工都需要为绩效沟通做充分的准备，既要掌握基本的沟通技巧，又要遵循基本的沟通原则。以下两项基本的绩效沟通原则对规范沟通行为，提高沟通效果具有重要作用。

（一）事实导向原则

人们在沟通中存在两种关注焦点：关注问题和关注人。所谓关注问题，指的是沟通关注问题本身，注重寻找解决问题的方法。所谓关注人，则更多地关注出现问题的人，即在遇到问题时往往会非常直接地将问题归咎于人，而不是问题本身。关注人的沟通往往会带来很多负面的影响。事实导向原则就是要求沟通双方从解决问题的目的出发，针对问题本身提出看法，充分维护他人的自尊，不要轻易对人下结论。这个原则主要是为了克服对人而不是对事情下结论的错误倾向，通过对事实的描述避免对人身的直接攻击，从而避免对双方的关系产生破坏性作用。

管理者向员工指出其缺点和错误时，特别需要恪守这一原则。下面的例子就针对员工存在的问题采取了描述性沟通：首先，管理者应描述需要修正的情况。这种描述应基于事实或某个特定的、公认的标准。例如，可以说“你在这个季度的销售额排名中处于部门最后一名的位置”，“这个月你受到了3次有关服务质量的投诉”等。这种描述能够在很大程度上避免员工的抗拒心理。但仅描述事实是不够的，还应该对这种行为可能产生的后果作一定的描述。例如，可以说“你的工作业绩出乎我的意料，这将对我们整个部门的销售业绩产生不良的影响”，“顾客表示无法接受这样的服务水平，他们宁可放弃我们的产品”等。在这里，管理者应该注意不要使用过于严厉责备的口吻，否则员工会将精力集中于如何抵御攻击，而不是如何解决问题。最后，管理者可以提出具体的解决方式或引导员工主动寻找可行的解决方案。

（二）责任导向原则

所谓责任导向，就是在绩效沟通中引导对方承担责任的沟通模式。绩效沟通需要确定问题的责任承担者，为采取积极的补救措施和促进绩效目标的达成提供基本保障。责任导向原则需要我们有效地选择沟通方式——自我显性的沟通与自我隐性的沟通。典型的自我显性的沟通使用第一人称的表达方式；而自我隐性的沟通则采用第三人称或第一人称复数，如“有人说”“我们都认为”等。通常，自我显性的沟通方式能够更好地与对方建立联系，表达合作与协助的意愿，如“我想这件事可以这样……”，“在我看来，你的问题在于……”等说法都能够给人这样的感受。而自我隐性的沟通通过使用第三者或群体作为主体，避免对信息承担责任，从而逃避就其自身的情况进行真正的交流，这往往给人一种不合作、不友好的感受。因此，责任导向原则要求人们采取自我显性的表达方式，与沟通对象建立良好的关系。

四、绩效沟通的方式

管理者与员工的每一次交流都是一次具体的沟通，并且沟通是一个充满细节的过程。沟通有各种各样的方式，每种方式都有其优缺点和适合的情境，因此有效沟通的关键是在不同的情境下选用适合的沟通方式。总的来说，绩效沟通可以分为正式的绩效沟通和非正式的绩效沟通两大类。

（一）正式的绩效沟通

通常正式的沟通方式主要包括正式的书面报告和管理者与员工之间的定期会面两种形式。其中，管理者与员工之间的定期会面又包括管理者与员工之间一对一的会面和有管理者参加的团队会谈。

1. 正式的书面报告

书面报告是绩效管理中比较常用的一种正式沟通的方式，主要是员工使用文字或图表的形式向管理者报告工作的进展情况。书面报告可以是定期的，如工作日志（表 3-4）、月报（表 3-5）等，也可以是不定期的。除了定期的书面报告之外，管理者往往还会要求员工就某些问题准备不定期的专项书面报告。

表 3-4　工作日志

姓名：________职位：________所属部门：________　　时间：___月___日

序号	工作活动内容	开始时间	结束时间	备注情况
1.				
2.				
3.				
…				

表 3-5　工作月报

目标工作任务	完成情况	困难和问题	解决方案	需要的支持	备注
1.					
2.					
3.					
…					

书面报告最大的优点就是简单易行，而且能够提供文字记录，避免进行额外的文字工作。为了让员工更好地完成书面报告，管理者应该让员工有机会决定他们应该在报告中写些什么，而不应由管理者一厢情愿地决定。当双方就这个问题达成一致后，管理者可以设计出一个统一的样表，以方便员工填写。这种表格的形式非常多，但通常需要包括工作目标的进展情况、工作中遇到的问题、建议和意见等栏目。另外，书面报告的形式在很大程度上还要取决于员工的文化水平；对不同文化程度的员工，工作报告的要求往往也不同。很多组织因缺乏及时反馈而造成沟通低效。在很多情况下员工不欢迎书面报告，他们将这项工作视为额外的负担，只是应付了事。因此，大多数情况下，他们只是浪费了大量的时间，仅提供了一大堆毫无意义的信息。

2. 定期会面

面对面沟通是一种比书面报告效果更好的沟通方式。面对面的会谈不仅是信息交流的最佳机会，而且有助于在管理者与员工之间建立一种亲近感，这对于培育团队精神、鼓励团队合作是非常重要的。在绩效管理中，通常从制度上规定管理者和员工必须定期会面，从而强化面对面沟通的效果。一对一面谈和团队会议是定期会面的两种重要形式，这两种会面形式的最大问题是容易造成时间的无谓耗费，另外，沟通频率也是管理者需要考虑的重要问题。下面对这两种会面形式做简要介绍。

1）一对一面谈

定期会面最常见的形式就是管理者与员工之间的一对一面谈。每次面谈开始时，管理者应该让员工了解面谈的目的和重点，并且一般将会谈的问题集中在解决员工个人面临的问题上，以使会谈更具实效性。一对一面谈进行绩效沟通的优点主要表现为如下几点：第一，面谈的方式可以使主管人员与员工进行比较深入的沟通；第二，面谈的信息可以保持在两个人的范围内，可以谈论比较不易公开的观点；第三，通过面谈，会给员工一种受到尊重和重视的感觉，比较容易建立管理者与员工之间的融洽关系；第四，管理者在面谈中可以根据员工的处境和特点，有针对性地给予帮助。

在进行一对一绩效面谈的过程中应该注意以下问题：首先，沟通双方应保持平等地位。大多数管理者都会犯的一个错误就是过多地“教训”而忘记倾听。员工是最了解其工作现场情况的人，从他们的口中了解情况是非常重要的。管理者应该更多地鼓励员工进行自我评价和报告，然后再进行评论或提出问题。如果问题是显而易见的，就应该鼓励员工尝试着自己找出解决问题的方式。其次，管理者还应该在面谈中记录一些重要的信息，特别是在面谈中涉及一些计划性的事务时更应如此。例如，对于工作计划的变更、答应为员工提供某种培训等都应该留有记录，以防止过后遗忘。然后，管理者应该在面谈的最后留出足够的时间让员工有机会说说他想说的问题。

2）团队会议

很多工作都是以团队为基础开展的，团队成员之间在工作中相互关联并发生影响，群策群力是解决问题的最好方式之一。每个成员都能够不同程度地了解和掌握其他成员的工作情况，而且每个成员都能够通过解决大家共同面对的问题提高个人乃至团队的绩效。团队会议就是与之相适应的沟通方式。团队会谈通常由管理者参加，会议内容应该精心设计，以避免不恰当的内容造成无效沟通而浪费时间，或在团队成员之间造成不必要的摩擦或矛盾。

团队会议意味着更多的时间和更高的复杂性，管理者需要根据团队情况灵活把握。对于较小的团队，会议的形式和内容还比较容易确定。如果涉及的团队较大，会议就不能过于频繁，会议议程和重点需要专门设计。有时可以采用派代表参加会议来解决人员过多的问题；也可以使用一些结构化的问题提纲和时间表来控制进程。不能由于个别难以解决的问题而影响整个会谈的进度，毕竟这种团队式会谈的时间是十分宝贵的。强调时间限制是十分重要的，只有充分利用每一分钟，才能够使会谈发挥最大的效益。团队式的会谈也应该做好书面的会议记录，通常参会成员可以轮流做这项工作，并及时向参会人员反馈书面记录的整理材料。

另外，涉及个人绩效方面的严重问题不应轻易成为团队会谈的话题。任何人都有犯错的时候，这种公开的讨论是最严厉的惩罚。不同的文化背景影响了人们对这种情况的承受能力和接受能力。通常情况下，这种针对个人的绩效警告应该在私下进行。

（二）非正式的绩效沟通

管理者与员工之间的绩效沟通更多的时候是采取非正式沟通的方式。事实上，工作过程中或工作之余的各种非正式沟通为他们提供了非常好的沟通机会。

非正式绩效沟通没有固定的模式，是一种灵活的沟通方式，其最大的优点在于它的及时性。当员工在工作中发生问题时，管理者可以与之进行简短的交谈，从而促使问题得以及时解决。管理者也可以在工作现场或公司食堂等公共场所与员工交谈，了解工作进展，解决存在的问题。并不是所有的管理者都必须或可能做到这一点，但是管理者四处走动并与员工进行非正式交谈的确是一个好的管理手段。

有的管理者感到，自己非常愿意通过这样的沟通促进团队或部门的工作业绩，但是员工好像都不愿意把那些管理者希望了解的情况告诉管理者。在大多数情况下问题都出在管理者一方，出现沟通障碍时管理者首先应该注意检讨一下自己的态度。管理者应该注意学习各种各样的沟通技巧，成为一个合格的倾听者。不论对于正式沟通还是非正式沟通来说，这都是绩效沟通得以顺利进行的重要条件。

随着通信与网络的发展，人们的沟通更加便捷，受地域限制越来越少。这为管理者和员工进行深入的绩效沟通提供了条件。在这种情况下，非正式绩效沟通也可以是书面形式的，但是管理者可以更快捷地给予反馈信息，从而通过虚拟网络达到员工与管理者之间“面对面”交流的效果。

五、绩效沟通的技巧

绩效沟通是技术要求相对较高的一种沟通，在绩效管理全过程中，管理者与员工都需要进行充分的绩效沟通。在具体的沟通实践中，管理者需要运用各种各样的沟通技巧和方法，下面介绍几种常用的沟通技巧。

（一）积极倾听技巧

沟通是一个双向的过程，即沟通双方不仅要通过沟通的过程向对方传递信息和想法，还要通过沟通过程获取所需信息。从前面谈到的沟通过程模型中可以看出，双向沟通的更深层次的含义在于，信息发出者并不是单向地发出信息，还需要根据接收者的反应接收相应的反馈，从而调整沟通的内容和方式。

积极倾听是有效沟通的重要保障之一，绩效沟通中的任何一方都应该具备积极倾听的技巧，以充分获取信息，使整个沟通的过程得以顺利进行。但是，很多管理者经常忽视积极倾听的意义，尤其是在与员工沟通时，他们往往会失去应有的耐心。这种做法将严重影响沟通的质量，甚至影响管理者与员工之间的良好关系。

有学者将积极倾听的技巧分为以下五种。第一，解释。倾听者要学会用自己的词汇解释讲话者所讲的内容，从而检验自己是否完全理解了对方的想法。第二，向对方表达认同。当有人表达某种情感或很情绪化时，对对方的感受表示认同能够帮助对方进一步表达他的想法。第三，简要概括对方表达的内容。将对方所说的内容进行简要的概括，表明确实了解了对方所要表达的内容，并促使对方进一步说明他的观点，将谈话推向更进一步的话题。第四，综合对方表达的内容，得出一个结论。与第三种做法不同，听者不仅可以总结概括对方的观点，还可以形成一个结论性的观点，以使话题能够得到进一步的展开。第五，站在对方角度进行大胆的设想。

还有学者对积极倾听的技巧展开研究，并总结出了积极倾听的八点建议：第一，为听做好准备；第二，培养自己的兴趣；第三，倾听主要的观点；第四，以批判的态度听；第五，集中注意力，避免分心；第六，善于做笔记；第七，做出积极反应，帮助说者；第八，克制自己，让说者表达完整。

（二）非语言沟通技巧

沟通并不是一个简单的语言传递的过程，即使在语言沟通的过程中，也传递着丰富的非语言信息。有研究表明，沟通中只有不到10%的信息是通过纯语言传递的，近40%的信息是通过语音传递的，而超过50%的信息是通过肢体语言传递的。沟通双方应该通过合适的语音语调将语言表达出来，并配合准确的肢体语言，才能准确地传递相关信息。

沟通双方能否很好地运用非语言沟通技巧，是影响建设性沟通成败的一个重要因素。关于各类肢体语言的基本含义的相关文献非常丰富，举手投足、一颦一笑都传递着特定的信息。沟通双方需要结合沟通环境，对这些肢体语言进行准确的解读。但必须注意，离开沟通环境，很多对肢体语言的解读都是空洞的、没有意义的。下面列举部分常见肢体语言的基本含义供沟通双方参考。

- 没有眼神的沟通：试图隐瞒什么。
- 揉眼睛或捏耳朵：疑虑。
- 触摸耳朵：准备打断别人。
- 擦鼻子：反对别人所说的话。
- 触摸喉部：需要加以重申。
- 说话时捂嘴：说话没有把握或撒谎。
- 无意识地清嗓子：担心、忧虑。
- 有意识地清嗓子：轻责、训诫。
- 紧握双手：焦虑。
- 背着双手：优越感。
- 握紧拳头：意志坚决、愤怒。
- 搓手：有所期待。
- 手指头指着别人：谴责、惩戒。
- 一只手在上，另一只手在下，置于大腿前部：十分自信。
- 双臂交叉置于胸前：不乐意。
- 摇晃一只脚：厌烦。
- 脚踝交叉：收回。
- 坐时架二郎腿：舒适、无所虑。
- 衬衣纽扣松开，手臂和小腿均不交叉：开放。
- 坐在椅子上往前移：赞同。
- 着身坐在椅子上：支配性。

上面这些肢体语言往往是人们在沟通过程中无意识地表现出来，或无意识地接受并做出反应的。学习肢体语言的可能含义能够帮助我们在沟通中对这些无意识的反应做出有意识的认识，从而更好地把握沟通对象的真正意图。

（三）绩效沟通中组织信息的技巧

在沟通过程中，由于沟通双方的生活背景、经历以及个人观点和地位等方面不同，沟通过程中的信息接收者和发出者会对相同信息符号产生不同的理解。因此，如何组织沟通信息，便于沟通双方准确理解就成了保障沟通质量的重要决定性因素。在组织信息过程中，管理者和员工需要保障绩效信息的完整性和准确性。

1. 信息的完整性

信息的完整性是指在沟通中信息发出者需要尽量提供完整和全面的信息。具体来说，要求信息发出者注意以下几个方面：沟通中是否提供了全部的必要信息；是否根据听者的反馈回答了全部问题；是否为了实现沟通的目的，提供了必要的额外信息。信息提供是否完整，需要从沟通双方在沟通实践中经过信息的编码和解码全过程来确认。很多时候，我们以为已经把需要告诉对方的信息都表达了，但实际上，这往往只是自己的一厢情愿。例如，员工可能提供部分绩效信息，以为管理者对很多信息都是清楚的；管理者在进行绩效辅导的时候，也常常会忽略一些他认为员工理所应当知道，但实际上员工可能不完全知道的信息。虽然在信息沟通中，所有人都不可能做到信息的面面俱到，但沟通双方都必须做到关键信息不遗漏。

2. 信息的准确性

信息的准确性是指提供的信息对沟通双方来说应该是准确、对称的。信息完整性是要求信息发出者提供全部的必要信息，而信息的准确性则强调信息发出者提供的信息是准确的。沟通信息的准确性要求根据环境和对象的不同采用相应的表达方式，从而帮助对方精确领会全部的信息。

许多关于人际沟通的研究工作关注信息的准确性。这些研究普遍强调，应该使信息在整个传送过程（编码和解码）中基本不改变或偏离原意，并将之视为有效沟通的基本特征。为了保障沟通双方对信息都有精确的理解，我们应注意以下两个方面。

（1）信息来源对沟通双方来说都应该是准确和可靠的，这是信息准确性的基本要求。在沟通过程中，出现信息不准确现象的一个非常重要的原因就是原始数据的可靠性不符合沟通的需要。特别是管理者对员工的工作失误提出意见时，就必须使用双方都能够认同的信息源所提供的信息。例如，甲和乙之间有一些私人矛盾。如果管理者以甲提供的信息为依据，对乙的怠工行为提出批评，就容易遭到乙的排斥。即使这种情况是客观发生的，这样的沟通也无法达到应有的效果，因为沟通信息的可靠性没有得到接收者的认同。

（2）信息传递方式有助于沟通双方准确理解信息。在沟通过程中，应该使用沟通双方都能够理解的媒介手段和恰当的语言表达方式。

第一，选择合适的媒介手段。目前主要的媒介包括会谈、书面报告、信息系统等形式。在选择媒介时，不能仅凭信息发出者的意愿，而要根据沟通对象的特征、沟通的目的以及各方面的环境因素等进行综合考虑。例如，管理者要针对某个员工在工作中的问题进行辅导，通常就应该采用一对一面谈的形式；而对于团队工作中的问题，在团队成员数量有限并有可能集中而不影响工作进展的情况下，就可以采用团队集体会议的方式进行沟通。随着信息技术的不断发展，信息传递的准确性有了很大的提高；人们可以在很短的时间内将信息以文字文件、图像、声音等形式传送到世界的各个地方。

第二，恰当的语言表达方式的选择，主要注意恰当的词汇和恰当的语言风格两个方面。关于沟通词汇的准确理解，主要是沟通双方在文化和语言上的差异往往会导致对相同词汇的不同理解。有一个流传很广的案例可以说明这个问题：一个美国商务代表团到日本参加谈判，直到他们就要打道回府时，才发现双方离达成共识还有很远的距离。因为在谈判中，每当日方对于价格等问题提出异议时，只要美方在其他方面略作让步，日方代表就会回答“哈伊、哈伊”。之后，美方就将谈判引入下一个议题。实际上，日本人说“哈伊”（日语中的“是”）只是意味着理解了对方的意思，而并不代表对对方意思的认同。关于语言风格的选择，沟通双方可以根据不同的沟通主题，决定是选择正式语言、非正式语言，还是非规范语言。这三种不同类型的语言运用于不同的沟通方式，服务于不同的沟通对象和沟通目的。

第三节 绩效辅导

绩效管理的目的不是对员工进行控制，而是实现各层次绩效的全面提升。在绩效管理过程中，绩效辅导扮演着绩效持续提升助推器的角色。因此，有人认为“不会指导员工的管理者不是有效的管理者，不愿指导员工的管理者不是合格的管理者”。

一、绩效辅导的概念

绩效辅导（performance coaching）是指管理者采取恰当的领导风格，针对员工绩效计划执行过程中存在的问题和潜在障碍进行充分沟通，激励或指导员工克服困难，帮助其实现绩效目标并确保其工作不偏离组织战略目标的持续过程。管理者作为绩效辅导的主导者和推动者，不仅需要向员工提出的各种要求做出积极回应，还需要能够前瞻性地发现潜在危机并在其出现之前予以解决。

对绩效辅导深入理解需要注意以下几点：第一，绩效辅导的目的是促进绩效的持续提升，而管理者提供及时的帮助则是绩效辅导的关键。员工在执行绩效计划的过程中遇到困难或障碍而需要帮助时，管理者需要及时地提供各种必要的帮助和支持；在必要的时候，还应该为员工提供培训的机会，使其具备完成绩效计划必备的知识和技能。第二，激励员工是绩效辅导的重要途径。绩效辅导不是管理者越俎代庖，绩效改进的主要责任者还是员工本人，关键在于激发员工的主人翁意识和对绩效的责任感。第三，需要注意管理者领导风格和绩效辅导之间的匹配。绩效辅导由管理者具体执行，并且领导风格和管理者的特征对绩效辅导有较大的影响。第四，及时沟通是绩效辅导成功的基本保障。这要求管理者根据绩效计划的执行情况，全面收集绩效计划执行的各种信息，及时做出正确的辅导决策。

二、绩效辅导风格的选择

只有管理者知道如何有效地领导员工，员工的绩效才有可能最大限度地获得持续提高。缺乏有效的领导，员工就很难将他们的个人活动与组织当前的需求有机结合起来。事实上，大多数管理者都工作繁忙，但心理学家告诉我们，过度繁忙会极大地影响人们的认知过程。过于忙碌的人往往不愿意倾听，从而减少了与别人的沟通，急于求成，这种情况很可能会导致绩效管理的最终失败。例如，如果你是销售总监，发现手下一位优秀的销售员业绩忽然开始下滑；再如，你是研发部经理，发现部门中一位设计人员逐渐失去了灵感，同一项目组中两个员工最近发生了不愉快，或者一个员工经常不遵守企业的规章制度，如经常迟到……你会采取怎样的方式控制事态或处理问题？针对管理实践中影响绩效水平的各种问题，管理者在绩效辅导中选择适当的管理风格就非常重要了。

（一）下属成熟度与绩效辅导风格的选择

管理者不可能，也不需要随时对下属进行绩效辅导，通常只需在下属需要辅导时提供辅导与支持即可。对管理者来说，准确判断下属在什么情况下需要绩效辅导就成为一个技术性问题。为了提高绩效辅导的有效性，管理者需要对不同的下属采取不同的方式，以便使绩效辅导更有针对性。

保罗·赫西（Paul Hersey）和肯·布兰查德（Ken Blanchard）在1969年提出的情境领导理论（situational leadership theory），又被称作领导生命周期理论，为管理者做出正确的判断和选择正确的绩效辅导风格提供了理论指导。该理论将领导划分为任务行为和关系行为两个维度，并根据两个维度组合成指示、推销、参与和授权四种不同的领导风格。

S1 指示：高任务—低关系领导风格；

S2 推销：高任务—高关系领导风格；

S3 参与：低任务—高关系领导风格；

S4 授权：低任务—低关系领导风格。

该理论还比较重视下属的成熟度，这实际上隐含了一个假设：领导者的领导力大小实际上取决于下属的接纳程度和能力水平的高低。而根据下属的成熟度，也就是下属完成任务的能力和意愿程度，可以将下属分成四种类型。

R1：下属既无能力又不愿意完成某项任务，这时是低度成熟阶段；

R2：下属缺乏完成某项任务的能力，但是愿意从事这项任务；

R3：下属有能力但不愿意从事某项任务；

R4：下属既有能力又愿意完成某项任务，这时是高度成熟阶段。

保罗·赫西和肯·布兰查德的情境领导理论的具体模型如图3-3所示。

情境领导理论的核心就是将四种基本的领导风格与下属的四种成熟度阶段相匹配，管理者根据下属的不同绩效表现做出适当回应并提供相应的帮助。随着下属成熟度的提高，领导者不但可以减少对工作任务的控制，而且可以减少关系行为。具体来讲，在R1阶段，采用给予下属明确指导的指示型风格；在R2阶段，领导者需要高任务—高关系的推销型风格；到了R3阶段，参与型风格的领导最有效；而当下属的成熟度达到R4阶段，领导者无须再做太多的事情，只需授权即可。

（二）环境和下属的权变因素与绩效辅导风格的选择

管理者在帮助员工实现其绩效目标的过程中，还需要充分考虑下属自身的特点和环境的限制因素，才能提供有针对性的绩效辅导。罗伯特·豪斯（Robert House）提出的路

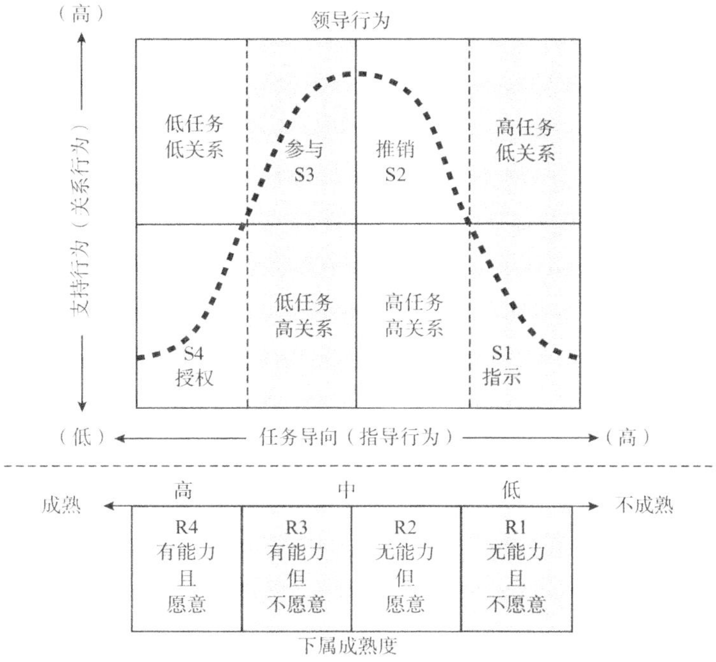

图 3-3 情境领导理论

径—目标理论为管理者提供了相关的理论指导。豪斯认为，如果领导者能够弥补下属或工作环境方面的不足，则会提升下属的工作绩效和满意度。有效的领导者通过明确指出实现工作目标的途径来帮助下属，并为下属清除在实现目标过程中出现的重大障碍。领导的有效性是以是否能够激励下属达到组织目标以及下属在工作中得到的满足程度来衡量的。

路径—目标理论是豪斯提出的另一种经典的领导权变模型，如图 3-4 所示。该理论同时提出了两种权变因素作为领导者行为与业绩结果之间的中间变量。一种是下属控制范围之外的环境，包括任务结构、正式权力系统和工作群体等。另一种是下属个性特点中的一部分，如控制点、经验、能力以及受教育程度等。路径—目标理论模型中的四种领导风格的内涵如下。

• 指示型领导：由领导者发布指示，下属不参加决策。

• 支持型领导：领导者对下属很友善，而且更多地考虑下属的要求，关心下属。

• 参与型领导：下属参与决策和管理，领导者主动征求并采纳下属意见。

• 成就指向型领导：领导者为下属设置具有挑战性的目标，并相信下属能达到这些目标。

从路径—目标理论模型可以看出，管理者在选择绩效辅导风格时，需要根据下属和环境两方面的权变因素，决定在指示型领导、支持型领导、参与型领导以及成就指向型领导等辅导风格中做出具体的选择，从而确保通过有效绩效辅导来弥补下属的不足，以更好地实现绩效目标。随着知识经济时代的到来，知识型的职位或由知识型员工担任的职位所占的比重不断增加。这类下属受教育程度的不断提高、学习能力的不断增强、物质生活水平和需求层次的不断提升，导致下属更多地追求成就感，需要自我控制，管理者对这类员工

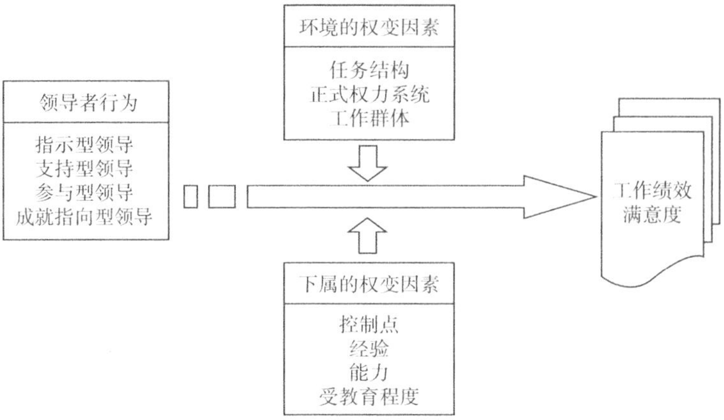

图 3-4 路径—目标理论模型

更应当采用一种合作、参与、授权的领导风格。豪斯还指出，领导者的选用没有固定不变的公式，应当根据领导方式与权变因素的恰当配合来考虑。另外，与菲德勒（Fiedler）不同，豪斯认为领导者是弹性灵活的，同一领导可以根据不同的情境因素选择不同的领导风格。

路径—目标理论虽然受到中间变量过少的限制，但无论是理论本身还是由之推导出的观点，都得到了不同程度的验证，为领导者选择领导行为奠定了理论基础，这些管理的箴言也符合许多高效管理者的行为理念。为了实现绩效目标，管理者需要及时、系统地找出并清除绩效障碍；同时，管理者角色也发生了改变，其基本角色也不再是法官，在更多的情况下是伙伴、教练或者导师。由路径—目标理论还可推导出一些观点，这些观点对于领导行为的指导同样具有很重要的意义。

（1）当面对结构模糊的任务或工作压力较大时，指示型领导会带来更高的满意度。

（2）当任务结构化的时候，支持型领导会得到比较高的绩效和满意度。

（3）对能力强或经验丰富的下属而言，指示型领导被视为累赘。

（4）组织正式权力系统越完善、越官僚化，领导者越应采用支持型风格并减少指示行为。

（5）当工作群体内部有激烈冲突时，指示型领导会产生较高的下属满意度。

（6）内控型下属更适合接受参与型领导。

（7）外控型下属则对指示型领导更满意。

三、绩效辅导的实施

就具体工作而言，管理者并不见得比员工有更深入、更全面的了解，但是这并不妨碍其成为一名合格的辅导者。绩效辅导的实施过程中，关键是建立一种绩效辅导机制，确保管理者能全面监控绩效计划执行的情况，及时发现员工存在的问题和困难，并提供必要的帮助。

（一）绩效辅导的基本流程

与绩效沟通一样，绩效辅导也贯穿绩效监控的全过程。绩效辅导不是一种被动行为或一项临时性活动，而是通过使用一种（或几种）特定的方法收集所需数据，使管理者获得关于员工足够的信息，确保管理者的指导有的放矢，以协助员工解决存在问题的持续过程。在流程设计上，管理者应该明确提供辅导与帮助有两种情况：一种情况是管理者只需要直接提供指导和协助就能解决问题，另一种情况是管理者不能提供直接的帮助，只需要为员工提供培训机会，以帮助其达到绩效目标。另外，解决问题的过程也是绩效信息收集的过程，应该在辅导过程中，全面收集并记录相关绩效信息。

在绩效监控过程中，对顺利达成或超额完成绩效目标的员工，管理者则需要及时给予表扬与肯定，对其进行激励，并帮助其对内在潜力进行持续开发，为承担更艰巨的任务做好准备。另外，绩效辅导时机和辅导方式的选择对管理者在绩效辅导过程中获得良好效果具有重要影响，因此管理者也需要对其特别关注。优秀管理者在绩效辅导过程中，应该在以下三个方面发挥作用。

（1）与员工建立一对一的密切联系，向他们提供反馈，帮助员工制定能拓展其目标的任务，并在他们遇到困难时提供支持。

（2）营造一种鼓励员工承担风险、勇于创新的氛围，使他们能够从过去的经验中学习。这包括让员工反思他们的经历并从中获得经验，从别人身上学习，不断进行自我挑战，并寻找学习新知识的机会。

（3）为员工搭建交流平台，使他们有机会与不同的人一起工作。把他们与能够帮助其发展的人联系在一起，为他们提供新的挑战性工作，以及接触某些人或情境的机遇，而这些人或情境是员工自己很难接触到的。

（二）绩效辅导的时机

管理者实施绩效辅导的目的主要有两个方面：一是对员工进行有效的指导，帮助员工发现问题、解决问题，更好地实现绩效目标；二是在对员工进行指导时，收集关于员工绩效的信息，获得准确的绩效信息反过来又会提升绩效辅导的有效性和针对性。管理者应该根据掌握的绩效信息，有效把握辅导的最佳时机，以确保绩效辅导取得良好效果。一般来说，在以下时间进行指导会获得较好的效果。

（1）正在学习新技能时；

（2）正在从事一项任务，而你认为如果他们采取其他方法能够更加有效地完成任务时；

（3）被安排参与一项大的或非同寻常的项目时；

（4）面临新的职业发展机会时；

（5）未能按照标准完成任务时；

（6）弄不清工作的重要性时；

（7）刚结束培训学习时。

（三）绩效辅导的方式

绩效辅导方式受管理者辅导风格的影响非常大，而管理者的辅导风格是一个从教学型辅导者到学习型辅导者的连续性过程，但是不同的辅导风格所对应的辅导方式不一样，如图 3-5 所示。其中一端是教学型辅导者。这种类型的辅导者喜欢直接告诉员工该如何去做。他们都具有某一方面的专长，并希望通过向员工传授这些专长使其能够完成一项具体的工作。他们凭借自身的经验向员工传授完成工作所必需的技能和知识。这种辅导对于那些需要依据某种“恰当”方法反复操作的任务是合适的。这对于在一线工作的员工特别有帮助，这些员工在提供产品或服务时需要取得连续性的、可预见的结果。另一端则是学习型辅导者。这种风格的辅导者更加喜欢提问和倾听，而不是直接告诉员工如何做。这种辅导者传授的是他们广博的专业知识，而不是实际的技术经验。他们相信每个人都有潜力，他们为员工提供各种迎接挑战、施展才能以及学习的机会。这种辅导在一个问题存在多种解决方案，而不是只有唯一解决途径的时候非常有效。尤其对那些承担新责任、从事全新的或非常规项目的员工来说，这种辅导非常有帮助。

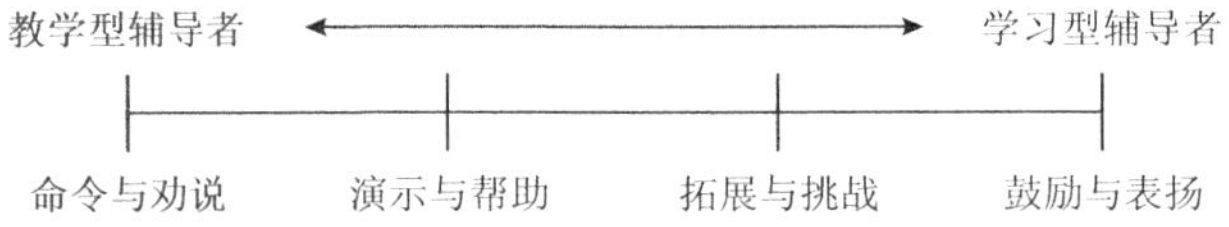

图 3-5 辅导者风格与辅导方式

每个管理者都有一种天生的或者具有倾向性的辅导风格，因此管理者在进行绩效辅导实践时，需要将自己的辅导风格与环境以及员工的情况进行匹配，具体问题具体分析，使自己对员工的辅导更加有效。也就是说，虽然管理者的“自然”风格可能在这个连续区间内保持不变，但为了取得满意的辅导效果，管理者必须采用权变观点，根据具体情况采用不同的风格来进行辅导。

第四节 绩效信息的收集

一、绩效信息收集的重要性

全面准确和客观公正的绩效信息是做出绩效管理相关决策的基础，绩效信息的质量在一定程度上决定了绩效管理的成败。赫伯特·西蒙认为“决策过程中至关重要的因素是信息联系，信息是合理决策的生命线”。绩效信息是绩效管理成功的基础和关键之一，绩效管理各环节都需要高质量的绩效信息做支撑。作为长期、持续的基础性工作，绩效信息收集的重要性主要体现在以下四个方面。

（1）绩效信息是绩效监控决策的基础。通过对绩效计划执行过程中各种绩效信息的收集和分析，可以帮助管理者在重大绩效事故出现之前就做出正确的预判，从而避免重大绩效事故的发生；也可以发现绩效计划执行中存在的问题和制定对策措施，如通过关键事件树立典型标杆，促进员工自我改进和调整，或在员工需要绩效辅导时，能基于现有信息做出正确的辅导措施，以帮助员工达成绩效目标。

（2）绩效信息是绩效评价决策的依据。绩效评价的权威性、科学性和公平性是保障绩效管理系统有效性的重要方面。绩效评价需要建立在准确翔实的绩效信息基础上，同时避免评价的主观随意性或根据回忆来进行评价。因此，在绩效监控过程中，收集绩效信息，为绩效评价环节提供全面的信息基础，具有重要的意义和价值。

（3）绩效信息是绩效改进决策的依据和保障。通过对绩效信息的系统整理和全面分析，梳理和挖掘出绩效优秀的原因，并发现影响绩效提升或导致绩效低下的根源，为组织绩效的持续改进做好信息保障。例如，可以对绩效优秀者和绩效一般者进行全面的对比研究，特别是对绩效优异的关键事件和绩效低下的关键事件进行对比分析，挖掘其深层次的原因，对成功经验及时推广，而对绩效低下者提供培训，对系统性的问题则需要及时整改，以达到绩效持续改进的目的。

（4）绩效信息是解决劳动争议的重要依据。翔实的员工绩效表现记录在发生劳动争议时能为组织提供足够的事实依据，使企业和当事员工的利益同时得到保护。

二、绩效信息收集的内容

任何信息的收集行为都需要占用组织的资源，而几乎所有组织的资源都是有限的。绩效信息收集的主要目的是收集与绩效目标达成密切相关的关键绩效信息，而不是对绩效信息的全面记录。绩效信息收集要求既重结果又重过程，要求对重要的过程信息和结果信息进行全面完整的记录。关于绩效信息的内容确定，需要关注如下几个方面。

（1）与绩效目标相关的信息。绩效目标决定绩效信息收集的范围，所有与实现各层次绩效目标相关的重要绩效信息都需要收集、记录和保存下来，其中与组织战略目标相关的绩效信息是相关工作中需要特别关注的领域。

（2）绩效评价需要的信息。信息收集需要面向绩效评价，绩效评价需要的信息就是绩效监控的重要内容。绩效评价是一项鉴定活动，是依据绩效信息对绩效计划执行情况的评判。在绩效监控过程中，需要对绩效信息进行全面的收集和整理，为绩效评价工作提供有力的佐证，从而确保绩效评价的公正性和准确性，并保障员工对绩效评价结果的认可。

（3）绩效管理系统有效运行的相关信息。这类信息一般包括关键事件、业绩信息和第三方信息等。首先，关键事件是指一些比较极端或比较有代表性的行为或具体事件。对这类事件要求及时客观地做记录，不应当加入任何主观的判断和修饰；同时还要求内容全面翔实，包括事件具体发生的时间、当时的情况、员工具体的行为以及最后的结果等。其次，业绩信息是指与完成绩效计划或工作任务相关的各种业务记录，特别需要注意收集绩效突出或存在绩效问题的相关信息。业绩信息收集的过程也是对绩效相关的数据、观察结果、沟通结果和决策情况等的记录过程，主要确定“需要做什么、为谁做，什么时候做”，从而帮助员工创造好的绩效。最后，第三方信息是指让客户等帮助收集信息。内部记录的绩效信息不可能涉及绩效评价的方方面面，管理者也不可能了解员工的每个工作细节。例如，管理者不可能总是盯着电话是不是在响了十几声之后才被接听，也不可能总是观察员工接听电话的内容和态度，所以有必要借助第三方来收集信息。

具体来讲，管理者在绩效信息收集过程中主要做如下几个方面的工作。

（1）定期安排与员工的会面来评价他们的绩效。

（2）对照事先建立的职位说明书或行动计划检查工作的进展，考察绩效是否达到了目标。

（3）回顾在评价周期开始时形成的报告或者目标列表。

（4）到各处巡视工作的进展情况，并与员工进行非正式的讨论。

（5）从员工的同事那里获得关于员工绩效相关信息的反馈（正式的或非正式的）。

（6）检查工作的产出和结果，以检查其质量或者准确性。

（7）要求员工做工作进展报告。

（8）提出要求后，检查任务完成情况，或者看是否有需要帮助员工解决的问题。

（9）通过分析工作结果、讨论改进方案，评价工作任务或绩效目标完成的情况。

（10）关注顾客的投诉和满意度（内部或外部），以便评价、检查员工的绩效。

三、绩效信息收集的来源

绩效信息收集应该实现制度化，对信息来源、信息汇总部门、信息使用和反馈部门等做出明确的规定，其中，信息来源具有日常性、动态性的特点。高质量的绩效决策对绩效信息提出了准确性、客观性、系统性和全面性等要求。很多组织都是多渠道获得绩效信息来保障绩效信息的质量，如采用360度反馈法全方位收集绩效信息，从上级、同事、下级、本人以及客户等方面进行信息收集。下面对不同绩效信息来源进行简要说明。

（一）上级

直接上级是负责管理员工绩效的人，通常是最为重要的绩效信息来源。将直接上级作为绩效信息来源的突出优点是，上级掌握的绩效信息比较全面，能够从宏观和整体上看待下属的绩效表现，对绩效结果的判断也比较客观和全面。但是，上级也不可能了解下属工作的所有信息，还有很多工作是上级没有办法经常观察的，如营销人员、教师、医生等工作，客户比上级更了解其绩效表现。另外，上级也是人，也有个人喜好和价值取向，在绩效信息收集过程中，完全可能存在偏见。例如，直接上级可能会对那些帮助自己在公司内部取得职业发展的员工给予较高水平的绩效评价，而对于那些致力于帮助组织达成战略目标的员工却并不给予较高的绩效评价。因此，仅有上级信息来源还不够，必须保证绩效信息来源的多样性。

（二）同事

随着战略协同和团队化工作在组织管理中的普及，同事作为绩效信息的来源在绩效信息系统中的重要性越来越受到重视，同级评价所占的权重也越来越大了。例如，一家大型国际金融服务银行对其中高层管理人员的“团队合作”能力进行评价时，就规定这种胜任能力上的得分有三分之一权重由“同事”给予评价。不过，由同事来做出绩效评估会存在两个方面的问题。第一，当员工们相信在工作中存在友情偏见时，这种绩效评价结果可能不容易被员工接受。第二，与直接上级评价相比，同事评价往往会在被评价者的所有绩效维度上保持较高的评价一致性。正是由于同事评价具有上述这两个方面的问题，因此，很多组织仅将同事信息来源作为重要补充。

（三）下级

在对管理人员的绩效进行评价时，下级是重要的信息来源之一。特别是在评价上级的领导能力（包括授权能力、组织能力以及沟通能力等）、辅导和发展下属的能力、管理团队的能力时，下级评价往往非常重要，也非常适合。例如，戴尔公司每隔半年就开展一次名为“告诉戴尔公司”的对上级的评价活动，迈克尔·戴尔本人也要接受这种评价，然后这些评价将作为重要依据决定管理者的薪酬和任职的去留问题。下级在对管理人员进行评价时，必须采取完全匿名，并且采用保密措施非常高的评价方法，否则很难收集到真实信息。另外，如果下级所做出的绩效评价结果是为了进行管理人员的开发，而不是用于管理方面的目的，则由管理人员的下级提供的绩效信息会更加准确；如果通过下级评价得到的信息是用于管理目的（如晋升），则下级员工往往会有意抬高他们所给出的绩效评价等级。

（四）本人

在现代管理中，自我管理和自我评价也越来越受到重视。虽然目前自我评价在绩效信息收集的实践中受到的重视程度仍然不高，但是评价者可以通过对比真实绩效水平和自我期望或自我评价的差距，做出积极主动的调整，对绩效目标的达成和绩效改进都具有重要的作用。正是由于这种原因，绝大部分《财富》500强企业都没有将员工的自我评价作为其绩效管理体系的一个组成部分。不过，幸运的是，当自我评价被运用于开发目的而不是管理目的时，评价宽松的情况就会受到削弱。此外，下列建议也有助于改善自我评价的质量。

(1) 利用相对绩效衡量体系而不是绝对绩效衡量体系。例如，不是让员工运用从“很差”到“卓越”这样的评价尺度来进行自我评价，而是给他们提供一个相对尺度，让他们将自己的绩效同他人进行比较（例如，“低于平均水平”“平均水平”“高于平均水平”）。

(2) 鼓励员工练习自我评价技能。为员工提供进行多次自我评价的机会，因为自我评价技能是可以通过不断实践来加以锻炼的。

(3) 强调保密性。确保从员工个人那里收集来的绩效信息不会被泄漏出去，不会与除员工的直接上级和有关方面（如同一工作小组成员等）之外的其他人去分享这些信息。

(4) 重视未来。对绩效评价表格中的开发计划部分应该给予充分的重视。员工应该指明自己的未来开发计划以及所要取得的成果。

（五）客户

外部客户是必要的信息来源。客户对一个公司的产品或服务的认可是该公司赖以生存的基础，也是其战略目标实现的决定性因素。外部客户信息对绩效改进有重要的意义，在绩效管理中需要更加重视对外部绩效信息的收集和使用。虽然从客户那里收集信息的成本非常高，但这是一个非常重要的过程。在通常情况下，管理者对客户信息的收集主要在与客户互动频繁的群体里进行，如由采购人员、营销人员、售后服务人员、与客户直接接触的一线人员等负责从客户那里收集绩效信息。例如，美国联邦快递公司（Federal Express）就将与客户服务有关的绩效指标纳入了公司的绩效评价体系。具体来说，该公司采用了一份包含六个问项的客户满意调查问卷，在每年年底由员工所服务客户的代表来进行评估。由于把客户的意见以及客户开发目标纳入了绩效评估过程之中，该公司的员工现在更加关注满足客户的期望了。另外，对客户信息收集时机的把握也非常关键，如很多服务性工作通常在员工提供服务结束时就需要立即收集，电信运营商和商业银行满意度评价信息的收集通常都采用这种形式。

通过对以上信息来源的简要介绍，我们对信息来源的概貌有了全面了解。但是在绩效管理实践中，针对具体的绩效指标，组织要决定用哪一种信息来源或者来源组合对其进行评价。无论最终的决定是怎样的，在决定用哪一种绩效信息来源去衡量某个绩效指标时，都应当尽量让员工起到积极的作用。员工在这一过程中的积极参与很可能会增强他们对结果的接受程度以及对整个绩效管理体系的公平性认知。

当我们用不同的绩效信息来源来对同一个绩效维度进行评价时，我们也不一定期望各方的绩效评价结果是类似的。不同的绩效信息来源对于同一位员工在某个绩效维度上的评价结果存在分歧也不一定就会产生负面影响。对同一位员工进行绩效评价的这些人很可能是来自组织中的不同层次，因此，他们所观察到的可能是同一位员工绩效的不同方面，即使他们所评价的是同一位员工的同一绩效指标。例如，一位部门经理可能能够很好地同自己的直接上级沟通，但是与外部客户和下级的沟通效果却不好，这时采用多种渠道的信息来源对“提升沟通效果”这一目标进行衡量，就能对该经理的各种沟通活动进行准确全面的评价。

如果发现不同的绩效信息来源对同一项内容的评价存在分歧，就必须对每一种绩效信息来源所提供评价的相对重要性进行决策。例如，外部客户和内部客户的意见同等重要吗？与下级进行沟通的能力和与同事进行沟通的能力同等重要吗？在计算被评价者的总体绩效分数并且将这种总分运用于管理目的时，对这些问题的回答就可以用来为不同绩效信息来源打出的分数分别确定不同的权重。

四、绩效信息收集的方法

成功的绩效管理要求绩效信息的高质量，这就需要对绩效信息的收集方法进行全面规范。不同的绩效信息需要通过合适的绩效方法收集，管理者在设计信息收集渠道的时候需要选择最优的方法以保障信息收集工作的质量。目前主要的绩效信息收集方法有如下几种。

（1）观察法。观察法是管理者直接观察并记录员工的工作表现。在各种渠道中，观察一般是最可靠的。管理者常采用走动式管理，通过现场观察获取第一手绩效信息。

（2）工作记录法。该法是通过对财务、生产、销售、服务有关方面数量、质量、时限等指标全面记录，来全面收集工作信息的方法。这种方法在生产服务性组织中最常用，规定相关人员必须填写原始记录单，并定期进行统计和汇总。另外，让员工收集数据同时也是促进员工自我改进的过程，还是发现绩效管理中协同不佳的重要途径，使员工将绩效管理看做发现和解决问题的工具，而不是监督控制的工具。

（3）抽查或检查法。这种办法常常与工作记录法配合使用，是为了核对相关绩效信息的真实性而采用的一种信息收集方法。管理者或专门的部门可以对绩效信息进行抽查或检查，确保原始信息的真实性。

（4）第三方反馈法。第三方反馈就是通过工作承担者本人之外的渠道收集信息。通常在服务型岗位或营销岗位上的人员，需要直接面对客户做出及时回应，其工作能力和态度会被客户直接感知，但是管理者却很难随时监控。对于这类人员的绩效信息，采取第三方反馈的途径收集是非常有效的。

（5）关键事件法。这种方法要求在绩效实施过程中，针对突出或异常失误的关键性事件进行全面记录，以便管理者对突出业绩进行及时奖励和对重大问题进行及时辅导或采取补救措施，并为绩效评价和绩效改进做基础信息收集。

思考题

1. 谈谈绩效监控的内涵。
2. 绩效监控的主要内容有哪些？
3. 绩效监控的方法有哪些？
4. 谈谈你对绩效沟通原则的认识
5. 谈谈你对管理者领导风格选择和绩效辅导的理解。
6. 绩效信息收集的方法都有哪几种？

第四章 绩效评价

绩效评价（performance appraisal，PA）是绩效管理系统的核心环节，涉及“评价什么”、“谁来评价”、“多长时间评价一次”和“如何评价”等重要问题，具体包括评价内容、评价主体、评价周期、评价方法以及评价中常见的问题等多方面的内容。绩效评价的科学性与准确性是绩效管理系统有效运行的基本保障。

第一节 绩效评价概述

一、绩效评价的概念

（一）绩效评价的内涵

绩效评价是绩效计划执行情况的验收环节，对绩效评价内涵的理解需要在整个绩效管理系统中来进行把握。本书强调绩效的全面评价和各层面绩效的系统协同，因此“绩效评价”是对组织绩效、群体绩效和个人绩效进行评价的广义概念。具体来讲，绩效评价是指根据绩效目标协议书所约定的评价周期和评价标准，由绩效管理主管部门选定评价主体，采用有效的评价方法，对组织、部门及个人的绩效目标完成情况进行评价的过程。对绩效评价内涵的深入理解需要把握如下三个方面。

第一，绩效评价能够助推组织战略的实现。绩效评价的内容具有行为导向作用，能够引导个体行为聚焦于组织战略。组织想要实现既定战略，必须界定清楚与战略相关的目标是什么、通过员工什么样的行为和结果能够达成战略目标，然后将这些内容转化为绩效评价的内容传递给组织内所有成员。绩效评价的引导和传递作用能够让员工的工作行为和结果指向组织战略，从而有利于组织战略的实现。

第二，绩效评价能够促进绩效水平的提升。管理者通过对组织绩效、部门绩效和个人绩效的评价，能够及时发现存在的绩效问题。通过及时地沟通和反馈，分析个人层面、部门层面和组织层面存在的导致绩效不佳的原因，制订并切实执行绩效改进计划，从而提高各层面的绩效水平。

第三，绩效评价结果能够为各项人力资源管理决策提供依据。绩效评价的结果是组织制定薪酬决策、晋升决策、培训与开发决策的依据，只有将绩效评价的结果与人力资源管理的相关决策紧密联系起来，才能对所有成员起到激励和引导的作用，同时也能增强各项人力资源管理决策的可接受程度。

（二）绩效评价的类型

绩效评价的类型与绩效计划的类型是一致的。最常见的分类方法是将绩效评价分为组织绩效评价、部门绩效评价和个人绩效评价三种类型。

1. 组织绩效评价

组织绩效评价是根据组织战略和组织结构的要求，对照组织绩效计划要求情况，检验组织战略目标达成情况的过程。简单来说，组织绩效评价通常是指对组织绩效计划执行情况的评价。组织绩效评价的内容与绩效计划保持一致，评价量表通常包括绩效指标、目标值、每项指标的分值、指标权重、得分、数据来源以及评价主体等内容。绩效评价通过绩效指标的完成情况，来反映组织绩效目标甚至战略目标的达成情况，因此绩效评价内容设计通常围绕绩效指标进行。另外，对绩效计划之外的重要工作，通过在绩效评价指标设计中引入加减分项，来增强工作的激励性或约束性。下面以某公司的组织绩效评价量表为例来对组织绩效评价量表的基本框架进行诠释，如表 4-1 所示。

表 4-1　某公司组织绩效评价量表（示例）

序号	指标	目标值	分值	权重系数	得分	数据来源	评价主体
1							
2							
3							
…							

组织绩效评价最终需要形成一个完整的评价系统。为了更好地设计组织绩效评价系统，设计者必须深入了解组织绩效评价系统的基本特征。

（1）战略一致性。组织绩效评价系统的设计必须要以战略为导向，能够有效衡量组织的战略能否实现。组织绩效评价系统中的目标、指标等内容必须要能够对组织战略的实现提供有力支撑。各个层级（组织、部门和个人）积极争取达到绩效评价指标要求的过程就是实现组织总目标的过程。

（2）反映组织的特征。组织绩效评价系统应该反映组织文化、组织资源优势及劣势等组织特征。具体来说，这些特征约束着组织行为，并且这种约束通过绩效评价系统引导组织和组织成员的行为，以实现组织既定目标。例如，评价企业的组织绩效更偏重于财务类指标，而评价政府的组织绩效则需要注重公共服务类指标和群众满意度指标。

（3）准确性。为了确认实际的组织绩效是否符合原先的预期，关于绩效的信息就必须是准确的。评价结果准确的前提就是组织绩效评价系统对于评价什么和如何进行评价必须界定得十分清楚，同时应尽可能采用可验证的、客观的资料作为评价的依据，确保组织绩效评价的准确性。

（4）可接受性。这要求组织绩效评价系统为组织成员所接受，否则会因为成员的抵触而无法发挥其应有的作用，还会给组织氛围造成负面影响。因此，设计组织绩效评价系统的工作往往需要经历设计、试运行、调整、再次试运行的过程，在这个过程中，管理者可以通过充分沟通以获得组织成员的认同。

（5）及时性。信息只有被及时地获得才能够更好地发挥效用，滞后的信息可能会导致不适当的反应，甚至会误导人们的行为。因此，组织绩效评价系统所包含的时限信息及时传达是系统有效运行的重要因素。

(6) 应变性。良好的组织绩效评价系统应该对组织的战略调整、外部环境的变化等因素具有一定的敏感性和动态调整性，能够及时做出反应并进行适当的调整。组织绩效评价系统本身就应该包含一套及时应变机制。当组织发生变化时，就应该针对具体情况进行具体分析，及时采取调整措施。

2. 部门绩效评价

部门绩效评价通常是指对部门绩效计划执行情况的评价。部门绩效评价量表的设计思路和量表栏目设置与组织绩效评价量表一致，根据绩效计划阶段设定的绩效指标、目标值等内容确定，其目的是确保部门绩效对组织绩效的有效支撑。需要注意的是，部门绩效评价除了为实现组织绩效目标服务之外，还要实现部门的持续发展，这要求部门绩效评价与部门职责紧密相关。

3. 个人绩效评价

虽然个人绩效评价是整个绩效评价体系的落脚点已经成为共识，但是学者们对于个人绩效评价的理解不尽相同。弗利波（E. B. Flippo）认为，绩效评价是指“对员工在现任职务中的表现情况以及担任更高一级职务的潜力，进行有组织的、定期的并且尽可能客观的评价”。朗斯纳（A. Longsner）认为，绩效评价是指“为了明确员工的能力、工作状况和工作适应性及其对组织的相对价值而进行的有组织的、实事求是的评价；绩效评价的概念包括评价的程序、规范和方法的总和”。松田宪二则认为，绩效评价是“人力资源管理系统的组成部分，由评价者对评价对象的日常职务行为进行观察、记录，并在事实的基础上按照一定的目的进行评价，以达到培养、开发和利用组织成员能力的目的”。总体来说，个人绩效评价就是回答了“评价对象在评价期内工作完成得怎么样”这样一个问题。

个人绩效评价量表的设计原理同组织、部门绩效评价量表并无二致，其主要内容上也需要与绩效计划保持一致，但是不同人员的绩效评价量表的设计思路有差异。在制订绩效计划时，个人绩效计划包含组织高层管理者、部门管理者和一般员工的绩效计划。在绩效评价实践中，通常应该之下而上逐层展开：首先，通过一般员工的绩效进行评价，得到员工的绩效表现；其次，通过对员工绩效的汇总，结合部门相关工作的完成情况，就可以准确地对部门管理者的绩效进行评价；最后，结合各部门的绩效表现和公司的整体表现，就可以对公司高层管理者的绩效进行相对全面的评价。

1）高层管理者绩效评价

高层管理团队需要全面承接组织的各项工作任务。通常，组织的最高管理者需要对组织经营管理全面负责，因此其绩效评价量表通常与组织绩效量表一致，特别是结果性的指标需要与组织绩效量表中的结果性指标完全一致。但是，高层管理团队成员个人分工有差异，不同管理者对各种指标所承担的责任也有差异。下面以某县环保局领导个人绩效权重分配为例，对高层管理者因个人分工不同而造成的个人绩效权重分配的差异进行详细说明，如表 4-2 所示。

表 4-2 某环保局领导干部个人绩效评价权重分配规则

单位		权重分配		
		利益相关者层面 50%	实现路径层面 30%	保障措施层面 20%
职务	局长	50%	30%	20%
	书记	50%	50%	
	专职副书记	30%	70%	
	副局长（党组成员）	40%	60%	
	副局长	40%	60%	
	纪检书记（纪检组长）	20%	80%	
	工会主席	20%	80%	

高层管理者个人绩效评价量表，同样需要在结构上与组织绩效评价量表保持一致。由于每个组织使用的绩效管理工具不一样，即使是同一工具，也可能在具体栏目设置上有差别。因此，各组织需要根据自身的情况，设计适合本组织的个人评价量表。下面以某环保局副局长的绩效评价量表为例，对高层管理者个人绩效评价量表予以诠释，如表 4-3 所示。

表 4-3 某环保局副局长个人绩效评价量表（示例）

层面	指标	目标值	满分	权重系数	得分	数据来源	评价主体
利益相关者	1. 空气质量二级和好于二级的天数占全年比重	84%	100	略		市环保局	绩效办
	2. 城市区域环境噪声均值	达标	100	略		市环保局	绩效办
	3. 水环境质量	达标	100	略		市环保局	绩效办
	4. 重大环境污染责任事故次数	0 次/年	减分项	略		市环保局	绩效办
	5. 环保工作群众满意度	90%	100	略		统计局	群众
实现路径	1. 监测任务完成率	100%	100	略		环保局	绩效办
	2. 实验室资质认证	合格	100	略		环保局	绩效办
	3. 环境风险点排查率	100%	100	略		环保局	绩效办
	4. 重点源应急预案覆盖率	100%	100	略		环保局	绩效办
	5. 国控源年现场监察频次	≥12 次	100	略		环保局	绩效办
	6. 各类基础数据库健全度	达标	100	略		环保局	绩效办
	7. 行政问责次数	0 次/年	减分项	略		监察局	监察局
保障措施	党建工作		100	略		主管部门	主管部门

2）部门管理者绩效评价

部门管理团队需要对部门总体绩效负责，其中部门负责人是部门绩效的第一责任人。如果部门规模较大，部门管理者个人绩效评价权重分配与组织层次一样，也需要根据分工进行适当的区分。另外，组织系统内，各层次人员的绩效量表在结构上通常保持一致，只是部门管理者的评价量表需要全面系统地反映部门绩效的基本要求。

3）普通员工绩效评价

普通员工是指部门内的基层工作人员，是具体工作的执行者，也是化战略为行动的最基层的行动者。普通员工的评价量表，除了支持部门绩效评价指标的达成之外，还要反映员工的岗位职责规定的各项具体工作是否被有效衡量。

二、绩效评价的内容

不同的组织对绩效评价内容的界定不同，企业需要根据具体目标而确定。绩效评价的内容可分为业绩评价和态度评价，二者相互联系、相互影响。由于评价内容不同，这两类评价具有不同的特征。

（一）业绩评价

业绩评价是绩效评价的核心内容。所谓业绩，就是通过工作行为取得的阶段性产出和直接结果，与组织战略目标实现相关的绩效都要通过业绩产出来衡量。评价业绩的过程不仅要判定个人的工作完成情况，也要衡量部门、组织的指标完成情况。更重要的是，管理者要以评价结果为基础来有计划地改进绩效欠佳的方面，从而达到组织发展的要求。对组织层面、部门层面、个人层面的业绩评价不仅要包括利益相关者层面（结果）的指标，也要涵盖实现路径（过程）层面指标和保障措施层面的指标，既兼顾结果又兼顾过程，才能保证业绩评价的完整性和准确性。

业绩评价一般是从数量、质量、时间和成本等角度来考虑的。但组织、部门和个人层面的业绩评价是有区别的。组织层面的业绩评价主要集中于对组织整体战略目标实现起重要作用的指标；部门层面的业绩评价是通过分解、承接组织层面的业绩目标而形成的内容，除此之外，还要反映部门自身职责的相关内容；个人层面的业绩评价主要体现为承接岗位对应管理层级的业绩目标，并充分反映岗位职责要求的特定内容。

（二）态度评价

通常人们认为能力强的人能够取得更高的工作绩效，但现实情况往往并非总是如此，能力强仅仅是获得高绩效的一个重要条件。能力强的人并不一定能够取得相应的成绩，而能力较差的人也可能取得较高的绩效。这是因为不同的工作态度会对工作结果产生不同的影响。因此，我们主张在绩效评价时，除了要对工作业绩进行评价之外，还要对评价对象的工作态度进行评价，以鼓励其充分发挥现有的工作能力，最大限度地创造优异的绩效，并且通过日常工作态度评价，引导评价对象发挥工作热情，避免“出工不出力”的情况发生。

工作态度是绩效评价的重要内容。通过对工作态度的评价引导评价对象改善工作态度，是充分发挥其工作能力，继而促使其达成绩效目标的重要手段。在评价工作态度时，只评价其是否努力、认真地工作，工作中是否有干劲、有热情，是否遵守各种规章制度等即可，通常可以忽略评价对象的职位高低或能力大小。

三、绩效评价的过程

绩效评价是绩效管理系统的重要环节，也是技术性最强和管理者最关心的环节。绩效评价可以分为建立系统、整理数据、分析判断和输出结果几个步骤，如图 4-1 所示。从该模型可以看出，绩效评价的过程就是一个收集信息、整合信息、做出判断的过程。

图 4-1 绩效评价的过程模型

（一）建立系统

建立评价系统是绩效评价过程的首要环节。绩效评价作为绩效管理系统中的重要环节，要求在绩效计划制订过程中就面向评价，确定评价的指标、目标值等重要内容。但是在绩效评价阶段，还需要对照整个绩效周期的实际情况，对在计划阶段就已经确定的评价内容进行全面回顾，如果因环境剧烈变化或重大事件影响了计划执行，领导层需要专门研究，制定出相应的调整措施。回顾计划内容，就是为了建立绩效评价体系。

绩效评价系统首先需要在组织、部门和个人三个层面实现全面系统协同，并确保绩效指标体系能全面涵盖组织战略目标相关的所有关键绩效指标。其次，还需要为不同的评价指标选择合适的绩效评价标准。绩效评价标准指的是用于判断评价对象绩效优劣的标准，通常可以分为绝对评价标准和相对评价标准，或者分为外部导向的评价标准和内部导向的评价标准。其中，外部导向的评价标准指的是以其他组织的绩效为评价标准，而内部导向的评价标准则指的是评价标准来源于组织内部，通常是根据相关部门或人员过去的绩效情况来确定的。我们所熟悉的标杆法（benchmarking）就是典型的外部导向的绩效标准。另外，评价主体选择也是建立评价系统的重要内容，还要对不同的评价主体制定有针对性的培训，确保评价的准确性和客观性。最后，建立系统还需要确定评价方法，只有在方法恰当的情况下，才能对绩效指标进行准确的衡量。

（二）整理数据

准确的数据是保证评价公正性的重要保障，绩效评价的一个主要目的是把管理从依靠直觉和预感转变为以准确的数据和事实为依据。在绩效监控阶段收集的数据一般是零散的，因此有必要把这些零散的数据整理成系统的体系。在绩效监控阶段，我们往往记录了一些关键事件，此时对这些关键事件要在不带任何主观色彩的条件下进行分析、界定、归类，然后将所记录的关键事件、绩效结果和文档归入相应的评价标准的级别中。可以说，不带任何主观色彩是很难做到的，但主观判断必须是科学的、反映客观事实的，这就需要评价者具有较高的职业素养和丰富的经验。

（三）分析判断

分析判断就是运用具体的评价方法来确定评价结果的过程。评价要根据组织的特点、评价对象的职位特点、评价内容和评价目的，选择合适的方法和形式。高层管理人员的评价指标主要是围绕战略实施的相关指标和管理状况，述职的形式恰好能够达到这样的目的。中层管理者、业务和操作人员的评价相对就比较简单。可以说，良好的评价体系是分析判断的条件，有了好的评价体系分析判断环节才有成功的基础。

（四）输出结果

通过使用适当的评价方法进行评价后，就要对评价对象得出一个具体的评价结果。评价结果不仅是好坏的评价或者简单的绩效得分及绩效排名，还应当对绩效不佳的具体原因进行分析，以便在下一个绩效管理周期得以改进。在绩效管理实践中，绩效评价仅仅是手段，运用绩效评价的结果才是进行评价的目的，只有详尽的绩效评价输出结果，才能为绩效反馈和结果应用提供依据。

四、绩效评价周期

绩效评价是绩效管理系统的一个环节，是对评价对象一个周期内绩效表现进行的评价。评价周期就是正式的绩效评价的时间间隔，确定绩效周期需要明确其概念和充分了解周期设置的影响因素。

（一）绩效评价周期的概念

绩效评价周期是用于界定“多长时间评价一次”的问题，也可以说评价周期就是指多长时间进行一次评价。针对不同的指标和管理特点，会有不同的评价周期，如有些指标可能需要每月评价一次，而有些指标则需要每年评价一次，因此绩效评价周期不能一概而论，应该根据具体情况进行合理设计。

理解绩效评价周期的概念时，需要对绩效管理周期和数据收集频率两个概念进行区分。绩效管理周期是指包括绩效计划、绩效监控、绩效评价和绩效反馈这一完整过程的时间跨度，大多数组织通常以一年作为绩效管理周期的时限。绩效管理周期是一个相对比较稳定的概念，而评价周期却可以分为很多种。数据收集频率是指多长时间收集一次数据，数据收集的最终目的是用于绩效评价。与绩效评价周期一样，不同指标的数据收集频率也不尽相同，有的指标数据需要每天收集，有的数据则一年收集一次即可。但是数据收集频率并不等同于评价周期，通常一次或多次收集的数据会用做一次评价周期的计量，因此数据收集频率往往是短于或等于绩效评价周期。因此，切不可到评价环节再去收集数据，而应根据不同的指标特点，实时对相关数据进行收集，这样才能确保绩效评价结果的准确和有效。

（二）绩效评价周期的影响因素

绩效评价周期的设置要尽量合理，既不宜过长，又不能过短，应针对企业具体情况进行专门设计。企业应该尽量避免为评价而评价的现象发生，需要根据评价目的对绩效周期进行总体设计。当评价目的是了解绩效水平时，绩效周期通常是一年进行一次评价，也有一些组织一个季度或者半年进行一次评价，还有一些组织一个月评价一次。当绩效评价是为了分析并改进绩效时，则需要对绩效进行短期回顾与评价，以日、周、月为周期对绩效进行评价，以便能及时发现绩效问题并加以改进。在具体设计评价周期时，通常需要深入分析各种影响因素，其中主要影响因素包含如下四类。

1. 评价指标与评价周期

评价指标的类型和内容是决定评价周期长短最重要的因素之一，通常不同类型的评价指标应该设置不一样的评价周期。例如，结果性指标要在较长一段时间内才能反映出来，其评价周期可以相对较长，而过程性指标的评价周期则相对较短，由于绩效取得过程的情况会直接影响到最终绩效结果，需要进行及时的监控和评价。另外，从工作业绩指标和工作态度指标的角度来看，也要设置不同的评价周期来达到准确衡量的目的。对工作业绩类指标的评价周期要根据其绩效反映出来的时间长短来确定。例如，次品率等指标在短期内就可以衡量，应该适当缩短其评价周期，如以日、周或一个月来计算。这样可以使员工把注意力集中于这些短期业绩指标，及时调整自己的行为，以便完成短期工作任务。而像利润率、资产总额等业绩指标需要很长的时间（通常是一个财年）才能计算，因此这类指标的评价周期通常相对较长。从工作态度指标的角度来看，工作态度具有即时性，需要及时评价。在实践中，可以通过设计较短的评价周期和增加指标权重来引导员工关注工作态度问题，即通过加强评价来实现员工态度的最终转变。

2. 组织及行业特征与评价周期

组织的业务特点也会影响评价周期的设定。业务特点在很大程度上取决于组织所处的行业，不同行业的生产周期不同，这种生产周期会导致组织以及员工的绩效随之呈周期性变化，因此评价周期必然受组织绩效周期的影响，也就是评价周期应与组织绩效周期相符。例如，在以计件生产工作等为主的业务周期非常短的组织中，就可以每天对业绩进行检查；对业务周期比较短的生产和销售日常消费品的组织，可以将评价周期定为一个月；而生产大型设备的组织，或是提供项目服务的组织，业绩改善很难在短期内见到效果，因此评价周期应当长一些，一般可以以半年或者一年为周期进行评价。当然有些组织的产品生产周期会比一年还长，如有的组织实施的项目可能会持续几年，这也需要按照项目的长短来确定评价周期的长短。在美国很多专业化服务机构的合伙人认为一年一度的评价过于频繁，如 Lincoln Electric 两年才进行一次评价。

3. 职位类型与评价周期

职位类型的差异也是评价周期不同的重要原因。由于职位类型的分类复杂，本书从如下四个大类进行重点论述。

（1）管理者的评价周期。组织内不同层级的管理者，通常评价周期不一样。高层管理者的评价周期比较长，因为对高层管理者的评价过程实际上就是对整个组织管理的状况进行全面、系统评价的过程，而这些战略实施和改进计划都不是短期内就能取得成果的。中层管理者的评价周期要比高层管理者短，对中层管理者的评价一方面是根据组织战略目标的分解与承接落到其所在部门头上的指标完成情况确定的，另一方面是其个人绩效完成情况及工作态度等确定的。基层管理者评价周期通常和普通员工一致，一般比较短。他们的绩效结果一般显现得比较迅速，同时出于要对其绩效不断改进的目的，也要尽量缩短评价周期，保证出现问题能够及时得到解决。

（2）市场营销、生产、服务人员的评价周期。市场营销人员主要从事产品推广、销售与品牌提升等工作，这需要企业根据市场反映做出及时的战略战术调整。因此，其评价周期应该突出实时性，应根据销售、市场人员的工作性质与特点，评价周期为每季、每月，甚至更短。对于生产工人，一般要求做到生产绩效及时反馈，以便员工进行横向的比较，找出绩效差距，确定改进方法，评价周期通常是短期的和及时的。服务人员同时具有生产人员和销售人员的性质，对服务态度要求很高，因此其评价周期应突出及时性，评价周期通常较短。

（3）研发人员的评价周期。对研发人员的评价是为了向研发人员提供正确的支持意见和改进建议，为研发人员的工作创造一个宽松、稳定的环境，激励研发人员进行更有成效的研发活动，避免导致急功近利的短期行为。对研发人员的绩效评价旨在检查其目前的工作进度，找出存在的问题和改进的方法，以提高研发工作的效率和效果。因此，对研发人员既可以根据项目周期确定评价周期，又可以定期进行检查。

（4）行政人员的评价周期。行政人员主要是指人力资源、财务、秘书等对公司的业务起支撑和辅助作用的人员。行政人员的评价标准不像业务人员那样有容易量化的指标，对行政人员的评价结果通常也会由于缺乏数据支持而变得没有说服力。因此，应根据职位和职责的履行情况进行评价，衡量一定质量要求下的工作量和工作进度，重点评价的是过程而非结果。鉴于行政人员的工作特点，大多数企业都采用随时监督的方式，并以季度或者月度评价为主。

4. 绩效管理实施的时间与评价周期

绩效管理是一个不断完善和调整的过程。刚开始实施绩效管理时，评价周期不能过长，以便及时修正暴露出的问题。随着绩效管理实施时间的推进，组织实施绩效管理的经验越来越丰富，绩效管理系统越来越完善，就应该根据绩效系统调试的情况设置合适的评价周期。从理论上来说，评价周期越短越好。缩短绩效周期，一方面，在较短的时间内，评价主体对评价对象的工作产出有较清晰的记录和印象，能够比较准确地对其绩效进行评价，如果都等到年底再进行评价，可能会由于绩效信息收集的不全面并受到近因效应的影响或主观感觉的影响而使评价结果的客观性、公正性大打折扣；另一方面，对工作的产出及时进行评价和反馈，可以有效激励组织成员，并且有利于及时改进工作。但是，由于绩效评价涉及人员、机构、时间以及资源等多个方面的配合，所以绩效周期短就意味着绩效管理的成本高。考虑到实施绩效管理的成本，在绩效管理系统成熟后可以适当延长绩效评价周期。

五、绩效评价系统中的常见问题

所有组织都致力于不断提升绩效评价系统的科学性和准确性，但由于种种主客观因素的影响，绩效评价工作中仍然存在各种各样的问题。纵观各种类型组织的绩效评价系统中存在的问题，归纳起来主要有以下几种。

（1）评价目的不明确。有一些组织对绩效评价的目的认识不清，只是为了应付工作，单纯地为评价而评价，把绩效评价当做一项不得不完成的工作，而不是将绩效评价看做组织提高管理水平和绩效水平的一项系统工程，导致绩效评价原本具有的功能和作用得不到有效发挥。

（2）评价标准模糊。通俗地讲，评价标准解决的是对具体评价内容进行等级划分的问题，即目标值完成到什么程度是划分“优秀”“良好”“一般”的标准。由于针对每一项评价内容制定相应的评价标准是烦琐的系统工程，许多组织为了避免麻烦，就省去了这一环节。但由于缺乏客观统一的评价标准，评价主体在进行评价的时候只凭借主观判断或个人喜好，导致不同的评价主体对同一评价内容看法不一，让被评价者产生不公平感，容易影响整个绩效评价系统的正常运转。

（3）评价周期确定不合理。一些组织缺乏对评价周期的影响因素的了解，笼统地采用一年为评价周期，导致有些短期显现的绩效问题得不到及时发现和解决，从而给组织带来长期影响；而有些组织将评价周期设定过短，导致管理成本的上升和组织成员的抵触，不利于绩效评价系统的正常运转。

（4）评价方法选择不当。绩效评价的方法多种多样，但每一种方法有其适合评价的内容。在进行绩效评价的时候要根据评价指标的特点来选择适当的评价方法，采用不恰当的评价方法会导致无法准确衡量评价指标。实践中的许多组织忽视评价指标与评价方法的契合，试图用一种方法“毕其功于一役”，结果造成绩效指标衡量的无效和失真，严重影响了组织绩效管理工作的科学性和有效性。

（5）评价结果运用不充分。绩效评价的结果是对评价对象绩效的如实反映，能够体现评价对象的工作态度、行为和结果。绩效评价结果得不到有效应用会直接导致绩效评价工作失去存在的意义。很多组织在评价完绩效之后，就将评价结果束之高阁，不将其应用到确定薪酬发放、职位晋升、培训与开发、绩效改进等方面，使评价对象也认为绩效评价只是“走形式”“走过场”，对绩效评价工作产生消极懈怠的情绪。

第二节 绩效评价主体

评价主体指的是对评价对象做出评价的人。确定绩效评价主体需要回答如下重要问题：评价主体是否对评价内容有足够的发言权？评价主体能否对评价对象做出准确评判？评价主体是否真正掌握了评价的方法和要点？

一、绩效评价主体的构成

传统的管理强调下级完成上级安排的工作的重要性。但是随着管理实践的深入，虽然上级评价仍然具有举足轻重的地位，但很多组织按照知情原则和多元化原则，在评价主体选择时考虑了不同利益相关者的诉求。评价主体既可以按照主体来源分为内部评价主体和外部评价主体，也可以按照360度选择评价主体的方法，分为上级、同级、下级、本人、客户和供应商等评价主体，如图4-2所示。各种评价主体并不是相互孤立、相互排斥的，而是相互补充、相互配合的。

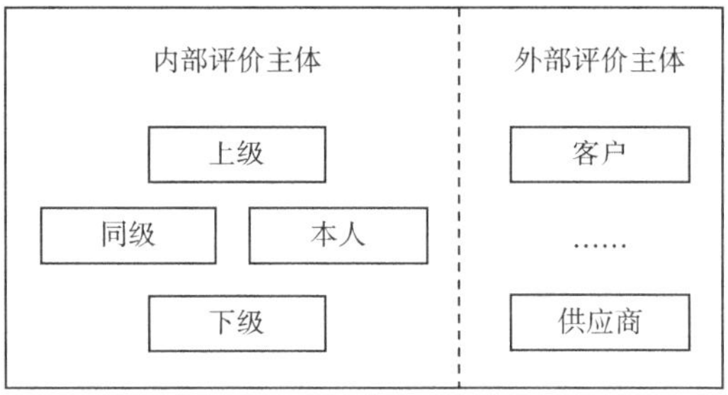

图4-2 不同的评价主体

（一）上级评价

直接上级在绩效管理过程中自始至终都起着十分关键的作用，也是最常用的评价方式。研究表明，目前大约有98%的组织将绩效评价视为直接上级的责任。这是因为直接上级通常是最熟悉下级工作情况的人，而且比较熟悉评价的内容。同时对于直接上级而言，绩效评价作为绩效管理的一个重要环节，为他们提供了一种监督和引导下级行为的手段，从而可以帮助他们促进部门或团队工作的顺利开展。另外，绩效管理的开发目的与直接上级对其进行培训与技能开发的工作是一致的，上级能够协助相关部门更好地将绩效管理与员工培训相结合，从而充分发挥这两个人力资源管理模块的行为引导作用。总之，直接上级在评价中被赋予很大的评价权力，同时也承担了更多的管理责任。

（二）同级评价

同级评价是由评价对象的同级对其进行评价，这里的同级不仅包括评价对象所在团队或部门的成员，还包括其他部门的成员。这些人员一般与评价对象处于组织命令链的同一层次，并且与评价对象经常有工作联系。研究表明，同级评价的信度与效度都很高，同时同级评价还是工作绩效的有效预测因子。评价对象的同事对他的评价可以有效地预测此人将来能否在管理方面获得成功，这是因为同级经常以一种与上级不同的眼光来看待他人的工作绩效。例如，他们能从平日相互合作中间看到其真实表现，而其上级和下级都不一定有足够时间来观察。同级评价通常作为有效补充，帮助人们消除偏见。另外还要采取有效措施限制同级评价的消极影响，如避免因同级评价产生利益冲突破坏良好的工作氛围，限制因同事关系融洽程度不同而影响评价结果的可信程度。

（三）下级评价

下级评价给管理者提供了一个了解员工对其管理风格看法的机会，实际上这种自下而上的绩效反馈更多的是基于强调管理者提高管理技能的考虑。下级由于不承担管理工作而不了解管理者工作的必要性，因此很难对“事”进行评价，其评价的结果信度通常会较低。由于下级评价与传统的自上而下的管理方式相悖，很多管理者担心他们的一些不受欢迎但是必要的管理行为（如批评下级）会导致下级在对他们进行评价时实施报复，同时担心下级评价会削弱管理者的权力，因而真正采用这种评价方式的组织不多。但是，下级评价在很大程度上是一种管理突破，在一定程度上有利于提高管理质量和培育良好的工作气氛。另外，在各类组织诊断中，来自普通员工的判断能够在更大的范围内体现组织的绩效状况。

如果组织想把下级评价导入绩效评价系统，充分发挥下级评价的积极作用，要注意以下三个方面：第一，让下级参与评价其主管的工作实际上是让其对管理提出自己看法的过程，更重要的是可以听到下级的声音；第二，为了使评价客观并保护下级，应采取匿名评价，同时还要求下级人数达到“安全”规模才推行；第三，下级可能不能从全局看待上级的工作，因此，对其评价结果要进行合理的分析和应用。

（四）自我评价

有些企业在绩效评价时，还采用员工自我评价法，又叫本人评价。自我评价的理论基础是班杜拉（Bandura）的社会认知理论，这一理论包括自我目标设定、对目标执行的自我监控、自我实施奖励以及惩罚。该理论认为，许多人都了解自己在工作中哪些做得好、哪些是需要改进的，如果给他们机会，他们就会客观地对自己的工作业绩进行评价，并采取必要的措施进行改进。另外，提倡自我评价的员工会在自我工作技能开发等方面变得更加积极和主动，重视参与和发展的管理者认同并欢迎自我评价。

自我评价通常与上级评价结合起来使用。大多数研究都表明，员工对他们自己的工作绩效做出的评价一般总是比他们的主管人员或同事所做出的评价绩效等级要高。另外，即使组织没有正式要求成员进行自我评价，本人也同样对自己的工作有自己的评价。自我评价与上级评价的差异很可能导致双方产生矛盾，这是所有管理者必须面对和解决的问题。如果能够充分辨析产生评价结果差异的原因，管理者就能够更好地理解评价对象的行为并实行更有针对性的行为引导。例如，可以通过自我评价找出与上级之间意见不一致的地方，鼓励评价对象反映他们的优缺点，帮助上级进行更有建设性的绩效面谈，并促使员工更好地理解上级给予的绩效建议。

（五）客户和供应商评价

很多组织也将比较了解员工工作情况的外部利益相关者吸纳成为评价主体，最常见的做法就是将客户和供应商纳入评价主体之中。这种做法主要是为了掌握那些只有特定外部人员才能够感知的绩效情况，或通过引入特殊的评价主体引导评价对象的行为。例如，在服务行业中，以客户作为评价主体对那些直接面对客户的服务人员进行绩效评价，可以更多地掌握他们在实际工作中的表现。更重要的是，由于客户满意度成为组织成功的关键影响因素，这类组织通过将客户作为评价主体来引导员工行为，可以促进其更好地为客户提供服务。可以说，随着企业越来越重视客户，这类外部评价的权重还会获得持续提升。

二、绩效评价主体的选择

绩效评价主体的选择不仅是为了落实绩效评价工作，更是为了有效开展绩效管理，促进战略目标的达成。为了保证评价的客观性和公正性，可以适当选择多样化的评价主体。多种主体对绩效进行评价通常具有单一主体评价所无法具有的许多优点，但是一个包含各种评价主体的评价系统自然会占用更多的时间，成本也较高。

（一）选择评价主体的一般原则

在设计绩效评价体系时，一定要注意评价主体与评价内容的匹配。选择什么样的评价主体在很大程度上与所要评价的内容相关。评价主体选择一般坚持知情原则和多元化原则。

1. 知情原则

知情原则是指评价主体对所评价的内容和所评价职位的工作都要有相当程度的了解。一方面，评价内容必须是评价主体可以掌握的情况。如果要求评价主体对他无法了解的情况做出评价，那么这种评价一定是不准确的，必将对整个绩效评价工作的准确性和公正性产生不良的影响。另一方面，评价主体对要被评价职位的工作也应该有一定程度的了解。评价对象的任何职务行为都是基于实现一定职责任务目的的，并不是孤立的行为。缺乏对职位的了解往往可能做出以偏概全的判断。

2. 多元化原则

单一的评价主体容易产生误差与偏颇，而采用多元化的评价主体既可以对评价结果实现相互印证，又能够相互补充，体现评价的准确性。另外，扩大评价主体的范围也能够体现出评价的民主性与公平性。因此，对评价内容与评价对象的评估可以从多角度、多层面来进行，既可以包括评价对象的上级、同级、下级、本人，甚至可以向组织外延伸，将利益相关者（如客户、供应商等）纳入评价主体的范畴当中。需要特别指出的是，采用360度选择评价主体的方法并不意味着评价主体越多越好，而应在评价主体了解评价对象和评价内容的基础上，扩大评价主体的范围，使绩效评价的结果更加全面准确。

（二）选择评价主体举例

虽然多元化的评价主体为绩效评价提供了不同的视角和途径，但是也给管理者在选择评价主体时造成了一定的困难。一味强调主体多元化，而忽视知情原则，常容易导致评价主体选择有误，这种方式不但毫无意义，甚至会有负面影响。因此，评价主体的选择要以评价指标为基础，结合选择评价主体的原则和不同评价主体的特点综合确定。例如，某公司劳资社保部主任评价指标和评价主体的选择，如表4-4所示。从这个例子可以看出，只有遵照选择评价主体的基本原则，根据对评价指标特性的了解程度、不同评价主体的不同评价责任来确定评价主体，才能确保评价的信度和效度。

表4-4 某公司劳资社保部主任评价指标和评价主体的选择

职位编号：LZ-01-01-01　　职位名称：劳资社保部主任　　任职者：

评价维度	评价指标	权重	上级评价	同级评价	下属
工作业绩	主要考核指标 主要监控指标	70 30	主要考核指标 主要监控指标		
工作态度	成本意识 全局意识 自律性 责任感 积极性 自我开发意识	20 20 20 20 10 10	成本意识 自律性 责任感 积极性 自我开发意识	全局意识	自我开发意识 自律性 责任感 积极性

三、评价主体误区

评价主体误区指的是在绩效评价的过程中评价者主观原因导致的误差、偏见和错误。这些误区的存在会对绩效评价结果的准确性造成影响，也会对组织上下级之间的关系产生损害。因此，我们既要认识到这些误区的存在，又要采取一定的措施避免这些错误的发生。

（一）常见的评价主体误区

常见的评价主体误区一般有以下九种。

1. 晕轮效应

当我们以个体的某一种特征形成一个对个体的总体印象时，就会受到晕轮效应（halo effect）的影响。在绩效评价的过程中，晕轮效应具体是指由于个别特性评价而影响整体印象的倾向。有关晕轮效应的例子在我们的日常生活中经常发生，人们往往有根据某一局部印象得出整体印象的倾向。例如，某位管理者对下级的某一绩效要素（如“口头表达能力”）的评价较高，导致其对该下级其他绩效要素的评价也较高。同时，下级一般会对那些和颜悦色、比较客气的上级有好感。这样的上级工作能力也许不强，但下级往往倾向于对该上级的其他方面给予较高的评价。因此，晕轮效应非常不利于绩效评价的有效性。

2. 逻辑误差

逻辑误差（logic error）指的是评价者在对某些有逻辑关系的评价要素进行评价时，使用简单的推理而造成的误差。在绩效评价过程中产生逻辑误差的原因是两个评价要素之间的高相关性。例如，很多人认为“社交能力与谈判能力之间有很密切的逻辑关系”，于是，评价者在进行绩效评价时，往往会依据社交能力强而对评价对象做出“谈判能力当然也强”的评价。

晕轮效应与逻辑误差的本质区别在于：晕轮效应只在同一个人的各个特点之间发生作用，在绩效评价过程中是在对同一个人的各个评价指标进行评价时出现的；而逻辑误差与评价对象的个人因素无关，它是由于评价者认为评价要素之间存在一致的逻辑关系而产生的。

3. 宽大化倾向

宽大化倾向（leniency tendency）是最常见的评价误差行为。受这种行为倾向的影响，评价者对评价对象所作的评价往往高于其实际成绩。具体而言，这种局面对绩效优秀者是不公平的，容易导致其产生强烈的不满，并影响他们的工作积极性；对于绩效较差者来说，较高得分不利于其绩效的真正提升，同时，满意的评价记录掩盖了绩效管理目标没有达成的事实，也阻止了管理者采取补救措施的合法性。

这种现象产生的原因主要有：评价者为了保护评价对象，避免留下不良绩效的书面记录，不愿意严格地评价；评价者希望本部门员工的业绩优于其他部门员工的业绩；评价者对评价工作缺乏自信心，尽量避免引起评价争议；评价要素的评价标准不明确；评价者想要鼓励工作表现有所提高的评价对象。

4. 严格化倾向

严格化倾向（strictness tendency）是与宽大化倾向相对应的另一种可能的评价者行为倾向，是指评价者对评价对象工作业绩的评价过分严格的倾向。现实中，有些评价者在进行评价时，喜欢采用比既定标准更加苛刻的尺度。具体来讲，如果针对整个部门的绩效评价过分严格，则该部门的员工在加薪和晋升方面都将受到影响；如果对某一特定的员工评价过分严格，则有可能受到其指控。

严格化倾向产生的原因有：评价者对各种评价因素缺乏足够的了解；惩罚顽固的或难以对付的评价对象；促使有问题的员工主动辞职；为有计划的裁员提供证据；减少凭业绩提薪的员工的数量；遵守组织的规定（组织不提倡管理者给出高评价）。

5. 中心化倾向

中心化倾向（central tendency）是指评价者对一组评价对象做出的评价结果相差不多，或者都集中在评价尺度的中心附近，导致评价成绩拉不开差距。在确定评价等级时，管理者都很容易产生这种误差。例如，在图示量表法中，设计者规定了从第Ⅰ～Ⅴ的五个评价等级。管理者很可能会避开最高的等级（第Ⅴ等级）和最低的等级（第Ⅰ等级），而将他们的大多数下级都评定在第Ⅱ、Ⅲ、Ⅳ这三个等级上。

中心化倾向产生的原因有：评价者不愿意做出极好、极差等极端评价；对评价对象不够了解，难以做出准确的评价；评价者对评价工作缺乏自信心；评价要素的说明不完整，评价方法不明确；有些组织要求评价者对过高或过低的评价写出书面鉴定，以免引起争议。

6. 首因效应

首因效应（primacy effect），亦称第一印象误差，是指评价对象在初期的绩效表现对评价者评价其以后的绩效表现会产生延续性影响。首因效应会给评价工作带来消极的影响，使评价结果不能正确地反映评价对象的真实情况。例如，某人在刚刚进入某个部门之初工作热情很高，很快取得了良好的业绩，给他的上级留下了深刻的印象。实际上他在整个绩效评价期间的工作绩效并不是很好，但上级还是根据最初的印象给了他较高的评价。

7. 近因效应

与首因效应相反，近因效应（recency effect）是指评价者只凭评价对象的近期行为表现，即依据最后阶段绩效表现的好坏来做出整个评价期间的业绩表现的总体结论。如果评价周期为一年，在对特定评价要素进行评价时，评价者不可能回想起在整个评价阶段中发生的与该评价要素相关的评价对象的行为，通常根据最近的表现做出判断。例如，有的评价对象在最近一个月内表现不良，因而得到了较差的评价，实际上，他在之前的若干个月内都保持着优异的绩效记录。

8. 刻板印象

组织行为学理论指出，当以某人所在的团体知觉为基础对某人进行判断时，就称这种行为受到了刻板印象（stereo typing）的影响。评价者在进行各种评价时，可能在评价对象的个人特征，如种族、民族、性别、年龄、性格、爱好等方面存在偏见，或者偏爱与自己的行为或人格相近的人，造成人为的不公平。有些人也使用“评估者使用隐含人格理论”来指代这种现象，这种偏见主要表现在如下两个方面：对与自己关系不错、性格相投的人会给予较高的评价；对女性、老年人等持有偏见，给予较低的评价等。

9. 溢出效应

溢出效应（spillover effect）是指因评价对象在评价期之外的绩效失误而降低其评价等级。对那些上一个评价期间表现不良的评价对象来说，在评价中出现溢出效应是很不公平的，会挫伤其继续提高工作绩效的积极性。例如，一名生产线上的评价对象在该评价周期之前出现了生产事故，影响了他上一期的工作业绩。在本评价期间他并没有再犯类似的错误，但是，评价者可能会由于他在上一评价期间的表现不佳而在该期的评价中给出较低的评价等级。因此，为了避免这种评价误区的发生，我们应该鼓励评价者记录评价期间发生的关键事件。

（二）避免评价主体误区的方法

避免上述评价主体误区最首要的方法就是通过培训使评价者认识各种评价误区，从而使他们有意识地避免这些误区的发生。评价主体误区实际上是评价者主观上发生的错误，因此，通过使评价者了解这些误区来避免它们的发生是最直接有效的方法。避免上述评价主体误区的方法主要有如下几种。

（1）清晰界定绩效评价指标，以避免晕轮效应、逻辑误差以及其他各种错误倾向的发生。在评价指标界定清晰的情况下，评价者能够根据所要评价指标的含义有针对性地做出评价，从而避免对评价对象某一方面绩效的看法影响了对组织评价指标的评价。另外，界定评价指标同时还包括界定各评价指标之间的“关系”，避免评价者主观臆断地找到所谓的逻辑关系，从而影响评价的准确性。

（2）使评价者正确认识绩效评价的目的，以避免宽大化倾向及中心化倾向。前面提到，宽大化倾向和中心化倾向产生的一个重要原因是评价者不希望在本部门内产生种种矛盾和摩擦，或者影响本部门人员的利益。因此，只要评价者正确认识了绩效评价的目的，就能够避免上述情况的发生。应该让评价者意识到绩效评价作为人力资源管理系统的核心环节，能够通过影响管理决策而同时作用于组织的绩效状况和员工的个人发展。

（3）在必要的时候，综合使用强制分布法以避免宽大化倾向、严格化倾向和中心化倾向。强制分布法，也称硬性分布法，就是按事先确定的比例，将评价对象分别分配在各个绩效等级上。通过强制分布法实现将评价对象分出等级，有利于避免上述三种误区。在实际应用中，一般都是先使用某种评价方法对评价对象进行评价，然后综合计算结果，按强制分布法确定的比例分配到相应的绩效等级上。

（4）提升评价者对评价系统和评价结果的信心。为了提高评价者对于整个评价系统的信心，最重要的手段就是通过培训使他们了解评价系统的科学性和重要性，这样可以在一定程度上避免宽大化倾向和中心化倾向的发生。另外，评价者对评价对象缺乏足够的了解，对于评价的结果缺乏信心，也是导致宽大化倾向和中心化倾向的原因之一。因此，解决这一问题的方法就是使评价者有足够的时间和渠道，加强对评价对象的了解，在必要的时候甚至可以延期进行评价。

（5）通过培训使评价者学会如何收集资料作为评价依据，以避免首因效应、近因效应和溢出效应。上述三类误差都是由于作为评价依据的事实依据不充分或不准确。应该通过培训使评价者学会如何科学地收集评价中使用的事实依据，来避免这三类误差的发生。

此外，相关的管理部门还应该通过各种宣讲和培训的方式，要求评价者从组织发展的大局出发，摒弃个人偏见，进行公正的评价，避免严格化倾向和评价者个人偏见的不良影响，确保整个绩效评价制度得到所有成员的认同。

需要注意的是，在这里我们有一个重要的假设前提——绩效评价系统本身是科学的。如果绩效评价系统本身存在问题，那么上述种种解决评价主体误区的手段就无法保证评价结果的科学性。上面谈到的五种方法并不能解决所有的评价主体误区问题，只是为解决评价主体误区提供了一些思路。管理部门应该通过各种手段了解评价对象对于评价结果的看法，及时找到评价中存在的各种问题，有的放矢地逐一解决。

四、绩效评价主体的培训

评价主体在绩效管理的过程中扮演着重要的角色。评价者的主观失误或对评价指标和评价标准的认识误差，都会在很大程度上影响评价的准确性，进而影响绩效管理甚至是人力资源管理系统的有效性。因此，评价主体培训对于实现绩效评价的目标乃至绩效管理的目标至关重要。

（一）评价主体培训的必要性

绩效评价的意义并不在于如何准确地评价出人的“三六九等”，而在于提供一种行为导向，使评价对象的工作行为符合组织对他们的期望，从而实现组织的战略目标。绩效评价的效果不仅取决于评价系统本身的科学性，还要受到评价者主观方面的影响。评价者对于评价系统的认识不仅会影响评价结果的准确性，而且会影响评价对象对于组织期望的理解，从而对整个组织的绩效产生影响。从某种程度上讲，评价主体对于评价手段、评价目的的理解甚至比评价方法本身更为重要。例如，上级作为重要的评价主体，在绩效评价乃至绩效管理中更是承担了重要的职责，不仅需要对下级的绩效做出评价，也需要与下级进行持续的绩效沟通，以帮助下级提高绩效和实现预期绩效目标。可以说，评价主体培训是一个完整的绩效评价制度不可或缺的重要环节，离开了人，任何绩效评价制度都是一堆没有用的文件。

组织内的相关部门应设计出完善的评价主体培训制度。通过评价主体培训通常应该达到以下几个方面的目的：第一，使评价者通过了解绩效评价在人力资源管理和组织管理中的地位和作用，认识到自己做出的评价决策对绩效评价实践的重要意义；第二，统一各个评价者对于评价指标和评价标准的理解；第三，使评价者理解具体的评价方法，熟悉绩效评价中使用的各种表格，并了解具体的评价程序；第四，通过对评价主体误区的相关培训，使评价者了解如何尽可能地消除误差与偏见。第五，帮助管理者学习如何进行绩效反馈和绩效辅导。

（二）评价主体培训的主要内容

评价主体培训的主要内容要根据组织不同的情况而确定，并没有统一的模式，每一次的培训内容可以针对不同的问题来进行。一种被称作评价者效能培训（rater effect training，RET）的培训方式被证明是相当有效的。评价者效能培训通过向评价者传授每种绩效维度的意义、每一种维度代表的工作行为以及每一种行为的效果，来改进评价者准确评分的能力。例如，某企业所使用的评价者效能培训方案的内容包括：建立工作期望，包括有关如何设定绩效目标和召开目标设定会议的方法；通过观察收集资料并记录行为形成文件的方法；指导员工改善绩效的方法；绩效评价的方法；各种评价者误区的形成原因和避免这些错误的方法；反馈面谈的程序和解决分歧的方法；企业提供的技能开发计划。

在绩效评价实践中，还需要针对不同评价主体具体设计培训内容。直接上级是最常见的评价主体，对直接上级进行评价主体培训的内容比对其他类评价者进行评价主体培训的内容更广泛。本书在此仅介绍直接上级相关的培训内容，其他类型评价主体的培训内容可以参考直接上级培训内容进行设计。一般来说，对直接上级的培训主要包括以下六个方面的内容。

（1）关于避免评价主体误区的培训。对于绩效评价中发生的不准确的问题的最常见解释就是评价者的主观错误。因此，评价主体培训中的一项重要内容就是通过培训告诉评价者在评价过程中可能会产生的评价误差有哪些，以防止这些误差的发生。例如，在与此类问题有关的培训课程中，培训者可以先为评价者们放一段反映员工实际工作情况的录像，然后要求他们对这些员工的工作绩效做出评价；接着，培训者将不同评价者的评价结果展示出来，并且针对在工作绩效评价中可能出现的问题，如晕轮效应、严格化倾向等，逐一进行解释；最后，培训者将会给出比较客观的评价结果，并对评价者们在评价过程中出现的各种错误逐一进行分析。通过这种形式的培训，评价者能够对各种评价者误区有更深刻的认识，从而有效地避免此类问题的发生。

（2）关于绩效信息收集方法的培训。为了使评价的结果更有说服力，并且为评价之后的绩效反馈提供充分的信息，评价者必须充分收集各种与评价对象的绩效表现相关的信息。这方面的培训一般以讲座的形式进行。另外，还可以通过生动的录像来进行现场的演示或练习。需要注意的是，收集绩效信息不仅要依靠上级的观察，还可以通过员工口头汇报或书面工作进展报告来进行。事实上，根据不同职位的不同工作性质，能够获取有关工作绩效信息的渠道各不相同。

（3）关于熟悉评价指标的培训。评价指标培训指的是通过培训，使评价者熟悉在评价过程中将使用的各个绩效指标，了解它们的真正含义。评价者只有在正确理解各个绩效维度的基础上，才能够将绩效评价体系所要传达的信息传达给评价对象。

（4）关于如何确定绩效标准的培训。绩效标准培训指的是通过培训向评价者提供评价时的比较标准或者参考的框架。评价者如何理解绩效标准将在很大程度上影响他们对每个评价对象的评价结果。进行绩效标准培训是实现绩效管理中的程序公平的前提。

（5）关于正确使用评价方法的培训。绩效评价过程中可能采用的具体方法是多种多样的，每种方法都有其优点和缺陷。应该通过评价主体培训使评价者充分掌握在实际评价时需要采用的各种操作方法、填写表格的注意事项等，以充分发挥该评价方法所具有的优势，并使评价者对评价方法产生认同感和信任感。这种认同感将有助于绩效评价结果得到管理者乃至所有评价对象的认同。

（6）关于如何做好绩效反馈的培训。绩效反馈是评价者与评价对象之间的沟通过程。通过这一过程，评价者将绩效信息反馈给评价对象，帮助后者纠正自己的绩效不足。绩效反馈并不是一次简单的谈话，评价者应该通过这一沟通过程帮助评价对象更好地认识自身在工作中存在的问题。通过评价主体培训，管理者应该能够掌握绩效反馈面谈中应当运用的各种技巧。绩效反馈培训是评价主体培训中的一个重要内容，它关系到绩效管理系统能否达到预期的目标。

（三）评价主体培训时机的选择

现在我们已经对评价主体培训的必要性和内容有了一定的了解。那么，应该在什么时候进行评价主体培训呢？下面是四种可能的时间。

1. 管理者刚到任时

当有员工晋升为新职位上的管理者时，由于工作的需要，他们必将面对管理工作带来的新挑战。此时恰恰也是评价这次评价主体培训效果的最佳时机。首先，这些人员都希望能够接受评价主体培训，以帮助自己更好地适应新工作；其次，组织也可以通过培训，迅速提高其管理水平，避免不必要的摩擦和损失，从而保障组织绩效的持续提升。此时的评价主体培训往往是与各类管理技能培训同期进行的，并且是管理技能培训中的“重头戏”。管理者应该也必须尽快学会如何正确地评价并有效改善下级的工作绩效，并学会如何为之提供必要的帮助和辅导。

2. 进行绩效评价之前

为了提升评价的科学性和准确性，企业在进行绩效评价之前对评价者进行培训，特别是对新晋升的主管要重点关注。在评价之前举行的培训通常会受到评价主体的重视。通常，有针对性地对当期评价中的注意事项进行短时间的讲授是比较可行的。集中进行完整的培训会由于人员不齐、部分管理者无法腾出足够的时间参加培训等原因而影响效果。此时的评价主体培训可以采用实际的范例作为培训的教材，并尽量贴近管理者的现实需要。

3. 修改绩效评价办法之后

组织往往需要根据现实情况的变化对绩效评价办法进行修订，这种修订可能涉及评价标准、评价方法等方面。在这种情况下，进行评价主体培训的必要性是显而易见的。为了使评价者能够彻底地理解修订的目的和修订的内容，这类评价主体培训往往具有特定的内容：通过培训发布和宣讲新修订的内容，并通过对比新旧评价办法使管理者对绩效评价的原理有更加深入的理解和认识。

4. 日常管理技能培训之中

在进行日常管理技能培训的同时进行评价主体培训。管理者的一个重要管理角色就是绩效评价中的评价者，评价主体培训是管理技能培训中的一项重要内容。许多组织都对管理者进行长期的、系统化的管理技能培训。在这种日常的管理技能培训中纳入评价主体培训的内容是非常必要的。

（四）评价主体培训的实施

根据组织的实际情况，评价主体培训有不同的具体实施方式。根据课程安排形式不同可以分为以下两种：第一，与日常的管理技能培训同时进行。许多组织都向管理者提供系统化的管理技能培训课程，有关人员通常将如何进行绩效评价作为一项重要技能进行专题讲解。通常这类管理技能培训的时间不超过一周，而常见的做法是安排其中的一天讲解有关绩效评价的内容。主要内容通常包括有关绩效评价的原理及现行的评价制度和评价技巧等方面的内容。有时，为了增强培训的效果，还会进行几个小时的实战性质的现场培训。第二，以独立课程的形式举办。以独立课程的形式进行评价主体培训的培训对象应该是接受过一般性的基础管理技能培训的人员。在这种情况下，通常会安排2～3天的培训时间，主要包括课堂讲授、绩效评价实战培训等内容，在培训结束之后，也需要进行总结。本书重点介绍课堂讲授和绩效评价实战培训两种常用的培训方式。

1. 课堂讲授

课堂讲授是一种将培训对象集中在一起进行集体授课的传统培训方法，具有成本低、受众广、易于组织等特点，一直都是一种重要的培训方式。通常课堂讲授对授课人、授课内容都有一定的要求。下面是某企业举行评价主体培训中，几次课堂讲授的示例。

内容1：人力资源管理的基本观点。

授课人：本公司人力资源管理部门的负责人员。

主要讲解人力资源管理的重要战略地位，本公司人力资源管理系统中各个相关制度之间的相互关系。着重介绍绩效评价在整个人力资源管理系统中所扮演的角色、发挥的功能、具有的重要性等内容。详细说明各个人力资源管理职能与绩效评价之间的关系。表明公司高层管理人员对于人力资源管理的重视，以及公司高层对基层管理人员的期望等，以激励受训人员，使他们能够重视这次培训的内容。

内容2：绩效评价的原理和技巧。

授课人：本公司专业人员或外部咨询顾问。

在课堂中讲解绩效评价的原理和技术，详细介绍具体评价过程中注意事项。应注意培训内容的可操作性。另外帮助受训人员更好地理解现行评价制度中的优点、特色乃至缺陷。理解整个评价制度的制定原理。

内容3：本公司的绩效评价制度。

授课人：人力资源部经理或外部咨询顾问。

这部分内容应该是在人力资源管理和绩效评价的基本原理与技巧都已经讲解完毕之后才能进行。这部分内容针对的是本公司正在实施或即将实施的绩效评价制度。授课人应该对这套制度有充分的了解。主要的授课内容包括绩效评价制度中的评价标准、评价项目，以及绩效反馈面谈中的注意事项等。

2. 绩效评价实战培训

所谓绩效评价实战培训，就是针对培训师预先撰写的绩效评价案例，使用组织现有或即将推行的评价标准和评价表格加以评价。简单地说，在培训的这个阶段，培训师应该就所设计的案例要求学员进行“个人评价”、“分组评价”以及“全体评价和讨论”。通过这些实战性的训练方式，帮助学员尽快将培训中学到的内容转化为绩效评价中的实际技能，并通过实际的演练找出一些新的问题，帮助公司更好地完善现有的制度。最后，培训师会把分组评价的结果整理成书面报告，再进行一次全体学员都参与的大讨论。

实战培训通过对比各学员的评价结果，找出个人之间对评价标准或评价项目内容看法存在的差距，从而拉近各评价者评价水平的一种培训过程。通过这种实战培训，学员能够统一评价者对评价标准和尺度的认识，尽量减少主观评价过程给绩效评价带来的不准确性。根据培训时间的长短，适用的案例可以是简要的短篇案例，也可以是情况描述非常具体、详细的长篇案例。下面以企业为例，介绍短篇案例的设计方法和长篇案例的设计方法及使用过程。

1）短篇案例的设计

在培训时间有限的情况下，实战培训中只能使用简单的短篇案例。这类案例设计方法比较简单。当由本企业专业人员主持培训时，他们可能会从外部培训资料市场上购买现成的案例，也可能采用企业的现在职或曾在职人员作为案例。如果企业请外部的咨询顾问进行培训，外部顾问往往会根据企业制度设计个性化的案例，一些对企业了解比较深入的外部咨询顾问也倾向于通过前期的调研访谈了解企业中真实发生的案例。来源不同的案例各有利弊。

第一，使用现成的案例。现在市场上有很多供人力资源管理培训使用的教程，其中有很多涉及绩效评价的案例。这些案例往往制作精美，有的还附有制作精美的幻灯片和视频材料。组织负责员工培训的人员借助这些材料，能够节约大量的准备时间。但是，这种资料往往内容过于简单，在进行评价对象的介绍时只是提供一两个事实或简单的背景情况，并不能很好地帮助受训人员做出判断。另外，案例的发生背景往往与组织自身情况有很大出入，可能会引起受训人员的一些疑问，不能很好地帮助受训人员掌握现实工作中需要的评价技能。当然，如果能根据本企业的现实情况对这些现成案例进行改造，也不失为一种可取的做法。

第二，使用现在职人员或曾在职人员相关实例。以现在职人员的实际情况设计的案例由于有充分的事实材料，往往十分生动。但是将这类案例书面化的过程非常烦琐，往往由该员工的直属上级以口头表述的方式向受训者传达，也可以由培训师根据事先从上级获取的情况在上课时仿效上级的口吻表述出来。在案例中以现在职的员工为例也有一些问题，并且难以避免。例如，受训人员可能会因个人了解信息的多寡对该员工产生成见或偏见，只有在受训人员认识该员工时，这种案例才能充分发挥作用，因而只适用于在特定部门内的绩效评价培训，而不适合作为全公司适用的案例教材；这种做法也可能会引起员工的一些负面情绪。以曾在职人员为实例的形式，虽然不容易引起负面情绪，但是前面两种问题仍然无法避免。

总之，各类短篇案例由于提供的资料有限，只有在受训人员进行充分发问的情况下，才能引发更多的思考。假如听者的发问不够多，则有可能在资料不充足的情况下进行绩效评价，从而直接影响到评价的公正性。由于绩效评价需要对评价对象有全面的了解，短篇案例的效果是十分有限的。

2）长篇案例的设计

相对短篇案例而言，长篇案例内容更加具体，背景资料更加丰富。这种案例一般不可能在培训资料的市场上直接获得，企业中负责评价主体培训的相关人员往往只能配合实际情况自己设计。通过此类企业人员自己编制的案例进行绩效评价实战培训，能够更好地反映本企业实际执行的绩效评价制度，受训者会因感到更具有挑战性而提高兴趣，学习的效果也更佳，在培训时间允许的情况下，企业最好采用这种方式。下面是案例制作中的一些要点。

第一，背景资料的设计。在公司自行设计的这类案例中，设计的情景是本公司的某部门或某个工作场所，并将案例中的评价对象的工作岗位设计为某个实际存在的职务类型。由于案例是用于实战练习的，因此所设计的情景应该是受训人员都了解的部门或工作场所，并且在他们都了解的职务类型中界定评价对象的身份。这是使受训者对评价对象的相关资料认识一致所必需的前提。在这样的案例中，受训人员被虚拟为评价对象的直接上级，同时也是最重要的评价者。

第二，案例内容的编制。在案例描述的内容里面，应尽可能完全模拟真实的绩效评价过程，将本公司绩效评价过程中涉及的全部评价项目都编写进去。在背景资料和评价制度完全与本公司实际情况相一致的情况下，设计者往往希望照搬公司发生的事作为案例。但是如果案例太过逼真，可能会导致种种猜疑，并可能有学员由于在评价过程中掺入了个人成见而影响演练的效果，因此还是避免为佳。出于这种考虑，当案例牵扯到虚拟的评价对象的上级、同事、公司内外关系人时，应避免使用真实姓名或可直接联想到的姓名或名称。作为评价依据在案例中列出的各种素材，也不应原封不动地照搬现实中实际发生的事，而应在修改之后使用。

在编制案例时，为了有针对性地解决过去在评价中存在的问题，设计者应收集过去的绩效评价表格等资料，找出有代表性的问题，将过去评价中发生问题的指标找出来并设法编入案例中。在案例中，对于这类最可能发生问题的情况应特别注明，以引起受训者的注意，让他们在实战培训之前的预习中着重注意对这些问题的看法，使他们能够在共同理解的基础上评价案例中的评价对象的绩效。

第三，案例内容的构成。这类案例的内容构成如下。

背景介绍。案例虽然是基于本公司情况设计的，但不一定要完全一致。在这部分应该让学员了解大致的背景情况。例如，公司的所在地、规模、产品、员工状况等，然后说明受训人员（即假定的评价者）所处的状况。另外，设计者可以通过组织图的形式将案例中所出现人物的关系和公司的组织概况等表示出来。

评价对象的简介。包括评价对象的姓名、年龄、职务、学历、进公司前后的经历、家庭状况、兴趣等。只要有助于评价者更好地了解评价对象的个人情况和特点的资料，都可以在这里有所涉及。另外，评价对象所担任的职务工作等与他的工作情况有关的内容也应做详细的介绍。

评价期间内的相关事实资料。案例中设计一定的评价期间，并将有关评价对象在这段期间内的各种表现、发生的主要事实或有助于评价的各方面情况，均按时间顺序加以描述。

相关参考资料。上面这些事实资料可能会引用一些管理信息系统的输出数据、财务账目等资料。在可能的情况下，这些资料应充分给出，而不是仅仅给出一个具体的数字。

题目。在案例的最后，设计者针对绩效评价案例培训的目的出题，内容可能包括：个人评价结果及评价依据，团体评价结果及评价依据，指出在评价中需要的而案例中并未充分反映的事实信息、面谈指导要点等。

制作长篇的绩效评价案例确实是一个繁重的工作。但是，在评价主体培训中使用这类案例，能够帮助受训人员更深刻地了解绩效评价的基本观念，更好地掌握在前面的培训中学习到的评价技术，对公司而言更是一个统一各评价者对评价标准的认识的绝好机会。因此，不管制作起来多么费事，都是十分值得的。

运用长篇案例进行绩效评价实战培训的程序主要包括以下五个步骤。

第一步，实际演练之前的准备。在进行实际的绩效评价演练之前，主要有两个方面的事项需要预先准备。

首先，培训人员应向学员讲述整个实战培训的过程。这个过程通常包括如下三个阶段：一是个人在阅读材料的基础上进行独立的评价；二是分组进行评议，以统一小组成员对评价标准的理解并对得分进行适当的调整；三是在全部学员中做整体的分数调整，确认虚拟评价对象的最终得分。受训学员可以通过这个过程，统一对各个评价项目和评价标准的看法，实际应用各种评价技术。

其次，培训人员应该在实际演练之前，将相关的资料下发给学员并做出必要的解释。虽然我们在谈到设计方法时曾经指出，可以运用本公司的实际绩效评价制度作为实战培训中的资料，但是在这个准备过程中对制度的介绍要比在前面的培训讲解中的介绍操作性更强，并且在必要的时候应强调指出案例中的评价制度与本公司评价制度之间的差异。另外，评价案例应在开课前分发到学员手中，并要求他们先仔细研读，在正式培训时通常不用重复解释。

第二步，个人评价。在实际的评价演练中进行的第一项工作就是个人评价。在此之前，培训者应注意确认大家有没有疑问，并大致讲解学员在个人评价后应回答的问题。个人评价大约要花费一个小时的时间。我们在这里假设所使用的评价制度是一个五级尺度的评价量表，并结合使用鉴定法。学员应给出各个评价指标上的评价结果，并详细列出相应的评价依据，以备在下面进行分组讨论时使用。

第三步，小组讨论。将个人的评价结果进行分组讨论的目的是为了互相对比和调整，使每一个项目上的“评价结果”和“评价依据”都能获得大家的一致认同。为了便于在小组中达成共识，需要填制评价结果及评价依据一览表，如表 4-5 所示。在这个表中，小组成员的不同个人评价结果都能够得到体现。在“评价结果”一栏中，每个成员根据自己不同的评价结果在相应的评价等级下面标出个人的代号，并在其右的“最终结果”一栏中给出经过小组讨论得出的评价结果。每个成员都能够从这张表中看出，自己在把握评价尺度的问题上是否有过松或过紧的倾向。另外，在一览表中还应该写明每个小组成员在个人评价中的评价依据，根据小组的最终讨论结果将相应的优点和缺点在表中列出来。

表 4-5 评价结果及评价依据一览表

评价项目	评价结果					最终结果	评价依据		资料不足的情况
	A	B	C	D	E		优点	缺点	

需要注意的是，不论案例编制得如何完整，如果评价者希望深入寻找有关的评价依据，总会出现事实或资料不足的情况。在个人评价中，每个学员都将这类问题带到分组讨论中解决。小组成员经过磋商，结合案例前后进展脉络，确定大家可接受的补充解释。这种处理方式实际上是为了提醒学员在将来评价实际绩效时，如果遇到类似的事实或资料不足的情形，应通过调查或收集补充资料取得有利的评价依据，方可做出最终的评价。在这里，这种通过小组讨论解决此类问题的做法只是一种培训中的权宜之计，目的就是要提醒受训的管理者不可对事实情况不明或证据不足的事情仅凭臆测就妄下判断。

第四步，综合调整。经过以上过程，各小组都形成了各自的报告。这些报告应发放到每一名受训管理者手中，并进入下面的综合调整环节。在这个过程中，全体受训人员都要参加。可以从受训人员中推选出一名会议主席和一名会议记录来共同主持培训过程。在这个过程中，两个主持将各评价项目逐一列出，整理出全体同意的评价结果，对存在的分歧要求相关小组进行代表发言。整个过程同样可以依照表 4-5 的方式，将每个组的评价结果和统一之后的评价依据列举出来。在综合协商调整的过程中，各学员应专注地参与讨论和评议。最终的调整结果应尽快地整理发放到学员手中。在分组讨论和综合调整的过程中，培训者不应该过多地介入，只有在发现出现较大问题的时候，才随时给予提醒，并随时解答学员的疑问。

第五步，总结。综合调整的程序完成之后，绩效评价实战培训的过程即告一段落，最后应由担任讲师的人员对本次评价演练进行讲评和总结。在总结和讲评中，讲师往往会强调一些注意事项和存在问题，如必须给出具体详细的评价依据，不可主观臆断，强调学员应在日常管理过程中有意识地收集事实资料；评价演练中评价者容易出现的各类评价误区（如宽大化倾向、中心化倾向等），指出应注意避免这些主观误差，等等。

在前面的步骤中，我们曾经谈到培训者应避免过多地影响学员形成一致意见的过程，因此总结的阶段对于培训者来说非常关键。应通过这个阶段更好地指导学员进行正确的、科学的绩效评价。

第三节 绩效评价方法

评价方法的选择是绩效评价的重点和难点，也是绩效管理中一个技术性很强的问题。迄今为止，还没有一种方法可以堪称最优或能够满足实践中的所有要求。各组织需要根据其管理实践的需要选择各种评价方法或方法组合，以满足不同目的和不同形式的绩效评价的要求。正确地选择评价方法，对于能否得到公正、客观的评价结果有着重要的意义。

一、评价方法的概念

（一）评价方法的内涵

评价方法是指通过某种技术手段对特定绩效指标进行衡量的办法，其目标在于对特定指标的绩效水平做出判断和衡量绩效目标是否达成。评价方法与评价标准密切相关，评价方法需要按照组织规定的绩效标准，对绩效指标进行衡量，即回答的是某个具体指标怎么评价的问题。

需要特别指出的是，绩效评价方法与绩效管理工具是不同的概念，二者不能混淆。绩效管理工具主要是提供一种系统思维，其主要目的在于以特定工具为基础构建企业完整的绩效管理系统。绩效管理工具提供了贯穿整个绩效管理过程的系统平台，而绩效评价方法仅仅是衡量绩效指标的具体水平的技术手段。

（二）评价方法的分类

目前，绩效评价方法在数量上已经发展到上百种之多。评价方法通常是按照绩效指标衡量方式的不同进行分类。与绩效标准可以分为绝对标准与相对标准一样，评价方法也可以分为绝对评价和相对评价。绝对评价是根据统一的标准尺度衡量相同职位的人，也就是将个人的工作情况与客观工作标准相比较，通常使用量表法（scaling method）进行评价。实施绝对评价之前，我们必须通过研究和分析，事先确定一个客观的评价标准。这种利用客观尺度进行的绝对评价是绩效评价方法选择的大趋势。相对评价又称比较法，是通过在部门或团队内对人员进行相互比较得出评价结论，而不是根据事先统一制定的评价标准进行评价。

此外，还有一类通过对绩效表现进行描述来评价绩效的方法，即描述性评价，又叫描述法，是指评价者用描述性的文字对评价对象的能力、态度、业绩、优缺点、发展的可能性、需要加以指导的事项和关键事件等做出评价，由此得到对评价对象的综合评价。这种方法通常作为其他评价方法的辅助方法，主要用于观察并记录评价所需的事实依据，以避免近因效应、溢出效应等评价误差的发生，并为绩效反馈提供必要的事实依据。

在前面内容的基础上，可以将目前常用的评价方法进行归类，如表 4-6 所示。

表 4-6　评价方法分类

类别	方法名称	类别	方法名称
绝对评价（量表法）	图尺度量表法	相对评价（比较法）	排序法
	等级择一法		配对比较法
	行为锚定量表法		人物比较法
绝对评价（量表法）	混合标准量表法	描述性评价（描述法）	态度记录法
	综合尺度量表法		工作业绩记录法
	行为对照表法		指导记录法
	行为观察量表法		关键事件法

二、主要评价方法的介绍

（一）绝对评价

绝对评价是指将评价指标的四个要素（指标的名称、定义、标志和标度）设计成表格用于评价的一类方法，通常采用的评价标准一般都是客观的职位职能标准，评价结果更客观、准确，并且可以在不同员工之间进行横向比较。具体来说，就是将一定的分数或比重分配到各个评价指标上，使每项评价指标都有一个权重，然后由评价者根据评价对象在各个评价指标上的表现情况，对照标准对评价对象做出判断并打分，最后汇总计算出总分，得到最终的评价结果，因此又叫量表法。使用绝对评价方法得出的评价结果能够直接有效地运用于各类人力资源管理决策（如人员晋升、薪酬等）。但这类方法的设计要耗费大量的时间和精力，并且由于评价指标和权重的设计专业性很强，因此通常需要专家的协助；另外，如果对评价指标的解释不一致，还会出现主观误差。

不同种类的评价方法之间的区别就反映在所使用的评价尺度的类型上。我们可以将评价尺度分为量词式的评价尺度、等级式的评价尺度、数量式的评价尺度（数量式的评价尺度包括连续型和离散型两种）和定义式的评价尺度。根据不同的评价尺度，可以得到绝对评价的进一步归类的情况，如表 4-7 所示。

表 4-7　绝对评价归类表

<table>
<tr><th colspan="2">所使用评价尺度的类型</th><th>评价方法名称（量表法）</th></tr>
<tr><td colspan="2" rowspan="2">非定义式的评价尺度
（包括量词式、等级式、数量式的评价尺度）</td><td>图尺度量表法</td></tr>
<tr><td>等级择一法</td></tr>
<tr><td rowspan="4">定义式的评价尺度</td><td rowspan="2">行为导向型量表法</td><td>行为锚定量表法</td></tr>
<tr><td>混合标准量表法</td></tr>
<tr><td>结果导向型量表法</td><td>（无单纯运用此量表的方法）</td></tr>
<tr><td>综合运用以上两者</td><td>综合尺度量表法</td></tr>
<tr><td colspan="2" rowspan="2">其他</td><td>行为对照表法</td></tr>
<tr><td>行为观察量表法</td></tr>
</table>

1. 图尺度量表法

图尺度量表法（graphic rating scale，GRS）是最简单且应用最广泛的评价技术之一，它在图尺度的基础上使用非定义式的评价。表 4-8 是典型的图尺度量表，该表列举了一些评价要素，规定了从 O（非常优秀）到 U（差或不令人满意）的等级标志，对每个等级标志都进行了说明并规定了不同的得分。另外，不同的评价指标被赋予了不同的权重。评价者在熟悉评价量表及各个评价要素的含义后，根据标准结合下级的日常表现给出每个评价要素的得分。此外，图表中还留有空白供评价者填写评价结果和一般说明。

表 4-8 图尺度量表法（示例）

姓名		职位		部门		员工薪资	
绩效评价目的	• 年度例行评价 • 工资		• 职务晋升 • 试用期结束		• 绩效不佳 • 其他		
任现职时间	年 月 日	最近一次评估时间	年 月 日	正式评价时间	年 月 日		
工作绩效评价要素	评价尺度					评价事实或依据	
	O 100～90	V 90～80	G 80～70	I 70～60	U ≤60	分数	评语
1. 完成工作的精确度、彻底性、可接受性、顾客满意度							
2. 业绩数量：服务次数、价值							
3. 效率：在考核期内所获得的业绩数量与工作效率							
4. 知识、技能：创造绩效过程中应用的经验、技术能力、创新能力、知识、信息等							
5. 积极性、勤勉度：创造绩效过程中的表现，如工作准时性、遵纪守法、出勤率等							
6. 可信度：完成任务与工作绩效的优秀程度和服从指挥程度							
7. 独立性：完成工作时的自觉性、自律性							
8. 合作能力：工作时与人合作、共同提高组织绩效的能力							
9. 适应能力：适应环境变革、组织变革，为组织创造绩效的能力							
10. 发展潜力：发现未来、发展未来以及创造未来绩效的能力							

续表

	代码	定义	内容			
评定等级说明	O	杰出（outstanding）	在所有方面的绩效明显比其他人优异、突出			
	V	很好（very good）	大多数方面的绩效明显超过职位的要求			
	G	好（good）	属于称职的和可以信赖的工作绩效水平			
	I	需要改进（improvement needed）	在绩效的某一方面存在缺陷，需要改进			
	U	不令人满意（unsatisfactory）	工作绩效总体水平上让人难以接受			
	N	不做评价（no rated）	绩效考核表中没有可以运用的指标			
签字		被评价者		评价者		审核者

资料来源：王先玉，王建业，邓少华．现代企业人力资源管理学［M］．北京：经济科学出版社，2003

2. 等级择一法

等级择一法的原理与图尺度量表法完全相同，只是在规定评价尺度时没有使用图示，而是采用了一些有等级含义的短语来表示。表 4-9 和表 4-10 是两个例子。

表 4-9 等级择一法（一）

评价对象： 部门： 评价者： 评价日期：

评价指标	权重/%	优秀（5）	良好（4）	满意（3）	尚可（2）	不满意（1）	得分
工作数量	10						
评语							
工作质量	15						
评语							
专业知识水平	15						
评语							
合作精神	20						
评语							
可靠性	15						
评语							
创造性	15						
评语							
工作纪律	10						
评语							
总得分							

表 4-10 等级择一法（二）

评价指标	评价尺度				
	优秀	良好	满意	尚可	不满意
专业知识	5	4	3	2	1
沟通能力	5	4	3	2	1
判断能力	5	4	3	2	1
管理技能	5	4	3	2	1
工作质量	5	4	3	2	1
团队合作能力	5	4	3	2	1
人际关系能力	5	4	3	2	1
主动性	5	4	3	2	1
创造性	5	4	3	2	1
解决问题能力	5	4	3	2	1

尽管评价的方法目前有数百种，但是像图尺度量表法和等级择一法这类非定义式评价尺度方法仍然是许多组织使用的最主要方法，原因是此类方法使用方便、开发容易、成本较低。由于评价指标的名称、定义和尺度具有普遍性，因此可以适用于组织中几乎全部的职位，应用时只需要根据职位的不同进行一定程度的调整。在确定了适合本组织情况的一个指标库之后，为各个职位设计此类的评价量表就变得十分方便。另外，此类评价方法的使用还有利于员工之间进行横向比较。

但是，有人认为这两种评价方法基于主观的判断，存在很大的缺点。这类评价方法的缺点主要表现在如下三个方面。

第一，由于抽象的评价尺度与组织的战略目标缺乏联系，这两种量表无法对员工的行为起直接的指导作用。它不能清楚地指导员工必须做什么才能得到某个确定的评分等级，员工无法通过这两种方式了解如何才能支持组织目标和改善个人绩效。

第二，图尺量表法和等级择一法也不能为具体的、易于接受的绩效反馈提供足够的信息。例如，如果评价者指出某员工的服务态度差，他很可能会感到不服气，如果能够用具体的行为，如告诉他上个月有 4 名顾客对他的服务态度进行了投诉，这时该员工就比较容易接受评价结果。因此，这两种方法在使用时往往需要与各类描述法（常见的是关键事件法）结合使用，从而帮助员工从评价结果中获得明确的指导，并对评价结果做出一定的解释。

第三，由于使用的是模糊的绩效标准，即抽象的等级，因此这两种评价方法的信度和效度都较差。例如，两名评价者可能会用非常不同的方式解释“合理”的含义，因而可能对同样的绩效表现做出截然不同的评价，这容易导致各种评价误差的发生。

3. 行为锚定量表法

行为锚定量表法（behaviorally anchored rating scale method，BARS）是由美国学者帕特里夏·凯恩·史密斯（Patricia Cain Smith）和洛恩·肯德尔（Lorne Kendall）于 1963 年在美国全国护士联合会的资助下研究提出的。它由传统的绩效评价表（图尺度量表法或等级择一法等）演变而来，是图尺度量表法与关键事件法的结合，是行为导向型量表法的最典型代表。在这种评价方法中，每一水平的绩效均用某一标准行为来加以界定，在一定程度上克服了其他评价方法的弱点。采用行为锚定量表法通常按照以下五个步骤进行。

第一步，寻找关键事件。让一组对工作内容较为了解的人（被评价者本人或其直接上级）找出一些代表各个等级绩效水平的关键事件，并进行描述。

第二步，初步定义评价指标。再由这些人将获取的关键事件合并为几个（通常是5～10个）评价指标，并给出指标的定义。

第三步，重新分配关键事件，确定相应的评价指标。让另外一组同样熟悉工作内容的人对关键事件进行重新排列，将这些关键事件分别归入他们认为合适的绩效要素中。如果第二组中一定比例的人（通常是50%～80%）将某一关键事件归入的评价要素与前一组相同，那么就能够确认这一关键事件应归入的评价要素。

第四步，确定各关键事件的评价等级。后一组的人评定各关键事件的等级尺度（可以是连续尺度，也可以是非连续尺度），这样就确定了每个评价要素的“锚定物”。

第五步，建立最终的行为锚定评价体系。

下面列举了两个行为锚定评价的例子，如表4-11和图4-3所示。

表4-11 行为锚定量表法：对舍监的评价

姓名：　　　　工作部门：　　　　评价者：　　　　评价日期：

评价指标：关心学生		
指标定义：积极结识住宿学生，发现并真诚地对待他们的需要		
评价等级	（1）最好	当学生面有难色时上前询问是否有问题需要一起商量
	（2）较好	为住宿学生提供一些关于所修课程的学习方法上的建议
	（3）一般	发现住宿学生时上前打招呼
	（4）较差	友好地对待住宿学生，与他们讨论困难，但随后不能跟踪解决困难
	（5）最差	批评住宿学生不能解决自己遇到的困难
评价结果：		

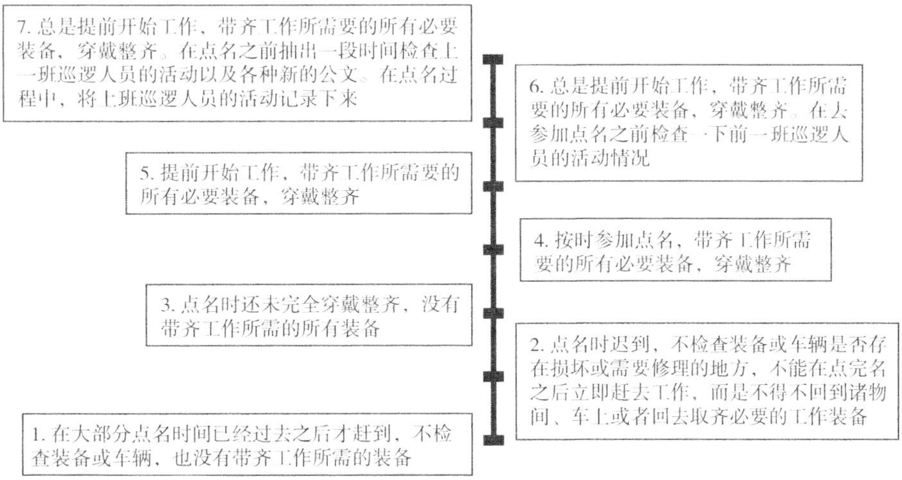

图4-3 行为锚定量表法：巡警的绩效评价（评价维度：巡逻前的准备）

行为锚定量表法是图尺度量表法与关键事件法综合运用的产物。这一方法与一般量表法最大的区别在于，它是用特殊的行为锚定的方式规定评价指标的尺度。为了进一步说明行为锚定量表法的特点，我们将它与图尺度量表法进行对比后可以看出：行为锚定量表法和图尺度量表法都要求评价者根据特征对评价对象打分，但是，行为锚定量表法使用的评价尺度与图尺度量表法不同。行为锚定量表法不是使用数目或一系列的形容词表示不同的绩效水平，而是使用反映不同绩效水平的具体工作行为的例子来锚定每一个评价指标的标志。

与其他工作评价方法相比，行为锚定量表法需要花费更多的时间，设计时也比较麻烦，适用的工作类型也有限（仅适用于不太复杂的工作）。但是，这种方法有一些十分突出的优点。

第一，评价指标之间的独立性较高。在设计过程中，设计人员将众多的关键事件归纳为5～8种评价指标，使各绩效要素之间的相对独立性较强。例如，对于用关键事件加以界定的“服务态度”和“工作积极性”，人们就不容易将这两种评价要素混同起来。

第二，评价尺度更加精确。行为锚定量表法是由那些对工作最熟悉的人编制“锚定物”即对应于某个特定标志的关键事件的，因而能够更加确切地找出最适合某个特定职位的评价尺度。评价尺度以工作分析为基础，依据客观行为，有利于评价者更加清楚地理解各个评价等级的含义，避免发生各类评价误差，能够比其他评价方法更准确地对工作绩效进行评价。

第三，具有良好的反馈功能。能够将组织战略与组织所期望的行为有效地结合起来，可以有效地向成员提供指导和信息反馈，指出行为缺陷，有助于实现各类绩效管理目的。

第四，为分配奖金提供依据。一方面，行为锚定量表法能够提供可供成员之间相互比较的评价结果，因而适用于为奖金分配提供依据；另一方面，员工参与的程度高，决策依据的是客观事实，因此员工比较容易接受。

从工作本身特点上来看，行为锚定法适用于那些对工作行为的正确性或准确性要求较高，而且结果难以用数量形式表现的工作；从绩效评价指标来看，它比较适用于态度类指标，不适合业绩类指标。

行为锚定量表法是典型的行为导向型的量表法。这种评价方法以行为导向为评价尺度，也存在缺陷。一是在考核中使用的行为尺度是定位于行为过程而不是定位于结果，即评价主要内容是评价员工的作业过程，而不是作业结果。二是评价者在尝试从量表中选择一种代表某员工绩效水平的行为时往往会有困难。因为典型行为的描述文字数量是有限的，不可能涵盖被评价者实际中的所有行为表现，而且文字描述常常不能与现实行为表现完全吻合。有时一个员工的行为表现可能出现在量表的两端，虽然科学的设计过程有助于尽量避免这种情况，但在实际考核时，评价主体很可能对既定的行为锚定等级评价量表持有异议，而不严格按照既定的评分标准进行评价，这又会影响量表的可信度。

4. 混合标准量表法

混合标准量表法（mixed standard scales）是美国学者布兰兹（Blanz）于1965年提出的。这种评价方法也属于行为导向型量表法。混合标准量表法最主要的特征在于，所有评价指标的各级标度被混在一起随机排列，而不是按照评价指标的一定顺序进行排列，因而对每一个行为锚定物都做出“高于”、“等于”或者“低于”的评价，而不是在一个指标选出某一个水平作为最终的评价。具体做法是：在确定评价指标之后，分别对每一个维度内代表好、中、差绩效的标度用行为和结果描述相结合的方式加以阐明，最后在实际评价表格中将所有指标的三个标度混合在一起供评价者选择。

表 4-12 的评价巡警的量表就是混合标准评价量表的典型案例，表中采用了 11 个行为导向的评价指标。这些指标是通过使用一种类似于行为锚定量表法中确定评价指标的方式确定的。找一些熟悉评价对象工作的人写出代表高、中、低三种绩效水平的行为描述。例如，对于“预防犯罪行为”这一尺度，他们用如下的描述表示三个层次的绩效水平。

高水平：在巡区采取大量措施预防和控制犯罪，教育市民防止罪犯的技巧，对预防设备具有广泛的知识。

中等水平：在巡区做一些努力，强调预防犯罪，对预防设备具有适当的知识。

低水平：与本区市民极少或几乎没有接触，未能告知他们防止罪犯的方法。

表 4-12　混合标准量表法例一

本部分的每一项目涉及巡警工作不同侧面的绩效水平。请仔细阅读每一项目，确定被评价巡警的一般工作表现是“正适合于”、“优于”还是“劣于”项目中的描述，并请分别在相应的被评价巡警号码下的圆括号内划上“0”“+”“－”来表示这三种情况

巡警号码 5　7　4　3　1　9　2　8　10　6	项目
(　)(　)(　)(　)(　)(　)(　)(　)(　)(　)	1. 行为有时紧张，但并不影响他发挥职责
(　)(　)(　)(　)(　)(　)(　)(　)(　)(　)	2. 尽管有时因工作繁忙，制服略有不整，但大多数时间穿戴整齐
注意，巡警号码的顺序已变更 8　2　7　5　4　10　1　3　6　9	
(　)(　)(　)(　)(　)(　)(　)(　)(　)(　)	3. 工作报告良好，但偶尔需要深入或条理化。有时有表达方面的困难
(　)(　)(　)(　)(　)(　)(　)(　)(　)(　)	4. 在巡区采取大量措施预防和控制犯罪，教育市民防止罪犯的技巧，对预防设备具有广泛的知识
(　)(　)(　)(　)(　)(　)(　)(　)(　)(　)	5. 与本区市民极少或几乎没有接触，未能告知他们预防犯罪的方法
(　)(　)(　)(　)(　)(　)(　)(　)(　)(　)	6. 几乎在任何场合下都能做出适当判断，以预先采取、选择或表现合适的行为
(　)(　)(　)(　)(　)(　)(　)(　)(　)(　)	7. 对于与什么人共事或不与什么人共事很挑剔。难以与其他警官相处
(　)(　)(　)(　)(　)(　)(　)(　)(　)(　)	8. 在任何时候、任何场合下都表现出最大的热情和努力
(　)(　)(　)(　)(　)(　)(　)(　)(　)(　)	9. 即使在极端紧张的情形下，也镇定自若，没有紧张的表现
(　)(　)(　)(　)(　)(　)(　)(　)(　)(　)	10. 令人满意地执行任务和责任。几乎不投机取巧或曲解规则

续表

注意，巡警号码的顺序已变更 8　2　7　5　4　10　1　3　6　9	
(　)(　)(　)(　)(　)(　)(　)(　)(　)(　)	11. 格外注意形象。几乎常常表达出一种为公众服务的自豪感
(　)(　)(　)(　)(　)(　)(　)(　)(　)(　)	12. 干净利落地解决大多数骚乱，尽管有些是棘手的。在工作中运用以往经验，以求尽善尽美
(　)(　)(　)(　)(　)(　)(　)(　)(　)(　)	13. 跟其他人在一起时表现出深刻的见识和技能，常能防止和解决冲突，缩短了市民与他们的距离
(　)(　)(　)(　)(　)(　)(　)(　)(　)(　)	14. 能与任何合作者友好相处，愿意帮助新警官并指导他们；准确如一地执行命令
(　)(　)(　)(　)(　)(　)(　)(　)(　)(　)	15. 在大多数情况下，有判断能力，表现得当，满足市民需要
(　)(　)(　)(　)(　)(　)(　)(　)(　)(　)	16. 了解法律的新变化，但偶尔忽视执行它们。很了解巡区
(　)(　)(　)(　)(　)(　)(　)(　)(　)(　)	17. 必须严密监督其工作表现，否则可能不符合标准
(　)(　)(　)(　)(　)(　)(　)(　)(　)(　)	18. 外表向公众表露出一种对工作漫不经心的态度
(　)(　)(　)(　)(　)(　)(　)(　)(　)(　)	19. 在任何情形下都意识到法律及其适用性。对巡区有彻底的了解
(　)(　)(　)(　)(　)(　)(　)(　)(　)(　)	20. 工作报告对于侦破犯罪并无用处。工作报告中材料重复
(　)(　)(　)(　)(　)(　)(　)(　)(　)(　)	21. 他的行为说明在许多场合下经常缺乏适当判断。经常做出草率粗心的判断
(　)(　)(　)(　)(　)(　)(　)(　)(　)(　)	22. 在巡区做一些努力强调犯罪。对预防设备具有适当的知识
(　)(　)(　)(　)(　)(　)(　)(　)(　)(　)	23. 不去有意了解与工作相关的变化。有时在本巡区内迷路
(　)(　)(　)(　)(　)(　)(　)(　)(　)(　)	24. 高标准地完成职责，并在没有监督的情况下坚持。无论涉及的是谁，他都是个公正的执法者
(　)(　)(　)(　)(　)(　)(　)(　)(　)(　)	25. 在一场冲突中如果不造成大量麻烦，几乎不能恢复秩序
(　)(　)(　)(　)(　)(　)(　)(　)(　)(　)	26. 把警察工作只当做一时之计，随时准备跳出。几乎没有表现出工作热情
(　)(　)(　)(　)(　)(　)(　)(　)(　)(　)	27. 虽然与有些人格类型的人难以相处，但能同大多数人共同工作。虽能训练新巡警，但宁肯不去训练

资料来源：彭剑锋，包政．现代管理制度·程序·方法范例全集——人事考核卷［M］．北京：中国人民大学出版社，1993

下面再给出了一个更简单的例子，如表 4-13 和表 4-14 所示。为了更好地了解量表的内容，我们在表 4-13 的左侧给出了与描述相对应的评价指标，这在正式的表格中是不必给出的。另外，我们可以从表 4-14 中看到赋分的标准以及计算最后得分的过程。

表 4-13 混合标准量表法例二（一）

被评价的三个维度	绩效等级说明
主动性；智力；与他人的关系	高；中；低

说明：请在每一项陈述后面标明雇员的绩效是高于陈述水平的（填“＋”）、相当于陈述水平的（填“0”），还是低于陈述水平（填“－”）的

主动性	高	1. 该雇员确实是个工作主动的人。个人一贯都是积极主动地做事，因此从来不需要上级来督促	＋
智力	中	2. 尽管这位雇员可能不是一个天才，但是他确实比我认识的许多人都更聪明	＋
与他人的关系	低	3. 这位雇员有与别人发生不必要冲突的倾向	0
主动性	中	4. 虽然通常来说工作还是积极主动的，但是有时候也需要由上级来督促其完成工作	＋
智力	低	5. 尽管这位雇员在理解问题的速度方面比某些人要慢一点，在学习新东西方面也比别人要花更长的时间，但是他还是具有一般的智力水平	＋
与他人的关系	高	6. 这位雇员与每一个人的关系都不错，即使是与别人意见相左的时候，也能够与其他人友好相处	－
主动性	低	7. 这位雇员有坐等指挥的倾向	＋
智力	高	8. 这位雇员非常聪明，学东西的速度非常快	0
与他人的关系	中	9. 这位雇员与大多数人相处都比较好。只是在少数情况下偶尔会与他人在工作上产生冲突，这些冲突很可能是要受到监督的	－

表 4-14 混合标准量表法例二（二）

赋分标准：

陈述			得分
高	中	低	
＋	＋	＋	7
0	＋	＋	6
－	＋	＋	5
－	0	＋	4
－	－	＋	3
－	－	0	2
－	－	－	1

根据上述评价等级确定分数的过程举例：

	陈述			得分
	高	中	低	
主动性	＋	＋	＋	7
智力	0	＋	＋	6
与他人的关系	－	－	0	2

与行为锚定量表法相比，混合标准量表法具有两个最突出的优点。

首先，混合标准量表法打散了各评价指标的各级标度。这种方式能够避免人们受到等级规定的影响而不能客观地根据标度的描述进行评价。在大多数评价方法中，评价者常常使用等级类似的评价尺度。以行为锚定量表法为例，评价者在评价时可以看到每个锚定物都对应着特定的等级，这样容易产生诸如宽大化倾向之类的主观误差。混合标准量表法则有利于降低这类误差产生的概率。

其次，混合标准量表法采用了特殊的评分方式。在合理设计标度的前提下，可以通过寻找评价结果中是否有自相矛盾的情况来判断评价者是否认真地进行了评价。例如，在评价巡警的例子中，量表中的第26项和第8项分别代表了工作态度这一评价指标的低水平和高水平。如果评价者在评价同一名巡警时，在第8项画了“0”，而在第26项也画了“0”，则说明评价结果是非逻辑性的。这种情况如果在多个评价者身上发生，就应该考虑重新设计混合标准量表的标度。

此外，在上面的例子中，量表在中间的位置将评价对象的排列顺序进行了变更。这种方式能够在一定程度上避免评价者受惯性思维的影响。在可能的情况下（用同样的量表评价两个名义上的评价对象时），我们可以在使用其他评价方法时借鉴这种做法。

5. 综合尺度量表法

所谓综合尺度量表法，是将结果导向量表法与行为导向量表法相结合的一种评价方法。在该方法中，评价指标的标度规定采用了行为与结果相结合的方式。这种方式既能够有效地引导个人的行为，又能够对结果进行直接的控制。运用综合尺度量标法最大的困难在于设计与职位相关的指标尺度，因此，使用这种评价方法需要较高的设计成本。

表4-15和表4-16是两个用于评价工作态度指标的例子。

表4-15　综合尺度量表法例一

要素名称：协作性　　职位等级：中层管理人员　　职位类别：职能管理

要素定义：在工作中能否充分认识本部门在工作流程中所扮演的角色，考虑他人的处境，主动承担责任，协助上级、同事做好工作

等级	定义	评分
S	正确认识本部门在流程中所扮演的角色，合作性很强，自发主动地配合其他部门的工作，积极地推动公司总体工作的顺利进行	20
A	愿意与其他部门进行合作，在其他部门需要的时候，能够尽量配合工作，从而保证公司总体工作的正常进行	16
B	大体上能够按规定配合其他部门的工作，基本上能够保证公司总体工作的正常进行	12
C	有时候有不配合其他部门工作的现象，存在部门本位主义倾向，从而导致公司的总体工作有时会遇到困难	8
D	根本不与其他部门进行沟通和协调，部门本位主义倾向明显，在工作中经常与其他部门发生冲突，导致公司总体工作陷入僵局	4

表 4-16 综合尺度量表法例二

要素名称：自律性　　　职位等级：中层管理人员　　　职位类别：职能管理

要素定义：本人以及本人所管理的部门能否严格遵守公司的各项规章制度和工作纪律，有无违反规定的现象发生

等级	定义	评分
S	本人清正廉洁，严于律己，很受大家尊重，同时能够严格约束下级，本人及其所属部门能够严格遵守公司的各项规章制度以及工作纪律，从来没有违反公司规定的现象出现	20
A	本人对自己的要求比较高，受到大家的尊重，同时对下级人员的纪律要求也比较严，本人及其所属部门能够遵守公司的各项规章制度以及工作纪律，基本没有违规事件	16
B	本人有一定的自律性，总体上能够获得大家的认可，同时对下级人员也注意约束，本人及其所属部门基本上能够遵守公司的各项规章制度以及工作纪律，违规事件较少	12
C	本人的自律性不够，周围的人对其有一定的意见，同时（或者）对下级人员不注意纪律约束，本人或所属部门有时不遵守公司的规章制度和工作纪律，违规事件时有发生	8
D	本人的自律性非常差，周围的人对其意见很大，同时（或者）对下级人员根本不加以约束，本人或所属部门经常不遵守公司的规章制度和工作纪律，违规事件屡屡发生	4

6. 行为对照表法

行为对照表法亦称普洛夫斯特法，是由美国圣保罗人事局的 J. B. 普洛夫斯特在 1920 年创立的一种评价方法。在运用这种方法时，评价者要根据相关部门提供的描述行为的量表，将其实际工作行为与表中的描述进行对照，找出准确描述了评价对象行为的陈述（即评价者只要做出符合或不符合的二选一的决定），评价者选定的项目不论多少都不会影响评价的结果。制作行为对照表是一项十分繁杂的工作。由于行为对照表中列举的内容与评价对象的工作内容密切相关，因而必须由熟悉评价对象工作内容的人逐项进行核定。表 4-17 是一个简化的例子。

表 4-17 行为对照表法

评价	评价项目	计分栏	项目计分（不公开）
☑	懒惰		－2
☐	对自己的工作十分熟练		1
☐	行动迟钝		－1/－2
☑	值得信赖		1
☐	语言粗鲁		－1/－2
☐	声音态度十分明朗		1
☑	人际关系良好		1
……	……		……

在这个例子中，左边的“评价”一栏中打钩的项目就是评价者认为评价对象的行为与项目描述一致。右边的“项目计分”栏在实际的评价表中是不公开的。这是为了避免评价者由于了解评价项目的加分或减分情况而影响判断。

行为对照表法的优点在于评价方法简单，执行成本很小，只需对项目和事实进行一一核实，并且可以回避评价者不清楚的情况，不容易发生晕轮效应等评价者误差。此外，评价标准与工作内容高度相关，有利于进行行为引导；可以进行个人之间的横向比较，为发放奖金提供了可靠的依据。

与此同时，行为对照表法存在以下缺点，影响了该方法的普及程度。

（1）评价因素/项目所列举的都是日常工作中的具体行为。不论如何，这种列举不可能涵盖工作中的所有行为。

（2）设计难度大，成本高。在拟定各个项目、确定排列方式和各项目的分数比重时，需要高度的专业知识，必须借助专家的力量才能完成。

（3）由于评价者无法对最终结果做出预测，因而可能降低评价者的评价意愿。

（4）能够发现一般性问题，但无法对今后个人工作绩效的改进提供具体、明确的指导，故不是特别适合用来提供建议、反馈和指导。

总之，行为对照表法能够通过简单、易行的评价过程防止评价者的主观与草率。但是，如果不能科学地进行设计并谨慎地控制评价过程，很可能会导致不良的后果，在使用中须加留意。

7. 行为观察量表法

行为观察量表法（behavioral observation scale，BOS）通过针对各个评价项目列出一系列有关的有效行为的方式来进行绩效评价。在使用行为观察量表时，评价者通过指出评价对象表现各种行为的频率来评价他的工作绩效。如表 4-18 的例子所示，一个 5 分的量表被分为从“几乎没有”到“几乎总是”五个等级。通过将评价对象在每一种行为上的得分相加，得到各个评价项目上的得分，最后根据各个项目的权重得出下级的总得分。行为观察量表法实际上是图尺度量表法和行为导向量表法的结合。在行为观察量表法中我们只需要找出有效行为，并通过有效行为的发生频率对评价对象的绩效做出评价。行为观察量表法有效地解决了行为锚定量表法的一个缺陷，即有时一个人的行为表现可能出现在量表的两端而导致评价者在尝试从量表中选择一种代表某人绩效水平的行为时存在的选择困难。

表 4-18 行为观察量表法（示例）

评价项目：工作的可靠性（例一）						
序号	有效行为	等级（从“几乎没有”到“几乎总是”）				
1	有效地管理工作时间	1	2	3	4	5
2	能够及时地符合项目的截止期限要求	1	2	3	4	5
3	必要时帮助下级员工，以符合项目的期限要求	1	2	3	4	5
4	必要时愿意推迟下班和周末加班工作	1	2	3	4	5
5	预测并试图解决可能阻碍项目按期完成的问题	1	2	3	4	5
总分		等级				
得分及其等级说明：0～13，很差；14～16，差；17～19，一般；20～22，好；23～25，很好						

续表

评价项目：克服变革的阻力（例二）						
1	向员工描述变革的细节	1	2	3	4	5
2	解释为什么必须进行变革	1	2	3	4	5
3	与员工讨论变革会给员工带来何种影响	1	2	3	4	5
4	倾听员工的心声	1	2	3	4	5
5	在推动变革成功的过程中请求员工的帮助	1	2	3	4	5
6	如果有必要，会就员工关心的问题确定一个具体的日期来进行变革之后的跟踪会谈	1	2	3	4	5
总分		等级				
得分及其等级说明：6～10，很差；11～15，尚可；16～20，良好；21～25，优秀；26～30，出色						

由于行为观察量表法能够将组织发展战略与它所期望的行为结合起来，因此能够向评价对象提供有效的信息反馈，指导其如何得到较高的绩效评分。管理者也可以利用量表中的信息有效地监控评价对象的行为，并使用具体的行为描述提供绩效反馈。与各种行为导向型评价方法一样，在开发行为观察量表时以工作分析为基础，而且每一个职务的评价都需要单独进行开发，因此开发成本相对较高。行为观察量表法使用起来十分简便，成员参与性强，容易被接受。但是，这种方法存在以下缺陷。

（1）只适用于行为比较稳定、不太复杂的工作。只有这类工作才能够准确、详细地找出有关的有效行为，从而设计出相应的量表。

（2）不同的评价者对划分等级的理解有差异，导致评价的稳定性下降。这一问题类似于在图尺度量表法和等级择一法中理解“优异”“优秀”……“较差”等概念时的问题。

（二）相对评价

相对评价，又称比较法（comparison method），就是对评价对象进行相互比较，从而决定其工作绩效的相对水平。对很多工作而言，绝对评价标准很难制定，这时人们就会倾向于通过相互比较和分析，确定一个相对的评价标准而进行评价。通俗地讲，相对评价就是将人与人比较并做出评价。

由于比较法是最方便的评价方法，评价结果也一目了然，作为各类管理决策的依据时也十分方便，因此得到了广泛的运用。但是，采用相对评价法得出的评价结果无法在不同评价群体之间进行横向的比较，而且很难找出充分的理由说明最终评价结果的合理性，因此往往很难让个人接受评价结果，也很难为奖金分配决策提供令人信服的依据。另外，相对评价法最大的缺点在于无法找出绩效差距的原因，因而也就很难缩小绩效差距。因此在实践中，比较法往往与绝对评价法和后面介绍的描述法结合使用，而不能单独使用。常见的比较法主要有排序法、配对比较法、人物比较法三种。

1. 排序法

排序法（ranking method）亦称排列法、排队法、排名法，这种方法类似于学校里使用的“学生成绩排名”，即按照工作绩效从好到坏的顺序进行排列，从而得出评价结论的方法。

排序法是使用比较早的一种方法，这种方法主要有两个优点。首先，排序法的设计和应用成本都很低，设计和使用都很简单。其次，排序法能够有效地避免宽大化倾向、中心化倾向以及严格化倾向。但排序法也存在缺点：评价过程的主观性和随意性使评价结果往往容易引发争议，因此得出的评价结果往往不利于在人力资源管理中应用。并且，当几个人的绩效水平相近时难以进行排列，容易发生晕轮效应。

常见的排序法主要有直接排序法和交替排序法两种类型。

（1）直接排序法。直接排序法是最简单的排序法。评价者经过通盘考虑后，以自己对评价对象工作绩效的整体印象为依据进行评价，将本部门或一定范围内需要评价的所有人从绩效最高者到绩效最低者排出一个顺序。下面给出直接排序法的一个简单例子，如表 4-19所示。

表 4-19　直接排序法

顺序	等级	员工姓名
1	最好	赵某
2	较好	钱某
3	一般	孙某
4	较差	李某
5	最差	周某

（2）交替排序法。交替排序法也是根据某些评价要素将评价对象从绩效最好到绩效最差进行排序，但是具体的操作方法与直接排序法略有不同：交替排序法是将要评价的所有人员的名单列出，并将不熟悉的评价对象划掉，评价者经过通盘考虑后，从余下的所有评价对象中选出最好的和最差的，然后再在剩下的人中选出最好的和最差的，依次类推，直至将全部人员的顺序排定。交替排序法适用于评价一些无法用量化指标表达的工作质量和效率。在对众多评价对象拉开绩效档次的时候，这种方法是比较简单实用的，尤其在需要评价的人数不多时。表 4-20 是使用交替排序法进行评价时所使用的评价表格。

表 4-20　交替排序法

交替排序法的工作绩效评价等级

评价所要依据的评价要素：

例如，针对你所要评价的每一种要素，将所有 20 名员工的姓名都列举出来。将工作绩效评价最高的员工姓名列在第 1 行的位置上，将评价最低的员工姓名列在第 20 行的位置上。然后将次最好的员工姓名列在第 2 行的位置上，将次最差的员工列在第 19 行的位置上。将这一交替排序继续下去，直到所有的员工都被排列出来

评价等级最高的员工

1. ________	11. ________
2. ________	12. ________
3. ________	13. ________
4. ________	14. ________
5. ________	15. ________
6. ________	16. ________
7. ________	17. ________
8. ________	18. ________
9. ________	19. ________
10. ________	20. ________

资料来源：德斯勒 G. 人力资源管理．第六版．刘昕，吴雯芳译．北京：中国人民大学出版社，1999

2. 配对比较法

配对比较法（paired comparison method）亦称平行比较法、一一对比法、成对比较法，是由排序法衍生而来的，它使评价方法变得更有效。具体的操作程序是：将每一个评价对象按照所有的评价要素与其他评价对象一一进行比较，根据比较结果排出名次，即两两比较，然后排序。这种比较方式比排序法更为科学可靠。

例如，我们要对5个人进行评价。在运用配对比较法时，我们应先设计出如表4-21所示的表格，标明要评价的绩效要素并列出需要评价的人员名单。然后将所有人根据表中标明的要素进行配对比较，将比较结果填入两个比较对象相交的单元格中，用“0”表示两者绩效水平一致，“+”表示A栏上的人比B栏上的人绩效水平高，“－”的含义与“+”相反。最后，将A栏每一个人得到的“+”的次数纵向相加。得到的“+”越多，这个人的评价得分越高。

表4-21 配对比较法

评价要素：__________

B \ A	周某	周某	郑某	王某	冯某
周某	0	+	+	－	－
周某	－	0	－	－	－
郑某	－	+	0	+	－
王某	+	+	－	0	+
冯某	+	+	+	－	0
合计	2+	4+	2+	1+	1+
名次	2	1	2	4	4

一般来说，这种方法在人力资源管理中经常被用于对职位的评价。这时选取几个指标，如职位的重要性、影响程度、风险等，分别对职位进行配对比较，依次评估出不同的职位对公司的价值，并以此作为确定该职位薪酬的依据。

3. 人物比较法

人物比较法亦称标准人物比较法，是一种特殊的比较法。这种方法的评价标准与前两种比较法不同：前面两种比较法都是对所有的人进行相互比较，而人物比较法则是所有的人与某一个特定的“标准人物”进行比较，在一定程度上能够使评价的依据更客观。

人物比较法的实施方法是：在评价之前，先选出一位成员，以他的各方面表现为标准，将其他人与之相比较，从而得出评价的结果。人物比较法可以使用如表4-22所示的表格。

表 4-22 人物比较法

评价项目：业务知识标准　　　　　　　　　人物：张某

被评价人姓名	A（非常优秀）	B（比较优秀）	C（相同）	D（比较差）	E（非常差）
冯某					
陈某					
诸某					
卫某					

人物比较法能够有效地避免宽大化倾向、中心化倾向以及严格化倾向，该方法设计和使用容易，成本很低，比其他方法更能提高成员的工作积极性。同时，它也存在一些难以克服的问题：标准人物的挑选困难，无法与组织的战略目标相联系，很难发现问题存在的领域，不便于提供反馈和指导，容易发生晕轮效应和武断评价。

（三）描述性评价

描述性评价，即描述法（essay method），是指对工作过程或结果进行如实记录的方法。这类方法通常被视为各类评价方法必要补充的一类特殊的评价方法。描述法在设计和使用上比较容易，实用性非常广，因而适合对任何人的单独评价。但是，描述法没有统一的标准，难以对多个评价对象进行客观的、公正的比较，而且与评价者的文字写作水平关系较大，因而不适用于评价性评价，而较为适用于发展性评价。在绩效评价实践中，常采用态度记录法、工作业绩记录法、指导记录法和关键事件法等方法对所记录的内容进行评价。

1. 态度记录法

所谓态度记录法，就是由评价者通过对评价对象日常工作情况的观察，将其在工作中表现出来的工作态度记录下来的评价方法。在记录过程中，记录者应该注意，不仅要将评价对象在所评价态度方面表现出来的优点和长处记录下来，同时，要有针对性地将评价对象的不足之处记录下来。这样的记录能够更好地对评价对象进行指导。下面给出一个工作态度观察记录卡的样本，如表 4-23 所示。

表 4-23 工作态度观察记录卡

<table>
<tr><td>员工姓名</td><td></td><td>所属部门</td><td></td><td>职位名称</td><td></td></tr>
<tr><td colspan="2">观察期间</td><td colspan="2"></td><td>记录人</td><td></td></tr>
<tr><td rowspan="2">项目</td><td colspan="5">具体事实</td></tr>
<tr><td colspan="2">长处</td><td colspan="3">短处</td></tr>
<tr><td>专业知识</td><td colspan="2"></td><td colspan="3"></td></tr>
<tr><td>专业技能</td><td colspan="2"></td><td colspan="3"></td></tr>
<tr><td>沟通能力</td><td colspan="2"></td><td colspan="3"></td></tr>
<tr><td>口头表达能力</td><td colspan="2"></td><td colspan="3"></td></tr>
<tr><td>……</td><td colspan="2">……</td><td colspan="3">……</td></tr>
</table>

另外，在运用态度记录法时，我们还可以让记录者记录对于评价对象的一些综合性的评语或指导意见。在记录表中还可以添加一栏，用于评价对象在评价结束之后表明自己是否认可所记录的内容。我们可以采用如表 4-24 所示的表格形式。

表 4-24 态度记录法的补充

指导意见	
评价对象意见栏	你是否同意上述记录及对你的评价？为什么？
	若无其他意见，请在相应位置签字表示认可。 被评价人： 日期：

2. 工作业绩记录法

工作业绩记录法要求评价者填写工作业绩记录卡，观察并记录评价对象在工作过程中的各种事实，分阶段记录所达到的工作业绩。另外，还可以用该表记录该人在遵守某些规章制度方面的表现。这种记录卡往往与前面谈到的目标管理法相结合。下面给出一个单纯用于记录工作业绩的样表，如表 4-25 所示。

表 4-25 工作业绩记录卡

员工姓名		所属部门		职位名称	
观察期间			记录人		
任务内容	进度			结果	
任务一：……	1 月： 2 月： ……			……	
任务二：……	……			……	
……	……			……	
缺勤记录					
迟到或早退情况					

3. 指导记录法

指导记录法要求上级将其对下级的日常指导记录下来。这种方法多用于发展性评价。指导记录法可与各种评价方法结合使用。下面给出了一个指导记录法的样表，如表 4-26 所示。

表 4-26 指导记录表

员工姓名		所属部门		职位名称	
指导期间			直接上级		
时间	地点	相关事实	指导意见	改进目标	

4. 关键事件法

关键事件法是由美国学者弗拉纳根（Flanagan）和巴拉斯（Baras）创立的。所谓关键事件（critical incidents），是指那些会对部门的整体工作绩效产生积极或消极的重大影响的事件。关键事件一般分为有效行为和无效行为。关键事件法要求评价者通过平时观察，及时记录评价对象的各种有效行为和无效行为，是一种最为常见的典型的描述法。美国通用汽车公司在 1955 年运用这种方法获得了成功。通用汽车公司一位一线领班对杰克（他的下级）的工作“协作性”的记录如下。

• 有效行为。虽然今天没轮到杰克加班，但他还是主动留下加班到深夜，协助其他同事完成了一份计划书，使公司在第二天能顺利地与客户签订合同。

• 无效行为。总经理今天来视察，杰克为了表现自己，当众指出了约翰和查理的错误，导致同事之间的关系紧张。

关键事件法的优势突出地体现在绩效反馈的环节中。评价者根据所记录的事实及各类评价标准进行评价，最后把评价结果反馈给评价对象。由于关键事件法是以事实而不是抽象的行为特征为依据的，评价者可以依据所记录的事实对评价对象说：某某先生，在“协作性”上，我给你的评价等级较低，这是因为在过去的 3 个月中，你至少有 3 次对同事或上级表现出不协作态度。如果这名员工觉得事出有因，或误解了上司的意图，或有其他理由为其“不协作”作辩解，可能在与上级协商和沟通之后达成共识。

关键事件法能够帮助评价者实事求是地进行评价，不容易挫伤评价对象的积极性。因为对评价对象来说，低评价针对的不是他的人格，而是他的工作行为，而且是可以明确指出的特定行为，所以比较容易得到评价对象的认同。更重要的是，通过使用关键事件法，评价者在绩效反馈时能够更清晰地告诉评价对象，要想在下一期获得高评价，应该如何行动。总结以上内容，关键事件法的优点有如下方面。

（1）能够将组织战略和它所期望的行为结合起来。

（2）能够向评价对象提供指导和信息反馈，提供改进依据。

（3）设计成本很低。大多以工作分析为基础，所衡量的行为有效。

（4）参与性强，容易被接受。

需要着重指出的是，关键事件法往往是对其他评价方法，特别是各种量表法的补充。关键事件法在认定员工的良好表现和不良表现方面十分有效，而且有利于制定改善不良绩效的规划。但是如果单纯运用关键事件法，会产生以下问题。

（1）对于比较复杂的工作，要记录评价期间所有的关键事件是不现实的。关键事件法适用于行为要求比较稳定、不太复杂的工作。

（2）运用关键事件法无法在员工之间进行横向比较，无法为员工的奖金分配提供依据。

（3）记录关键事件是一件非常烦琐的事，需要大量时间。尤其是当一名基层主管要对许多员工进行评价时，将会耗费很多的时间。因此，关键事件法的应用成本很高。

（4）容易造成上级对下级的过分监视，导致关系紧张。

（5）由于评价报告是非结构化的，因此容易发生评价误差。

从上述几种方法的介绍中可以看出，描述法的核心作用是在绩效评价和绩效反馈环节提供充分的事实依据。因此，使用描述法的关键就是以客观、公允的态度，及时、准确地记录各类事实情况。在通常情况下，不主张单独使用描述法，但在现实的绩效评价和绩效管理系统中，描述法往往作为手段之一与其他各类评价方法结合使用，起到了非常重要的作用。

三、评价方法的比较与选择

（一）评价方法的比较

前面介绍了各种评价方法的具体内容和优缺点。不同的评价方法具有不同的特点，因而适用于不同的组织以及不同的评价对象。表 4-27 对几种常见的评价方法进行了简单的比较，从表中可以看到，不同的评价方法各有所长。在实现管理决策的问题上，一些简单的量表法就能达到管理目的，并可节约成本。一些较为复杂的量表法的开发成本较高，但能够更有效地对员工的实际绩效情况进行评价。

表 4-27 几种常见评价方法的比较

评价方法	比较的维度			
	成本最小化	员工开发（提供反馈指导）	分配奖金和发展机会	有效性（避免评价错误）
描述法	一般	不确定	差	不确定
排序法	好	差	一般	一般
等级择一法	一般	不确定	差	不确定
行为锚定量表法	一般	好	好	好

在管理实践中，各种评价方法往往被综合使用，以适应不同组织不同发展阶段对绩效评价的不同需要，满足绩效评价的不同目的。评价方法的选择是绩效评价的重点与难点，也是绩效管理中一个技术性很强的问题。只有正确地选择并恰当地运用绩效评价方法，才能得到公正、客观的评价结果。另外，不同学者对绩效评价方法的分类和比较的视角也不尽相同，下面举一个从不同视角进行分类比较的案例，如表 4-28 所示。

表 4-28　不同的绩效评价方法比较

关注重点	常用方法	优点	缺点	适用的行业或职业
技能导向型	技能测量法	操作简单，能够激励员工提高技能或培养职业需要的个人素质	主观性强，标准设定和描述比较困难，技能好未必会带来良好的工作业绩	变化剧烈、需要大量的知识能力作为业绩支持的行业，如IT行业
行为导向型	关键事件法、行为锚定量表法、行为观察量表法	开发成本小，反馈功能好，具有较强的连贯性	受主观影响大，需要经常关注员工的行为	管理人员、行政人员、一线工人等个体行为难以量化或者在团队中完成工作的人
结果导向型	绩效合约法	实施成本低廉	短期效应比较强	销售人员等容易单独量化计算的职位

资料来源：林泽炎，王维．执行绩效管理［M］．北京：中国发展出版社，2008：140

（二）绩效评价方法选择的影响因素

影响企业选择绩效评价方法的因素有很多，如企业文化、企业规模、企业管理规范化程度、企业发展时期、工作岗位、行业特点以及评价成本等。管理者在选择绩效评价方法时通常需要根据企业实际情况权衡各种因素，选择恰当的评价方法。其中，工作特征本身对绩效评价方法选择具有非常直接的影响，本书用一个立体的三维坐标分别代表工作的程序化程度、独立性程度和变动程度三个方面的工作特征，这三个方面常常会以组合的形式影响绩效评价方法的选择，如图 4-4 所示。

（1）工作程序化程度。工作的程序化程度是指员工在工作过程中遵循某种程序化的工作规范的程度。流水线上工人的工作就属于典型的高程序化工作，如对包装流水线上的某个工人而言，每天的工作就是将流水线上基本成型的纸箱打包。对于这类工作来说，制定一个明确的工作规范往往较为容易。因此，工作程序化程度较高的工作适合以工作标准为评价尺度的各类量表法。与此相对应，由于我们难以对程序化程度较低的工作制定相应的工作标准，因此绩效评价时可以更多地考虑使用目标管理法或非结构化的比较法、鉴定法来进行。

（2）工作独立性程度。所谓工作独立性是指员工在工作中进行独立决策的权限大小。工作的独立性程度对选择绩效评价方法的影响体现为：由于制定明确的工作标准和工作目标可能会影响员工的独立性程度，因此当工作的内容要求赋予工作者较强的独立性时，量表法和目标管理法等以客观评价尺度对员工绩效进行评价的方法就不再适用了。而对于那些工作独立性程度较低的工作来说，这种情况就不会发生。

（3）工作环境的变动程度。通常，针对工作环境变动程度较大的工作要制定明确的工作标准或绩效目标通常较为困难，因此在这种情况下应选择结构化程度较低的评价方法。当工作环境的变动程度较低时，结构化程度较高的量表法和目标管理法就可能适用了。当然，以上三个方面的工作特征是相互影响的，下面对两种极端情况进行详细介绍，而中间状态则更适合采用目标管理的方法。

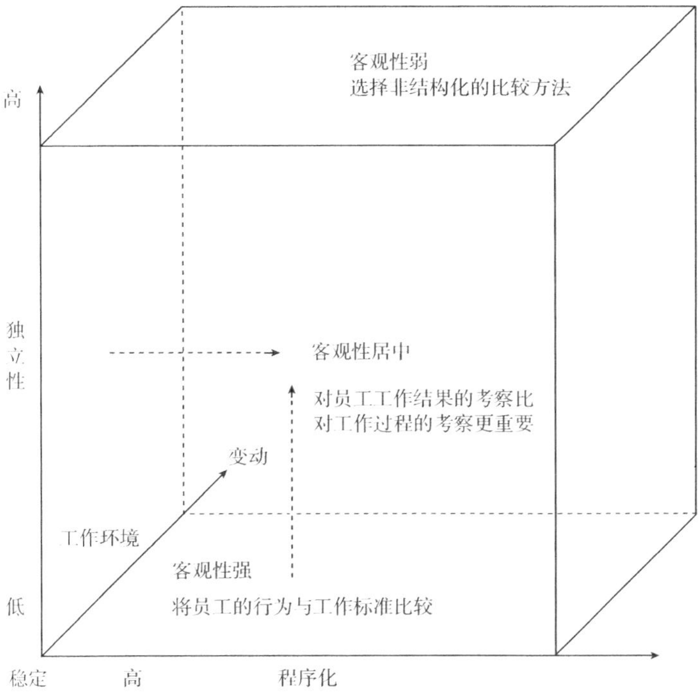

图 4-4 工作特征对绩效评价方法选择的影响

当工作环境的变动程度较低时，由于管理者能够对工作进行很好的过程控制和结果控制，因此在这种情况下，工作的程序化程度可能会相应提高，而工作的独立性程度则会相应降低。在一种极端的情况下，当工作环境的变动程度和工作的独立性程度都很低，而工作的程序化程度很高的时候，由于评价内容的客观性程度很高，使用那些将员工的工作情况与客观的工作标准相对照的绩效评价方法就变得可行了。

在工作环境变动程度较高时，管理者难以对这类工作进行完全的过程控制，工作的独立性程度就会相应地有所提高，而工作的程序化程度不可能很高。从图 4-4 可以看到，当工作环境的变动程度和工作的独立性很高，而工作的程序化程度很低这种极端情况下，由于评价内容的客观性程度很低，非结构化的各类绩效评价方法更加适用。

对工作特征与绩效评价方法关系的分析并不是绝对的，但至少向我们提供了一个很好的思维框架。究竟怎样选择恰当的绩效评价方法，实践工作者还应该考虑其他一些因素，其中包括制度设计与执行的成本、制度实施的最终目的、企业文化、员工的接受程度等。也就是说，利用工作特征仅仅能就某类评价方法适用何种工作进行界定，但在实践中，不可能单独使用其中的某一种绩效评价方法来对所有的评价指标进行评价。

（三）绩效评价方法选择的依据

不同的评价方法各有特点，在评价的有效性、结果的适用性以及使用成本上优劣不一，只有选择合适的评价方法才能在管理的成本和效用上做到二者兼顾。一般来说，选择评价方法的主要依据是评价指标，也就是说，需要根据不同类型指标的特性选择相应的评价方法，从而形成一个基于指标的评价方法组合。除此之外，在选择评价方法时还需要考虑所需绩效数据的可获得性、评价结果的应用目的、评价方法的使用成本等因素。

1. 指标特性

根据指标的分类可知，不同类型指标在结果导向与行为导向、主观与客观、前置与滞后等方面具有各自的特性。一般来说，结果导向的指标多为滞后指标，既包括软指标，又包括硬指标，软指标一般要通过行为锚定和主观判断相结合的方式来进行评价，而硬指标则只需通过客观数据的统计分析即可做出评价；行为导向的指标多为前置指标和软指标，需要基于关键行为事件和工作记录来做出判断。因此，管理者应该以每个指标的特性为基本依据，确定评价方法类型，并进一步选取具体的评价方法。例如，表 4-29 中，销售业务经理的工作业绩维度包括许多指标，其中“客户满意度”是一个依赖客户意见调查的主观判断指标，因此该指标应该选取量表法进行评价，同时这一指标又是一个以结果导向为主，兼具行为导向的综合评价指标，因此可以选取量表法中的综合尺度量表法进行评价。同理，“销售额增长率”是一个滞后指标，完全可以基于客观的销售数据进行绩效分析，因此可以采取比较法中的排序法进行评价。

表 4-29 某销售业务经理评价指标的方法选择（示例）

评价维度	评价指标		评价方法
工作业绩	财务指标	销售额增长率	排序法
		客户走访效率	配对比较法
	经营指标	产品发货准确性	排序法
		客户流失率	关键事件法
		客户走访计划完成率	工作业绩记录法
	服务指标	客户满意度	综合尺度量表法
		质量问题处理及时性	关键事件法
	管理指标	—	—
工作态度	责任感		行为观察量表法
	市场意识		行为锚定量表法

在该业务经理的工作态度评价中，针对“市场意识”这一评价指标，我们建议采用行为锚定量表法对其进行界定，以此作为评价的标准，如表 4-30 所示。可以看出，基于指标特性选择具体的评价方法组合，不仅具有可操作性，而且能够保证评价的有效性。

表 4-30　市场意识指标定义

要素名称：市场意识　　职位等级：中层管理人员　　职位类别：市场经营

要素定义：在工作中关注市场动态，根据客户至上的原则，把客户放在首要的位置，对客户提出的正当要求予以满足，并以市场需求为导向，按照市场要求进行工作的意识

等级	定义	评分
S	不需要上级的指示就能够非常自觉主动地关注市场动态，工作中总是把客户放在首要的位置；时时处处为客户的利益着想，经常想在客户的前面，主动为他们解决困难，对客户提出的正当要求从不强调自身原因，非常热情而又迅速地予以满足；所有工作都以市场需求为导向，从来不强调个人的意愿	
A	基本上不需要上级的指示就能够比较自觉主动地关注市场动态，工作中基本上能把客户放在首要的位置；一般情况下能够想在客户的前面，从客户的利益出发主动为他们解决困难，对客户提出的正当要求比较热情同时又比较迅速地予以满足；所有工作都以市场需求为导向，基本上不强调个人的意愿	
B	市场意识一般，在上级的指示下才去关注市场动态；客户意识一般，只是被动地接受客户提出的要求并按规定予以解决；工作中偶尔会出现不以市场为导向的现象，偶尔也会因为个人意愿而影响市场需求的满足	
C	在上级给出明确的指示后也不是很主动地去关注市场动态，工作中没有把客户放在首要的位置，经常强调个人的原因；对客户提出的正当要求态度比较冷淡，并且经常不能按时予以解决；工作中有时会强调个人的意愿，有时不按市场要求进行工作，出现一些因为个人意愿而影响市场需求满足的情况	
D	在上级的再三指示下才去关注市场的动态，工作中从来不把客户放在首要的位置；从不替客户着想，对客户提出的正当要求总是不理不睬，导致客户意见很大；没有以市场为导向，没有按照市场的要求进行工作	

2. 绩效数据的可获得性

选择评价方法的时候不仅要考虑该指标的特性，而且要分析获取该指标的绩效数据的可行性和便利性。不同的评价指标在衡量的难易程度上是有显著差异的，对于绩效数据的类型、来源、规模、采集和分析过程等有相应的具体要求。因此，需要根据指标在绩效数据上的差异化要求选择相应的评价方法。例如，两个主观判断指标："协作性"和"文化认知度"，前者需要通过关键事件记录来分析评价对象在工作协调上的表现，而后者则需要通过认知度调查来收集评价对象对于组织文化的认知程度以及相应的行为表现。

3. 评价结果的应用目的

同一个评价指标由于评价结果的应用目的不同，所选择的评价方法也会出现差异。评价结果的应用目的主要是绩效改进和为人力资源管理决策提供依据。由于薪资调整和奖金发放、培训和开发、晋升等不同管理职能需要通过绩效评价提供与之相对应的决策依据，因此选择评价方法时需考虑并满足这一管理需求。例如，"交叉销售计划完成率"这个指标，如果用于支持晋升决策，则可以使用配对比较法；如果用于分析培训需求，则可以使用工作业绩记录法。

4. 评价方法的使用成本

管理是需要资源投入的，选用评价方法也不能例外。不同的评价方法对于成本的要求

具有较大的差异，相对来说，量表法对专业人员和资金投入的需求要高于比较法和目标管理法。因此对于同一个指标，管理者应该根据自身的实际情况，以形成相对准确的评价结果并以满足评价的应用目的为标准，通常选择恰当的而不一定必须追求最佳的评价方法。

思考题

1. 谈谈绩效评价的内涵及类型。

2. 试述绩效评价过程模型。

3. 绩效评价系统中常见问题有哪些？

4. 评价主体主要有哪几种类型？常见的评价主体误区有哪几种？请结合实践中的情况，解释不同评价主体误区的含义和可能产生的原因。

5. 试述主要的绩效评价方法及各方法之间的区别。

6. 绩效评价方法选择的影响因素有哪些？

第五章　绩效反馈

绩效反馈是绩效管理系统的最后一个环节，其目的是通过良好的沟通，员工能够了解自己在绩效周期内的绩效表现，并针对绩效方面存在的问题采取相应措施，从而实现绩效水平的持续提升。绩效反馈既是管理者和员工进行充分沟通的渠道，又是实现组织、部门和个人绩效的持续改进的管理平台和保障措施。

第一节　绩效反馈概述

一、绩效反馈的概念

心理学家发现，反馈是使人产生优秀表现的重要条件之一。如果没有及时、具体的反馈，人们往往都会表现得越来越差，因为在这种情况下，人们无从对自己的行为进行修正，甚至可能丧失继续努力的动力。有学者研究发现，缺乏具体、及时的反馈是绩效不佳最普遍的原因之一。因此，管理者必须认识到绩效反馈是绩效管理的重要环节。

绩效反馈是指绩效评价结束后，管理者与员工通过正式的沟通，将评价结果反馈给员工，并与其共同分析绩效不佳的方面及其原因，然后制订绩效改进计划和促进评价结果运用的过程。绩效反馈是绩效管理系统的重要环节，也是绩效管理系统中承上启下的关键环节。在绩效反馈过程中，通常存在反馈源、反馈信息和反馈接收者三个基本要素。其中上级为反馈源，评价对象为反馈接收者，而整个绩效周期内的工作绩效和绩效评价结果就是反馈信息。

绩效反馈主要有两种方式：一是书面报告，二是绩效反馈面谈。具体选择什么反馈方式要看反馈的对象和内容，对一般性或程序性的反馈，可以采用书面报告的形式，而对需要深入分析和讨论的内容或者是对绩效不佳的员工，则最好采用绩效反馈面谈的方式。

二、绩效反馈的作用

绩效反馈是对评价对象整个绩效周期内的工作表现及完成情况进行的全面回顾，有效的绩效反馈对绩效管理起着至关重要的作用。

（1）绩效反馈有利于提高绩效评价结果的认可度。在绩效评价结束后，绩效反馈为评价双方提供了一个良好的交流平台。一方面，管理者要告知评价对象绩效评价的结果，使其真正了解自身的绩效水平，特别是探讨绩效不佳的原因，使被评价者能够充分地接受和理解绩效评价结果。另一方面，评价对象与管理者也可以就一些具体问题或想法进行交流，指出绩效管理体系或评价过程中存在的问题，解释自己没有达到预期目标的主要原因，并对今后的工作进行计划与展望。特别是通过有效沟通，有利于减少评价结果不公正现象的发生，或者减少不公正现象的负面效应，以确保绩效评价结果的公平和公正，进而提高绩效评价结果的认可度。

（2）绩效反馈有利于绩效改进计划的制订与实施。绩效反馈的一个重要目的是实施绩效改进，特别是对于绩效不佳的组织、部门和个人尤为重要。如果相关管理部门对此不能给予充分重视，不去分析导致绩效偏差的原因，那么绩效不佳者很难产生足够的动力去持续推进改进工作，也就无法达到绩效水平持续提升的目的。另外，绩效反馈通过评价对象参与绩效改进计划的制订，增强他们对绩效改进的承诺，从而有利于绩效改进计划的有效执行。

（3）绩效反馈能够为员工的职业规划和发展提供信息。绩效反馈面谈通常会讨论员工完成工作所需要的技能以及发展新技能的必要性，也会讨论员工是否需要培训以及在哪些方面进行培训，并且管理者也会为此提供一定的资源以支持员工的学习。这些为绩效改进所做的准备工作对促进员工职业发展有直接的作用，也为绩效改进计划的有效实施提供了保障。当被评价对象取得成绩时，管理者给予的认可和肯定，可以起到积极的激励作用，这也有利于激发员工提升绩效的内在动力和促进员工加强自我开发。

三、绩效反馈的方式

反馈方式的正确选择对提升绩效反馈效果至关重要。根据绩效反馈信息的内容以及反馈源态度的不同，可以将绩效反馈分为三类，即负面反馈、中立反馈和正面反馈。其中，负面反馈和中立反馈都是针对错误的行为进行的反馈，通常注意力集中于减少错误行为；而正面反馈则是针对正确的行为进行的反馈，其目的是强化这种正确行为。另外，自我反馈作为一种特殊的反馈方式也越来越引起各级管理者的重视。

（一）对错误的行为进行反馈

对错误行为进行的反馈就是通常所说的批评。在大多数人的印象中，批评往往是消极的，但实际上批评也可以是积极的和建设性的。这就是负面反馈与中立反馈之间的区别。管理者针对员工的错误行为进行反馈的目的，是为了帮助员工了解自身存在的问题并引导其纠正错误。下面通过一个例子来予以说明。秘书小张工作粗心，他的上司必须就此问题与其进行沟通。他的上司可以说："小张，你怎么那么稀里糊涂的，哪个秘书像你这么粗心大意的？"也可以说："小张，我注意到最近你的工作状态不太好，经常找不到文件。是不是最近工作压力太大了，还是家里有什么困难？但是这种行为是不被接受的，你要注意调整啊！"很显然，前一种方式就是典型的负面反馈，容易使员工产生抵触情绪；而后一种着重陈述事实，是中立反馈，并且更容易被员工接受。

现在越来越多的研究学者和管理者已经认识到中立反馈的重要性。在反馈实践中，应尽量避免使用负面反馈，多用中立反馈。美国加利福尼亚大学洛杉矶分校心理学家亨德里·温辛格（Hendry Wensinger）对中立反馈做了大量的研究，发现了中立反馈的七条原则。

（1）要有计划性。管理者在进行中立反馈之前对批评的目的、内容、方式等都要有所准备。有效的计划可以避免沟通中因言行失控而产生对立气氛，这种在情绪失控的状况下进行的反馈不但毫无意义，而且还会产生负面影响。同时，充分明确反馈的目的，有计划地组织好思路和语言，是促进中立反馈顺利实施的有效手段。

（2）维护对方自尊。自尊是每个人在进行人际交往时都试图维护的，管理者在绩效反馈时应当考虑到照顾员工的自尊。消极的批评容易使员工的自尊心受到伤害，对人际关系具有破坏作用。例如，李明又一次迟到了。上级见状气愤地喊道：“你怎么又迟到了，难道你永远都不能准时一点吗?”这样的批评方式十分常见，但往往会伤害员工的自尊，造成管理者与员工之间关系紧张。管理者可以使用下面的批评方式来避免这类问题：“你是不是需要……的帮助才能够……”，“我是不是忘了告诉你……”等。实际上要做到维护员工的自尊，最简单的方法就是在批评对方之前进行换位思考。

(3) 选择恰当的沟通环境。绩效反馈应当选择合适的环境因素，充分考虑沟通的时间、地点以及周围环境，寻找最佳时机，以保证良好的反馈效果，尤其是对员工错误行为进行反馈的时候。通常，人们主张单独与犯错误的员工进行交流，这种方式能够最大限度地维护员工的自尊心。但是这一点并不是绝对的。例如，在团队的工作环境中，如果管理者只是进行私下的批评往往会得不到充分的信息或帮助，不利于员工最大限度地改进绩效。如果管理者能够在团队中形成一种批评公开化的良好氛围，这类反馈就能够在团队成员的集体会议上进行。在这种情况下，整个团队都能够对犯错误的成员提供必要的帮助。在团队管理中一种常见的方式就是利用头脑风暴法给出现问题的成员提供建议。这样的团队会议能够激发成员之间团结互助的良好关系，有利于提高所有成员的工作绩效。

(4) 以进步为导向。批评并不是最终的目的，批评的目的是促使员工取得进步。绩效反馈应着眼于未来，而不应该抓住过去的错误不放。强调错误的批评方式会使员工产生防御心理，对绩效反馈的效果起到消极的作用。例如，王拉拉在进行市场调查时选择了不恰当的样本采集方法，因而影响了统计结果的可信度。管理者在发现这一问题之后不应指责“你的方法简直太笨了”，“这个报告完全不能说明任何问题”等，而应该从改进绩效的目的出发，用下面的方式进行批评：“你应该……”，“用……的方法能够使……”。这类以进步为导向的批评才能够真正达到绩效反馈的最终目的——提高员工的未来绩效。

(5) 坚持互动的方式。负面反馈往往是单向传递信息的，这种方式会因为管理者单方的操纵和控制而引起员工的反感和抵触，从而产生排斥心理。建设性的批评主张让员工参与到整个绩效反馈的过程中，也就是所谓的互动式的绩效反馈。管理者应当通过有效的引导让员工提出自己的看法和建议。

(6) 保持灵活性。灵活性要求管理者在批评时应当根据不同的对象和不同的情况采用不同的方式，并在批评的过程中根据对方的反应进行方式的调整。

(7) 传递帮助信息。中立反馈不仅仅是单纯的好坏对错这类信息的传递，更应当为员工提供明确的、具体的建议，以表明管理者愿意为员工提供帮助。管理者应该让员工感受到对他们的关注以及信心，并使员工相信自己能够得到来自管理者的充分的帮助。这一点非常重要，当员工在工作中遇到困难时，他们需要的不是一个指手画脚的“裁判”，而是能够与他并肩作战的人。这种传递帮助信息的批评有助于改善员工与管理者之间的关系，提高员工对管理者的信任感，从而提高工作绩效。

（二）对正确的行为进行反馈

通常人们更加倾向于关注对错误行为的训导，而对正确行为的反馈往往被管理人员忽视。事实上，对正确行为的反馈与对错误行为的反馈同等重要，并且两种反馈都能提高员工的绩效。管理者忽视对于正确行为的反馈的原因很多，如他们可能认为做好是理所当然的。实际上，最好的肯定方式就是对员工行为的直接认同和赞扬，像“这件事你做得棒极了！”这类简单的方式往往就能够取得很好的效果。当然，对员工做得好的地方进行具体的表扬并鼓励其实现挑战性的目标，其激励效果会更好。下面是管理者在进行正面反馈时应遵循的四条原则。

（1）用正面的肯定来认同员工的进步，如应针对“成功率的提高”而不是“失败率的降低”。

（2）要明确肯定地指出受称赞的行为。

（3）当员工的行为有所进步时应给予及时的正面反馈。

（4）正面的反馈中应包含着这种行为对团队、部门乃至组织的整体效益。

（三）自我反馈

自我反馈指的是员工在一套严格、明确的绩效标准的基础上主动将自己的行为与标准进行比对，发现并解决问题的过程，是一种特殊的绩效反馈方式。与一般的绩效反馈不同，自我反馈不是通过管理者与员工之间的相互沟通实现的，而是一种员工自己与自己进行“沟通”的形式，这种方式能够有效地使员工对自己的绩效表现有一个正确的认识。自我反馈是管理者进行绩效反馈的重要的补充，在实际工作中的每时每刻，自我反馈机制都在发挥着十分重要的作用。例如，某大型企业销售部要求所有销售人员每个月都要上交一份工作情况报告，其中包括对现有市场和目标市场状况的详细分析。即使每个员工手里都有一份具体的报告项目清单，但是经理对员工上交的报告仍十分不满。经调查，经理惊讶地发现，即使员工们手上有问题清单，但是员工在上交报告之前没有根据这份清单进行一一核对。因此，经理要求员工今后在上交报告之前必须根据清单对报告的内容进行核对。这项规定执行之后，报告的质量得到了很明显的改观，员工的总体工作表现也更好了。

这种反馈方式不仅在高重复性工作或例行工作（如生产流水线工作）中，比较容易实施和评估，在创新型的工作中也同样重要。因为管理者不可能每时每刻都在注意员工的行为，并且创新性工作的评价多是结果导向的，对工作过程中的情况难以评估，如果能有效采用自我反馈，从事创新性工作的员工就可以及时对照相应标准调整工作。

四、360度绩效反馈计划

360度绩效反馈是20世纪80年代由美国学者爱德华兹和艾文（Edwards & Ewen）在一些企业组织中不断研究发展形成的，它是一种全方位的反馈机制，主要适用于管理人员。360度绩效反馈计划有优点也有缺点，在使用该计划时需要结合公司实际进行专门设计。

（一）360度绩效反馈计划的概念

传统的管理中由上级向员工提供绩效反馈信息、评价员工工作情况的工作虽然在现代管理中仍然非常重要，但是这显然不能满足现代管理中精细化的趋势和要求。360度绩效反馈计划自20世纪90年代以来迅速为国际上的许多企业所采用，其中几乎包括所有《财富》500强中的著名企业，如美国电报电话公司、通用电气公司、IBM公司、壳牌石油公司等。许多企业将自己所取得的良好业绩以及组织目标的达成归功于这种全新的反馈过程，360度绩效反馈计划也很快在中国得以应用。

所谓360度绩效反馈计划就是指帮助组织成员（主要是管理人员）从与自己发生工作关系的所有主体那里获得关于本人绩效信息反馈的过程。理解这个概念需要注意以下几个方面：第一，该计划涉及的反馈主体包括管理者本人、上级、下级、同事、与之发生工作关系的内外部客户等。这些人员观察的视角不同，提供的信息内容也不同。第二，该计划的作用主要在于提供绩效信息方面的反馈，而不是进行绩效评价。反馈信息主要用于管理人员的培训和开发，而不能直接用于薪酬和晋升决策。这是许多组织使用360度绩效反馈计划时在功能定位上常犯的错误。第三，该计划主要适用于管理人员，而不是一线员工。该计划在日本被称为管理者适应性评价技术，是指通过反馈信息来评估管理者能力，进而判断其从事本职工作的适应状况。而一些企业将360度绩效反馈计划作为一种绩效评价或考核的方式在整个组织内推行的做法是不妥的。

（二）360度绩效反馈计划的优点和缺陷

与传统的单一直线式绩效反馈相比，360度绩效反馈计划具有以下优点。第一，360度反馈强调组织关心人们付出的行动甚于他们达到的结果。因此，采用这种形式的反馈，我们一方面可以避免对“硬性”（量化的）绩效目标的过分依赖，另一方面也可避免仅仅重视评价双方意见的危险做法。360度的反馈能帮助人们通过各种“软性”的尺度对绩效做出评价，这一点相当具有吸引力。第二，如果360度的反馈出自于对被评价人有帮助的人，那么这种方式就能向被评价者提供全面而有价值的信息，从而起到积极的作用。与只有上级和员工两方主体人介入的方法相比，这种方式考核更为全面，更有可能发现问题或员工的优点。第三，360度绩效反馈计划比传统的绩效反馈方法更加公平、透明，有利于提高员工对绩效反馈信息的认同程度。在传统的反馈方法中，只有管理者评价，员工有可能对反馈的信息持怀疑态度，认为它可能带有个人的偏见。但是在360度绩效反馈计划中，如果员工从与自己发生工作关系的所有主体那里，如上级、同事和客户等渠道都得到同样的信息，那么这个信息的可信度就大大提高了，也容易得到员工的认同。

当然，这种反馈方式也存在着一些缺陷。第一，很多组织过分强调360度反馈。如果过分地依赖360度的反馈，容易引导人们注重反馈的形式，而削弱绩效目标的意义。实际上，360度绩效反馈计划只是工具箱中的一件工具而已，只有与其他工具配合使用才能最大限度地发挥其作用。第二，提高了信息处理的成本和难度。360度绩效反馈计划涉及的数据和信息比单渠道反馈要多得多，对不少企业来说，这对其信息处理难度和成本是一个不小的挑战。同时，由于有大量的信息要汇总，这种方法有可能使反馈的过程变得机械化（填写大量标准化的表格），人们只注意追逐文字材料，即从两人的直接沟通演变成表格和印刷材料的沟通，而忽视了面对面的沟通。

（三）实施360度绩效反馈计划的注意事项

实施360度绩效反馈计划，要与本企业的企业文化相一致，要与企业发展战略相匹配。尽管360度绩效反馈计划有诸多优点，但也并非所有的企业都适合引入这种制度。引入360度绩效反馈制度，需要一定的文化制度土壤。首先，需要开放、自由的企业文化，如果企业文化重视员工的个人意见和参与，重视员工的生涯发展和自我管理，则适合引入360度绩效反馈。其次，公正完善的考核和奖励制度也是引入360度绩效反馈这一制度的必要条件。最后，需要员工的高度参与感、在企业内部的上下级和同级之间存在较高程度的互信关系。如果没有这样的企业文化和组织土壤，360 度绩效反馈计划不仅不能取得应有的效果，反而有可能对企业现有的组织文化产生冲击，产生不和谐。

实施 360 度绩效反馈，对绩效管理系统有较高的要求。首先，对评价指标体系要求很高。360 度绩效反馈是一种多渠道、全方位的反馈方式，反馈过程中必须指向明确，有的放矢。绩效指标不仅是评价体系的核心内容，同样也是绩效反馈的指南。其次，必须做好评价人员的培训工作。360 度绩效反馈的参与者众多，保障所有参与者的评价公正客观对反馈的结果至关重要。评价者在评价过程中，各种评价主体误区，如近因效应、晕轮效应等，常会减弱评价结果的准确性。因此需要在执行 360 度绩效反馈时对评价者进行培训，力求避免各种主观误差。培训的意义还在于消除参与者的顾虑，保证调查结果是匿名的。

360 度绩效反馈最重要价值在于开发，而不是评价。很多专家都认为依据 360 度绩效反馈评价法的结论来决定升职或薪酬是一种冒险的做法。如果你采用 360 度绩效反馈的方法，谨慎的做法是将它作为一种为员工提供绩效信息的方法，而不要据此做出最后的管理决策。任何方法都是由人来决定其成败的，而不是由技术来决定。360 度绩效反馈作用不在于要求各方所填写一系列表格，而取决于通过这些信息发现员工的长处和不足，以帮助员工提高绩效。在绩效管理中，管理者与员工之间持续的绩效沟通才是真正决定绩效管理成败的关键所在，不能寄希望于某单一工具的选择就解决问题。

第二节　绩效反馈面谈

绩效反馈面谈是一种重要的绩效反馈方式。实际上，如果缺少将评价结果和管理者的期望传达给评价对象的环节，就无法实现绩效管理的最终目的。在许多组织中，绩效反馈面谈并没有得到足够的重视，它们往往将填写评价表格、计算评价结果视为绩效评价乃至绩效管理的全过程。

一、绩效反馈面谈的概念

绩效反馈面谈是指管理者就上一绩效管理周期中员工的表现和绩效评价结果与员工进行正式面谈，并分析出现问题的原因和探讨绩效改进措施的过程，其目的是促进员工绩效的持续提升。在绩效管理实践中，很多管理者对绩效反馈面谈不够重视，其主要原因还是对绩效反馈面谈的重要性不够了解。绩效反馈面谈概念可以从如下几个方面进行深入理解。

第一，绩效反馈面谈的根本目的是寻求就绩效评价结果达成共识，促进绩效的持续改进。绩效评价结果很难做到绝对客观，甚至有许多主观判断的成分。因此，管理者与员工对评价结果取得共识和认同非常重要，这决定了绩效改进计划的制订和执行效果的好坏。总体上讲，还可能影响组织战略目标的实现。

第二，制订绩效改进计划，共同协商确定下一个绩效管理周期的绩效计划。绩效管理是一个各环节首尾相接的循环过程，通过面谈的方式，对绩效改进计划中的重要问题进行深入沟通，为下一周期的绩效计划的制订做相关的准备工作，确保存在的问题在下一绩效周期能得到切实改善。

第三，使员工认识到自己在本阶段工作中取得的进步和存在的缺点，了解主管对自己工作的看法，促进员工改善绩效。员工全面了解自己绩效表现以及主管和其他人员对自己的看法，有利于员工提升内在动力，采用有效行为改进绩效。

第四，为员工的职业规划和发展提供信息。绩效反馈不是为了指责员工，而是为了提升员工获得满意绩效的能力。管理者应通过绩效面谈了解员工的需求和存在的困难，并提供改进意见和资源支持，以促进员工能力的持续提升。

二、绩效反馈面谈的原则

绩效反馈面谈是一种面对面的沟通，对于组织、部门及个人绩效水平的提高、组织内成员间关系的改善等问题具有非常大的影响。根据评价层次的不同，反馈面谈参加者也有所区别。通常，对于组织和部门层次的绩效反馈，参加者应为组织和部门的负责人及其上级主管领导；而对于个人层面的绩效反馈，参加者则是评价对象本人及其直接上级。在实施绩效反馈面谈时，如下几条原则需要特别注意。

（1）直接具体原则。面谈交流要直接具体，不能抽象地泛泛而谈或仅作一般性评价。对于上级领导来说，无论是赞扬还是批评，都应有具体、客观的结果或事实来支撑，使面谈对象明白哪些地方做得好，并清楚地了解存在的差距与缺点。如果面谈对象对绩效评价结果有不满或质疑的地方，可以向上级领导进行申辩或解释。

（2）基于工作原则。绩效反馈面谈应聚焦到具体工作是怎么做的、采取了哪些行动与措施、效果如何等问题上。管理者在进行绩效反馈面谈时必须以员工的工作情况为基础，而不应掺杂与工作无关的情况和个人情感因素。在明确客观事实的基础上，面谈双方才能够根据绩效评价结果展开深入的分析和讨论，以便达到绩效反馈面谈的目的。

（3）平等互动原则。面谈是一种双向的沟通，为了获得对方的真实想法，反馈主体应当鼓励面谈对象多说话，充分表达自己的观点，对员工提出的好建议应该充分肯定。另外，还应避免“管理者仅训导、下指令，员工只是在被动地接受”的情况发生。有些时候管理者得到的信息不一定是真实情况，为此，管理者应当允许员工针对模糊或疑惑之处进行询问和辩解，不打断与压制员工的陈述，促进面谈逐步深入，从而提高绩效反馈面谈的效果。

（4）相互信任原则。绩效反馈面谈是上下级交流的过程，缺乏信任的面谈会使双方都感到紧张、急促，充满冷漠进而产生抵触情绪。绩效反馈面谈应是一个双方沟通的过程，沟通要想得以顺利地进行，最终促进双方的相互理解和共识的达成，就必须营造一种彼此互相信任的良好氛围。

三、绩效反馈面谈的前期准备

（一）绩效反馈面谈的成功条件

成功实施绩效反馈面谈，通常需要创造出有利条件。参加绩效反馈面谈的双方都应该做好充分的准备，主要包括以下几个方面。

1. 选择合适的面谈时间

绩效反馈面谈的时间选择对绩效反馈最终效果有很大影响。一般来说，管理者应该根据工作安排并在征得员工同意的前提下确定面谈时间。尽量不要将绩效反馈面谈安排在临近上下班的时间和非工作时间。需要指出的是，确定的时间并不是一个时间点，而应当是一个合适的时间段。时间段的长短要适宜，过长会引起疲倦、注意力不集中，从而增加信息交流误差的可能性；过短则会由于信息没有被充分、完全地传递而达不到沟通的目的。由于尊重和工作协调的原因，管理者一定要在征得员工认可的情况下，再对绩效反馈面谈的时间做出最终的决定。

2. 选择合适的面谈地点和环境

高效的反馈面谈要求选择合适的面谈地点和环境。一般来说，在办公环境下，主要的反馈地点有管理者的办公室、会议室、接待室，其中小型会议室或接待室是比较理想的选择，因为这些地方一般都远离电话、传真，是不易被干扰的场所。但现实中往往由于条件所限，管理者的办公室成为最常见的选择。但是在办公室进行绩效反馈面谈，要务必确保面谈不被干扰或者中途打断。管理者最好能够拒绝接听任何电话，停止接待来访的客人，以避免面谈受到不必要的干扰。面谈的场所最好是封闭的，因为开放的办公区域比较容易受周围环境的影响。当然，反馈面谈的地点也可以选择工作场所之外的地方，如咖啡厅、茶楼等地点。这种非正式办公地点的选择可以有效地营造管理者与员工之间的亲近关系，使员工和管理者在轻松的环境中充分表达自己的真实感受。管理者还应该注意安排好双方在面谈时的空间距离和位置，不同的位置关系往往营造出不同的面谈氛围，如图 5-1 所示。

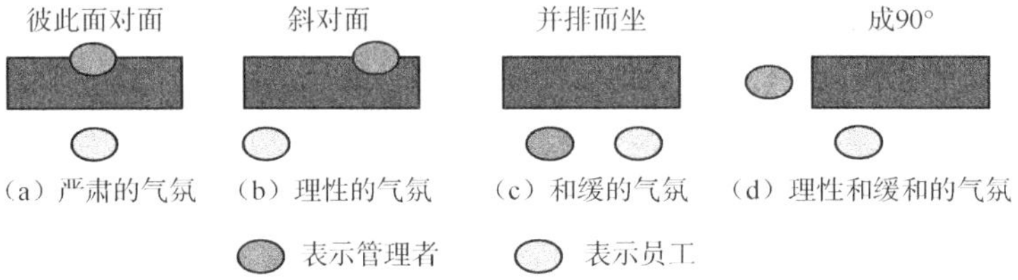

图 5-1　绩效面谈的距离和位置

面谈双方的距离要适当，距离太远会影响信息传递的效果，而距离太近又会使交谈双方感到压抑。例如，图 5-1（b）的这种方式就会由于距离过远造成缺乏亲密感的不良结果。图 5-1（c）这种方式可能拉近双方的心理距离，在和缓的气氛中谈论个人的工作问题，但是有相当一部分人不能接受这种过于亲密的方式，这种气氛会令他们感到不自在，甚至尴尬。

从位置来讲，图 5-1（a）中那种面对面的方式效果最不好，因为面谈的双方相互直视，容易给面谈对象造成心理压力，这种严肃的气氛不适合绩效反馈这种沟通式的面谈。后三幅图中所显示的位置就避免了双方总是直视的尴尬局面。图 5-1（b）中双方是斜对面坐的，他们可以根据情况选择互相对视，或者调整视线。但是，图 5-1（c）的情况是图 5-1（a）的反例，这种位置不利于观察对方的表情。

综合考虑以上各种位置，图 5-1（d）表示的双方位置和距离最适用于绩效反馈面谈。管理者和员工成一定的角度（在方桌的情况下即成 90°）而坐，能够避免目光的直视，缓和心理紧张，同时也有利于观察和接收对方表达的信息，营造出良好的沟通氛围。

3. 收集整理面谈所需要的信息资料

管理者和员工都要收集和整理日常积累的有关绩效的各种信息。绩效反馈面谈之前，管理者必须准备并且熟悉好面谈所需的资料，这些资料主要包括绩效评价表格、工作情况的记录和总结、该绩效周期的绩效计划、绩效评价结果以及评价对象的基本信息。在面谈的过程中，一般员工则应该根据自己的实际情况陈述整个周期的工作情况，因此也应该充分收集整理一些能够表明自己绩效状况的事实依据等，另外还可以准备好一些与绩效管理有关的问题，以便在面谈中向管理者提问和咨询。

（二）绩效反馈面谈的实战培训

在明确绩效反馈面谈成功的基本条件之后，还应该为面谈经验不是很丰富的面谈者提供实战培训的机会，以促进绩效反馈面谈的顺利开展。在绩效反馈面谈的实战培训中，通常使用“角色扮演”（role play）的方式让培训主体实实在在地“体验”反馈的实施过程。这种实战培训通常都是分组进行的，培训实施过程通常分为培训准备工作和实施演练两个阶段。

1. 准备工作

绩效反馈面谈实战培训是在前面介绍的绩效评价实战培训的基础上进行的。在必要的情况下，培训者应引导学员回顾评价过程中的相关内容，并让学员了解整个面谈演练的过程。

准备过程中的一项重要的工作就是分小组确定每个成员在面谈演练中扮演的角色。各小组须同时推举“管理者”和“被约见的下级”两种人物。但受训人员过多时，不可能让每个人都有机会扮演这两种角色，会有一些学员只能通过观摩的方式参与整个面谈演练。在确定谁来扮演相应的角色之后，小组成员应共同帮助这些扮演角色的成员制订详细的面谈计划和绩效反馈面谈要点，作为指导绩效反馈面谈实战培训的主要依据。学员则应对这项内容进一步细化。

需要注意的是，各组挑选了谁来扮演什么角色以及各组内确定的面谈计划和纲要，都应对其他组的成员保密，因为在实际的演练中，各组选出的管理者和被约见员工将被交叉配对。每个小组之间对对方准备的面谈内容不甚了解，在这种情况下才能够更好地模拟现实的反馈面谈过程，否则各组的人物会和对方的选派人员自行熟悉起来，到进行演练时容易变成事先有“剧本”的表演，演练则失去了意义。

2. 实施演练

整个演练的过程由“角色扮演”和“评议”两个部分构成。在各组成员配对进行实际的演练之前，培训者应让参加观摩的每个学员都得到一份如表 5-1 所示的“评议记录表”，并说明其用途和填写要领。

表 5-1 评议记录表

管理者的扮演者： 被约见员工的扮演者：

注意要点：	优点：	缺点：
• 座次 • 导入主体的方法 • 态度 • 内容 • 结束语		

在“角色扮演”中，其他学员应认真观察双方的态度、行为和发言时的具体表现，并填写评议记录表。角色扮演的实况可用录音或录像的方式记录下来，供学员作更深入地探讨。

评议的过程应由培训讲师主持。首先，讲师可以引导两个角色的扮演者谈一谈当时自己的心理活动。例如，可以提问“请问从第一次发问到第二次发问之间，您脑中在想什么?”等等，以深入挖掘扮演者的心理活动。其次，培训讲师还应该更多地询问被约见员工扮演者的感受。通过深入的发问引导双方谈出更多的个人体验，帮助观摩的学员更好地体会面谈中的沟通技巧。放录像也是很好的回顾手段，即使时间不够，也要做重点部分的回放。例如，导入正式话题的部分，最重要的激励及指导场面，结尾确认员工是否认同的部分，等等。通过观摩录像，扮演者可以观察自己进行面谈时的情形，进行自我修正，还能够引导学员观察他们可能忽略的细节部分，强化他们的印象。最后，评议阶段进入培训讲师与学员之间互动沟通的阶段。讲师依照评议记录表的内容，根据各个要点的提示询问学员的意见。讲师本身不要谈太多，他的任务是在开始时引导带动气氛，在谈话中断时鼓励学员继续发言，当话题沉闷时进行气氛转换。

绩效反馈面谈实战培训中应以每一对扮演者的“演练”和“评议”作为一个组合，一个组合一个组合地完成。通常评议的时间至少为演练时间的两倍。每一组的评议讨论会结束之后，都要由讲师进行简单的讲评和总结。各组的演练全部完成之后，也需要由讲师对存在的共性问题和要点作总结性的强调，以加强学员的认识和理解。

四、绩效反馈面谈的实施与改进

（一）绩效反馈面谈的实施过程

事先设计完整而合理的绩效面谈过程是成功实施绩效反馈面谈的保证。在进行面谈前，负责面谈的管理人员应该对面谈的内容进行详细的计划。绩效反馈面谈的实施过程主要包括准备开场白、实施面谈和结束面谈三个阶段。

1. 准备开场白

在绩效反馈面谈的开始阶段，管理者应该向面谈对象简要说明面谈的目的和基本程序。管理者可以从一个轻松的话题入手，帮助员工放松心情，以使员工能够在面谈中更好地阐明自己的看法。当然，如果员工能够很好地了解面谈的目的，并已经为面谈做好了充分的准备，那么开门见山将是最好的选择。

2. 实施面谈

在绩效反馈面谈的实质阶段，管理者和面谈对象要就绩效评价结果、绩效改进计划深入交换意见，达成共识。管理者通常要先就员工的上一周期绩效表现做一个总体的回顾，并告知其绩效评价结果。管理者应采取适当的方式，对于员工表现好的方面，适时鼓励；对于绩效不佳的方面，采取建设性沟通的方式。如果员工对绩效评价结果有异议，管理者要耐心倾听，并就存在争议的问题给出合理满意的答复；紧接着，管理者和面谈对象要就导致绩效不良的原因进行分析，找出问题所在并共同制订绩效改进计划和符合员工自身实际情况的个人发展计划。最后，管理者要与员工就下一个绩效管理周期的工作任务、工作目标及其衡量指标等进行商定，并签订绩效计划协议书。

其中，最重要的就是要分析和诊断出绩效不佳的原因，并研究确定解决问题的方法。管理者只有清楚地分析员工绩效不佳的所有影响因素，才能对员工的绩效结果有一个客观的认识和诊断，并在此基础上与员工达成共识，制订最终的解决问题的方案。

3. 结束面谈

当面谈的目的已经达到或由于某些因素无法取得预期进展时，应当适时结束面谈。在绩效反馈面谈的结束阶段，管理者需要对面谈对象进行正面激励，让面谈对象鼓足干劲，以满怀斗志的状态开始下一绩效周期的工作。

（二）绩效反馈面谈的总结和改进

在绩效反馈面谈结束之后，管理者要对面谈的整体情况和效果进行评估，对面谈过程中所记录的内容进行反思与总结，对面谈对象提出的疑问或要求予以高度重视，并采取具体的方法和手段加以解决。在总结过程中，管理者应该对影响最终绩效结果的因素进行全面分析，以找到限制绩效进一步提升的真正原因，通常需要从员工个人、管理者、管理机制、工作流程、环境等方面进行分析。

反馈面谈的总结过程，是为了绩效改进，因此在管理实践中，很多企业将这个过程和绩效诊断结合在一起实施。管理者只有清楚地分析了这些影响因素后，才能对员工的绩效结果有一个客观的认识和诊断，找出导致绩效不佳的真正原因，并在此基础上与员工达成共识，制订最终的解决问题的方案。除此之外，管理者也要对自己在面谈过程中的表现进行反思，如沟通方式是否恰当、是否为员工提供了有效的支持与帮助等，以便在下一次绩效反馈面谈中取得良好效果。

五、绩效反馈面谈中应该注意的问题

绩效反馈面谈是一个双向沟通的过程。管理者只有掌握了一定的沟通技巧，获得员工的认可与信任，才能达成共识。要成功驾驭绩效反馈面谈，管理者应该注意以下问题。

（1）重视面谈的开始。许多管理者并没有认识到面谈开始的重要性，往往急于切入主题而忽略开始的方式。实际上，最初的几分钟谈话往往决定了面谈的成功与否。因此，开场白的设计至关重要，管理者要引起足够的重视。

（2）及时调整反馈的模式。管理者在与面谈对象沟通的过程中要根据实际情况的变化来及时调整反馈模式。管理者的反馈模式主要有指示型、指导型和授权型。指示型是比较传统的反馈模式，有时管理者急于解决问题，或者把自己看做权威并主张控制，就会采取这种指示型反馈模式。指导型是一种教与问相结合的模式，管理者向员工解释并询问员工想法，并在适当的时机纠正员工的错误思想。授权型方式以员工回答为主、以解释和纠正为辅，管理者实际上主要起引导作用。与指示型相比，指导型和授权型通常需要更多的时间。

（3）强调员工的进步与优点。绩效反馈面谈往往不受欢迎的一个重要原因在于，面谈中难免要谈论员工在上一阶段工作中的失误，如果管理者没有良好地掌握沟通技巧，很容易因为对员工进行批评和指责造成员工的抵触和反感。而鼓励与表扬则是赢得员工合作的好方法。只有充分地激励员工，才能真正实现绩效反馈的目的。员工做得好的地方不能一带而过，而应当花一些时间进行讨论。赞扬不仅可以使员工保持好的工作作风，还可以激励员工。对于绩效不良的方面，也不能一味批评，而应当肯定员工的努力和贡献。

（4）注意倾听员工的想法。绩效反馈面谈是一个双向沟通的过程，即使采用指示型方式，也需要了解员工的真实想法与心理。真正有效的沟通都不能忽略倾听的重要性，来自员工的信息是十分重要的。倾听有助于全面了解情况，印证或改变管理者自己的想法。平衡讲述与倾听之间的关系是进行反馈面谈的要义，而衡量这种平衡最好的标准就是看是否调动了员工的积极性，是否赢得了员工的合作。管理人员在面谈时要学会倾听，鼓励面谈对象大胆说出自己的想法，在倾听中予以积极回应，不要轻易打断员工，更不要急于反驳。

（5）坦诚与平等应该贯穿面谈的始终。因为绩效评价结果的应用涉及薪酬、晋升等比较敏感的问题，所以管理者在与员工面谈的过程中要有所顾忌，有时甚至会回避问题与矛盾。但是这种隐瞒的方式并不能解决任何问题，最好的方式就是坦诚相见，直接向员工展示评价表格。同时，管理者应当清楚自己和员工在错误上负有同等的责任，并且自己的判断与实际情况之间也会出现偏差。当发现问题或认识出现偏差时，管理者应当坦率地承认，这种态度将会有助于与员工进行进一步的沟通，并解决问题。

（6）避免冲突与对抗。冲突与对抗可能会彻底摧毁员工对主管的信任，导致员工对领导产生抵触情绪。双方一旦产生隔阂，问题就不仅仅是一次面谈的失败，很可能会影响今后工作中的合作。因此，当面谈中出现不同意见时，管理者不能用领导的权威对面谈对象进行压制，而应就有不同见解的问题与面谈对象进行耐心的沟通，争取得到理解，同时要站在对方的立场，设身处地为其着想，争取在平和的氛围中就争议问题达成共识。

（7）形成书面的记录。人力资源管理部门提供的各类计划和表格并不一定涵盖面谈中会涉及的全部问题。面谈中双方可能谈到工作中的许多问题，因此需要记录面谈的过程并形成书面文字，这样一方面方便组织对正式文件的管理，另一方面也能让员工感到面谈的正式程度和重要性。

第三节　绩效申诉

在绩效评价过程中，通常很难避免有争议现象的产生。为了尽可能避免这种状况的出现，有必要建立科学的绩效申诉与争议处理制度，当评价对象对评价结果存在异议时，可以通过正式途径进行申诉，维护自身的权益，同时提高评价的公平性。通过建立申诉机制，可以保证组织内部的信息流通顺畅而不会被刻意地屏蔽掉。

一、绩效申诉的概念

所谓绩效申诉，是指评价对象在对评价结果持有异议时，依照法律、法规或规章制度向有权受理申诉的机构提起申诉申请，受理部门依照规定的程序对相应的评价过程和结果进行审查、调查并提出解决办法的过程。由于绩效评价的过程会受到诸如评价标准模糊不清、评价主体的个人偏见、绩效信息不准确等主客观因素的影响，评价结果不可能完全避免不准确或不公平的情况发生。绩效申诉制度是保障绩效评价的可靠性和权威性的重要措施，也是绩效管理体系的重要组成部分。

绩效申诉体系主要包括申诉方、被申诉方以及申诉管理机构三个方面。申诉方是指对评价结果持有异议，依据相关规定以单位或个人名义向申诉管理机构提起申诉的组织或人员，简单地说，申诉方就是对评价主体的评价结果不服而提起申诉的评价对象。被申诉方是指评价对象就评价争议案件提起申诉的单位或个人，也可以简单理解为评价主体。申诉管理机构是指受理绩效申诉的机构或部门，一般而言，该机构的职能由组织的人力资源管理部门承担。此外，权威的第三方机构也可以作为绩效申诉的管理机构，因为这类机构立场中立、行事客观，但是由于职能权限和信息障碍等方面的限制，会加大其受理申诉工作的难度。

二、绩效申诉的原则

绩效申诉制度的基本原则是贯彻在绩效申诉过程中，对绩效申诉具有普遍指导意义的基本准则。它至少应包括以下三个方面。

（1）公开性原则。在处理绩效申诉的过程中应尽量公开进行，以使各方了解有关情况，监督申诉处理过程，消除误解。所涉及的申诉信息，除规定必须保密的之外，应尽量公开。此外，申诉处理结果也要公开，让申诉各方知晓处理结果。保证绩效申诉处理全过程公开透明。

（2）及时性原则。绩效申诉作为一种有效的绩效改进手段，不能拖延推诿。这就要求绩效申诉的各个步骤都必须在限定的期限内完成，申诉机构要尽快完成对案件的审查，并及时做出处理决定。

（3）合理性原则。组织内部受理绩效申诉的部门要本着负责的态度，深入细致地查明相关事实，做出准确的认定。受理部门做出的决定要严格依据组织的相关规定，做到合理合规，不能徇私舞弊。

三、绩效申诉体系的构建

绩效申诉体系的构建对于任何组织来说都是一个系统工程。具体而言，完整的绩效申诉体系应该包括明晰构建申诉制度的意义、确定申诉管辖权、界定申诉范围和设计申诉程序等环节。

（一）明晰构建申诉制度的意义

建立完善的绩效申诉制度对于保障绩效结果的公平公正、减少组织内部矛盾具有非常重要的意义，具体体现在以下几个方面。

（1）绩效申诉有利于及时发现和纠正评价系统中存在的问题。在评价过程中难免出现不公正的现象，有些是由于评价者主观原因，如对评价不够重视、受不正当动机和目的的支配等致使评价结果不准确，甚至出现徇私舞弊、打击报复等不正当行为；有些是由于客观评价系统的因素，如评价标准模糊等导致的评价不公平。通过建立绩效申诉制度，可为这些问题提供纠错机制，助推绩效管理自我净化和完善，推动绩效的持续提升。

（2）绩效申诉有利于提高绩效评价的可接受性、公平性和公正性。当评价对象对于评价结果产生异议时，可以通过申诉机制表达。相关管理部门通过调查、裁决和纠正错误，可以消除评价对象的不满，保障评价的顺利进行，从而促进评价的公平与公正。

（3）绩效申诉有利于增强评价对象对组织的信任感。如果评价存在不公正现象使评价对象遭到不公正待遇并且无处申诉时，评价对象就会首先对领导失去信任，进而导致对整个组织产生不信任感。如果建立了绩效申诉制度，评价对象对绩效评价结果有异议时就有了表达意见的渠道，会让评价对象感觉受到尊重，就会愿意积极参与到绩效管理过程中，乐于接受评价结果，进而对组织产生信任感。

（二）确定申诉管辖权

申诉管辖是指有权受理评价申诉的组织或部门接受申诉方的申诉请求，并收集资料审查评价过程，最后依据相关规定做出裁决，同时终结申诉活动的行为。这一环节解决的是当评价对象对评价主体的评价产生质疑时应向谁提起申诉的问题。企业可以在内部建立一个由公司管理层、外聘的人力资源顾问组成的绩效考核申诉小组，纠正考核中存在的偏差，有效地控制考核尺度，保障绩效考核的客观公正。所有评价对象，无论是员工还是中高层管理者，只要对评价或反馈有意见或建议，都可以向这个申诉小组反映。申诉管辖要求对申诉的范围、构成和程序进行明确的规定。

（三）界定申诉范围

申诉范围是指申诉机构接受评价争议案件的范围，解决的是什么内容可以申诉的问题，它涉及评价对象合法权益的保障程度，也涉及申诉申请的管辖权限。评价对象可提起申诉的事项至少包括以下几个方面。

（1）评价结果。评价结果可用于对评价对象的奖惩，用于指导评价对象以后的工作，是绩效评价中相当重要的一部分。由于评价结果正确与否关系到评价对象的利益，当评价对象对评价结果持有异议时，应允许其提起申诉。

（2）评价程序。评价程序科学与否影响评价结论的正确性，并有可能侵害评价对象的利益。因此，如果评价对象认为评价主体没有按照科学的或既定的程序进行评价，则有权提起申诉。

（3）评价信息。用于评价的信息正确与否、真实与否关系到评价的准确性和可靠性。因此，如果评价对象认为评价主体用于评价的信息不真实、不可靠，可向申诉机关提起申诉。

（4）评价指标与评价方法。评价方法的选择依赖具体的绩效指标，如果选择的评价方法不妥，会影响评价结果的准确性。另外，不同评价主体常用多种评价方法和不同衡量尺度评价同一个评价对象的情况，进而导致评价结果有所不同。因此，如果评价对象认为评价主体所用的评价指标不合理，或者评价方法不科学或不符合本部门的实际，可以向申诉机构提起申诉。

（四）设计申诉程序

申诉程序是申诉机构进行申诉时必须遵守的时间、步骤和方式等内容。科学、合理的程序是绩效申诉有序进行的保障，申诉机构应该为每一步设置处理期限，并按照科学的程序处理各种申诉，以保证绩效申诉处理的公平公正。科学的申诉程序应包括以下几个方面。

（1）申请。当评价对象对评价结果质疑时，应该及时向申诉机关提出申请。评价申诉是依照“不告不理”原则，依申请而进行的，如果评价对象不提起申请，就不能进入申诉程序。

（2）受理。申诉机构在接到评价对象的申请后，进行审查，看其是否符合申诉范围，是否符合受理的有关条件等，再决定是否受理，如符合条件，就应立案受理。

（3）审理。绩效申诉受理后，申诉机构应调取相关证据，让申诉各方充分表达自己的意见和立场，围绕评价中的问题展开辩论。

（4）裁决。经过充分的论证和审查后，申诉机构应该以事实为根据做出公正的裁决，并将裁决结果送达申诉各方。

（5）执行。绩效申诉结果裁决后，申诉各方应在规定期限内执行。申诉机构应加强对申诉处理决定执行情况的监督。

第四节 绩效评价结果的应用

绩效评价结果的有效应用是防止绩效管理系统“空转”现象的保障性环节，甚至关系到整个人力资源管理系统的成败。在企业管理实践中，绩效评价结果主要应用在两个方面：一是作为绩效改进的依据，二是作为人力资源管理决策的重要依据，其中最重要的应用是作为绩效薪酬决策的基础。

一、绩效改进

绩效改进既是绩效评价结果的重要应用领域，又是绩效反馈面谈当中重要的沟通内容。传统的绩效管理侧重于评价已经发生的工作绩效，而现代绩效管理则强调如何改进绩效，使个人取得发展的同时，推动部门的发展，从而实现组织的战略目标。因此，绩效改进是一个系统化的过程，指的是通过对现有绩效状态的诊断，找出与理想绩效之间的差距，制定并实施相应的干预措施来缩小绩效差距，从而提升个人、部门和组织绩效水平的过程。绩效改进可以分为绩效诊断、绩效改进计划的制订、绩效改进计划的实施与评价三个阶段。

（一）绩效诊断

绩效诊断是绩效改进过程的第一步，也是绩效改进最基本的环节，具体是指用适当的方法，对个人、部门和组织等层面存在的绩效差距进行诊断与分析，找出导致绩效不佳的原因，并编制绩效诊断报告的过程。对绩效诊断与分析的理解通常从如下三个方面进行。

1. 绩效诊断的方法

绩效具有多因性的特征，只有在充分研究各种可能的影响因素的前提下，我们才能够找到问题的症结所在，从而对症下药。我们在研究绩效问题时应该抓住目前影响绩效的众多因素中的关键因素，才能更有效地对员工绩效进行管理。在绩效管理实践中，绩效诊断与分析通常需要采取相对一致的诊断与分析路径，从而保障诊断与分析的效果，也使管理更加规范和统一。根据学者们的研究，如下两种方法是诊断绩效不佳影响因素的方法。

1）四因素法

四因素法主要是从知识、技能、态度和环境四个方面着手分析绩效不佳的原因，如图

5-2 所示。

知识：员工是否具有从事这方面工作的知识和经验？

技能：员工是否具备运用知识和经验的技能？

态度：员工是否有正确的态度和自信心？

环境：组织激励政策及与直接上级的关系是否影响了员工的积极性？（激励机制）

是不是缺乏资源导致了最终的不良绩效？（资源）

组织的流程是否影响高绩效的实现？（流程）

组织的人际关系、气氛等是否不利于完成绩效目标？（组织氛围）

是否存在影响绩效的外部不可控因素？（外部障碍）

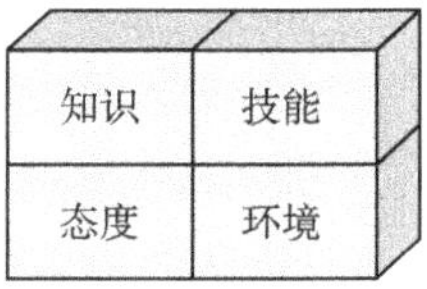

图 5-2　影响绩效四因素法

2）三因素法

三因素法提出从员工、主管和环境三方面来分析绩效问题（图 5-3），认为绩效未达到预期的绩效水平，要从以下三方面来考虑。

图 5-3　影响绩效三因素法

第一，在员工方面，可能所采取的行动本身是错误的，或者是应该做的而没有去做。原因可能是主管的要求不明确、个人知识和技能不足、缺少动机等。

第二，在主管方面，可能因为主管的管理行为不当而员工无法发挥其能力，或者主管没有帮助员工改进其工作。通常从两个方面分析主管的管理行为：其一，是否管了不该管的事情，如监督过严，施加不当的压力；其二，是否有该管的事情没管好或者没管，如主管没有明确工作要求，没有对员工的工作给予及时、有效的反馈，对员工的建议不予重视，不授权给员工，不给员工提供教育和培训的机会，不鼓励员工尝试新方法和新技术。

第三，在环境方面，包括员工工作场所和工作气氛的因素。可能对绩效产生影响的方面有工具或设备不良、原料短缺、工作条件不良（噪声、光线、空间和其他干扰等）、人际关系紧张、工作方法或设备的改变造成工作困难等。

四因素和三因素两种分析方法各有特点。前者主要是从完成工作任务的主体来考虑，通过分析员工是否具备承担此项工作的能力和态度来分析产生绩效问题的原因，这种方法容易造成管理缺位，即把绩效问题产生的原因归结为员工主观方面的问题，而忽视了管理者在产生绩效问题方面的责任，不利于全面查找产生绩效问题的真正原因，同时也不易被员工接受。后者从更宏观的角度去分析问题，较容易把握产生绩效问题的主要方面，并认识到管理者在其中的责任。有效的绩效诊断需要管理者和组织成员进行充分沟通，并对产生绩效不良的原因达成一致意见，这通常要求整合使用三因素和四因素两种方法，如表 5-2 所示。

表 5-2　绩效诊断表

影响绩效的维度		绩效不良的原因	备注
个人	知识		
	技能		
	态度		

续表

影响绩效的维度		绩效不良的原因	备注
主管	辅导		
	其他		
环境	内部		
	外部		

2. 找出绩效改进点

通过科学准确的绩效评价，将组织、部门和个人的绩效评价量表中的目标值与实际值进行对比，就可以得出组织、部门和个人三个层面的绩效差距。但由于组织资源有限，弥补绩效差距需要付出大量的人力、物力和财力，如果在很多方面都存在绩效差距，就需要对绩效改进要点进行取舍。就这个问题国内外有许多研究，如塞莫·勒维就提出了一种二维的选择方法，如表 5-3 所示。要综合考虑每个拟选定项目所需的时间、精力和成本因素，选择用时较短、精力花费少及成本低的，也就是比较哪个项目更划算。除此之外，绩效差距与组织战略的相关性程度、存在差距的部门在组织结构中所处位置的重要性程度等都是确定绩效差距排序的重要因素。

表 5-3 选择绩效改进要点的方法

绩效	不易改变	容易改变
亟须改进	将其列入长期改进计划，或者与绩效薪酬一同进行	首要选择
不需要改进	暂时不列入改进计划	第二选择（有助于其他困难的绩效改进）

3. 编制绩效诊断报告

绩效诊断报告是对前期分析工作的汇总和总结。要按照个人、部门和组织三个层次编制绩效诊断报告，一方面展示现阶段的绩效差距及原因，另一方面为下一步设计和实施绩效改进计划打下基础。

（二）绩效改进计划的制订

在完成系统的绩效诊断之后，就要开始选择设计和开发能够针对绩效差距根本原因的、缩小或消除绩效差距的方案，这些方案的组合就是绩效改进计划。绩效改进计划是为了实现组织目标，使员工绩效不断改进以达到组织要求的工作计划，具体来讲是指具体规划应该改进什么、应该做什么、由谁来做、何时做以及如何做的过程。绩效改进计划成败与改进措施的选择有直接关系。

1. 改进措施的选择

好的绩效改进计划有两个标准：一是对症下药（针对性），二是量体裁衣（经济性）。经过绩效诊断环节，明确了绩效差距，找出绩效改进点，管理者和员工就可以按照标准考虑绩效改进措施的选择。

一般来说，管理者可采取的行动包括：参加组织内外关于绩效管理、人员管理等培训，向组织内有经验的管理人员学习，向人力资源管理专家咨询等。在环境方面，管理者可以适当调整部门内的人员分工或进行部门间人员交流，以改善部门内的人际关系；在组织资源允许的情况下，尽量改善工作环境和工作条件等。而员工可采取的行动包括：向主管或有经验的同事学习，观摩他人的做法，参加组织内外的有关培训，参加相关领域的研讨会，阅读相关的书籍，选择某一实际工作项目，在主管的指导下训练等。在具体选择改进措施时，管理者应该根据企业的实际情况，对各种改进措施进行有效的组合。

2. 绩效改进计划的内容

制订绩效改进计划，首先必须明确绩效改进计划的主要内容。通常情况下，绩效改进计划包括如下几个方面的内容。

（1）员工基本情况，直接上级的基本情况以及该计划的制订时间和实施时间。

（2）根据上个绩效评价周期的绩效评价结果和绩效反馈情况，确定该员工在工作中需要改进的方面。

（3）明确需要改进和发展的原因，这一点是非常必要的。一般应该附上上一个评价周期中该员工在相应评价指标上的得分情况和评价者对该问题的描述或解释。

（4）明确写出员工现有的绩效水平和经过绩效改进之后要达到的绩效目标，并在可能的情况下将目标明确地表示为员工在某个绩效评价指标上的评价得分。

仅仅明确内容，还不足以制订出合适的改进计划。在制订过程中，通常还需要满足如下两个具体要求。

（1）对存在的问题提出的改进措施应当尽量具体并富有针对性。每个改进项目都需要围绕组织目标的实现来谋划各项具体改进内容，并确定每个改进项目的具体责任人和预期需要时间，有时还可以说明需要的帮助和资源。例如，就某一方面进行培训，就应当列出培训的形式、内容、时间、责任人等。绩效改进计划制订的落脚点是员工绩效改进计划的制订，对特殊的问题，还应提出分阶段的改进意见，使员工逐步改进绩效。例如，某公司通过将绩效反馈面谈和绩效改进有效结合，来保障绩效改进计划的针对性问题，如表5-4所示。

表5-4 绩效反馈面谈和改进计划书模板

部门名称：　　职位编号：　　任职者姓名：　　时间：

本期评价结果摘要			
结果总体概述			
不良绩效陈述			
本期不良绩效的原因分析			
影响绩效的维度		具体问题	原因分析
员工	知识		
	技能		
	态度		
主管	辅导		
	其他		

续表

<table>
<tr><td colspan="2">影响绩效的维度</td><td>具体问题</td><td colspan="2">原因分析</td></tr>
<tr><td rowspan="2">环境</td><td>内部</td><td></td><td colspan="2"></td></tr>
<tr><td>外部</td><td></td><td colspan="2"></td></tr>
<tr><td colspan="5">备注：</td></tr>
<tr><td colspan="5">绩效改进计划</td></tr>
<tr><td colspan="2">计划采取的措施</td><td>预期目标</td><td>执行者/责任人</td><td>执行时间</td></tr>
<tr><td colspan="2"></td><td></td><td></td><td></td></tr>
<tr><td colspan="2"></td><td></td><td></td><td></td></tr>
<tr><td colspan="2"></td><td></td><td></td><td></td></tr>
<tr><td colspan="5">备注：</td></tr>
<tr><td colspan="2">任职者签字</td><td></td><td>直接主管签字</td><td></td></tr>
</table>

（2）绩效改进计划应当是在管理者和员工充分沟通的基础上制订的。单纯按照管理者的想法制订绩效改进计划，可能会使改进项目脱离实际，因为管理者并不一定很确切地知道每个员工的具体问题，管理者认为应该改进的地方可能并不是员工真正需要改进的地方。另一个极端是单纯按照员工个人的想法着手制订计划，虽然让员工制订绩效改进计划可以激发其积极性，但是员工有可能避重就轻，漏掉重要的项目。只有管理者和员工就这一问题进行充分探讨，才能有效地实现绩效改进的目的。

（三）绩效改进计划的实施与评价

在制订了绩效改进计划之后，管理者应该通过绩效监控和沟通实现对绩效改进计划实施过程的控制。这个控制的过程就是监督绩效改进计划是否能够按照预期的计划进行，并根据被评价者在绩效改进过程中的实际工作情况，及时修订和调整不合理的改进计划。管理者应当督促员工实现绩效改进计划的目标，并且主动与员工沟通，全面了解员工在改进过程中存在什么困难和障碍，以及需要为之提供什么样的帮助等。

成功的绩效改进计划离不开评价和反馈。绩效改进计划的完成情况反映在员工前后两次评价的结果中。如果员工在两次评价中的结果有显著的提高，就在一定程度上说明绩效改进计划取得了一定的成效，今后可以在一定范围内推广使用。而如果员工在两次评价中的结果并没有得到显著提高，则应该反思绩效改进计划的有效性。尤其要与员工一起探讨原因分析的准确与否、干预措施开发的恰当与否等问题，以便为下一步绩效改进计划的制订打下基础。

下面是一个具体的案例。李明是某公司的一名普通销售员，入职时间不长。某个月他的计划销售量为150吨，实际销售量为130吨，没有完成销售指标。经过绩效面谈，发现主要原因有两点：一是他销售技巧掌握不够，主要体现在与客户洽谈业务方面的能力不够，不能很好地把握客户的心理和真正需求；二是入职时间短，对公司的产品相关知识还不够深入全面。但是他进取心强，有进一步学习和改进的愿望。根据李明的实际情况，主管领导和他讨论后制订了如下的绩效改进计划，如表5-5所示。经过自主学习、参加培训和现场观摩，李明在年终考核时取得了满意的成绩，得到领导的赏识和同事的赞许。

表 5-5 员工绩效改进计划表

姓名：李明			职位：销售业务员			
直接主管：区域经理			制订计划日期：6 月 15 日			
绩效改进点	目前绩效等级与诊断原因		理想绩效等级与改进措施		责任人	下次考核时间
客户沟通能力	1 级	与客户洽谈业务是销售人员的主要工作内容，而李明本人在这方面有较大不足	3 级以上	1. 参加集团组织的“有效的洽谈业务技巧”培训； 2. 与优秀业务员一同会见客户，观察并学习其与客户洽谈业务时好的做法	公司优秀业务员	12 月（年终考核）
产品知识	1 级	这是业务员必须知道的，他却不太清楚	4 级以上	1. 阅读集团产品介绍； 2. 参加集团组织的产品知识培训； 3. 向其他员工请教	本人	9 月 30 日

二、绩效评价结果在各人力资源管理职能中的应用

绩效管理是人力资源管理系统的核心模块，而绩效评价结果的应用则是连接绩效管理与人力资源管理各项决策的纽带。一般来讲，评价结果除了运用在绩效诊断与绩效改进之外，还应该运用于人力资源管理其他子系统，如招聘与甄选、职位变动、培训与开发、薪酬等。

（一）用于检验招募与甄选的预测效度

招募与甄选是人力资源管理的重要职能之一，是指组织通过运用一定的手段和工具，对求职者进行鉴别和考察，区分他们的人格特点与知识技能水平，预测他们的未来工作绩效，从而最终挑选出组织所需要的、适当的职位空缺填补者的过程。在研究招募与甄选的效度（即有效性）时，通常都选用绩效评价结果作为员工实际绩效水平的替代，在人员招募与甄选的过程中担当重要的效标。也就是说，在绩效评价系统准确的前提下，如果新员工的评价结果比较优秀，那么说明招募与甄选的预测效度较好，是有效的；反之，就说明招募与甄选的预测效度不佳，需要在方法技术上进一步完善。

（二）用于做出职位变动的决策

评价的结果是职位变动的重要依据。职位变动不仅包括纵向的晋升或降职，还包括横向的工作轮换。如果评价的结果表明某些人员无法胜任现有的工作岗位，就需要查明原因并果断地进行职位调换，将他从现有的岗位上换下，安排到其他能够胜任的岗位。同时，通过绩效评价还可以发现优秀的、有发展潜力的人员，需要积极的培养和大胆的提拔。这种培养还包括在各个职位之间的轮岗，培养其各方面的能力并熟悉组织的运作，为其今后在部门间的交流与协调做好准备。

（三）用于确定培训与开发的内容

尤金·麦克纳（Eugene McKenna）和尼克·比奇（Nic Beech）将绩效评价分为发展

性评价与评价性评价。发展性评价在系统分析评价对象的发展需要之后，主要关注的是如何对评价对象将来的绩效表现做出预测；评价性评价将着眼点放在对评价对象做出判断上，往往与薪酬决定挂钩。因此，发展性评价更加注重如何确定评价对象可以改进的知识和技能，从而达到开发其工作潜力的目的。这种类型的评价往往与员工的职业生涯规划相联系。人力资源的培训与开发是一种提高个人能力和组织绩效的有计划的、连续性的工作。培训的主要目的是使组织成员获得目前工作所需的知识和能力，着眼于当前的工作；而开发的主要目的则是使组织成员获得未来工作所需的知识和能力。通过绩效评价和绩效诊断，组织可以找出组织成员由于个人知识、技能等方面存在的、导致不能完全胜任工作的缺点和不足，进而有针对性地对这些方面进行培训。另外，组织也有可能对未来的变化进行考虑，当绩效评价结果显示组织成员不具备未来所需要的技能或知识时，对其进行开发是常见的选择。另外，绩效评价结果也可以作为培训的效标，也就是用绩效评价结果衡量培训的效果。

（四）用于薪酬的分配和调整

绩效评价最初的目的就是更好地评价个人对团队或组织绩效的贡献，以更好地在薪酬分配的过程中体现公平原则。一般而言，为了强调薪酬的公平性并发挥薪酬的激励作用，组织成员的薪酬中都会有一部分与绩效挂钩，当然因职位不同，与绩效挂钩的薪酬在总薪酬中所占的比例也会有所不同。如何有效地发挥薪酬的激励作用，寻求绩效管理与薪酬管理有机结合的方式，是大多数组织面临的一个难题。绩效评价结果在薪酬决策中的应用非常重要，本书第六章专门对此进行详细讲解。

思考题

1. 绩效反馈有哪些重要作用？
2. 360 度绩效反馈计划的优缺点是什么？如何成功实施 360 度绩效反馈计划？
3. 请自拟情境设计一个绩效反馈面谈计划。
4. 解释绩效评价与绩效改进之间的关系。
5. 绩效评价结果在人力资源管理决策中有哪些作用？

第六章　绩 效 薪 酬

绩效薪酬（performance-related pay，PRP）是一种与绩效管理制度相联系的薪酬管理制度，同时也可以被视为组织激励计划（incentive plans）的一个组成部分。绩效薪酬作为绩效结果应用的最重要的形式之一，对绩效管理系统甚至人力资源管理系统的构建具有重要的作用。

第一节　绩效薪酬概述

一、薪酬概述

（一）薪酬的基本概念

薪酬（compensation）是指员工因向其所在单位提供劳动或劳务而获得的各种形式的报酬，它有广义和狭义之分。狭义的薪酬是指员工获得的工资、奖金等以金钱或实物形式支付的劳动报酬。广义的薪酬包括经济性薪酬和非经济性薪酬（图 6-1）。经济性薪酬包括以基本工资、绩效工资、激励工资、加班及假日津贴、利润分红、股票期权等直接以货币形式支付的直接薪酬，也包括以医疗保健计划、带薪休假、组织提供的服务及额外津贴等间接货币形式支付的间接薪酬。非经济性薪酬是指个人对企业及工作本身在心理上的一种享受。这些难以用货币来衡量，只是一种心理上的享受，如私人秘书及司机、舒适的办公环境、特定的停车位、宽裕的午餐时间、体面的头衔等。本书中探讨的薪酬是指员工因被雇佣而获得的各种以物质形态存在的经济收入、有形服务和福利等，即经济性薪酬。

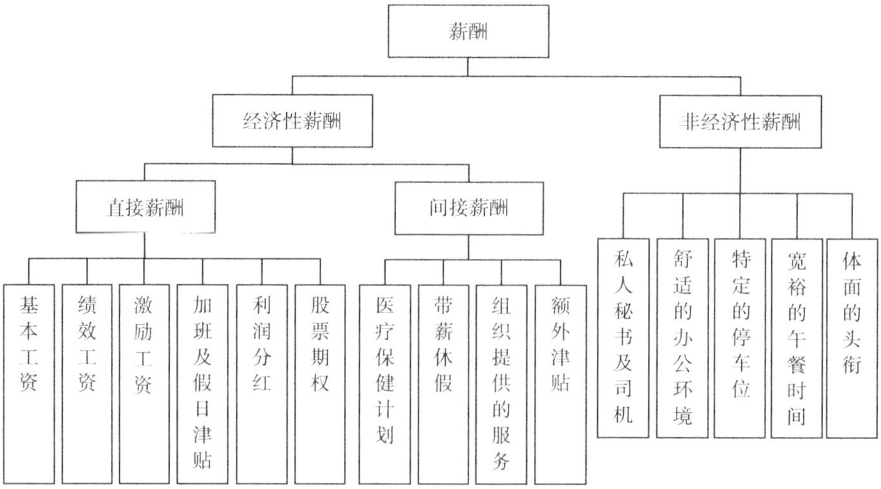

图 6-1　薪酬的构成

薪酬不仅是组织财务成本的一部分，更是组织进行人力资本投资的重要手段。它关系到什么样的员工会被吸引到组织中，关系到组织能否留住所需要的人才，也关系到能否将员工的个人利益与组织的长远利益有机地结合起来，对员工的工作行为和态度产生重要的影响。因此，薪酬体系的设计不仅关系到组织的运行成本，更与各方面的管理控制系统的运作效率密切相关。

（二）确定薪酬的基本原则

对公平的追求可能是薪酬决定中最重要的原则。公平原则主要包括两层含义：一是外部公平；二是内部公平。所谓外部公平，就是与其他组织的工资水平相比，本组织所支付的工资水平必须是有竞争力的，否则将难以吸引并留住合格的员工；所谓内部公平，就是与组织内其他人得到的工资相比，员工能够感到自己得到的工资水平是公平的。

另外，美国薪酬管理专家米尔科维奇提出的薪酬设计四维模型也成为现代企业薪酬体系设计的基本原则，具体包括内部一致性、外部竞争性、激励性和管理的可行性。内部一致性，主要是指员工相对于组织中从事相同工作的其他员工、相对于组织中从事不同工作的员工，是否获得了适当的报酬。外部竞争性，主要是指相对于其他组织中从事类似工作的员工，本组织中的员工获得报酬的高低。实际上是一个组织的薪酬水平高低以及由此产生的企业在劳动力市场上的竞争能力大小。激励性，主要强调员工的报酬要与业绩相联系，根据员工的业绩表现对其报酬进行调整。激励性主要是通过绩效考核，并根据考核结果来确定激励方案而实现的。管理的可行性，主要是指对于薪酬体系必须进行科学的规划，以保证薪酬体系能够得以有效运行，确保前面三项目标能够实现。

（三）薪酬的基本制度

从总体上看，组织基本的薪酬制度可以按照确定依据的不同划分为两类：一类是“以工作为基础的薪酬制度”（job-based pay）；另一类是“以人为基础的薪酬制度”（person-based pay）。

1. 以工作为基础的薪酬制度

以工作为基础的薪酬制度需要基于职位特征进行设计，其基本工资的确定方法严格遵守公平原则的要求。其中，市场定价法主要体现了外部公平原则的要求，工作评价法则主要体现了内部公平原则的要求。

1）市场定价法

市场定价法就是指以相应职位在劳动力市场上的工资水平为标准确定员工工资水平的方法，其基本手段是进行薪酬调查（salary survey）。薪酬调查在确定员工报酬时起着关键的作用。实际上，不论采用哪一种薪酬方案，薪酬调查几乎都是最基本的步骤之一，这是由外部公平原则决定的。在市场定价法中，企业的薪酬水平完全由市场水平决定。这种定价方法的基本步骤包括：准备好简明的职位说明书，然后寻找市场上与该职位类似的职位相对应的平均工资水平。这种确定工资的方式往往只运用于各种工资方案中的基准职位（benchmark job）。

2）工作评价法

所谓工作评价法，是一种以每个职位在组织中的相对价值为基础来确定薪酬水平的薪酬决定方法。工作评价（job evaluation）技术是人力资源管理中技术性最强的工作之一，它要求建立一套适用于本组织的评价尺度和标准，采用科学的量化评价手段对每个职位的价值水平进行评价。工作评价法被视为追求薪酬水平内部公平原则的最重要的手段，是确定基本工资水平的一种重要的方法。即使在实行各种新型薪酬方案的组织中，工作评价法作为确定基本工资水平的方法仍被广泛应用。工作评价法的具体实施步骤如下。

第一步，确定本组织中的基准职位，即重要典型职位，通过进行薪酬调查确定这些职位的市场薪酬水平，再根据企业其他方面的政策和战略确定基准职位的薪酬水平。

第二步，确定每个职位的相对价值。工作评价的方式包括最简单的排序法和常用的要素记点法以及比较复杂的要素比较法。

第三步，将类似职位归入同一工资等级。在确定了每个职位的相对价值之后，我们就可以将类似的职位归入同一个工资等级。不论使用哪一种评价方法，我们都可以将相对价值类似的职位归入同一个工资等级。

第四步，根据基准职位的工资水平确定每个工资等级的工资水平，并对工资率进行微调。

2. 以人为基础的薪酬制度

企业为了获得持续竞争力需要不断提升员工技能，因此在以职位为基础的薪酬制度上，引入了一种“以人为基础”的薪酬方式，作为对原有薪酬制度的补充。在这种以人为基础的薪酬制度下，员工的技术水平、知识水平和能力水平成为确定薪酬水平的标准，只有在员工个人的技能水平提升的情况下，员工的薪酬才会相应地有所提升。以人为基础的薪酬制度通常可以分为“以技术为基础的薪酬制度”（pay for skills）和“以能力为基础的薪酬制度”（pay for competency）两类。

（1）以技术为基础的薪酬制度。以技术为基础的薪酬制度又称为以技能为基础或以应用知识（knowledge）为基础的薪酬制度，这种薪酬制度通常适用于生产工人或技术人员。该薪酬制度已经在西方国家存在较长的时间，但目前仍然广泛使用。

（2）以能力为基础的薪酬制度。能力（competency）通常是指员工所拥有的知识、技能和潜力等能够带来更好绩效表现的个人特征。这种薪酬制度更加适用于企业中的职能管理类人员。通常，薪酬专家主张将能力分为基础能力和战略性能力。其中，基础能力是与职能标准相对应的、履行某个职位应具备的能力；而战略性能力则指的是比前者更难以获得的、能够影响组织竞争优势的能力。虽然素质模型的提出为以能力为基础的薪酬制度提供了理论基础，但是基于素质模型的薪酬制度对管理者提出了更高的要求，因为以能力（潜在绩效）为基础设计薪酬制度比按员工“已有的业绩表现”提供薪酬更复杂。

以人为基础的薪酬制度又称为技能工资制，这种制度的优势主要体现在如下三个方面。

（1）能够更有效地实现内部公平。在以职位为基础的薪酬制度下（包括工作评价制度和市场定价制度），职位的职能通常比较稳定，薪酬水平的增长速度不会很快。而以人为基础的薪酬制度为员工提供了更多的薪酬增长机会，更有利于实现内部公平。但在现实中，一些员工可能会得到管理者的“偏爱”而获得更多的指导和接受培训的机会，这样他们就能够更好地提高自身的技能。在这种情况下，同工不同酬的现象恰恰反映了内部的不公平性。

（2）可以适应工作内容不断变化的情况。以人为基础的薪酬制度能够有效地适应一些工作内容不断变化的职位。在一些组织中，常常存在着根据设备运转或客户服务的需要而在不同的职位之间调配人员的情况。对于那些不是从事某种固定工作的员工来说，实行以职位为基础的薪酬制度并不适合，而以人为基础的薪酬制度就能够适应这种情况的需要。

（3）引导员工进行长期的自我开发。以人为基础的薪酬制度适用于以长期雇佣为原则的组织。这种薪酬制度体现了组织对员工的期望，倡导员工不拘泥于职位所规定的工作职责，而应该通过提高个人的技能水平在组织中寻求职业生涯的进一步发展。

二、绩效薪酬的概念

绩效薪酬是一种激励性薪酬方案，具体是指将员工的收入与绩效水平相挂钩的薪酬制度。绩效薪酬方案的宗旨在于：通过将员工的薪酬水平与绩效水平挂钩的做法，鼓励员工像考虑个人利益一样考虑企业的战略目标，从而促进企业战略目标的实现。在实践中，以能力为基础的薪酬制度和以技能为基础的薪酬制度常常与绩效薪酬制度结合运用。

绩效薪酬最早起源于弗雷德里克·泰勒（Frederick W. Taylor）创造的计件工资报酬制度。早在19世纪晚期，泰勒作为米德韦尔钢铁公司（Midvale Steel Works）的基层管理者，就十分关注“有组织的怠工”（soldiering）的现象。他发现，工人有以尽可能慢的速度工作、把产量维持在可接受的最低水平的倾向。当时，已经存在简单的计件工资制，但实施的效率并不高，工人根据产品数量和计件工资率来确定其收入。然而，部分雇主往往根据工人生产率的提高相应地削减计件工资率，这种行为导致工人只愿生产能够得到可以维持其生活的工资水平的产量，以避免生产率的提高导致计件工资率下降。泰勒针对这一问题，提出应根据科学、正规的观察和分析方法确定标准的、能被广泛接受的工作标准，由此产生了著名的科学管理（scientific management）运动。泰勒所倡导的激励性的计件工资报酬制度基于科学的工作标准，成为激励性薪酬制度的最初形式。20世纪30年代，科学管理运动让位于行为科学理论。行为科学理论将人性假设引入“社会人”时代，成为当时受到广泛关注的一种管理哲学。当时，产生了以注重满足工人社会需要为特征的管理手段，这种关注导致了绩效薪酬计划的复兴。

三、绩效薪酬的特征

企业需要根据自身情况设计形成适合本组织实际的绩效薪酬制度，这就需要了解绩效薪酬制度的基本特征。通常，绩效薪酬制度应该具有如下特征。

（1）与战略的一致性。绩效薪酬战略必须与组织的发展战略相匹配，才能够为实现组织战略服务。为了使薪酬制度更好地为组织的战略目标服务，薪酬制度所鼓励的员工行为就应该围绕着组织的重要目标进行。例如，选择产品领先战略的企业，通常致力于领导市场潮流，其薪酬方案应该使企业能够吸引那些具有冒险精神和学习精神的人才；选择成本领先战略的企业，通常想通过降低生产成本取得竞争优势，其薪酬方案应当对那些有利于提高经营效率或降低成本的行为进行奖励。因此，薪酬战略通过与组织战略保持一致，来促进组织成员的行为与组织战略的要求保持一致。

（2）与绩效的相关性。根据强化理论和期望理论，只有在绩效和薪酬之间建立一种明确的相关关系，才能够使薪酬制度真正发挥激励作用。实际上，实现绩效和薪酬之间的一致性是使薪酬与战略一致的最直接的手段，即通过建立绩效与薪酬之间的相关性，我们可以利用绩效管理手段引导组织成员的行为，从而使其行为有利于组织战略的实现。

（3）系统的完整性。高绩效的组织通常都能有效整合各种薪酬计划，充分利用各种薪酬计划的特点为组织战略服务。组织通常根据战略发展的要求和自身人员的条件整合各种绩效薪酬方案，从而形成一套提升组织整体能力的薪酬体系。每种计划都是该体系中不可或缺的一部分：有的计划侧重给予组织成员稳定的、基本的生活保障，有的计划则强调鼓励组织成员做出突出贡献；有的计划侧重短期结果，有的计划则强调奖励有利于组织长期发展的行为；有的计划基于组织或团队的绩效，鼓励团队合作，有的计划则强调个人的创新和突破。

（4）制度的灵活性。之所以强调制度的灵活性，主要出于两方面的考虑：一方面，世界上没有完美的薪酬制度，任何组织都应该根据自身的特点设计适合的薪酬制度；另一方面，组织面临的情况也在不断地变化，只有具有一定的灵活性，才能够持续地根据现有的状况对薪酬制度进行恰当的调整。

四、绩效薪酬的理论基础

一个组织的薪酬方案之所以十分重要，除了因为薪酬是组织最重要的成本之一以外，还有一个重要的原因，即薪酬方案通常被视为激发和引导员工行为的工具。我们在前面谈到的确定薪酬的基本原则——公平原则，就可以解释薪酬对员工行为的影响作用。大多数员工都会把他们的收入与其他员工进行比较，如果薪酬方案中的不合理因素使员工产生了不公平的感觉，可能会引发员工的一些对企业不利的行动。此外，下面三个理论能够帮助我们更好地理解薪酬方案产生的效应。

（1）强化理论（reinforcement theory）。强化理论是由美国著名的心理学家伯哈斯·弗雷德里克·斯金纳（Burrhus Frederic Skinner）提出的。该理论认为正强化或负强化对人的行为产生影响，并能修正其行为，所以也叫做行为修正理论。强化理论只讨论外部因素或环境刺激对行为的影响，忽略了人的内在因素和主观能动性对环境的反作用，具有机械论的色彩。但是，许多行为科学家认为，强化理论有助于对人们行为的理解和引导。在管理实践中运用该理论并不是对员工进行操纵，而是使员工有一个最好的机会在各种明确规定的备择方案中进行选择。桑代克（E. L. Thorndike）的效果定律表明，那种得到过薪酬强化的行为更有可能在未来重复发生。将这一定律运用于薪酬方案的设计，如果绩效较高的员工能够得到相应较高的薪酬回报，他们就更有可能在将来达到更高的绩效水平。

（2）期望理论（expectancy theory）。期望理论是由美国著名的心理学家和行为科学家维克托·弗鲁姆（Victor H. Vroom）提出的。该理论认为，一个人从事某项活动的动力（激励力）大小，取决于该项活动的成果实现概率的大小（期望值）、工具性（手段性）以及该项活动所产生成果吸引力的大小（效价）这三项因素。期望理论暗含这样一个假设，即提高相应绩效水平所能获得的报酬水平会增强员工的工作动机，从而提高工作绩效。

(3) 代理理论 (agency theory)。代理理论的核心内容在于，它分析了企业的不同利益相关群体之间存在的利益差异与目标分歧，并研究了如何利用薪酬制度使这些不同利益群体的利益与目标相一致。随着现代企业的发展，出现了所有权与经营权的分离，主要表现为大量大型企业的股东已经脱离了企业的日常经营活动。这种所有权与经营权的分离除了其存在的合理性之外，同时也产生了代理成本的问题，主要表现为委托人（所有人）与他们的代理人［如首席执行官（chief executive officer，CEO）等企业高层管理者］之间由于利益不一致而产生的额外成本。以代理理论为基础设计企业非高层管理者的薪酬，对协调各方利益和实现股东利益最大化有指导作用。

第二节 绩效薪酬制度

绩效薪酬能够将员工的工作绩效与他的工作收入相挂钩，而绩效薪酬的具体形式则是多种多样的。通常，在实践中使用的都是各种薪酬方案的综合形式。为了更好地理解绩效薪酬的运作方式，我们在此简要介绍几种常见的类型并做出比较和分析。

一、适用于生产工人的绩效薪酬制度

(一) 原理概述

在介绍绩效薪酬制度时，我们首先介绍通常仅适用于生产工人的几类绩效薪酬制度。生产工人的工作绩效可以直接反映在工作数量和质量上。因此，适用于生产工人的绩效薪酬制度具有一定的特殊性。通常，可以用产量系数和品质系数表示员工在工作数量和质量方面的绩效表现情况。这两种系数都是通过将实际的生产情况与生产标准相比较，得出的用于衡量实际生产状况的指数。

产量系数的计算公式是

产量系数=实际产量/标准产量

从式中可以看出，产量系数与员工的实际产量成正相关关系，如图 6-2 所示。

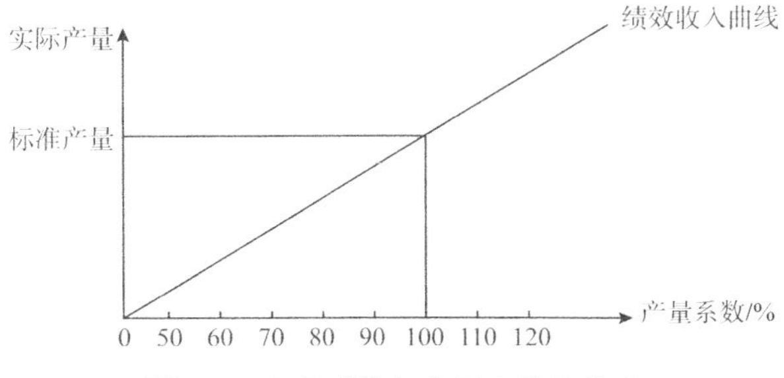

图 6-2 产量系数与实际产量的关系

品质系数能够反映员工的工作绩效在质量上的表现。如果只评价产量而不评价品质，就不能真正反映员工的工作业绩。在确定品质系数前，首先应确定一个标准的品质要求。例如，某企业用废品率作为衡量品质的标准。当废品率为标准废品率 3.0%时，品质系数等于 1。实际废品率每降低 0.1 百分点，品质系数将提高 0.1，由此可以得到如表 6-1 所示的品质系数表。

表 6-1 品质系数表

废品率/%	…	2.7	2.8	2.9	3.0	3.1	3.2	3.3	…
品质系数	…	1.3	1.2	1.1	1.0	0.9	0.8	0.7	…

另外，当员工的工作时间一定时，通过衡量生产单位产品的时间同样能够反映员工工作业绩中产量的情况。在这种情况下，产生了与产量系数作用相同的效率系数，计算公式为

效率系数＝生产单位产品的标准时间/生产单位产品的实际投入时间

当使用产量系数计算生产工人的绩效收入时，就是在使用计件工资制。而标准工时制作为计件工资制的衍生品，正是以效率系数替代了计件工资制中使用的产量系数。下面我们将对此做出详细的解释。

在产量系数和品质系数一致的情况下，员工的绩效收入（即与绩效相关的收入，可以是全部收入，也可以是收入的一部分，如个人绩效奖金收入）可以通过下式计算：

绩效收入＝产量系数×品质系数×计算基数

上式体现了适用于生产工人的绩效薪酬制度的基本原理，各种具体的绩效薪酬形式就是在这个基本公式的基础上设计出来的。

（二）计件工资制

最原始也最常见的绩效薪酬形式就是适用于生产工人的计件工资制。计件工资制（piece-rate system）是指企业通过确定每件产品的计件工资率，将生产工人的收入与产量直接挂钩来确定工资的一种形式。计件工资制适用于那些生产的产品品质单纯、易于控制、变化少的生产工人。计件工资制以工作的实际业绩计酬，计算简便，并能够有效地激发员工提高生产效率，因而从泰勒时代一直使用到今天。

为了建立有效的计件工资制，企业必须进行科学的工作评价和工业工程设计。工作分析的过程能够帮助企业确定每小时工资率。此外，为了确定计件工资率，还需要明确产量标准。通过工业工程设计可确定产量标准，即一般可以用单位产品的标准耗时或每小时的标准产量来表示产量标准。例如，某生产线工人的小时工资率为 5 元，产量标准为每小时生产 20 件产品，那么可以得知计件工资率应为 5/20＝0.25（元）。

计件工资制主要有两种形式：一是直线计件工资制（straight piecework plan）；二是有保障的计件工资制（guaranteed piecework plan）。在实施直线计件工资制的企业中，生产工人的全部收入取决于他所生产的产品数量。不论员工的产量达到何种水平，有保障的计件工资制都能够保障员工获得一定数量的基本收入。企业采用有保障的计件工资制，从而确保员工的收入不低于法律规定的最低工资标准。

另外，为了突出计件工资制的激励效果，有些企业还采用根据产量水平的不同确定不同的计件工资率的做法，以体现企业与员工共同分享生产率提高带来的收益。如果员工的产量高于标准产量，超出部分采用的计件工资率会高于一般的标准。

国外常见的计件工资制形式如下。

（1）直线计件工资制：$Y=P\times \mathrm{WP}$。式中，Y 为收入；P 为产量（在此不考虑品质系数，仅指正品的产量）；WP 为计件工资率。

（2）泰勒式的计件工资制：当产量位于标准产量以下时，$Y=P\times WP_1$；当产量位于标准产量以上时，$Y=P\times WP_2$。式中，WP_1为较低的计件工资率；WP_2为较高的计件工资率。

（3）有保障的计件工资制：$Y=\overline{Y}+P\times WP$。式中，$\overline{Y}$为不论产量如何，员工均能够得到的基本工资。

（4）美瑞克计件工资制（D. V. Merrick piecework）。这种计件工资制与一般计件工资制的不同在于，强调鼓励新员工尽快提高产量水平。对于新员工产量增加的部分给予不同的计件工资率 WP_3。

（三）标准工时制

标准工时制（standard hour plan）与计件工资制非常相似，是计件工资制的一种变形。其主要不同之处在于：计件工资制依据产品的计件工资率确定工人的报酬；而标准工时制则依据工人生产效率高于标准水平的百分比付给工人同等比例的奖金。

在这里，生产效率体现为生产单位产品所需的标准工作时间与实际所需工作时间比较的结果（即前面谈到的效率系数）。例如，某工人所在职位的基本工资是每小时 6 元。每日的标准工资收入为 48 元。又假设该职位的产量标准是每小时生产 10 单位的产品，即生产每单位产品需要 6 分钟的工作时间。如果该员工一天（8 小时）生产了 100 单位的产品，他的生产效率可以表示为：单位产品需要的工作时间为 4.8 分钟。根据产量标准，该员工的生产效率为标准的 1.25 倍。因此，该员工当天的收入为 48×1.25=60（元）。

标准工时制具有与计件工资制相同的优点，即便于计算、易于理解和接受。但是，计件工资制和标准工时制都存在一些缺陷。以计件工资制为例，如果雇主发现其工人的收入高于平均水平，往往会提高产量标准（从而降低计件工资率），但这使得许多生产工人对计件工资制产生了不信任感。此外，由于计件工资率是货币形式的（如每件产品的计件工资为 0.8 元），因此，如果在新的工作评价中确定了新的小时工资率，就必须修订计件工资率。另外，由于计件工资率表明了每件产品的价值中所含的工资额，产量标准就必然与收入标准相挂钩，雇主如果试图修改产量标准，即使对修改做出了充分、合理的解释，也会遭到相当多工人的抵制。

在标准工时制中，由于使用效率标准替代计件工资制中的产量标准，计算员工绩效收入时使用的计算基础采用时间单位而不是货币单位。在这种情况下，调整小时工资标准后需要进行的变动比计件工资制来得简单易行。但是，计件工资制所具有的其他一些弱点也是标准工时制所不能避免的。

计件工资制和标准工时制都适用于工作内容相对固定的那些相当专业化的职位，处于这些职位的员工每天周而复始地从事大致相同的工作，但这种特征同时也反映了这两种制度存在的弊端。员工往往仅仅关注产出规定数量的产品（提高生产的速度），倾向于接受与完成工作直接相关的有限的培训。因此，在这些职位中引进新的生产技术或调整生产流程就显得更加困难。另外，这些员工所使用的设备也往往不能得到良好的保养。类似的问题已使许多企业放弃了计件工资制和标准工时制，而代之以同样适用于生产工人的班组激励计划或利润分享计划。

（四）班组激励计划

班组激励计划是计件工资制和标准工时制的改造形式。在这种薪酬制度中，用于计算生产工人绩效收入的依据由前面两种制度中使用的员工个人的工作业绩转变为班组的团队业绩。班组激励计划中用于衡量团队业绩的指标可以是产量系数，也可以是效率系数。一般存在以下三种形式的班组激励计划。

第一种形式要求管理者确定团队中各个成员的工作标准和实际产出水平，然后根据下面的三种方式计算每个员工应得的绩效收入：①按照产量或效率最高的员工的绩效水平衡量每个员工的绩效收入；②按照产量或效率最低的员工的绩效水平衡量每个员工的绩效收入；③按照团队的平均绩效水平衡量每个员工的绩效收入。

第二种形式是根据团队的整体业绩水平确定一个整体的工作标准，每个员工再根据各自的实际工作情况和既定的计件工资率计算应得的绩效收入。

第三种形式是最简化的班组激励计划。在这种形式中不需要确定团队或员工的工作标准，而是依据某个团队能够控制的绩效指标的变化情况，确定团队能够共同获得的绩效奖金。

使用班组激励计划能够有效地提高班组成员的团队意识。在一个班组中，各个职位往往是相关的，因为一个工人的绩效不仅反映其个人努力的结果，也反映其他员工共同努力的结果。班组激励计划能够有效地增强员工团队工作的能力，有助于提高团队的工作业绩。对整个团队的工作业绩进行奖励的方式能够有效地减少员工之间的猜忌，激发他们的团结和合作精神。另外，这种激励计划能够有效地促进在职培训的进行，因为班组中的每一名成员都希望自己能够尽快成为团队业绩的主要创造者，从而获得团队的认可。

班组激励计划也存在诸多问题：首先，由于不是根据员工本人的绩效确定他的收入，员工无法明确地看到个人努力能够带来的收益；其次，还可能存在“搭便车”行为，管理上容易出现问题。

二、绩效工资

（一）绩效工资概述

与前面介绍的适用于生产工人的绩效薪酬制度相比，绩效工资制度以及后面要介绍的各类绩效薪酬制度能够更广泛地运用于组织中的各类员工及管理者。首先介绍两种与工资相关的绩效薪酬制度。

通常情况下，工资是员工所获薪酬中最重要的组成部分。另外，工资往往与社会保障费用的支付和税收等问题直接相关。因此，工资的构成是决定员工薪酬制度主体部分的关键问题。在实行绩效工资制度的企业中，员工的基本工资中有一部分称为绩效工资，这部分工资收入是以员工的当期绩效表现为依据计算的。

绩效工资制度与后面要谈到的绩效调薪制度都是与工资相联系的绩效薪酬制度，这两种薪酬制度在实施方法上存在许多类似的地方。但最本质的区别在于：绩效工资是根据每个评价周期的绩效评价结果进行的一次性加薪或减薪，而绩效调薪则是根据评价结果（通常是年度中的绩效评价结果）累计式地对基本工资进行调整的制度。由于这两种制度之间存在许多相似之处，下面我们要谈到的许多绩效工资实施方法都能够在一定程度上运用于绩效调薪制度的设计。

（二）绩效工资的计算方法

在实施绩效工资计划的企业中，年工资的增长通常与绩效评价等级联系在一起。在这里，工资的增长一般取决于两个方面的因素：一个因素就是由个人的（有时还包括组织的或集体的）绩效评价等级决定的绩效评价系数；另一个因素则是由职位等级决定的计算基数。在后一个因素中，每个企业的具体做法往往并不相同：有的企业根据岗位的级别确定一个最高奖励比例，以现有基本工资或年度薪资总额和与职位相对应的最高绩效工资比例的乘积为计算基数；有的企业则根据现有基本工资所处的等级确定一个绩效工资的基数，甚至直接以原基本工资为计算基数。

最简单的绩效工资的计算公式为

员工本期应得绩效工资额＝现有基本工资额×员工个人的绩效评价系数

式中，员工的绩效评价等级及绩效评价系数如表6-2所示。

表6-2　员工绩效评价等级及绩效评价系数表

绩效评价等级	S	A	B	C	D
绩效评价系数	2	1.5	1	0.5	0.2

某公司员工基本工资标准一览表如表6-3所示。在该例子中，企业根据职位级别的不同设定了不同的职位基本工资的基数，这个基数也构成了绩效工资最初的计算基数。在进行调薪后，绩效工资的计算基数也会随之发生变化。

表6-3　员工基本工资标准一览表（一）

<table>
<tr><th>工资等级</th><th colspan="8">职位等级</th><th>级差</th><th>基本工资基数/元</th></tr>
<tr><td>1</td><td rowspan="5">办事员</td><td></td><td></td><td></td><td></td><td></td><td></td><td></td><td rowspan="7">纵向级差5%</td><td>600</td></tr>
<tr><td>2</td><td></td><td></td><td></td><td></td><td></td><td></td><td></td><td>630</td></tr>
<tr><td>3</td><td rowspan="5">业务助理</td><td></td><td></td><td></td><td></td><td></td><td></td><td>662</td></tr>
<tr><td>4</td><td></td><td></td><td></td><td></td><td></td><td></td><td>695</td></tr>
<tr><td>5</td><td></td><td></td><td></td><td></td><td></td><td></td><td>729</td></tr>
<tr><td>6</td><td></td><td rowspan="5">业务主办</td><td></td><td></td><td></td><td></td><td></td><td>766</td></tr>
<tr><td>7</td><td></td><td></td><td></td><td></td><td></td><td></td><td>804</td></tr>
<tr><td>8</td><td></td><td></td><td></td><td></td><td></td><td></td><td></td><td rowspan="7">纵向级差9%</td><td>876</td></tr>
<tr><td>9</td><td></td><td></td><td rowspan="5">业务主管</td><td></td><td></td><td></td><td></td><td>955</td></tr>
<tr><td>10</td><td></td><td></td><td></td><td></td><td></td><td></td><td>1 041</td></tr>
<tr><td>11</td><td></td><td></td><td></td><td rowspan="4">部门副经理</td><td></td><td></td><td></td><td>1 135</td></tr>
<tr><td>12</td><td></td><td></td><td></td><td></td><td></td><td></td><td>1 237</td></tr>
<tr><td>13</td><td></td><td></td><td></td><td rowspan="4">部门经理</td><td></td><td></td><td>1 348</td></tr>
<tr><td>14</td><td></td><td></td><td></td><td></td><td></td><td></td><td>1 470</td></tr>
<tr><td>15</td><td></td><td></td><td></td><td></td><td></td><td></td><td></td><td rowspan="6">纵向级差15%</td><td>1 691</td></tr>
<tr><td>16</td><td></td><td></td><td></td><td></td><td></td><td></td><td></td><td>1 944</td></tr>
<tr><td>17</td><td></td><td></td><td></td><td></td><td></td><td></td><td rowspan="2">副总经理</td><td></td><td>2 236</td></tr>
<tr><td>18</td><td></td><td></td><td></td><td></td><td></td><td></td><td></td><td>2 571</td></tr>
<tr><td>19</td><td></td><td></td><td></td><td></td><td></td><td></td><td></td><td rowspan="2">总经理</td><td>2 957</td></tr>
<tr><td>20</td><td></td><td></td><td></td><td></td><td></td><td></td><td></td><td>3 400</td></tr>
</table>

某员工是某部门的业务主管，他的基本工资位于10级，基数为1 041元。本期他的绩效评价等级为A等。根据上面的公式，本期该员工应得的绩效工资额为

员工本期应得绩效工资额＝现有基本工资额×员工个人的绩效评价系数
＝1 041×1.5
＝1 561.5（元）

一些企业在确定绩效评价系数时，不仅考虑了员工个人的绩效评价结果，同时还考虑了组织的绩效评价结果，这一因素可以用矩阵的形式表示。根据计算基数的不同情况，表中的数字会落在不同的区间。在表6-4所示的这个例子中，企业以现有工资额或总薪资收入与最高绩效工资比例的乘积为计算基数，且所有分数取值范围都是0～1。

表6-4　绩效工资确定矩阵

个人绩效（权重＝0.5）	组织绩效（权重＝0.5）				
	杰出（1.00）	极好（0.80）	较好（0.60）	可接受（0.40）	不可接受（0）
杰出（1.00）	1.00	0.90	0.80	0.70	0.50
极好（0.80）	0.90	0.80	0.70	0.60	0.40
较好（0.60）	0.80	0.70	0.60	0.50	0.30
可接受（0.40）	—	—	—	—	—
不可接受（0）	—	—	—	—	—

注：确定每个员工绩效工资额的步骤如下：①将员工截至6月的直接工资或薪资的年度总额乘以最高的绩效工资比例；②将步骤①中的计算结果同表6-4中相应的数相乘。例如，某员工截至6月的年度薪资总额为20 000美元，其最高绩效工资比例为7%，其个人绩效和组织绩效都是“极好”，员工的绩效工资额将是1 120美元（＝20 000×0.07×0.80）

资料来源：改编自德斯勒G. 人力资源管理［M］. 第六版. 刘昕，吴雯芳译. 北京：中国人民大学出版社，1999

绩效工资的计算方法多种多样，但基本的决定因素无非就是上面提到的两个方面。一般可以认为，绩效工资设计中最关键的问题就是基数的确定。绩效工资的增加额不是以累进的形式出现，从而强调了基数（也就是通常所说的“底薪”）的重要性。管理者应该尽可能地消除“底薪”的不公平，使之得到广泛的认同。只有在这种情况下，绩效工资才有可能得到员工的认可与接受。另外，基数的选择在一定程度上决定了与评价等级相对应的评价系数的形式。

（三）控制绩效工资总额的方法

从前面的例子来看，绩效工资制度似乎并不复杂。但在实践中，考虑到企业的支付能力，绩效工资制度中总是包含各种用来控制全公司绩效工资总额的手段。避免突破绩效工资总额的方法一般有以下两种。

1. 指导性或强制性分布法

很显然，如果大部分员工处于“S”或“杰出”类的最高评价等级，企业应支付的工资总额可能很快就会超出企业能够承受的范围。为了避免这种情况出现，有的企业实行了带有一定程度强制规定的绩效评价方法，对应有多大比例的员工落入某一个绩效评价等级

提供一个指导性规定。这些指导性规定的强制力各不相同，有的是真正的强制分布评价法；有的并不具备强制性，只是一种指导性规定。

2. 平均系数分配法

前面介绍的指导性或强制性分布法在很大程度上是为了拉开员工之间绩效评价的差距，避免评价中的主观倾向。因此，这种方法往往不能够准确地将绩效工资总额控制在预定的范围内，而平均系数分配法则是一种能够在明确应分配绩效工资总额的基础上确定员工或部门应得绩效工资额的方法。现举例说明这种方法的原理及常见的操作方法。

步骤一：各部门季度绩效工资总额的确定。

企业季度绩效工资总额首先在各部门之间分配，分配依据是各部门的季度绩效评价结果。具体计算公式如下：

$$\text{部门间季度绩效工资平均系数}=\frac{\text{企业季度绩效工资总额}}{\sum(\text{部门季度绩效工资基数总额}\times\text{部门季度绩效评价系数})}$$

$$\text{各部门季度应发绩效工资总额}=\text{部门季度绩效工资基数总额}\times\text{本部门季度绩效评价系数}\times\text{部门间季度绩效工资平均系数}$$

步骤二：员工个人绩效工资的计算。

各部门应发绩效工资总额在部门内分配时，根据员工在该季度中的工作业绩和具体表现提供区别性奖励，员工个人应得季度绩效工资与个人的季度绩效评价等级挂钩，具体计算方法如下：

$$\text{部门内季度应发绩效工资平均系数}=\frac{\text{本部门本季度应发绩效工资总额}}{\sum(\text{员工个人季度绩效工资基数}\times\text{个人绩效评价系数})}$$

$$\text{个人季度实得绩效工资}=\text{员工个人季度绩效工资基数}\times\text{个人季度绩效评价系数}\times\text{部门内季度应发绩效工资平均系数}$$

平均系数分配法已经被越来越多的企业采用。这种方法能够非常准确地实现既定的绩效工资总额。

三、绩效调薪

调薪是指对基本工资的调整，这种调整是对工资基数的调整，是一种累计性的调整。决定调薪的基本因素一般包括市场因素（包括市场薪资水平变动、物价变动等）、员工绩效因素、企业绩效因素、职位变动因素等。根据调薪依据的不同，我们可以将调薪分为普遍调薪和绩效调薪两类。普遍调薪指的是企业根据经营发展情况、市场工资水平变动和物价变动情况，以年为周期对员工的月基本工资进行调整。绩效调薪是绩效薪酬制度的一种，与绩效评价相关的调薪就是绩效调薪。与绩效工资的情况类似，绩效调薪也有一些不同的具体实施方式。企业根据员工的年度绩效评价等级，每年分别确定不同的调薪比例，如某公司对绩效调薪的比例做出如表 6-5 所示的规定。

表 6-5　绩效调薪的比例（单位：%）

绩效评价等级	S	A	B	C	D
部长级	8	4	2	0	−10
主管级	9	5	3	0	−10
普通员工级	10	6	4	0	−10

由于绩效调薪将对基本工资产生长期的重要影响，绩效调薪的力度就格外引人注目。调薪的范围就是每个职位等级对应的工资浮动范围。在前面谈到绩效工资时，我们曾给出了表 6-3。下面的表 6-6 仍然是一个员工基本工资标准一览表，但除了给出基本工资基数外，还给出了两种调薪幅度下员工基本工资调节的上下限。

表 6-6　员工基本工资标准一览表（二）

<table>
<tr><th rowspan="2">工资等级</th><th colspan="8" rowspan="2">职位等级</th><th rowspan="2"></th><th colspan="3">调薪幅度±30%/元</th></tr>
<tr><th>最低</th><th>基数</th><th>最高</th></tr>
<tr><td>1</td><td rowspan="5">办事员</td><td></td><td></td><td></td><td></td><td></td><td></td><td></td><td rowspan="7">纵向级差5%</td><td>420</td><td>600</td><td>780</td></tr>
<tr><td>2</td><td></td><td></td><td></td><td></td><td></td><td></td><td></td><td>441</td><td>630</td><td>819</td></tr>
<tr><td>3</td><td rowspan="5">业务助理</td><td></td><td></td><td></td><td></td><td></td><td></td><td>463</td><td>662</td><td>860</td></tr>
<tr><td>4</td><td></td><td></td><td></td><td></td><td></td><td></td><td>486</td><td>695</td><td>903</td></tr>
<tr><td>5</td><td></td><td></td><td></td><td></td><td></td><td></td><td>511</td><td>729</td><td>948</td></tr>
<tr><td>6</td><td></td><td rowspan="5">业务主办</td><td></td><td></td><td></td><td></td><td></td><td>536</td><td>766</td><td>995</td></tr>
<tr><td>7</td><td></td><td></td><td></td><td></td><td></td><td></td><td>563</td><td>804</td><td>1 045</td></tr>
<tr><td>8</td><td></td><td></td><td></td><td></td><td></td><td></td><td></td><td rowspan="7">纵向级差9%</td><td>613</td><td>876</td><td>1 139</td></tr>
<tr><td>9</td><td></td><td></td><td rowspan="5">业务主管</td><td></td><td></td><td></td><td></td><td>669</td><td>955</td><td>1 242</td></tr>
<tr><td>10</td><td></td><td></td><td></td><td></td><td></td><td></td><td>729</td><td>1 041</td><td>1 354</td></tr>
<tr><td>11</td><td></td><td></td><td></td><td rowspan="5">部门副经理</td><td></td><td></td><td></td><td>794</td><td>1 135</td><td>1 475</td></tr>
<tr><td>12</td><td></td><td></td><td></td><td></td><td></td><td></td><td>866</td><td>1 237</td><td>1 608</td></tr>
<tr><td>13</td><td></td><td></td><td></td><td rowspan="4">部门经理</td><td></td><td></td><td>944</td><td>1 348</td><td>1 753</td></tr>
<tr><td>14</td><td></td><td></td><td></td><td></td><td></td><td></td><td>1 029</td><td>1 470</td><td>1 911</td></tr>
<tr><td>15</td><td></td><td></td><td></td><td></td><td rowspan="4">副总经理</td><td></td><td rowspan="6">纵向级差15%</td><td>1 183</td><td>1 691</td><td>2 198</td></tr>
<tr><td>16</td><td></td><td></td><td></td><td></td><td></td><td></td><td>1 361</td><td>1 944</td><td>2 527</td></tr>
<tr><td>17</td><td></td><td></td><td></td><td></td><td></td><td></td><td></td><td>1 565</td><td>2 236</td><td>2 906</td></tr>
<tr><td>18</td><td></td><td></td><td></td><td></td><td></td><td></td><td></td><td>1 800</td><td>2 571</td><td>3 342</td></tr>
<tr><td>19</td><td></td><td></td><td></td><td></td><td></td><td></td><td></td><td rowspan="2">总经理</td><td>2 070</td><td>2 957</td><td>3 844</td></tr>
<tr><td>20</td><td></td><td></td><td></td><td></td><td></td><td></td><td></td><td>2 380</td><td>3 400</td><td>4 420</td></tr>
</table>

这两种绩效调薪的幅度为±30%，如表 6-6 所示。绩效调薪不仅要依据前面给出的调薪比例，还应该受到调薪幅度的限制。

另外，还有一种做法是依据现有工资水平与目标工资水平之间的比率，确定相应评价等级下的调薪比例。也就是说，绩效调薪比例取决于两个因素：第一个因素是个人的绩效评价等级；第二个因素则是员工现有工资水平与目标工资水平之间的比率。

在劳动力市场比较健全的国家，通常会有专门的权威机构或企业雇佣的专门咨询调查机构进行定期的市场工资水平调查。在这种情况下，员工现有工资在工资浮动范围内的位置则用个人实际工资与市场工资之间的比较比率来表示。在缺少市场工资水平信息的情况下，我们也可以用职位工资与一定调薪比例的乘积作为目标工资。这时，员工现有工资在工资浮动范围内的位置则可以用个人实际工资与目标工资之间的比较比率来表示。表 6-7 给出的例子中使用的是前一种做法。

表 6-7　默克有限公司绩效加薪水平表

绩效评价等级	绩效加薪比例/%			
	比较比率 80.00～95.00	比较比率 95.01～110.00	比较比率 110.01～120.00	比较比率 121.00～125.00
EX（绩效超常）	13～15	12～14	9～11	达到浮动上限
WD（绩效优秀）	9～11	8～10	7～9	—
HS（绩效良好）	7～9	6～8	—	—
RI（尚有改进余地）	5～7	—	—	—
NA（绩效不佳）	—	—	—	—

注：比较比率＝个人实际工资÷市场工资×100％

资料来源：诺伊 R A，霍伦拜克 J，格哈特 B，等．人力资源管理——赢得竞争优势［M］．第三版．刘昕译．北京：中国人民大学出版社，2001

如表 6-7 所示，当一名员工的绩效评价等级是 EX 时，实际工资与市场工资之间的比较比率（以下简称“比较比率”）为 120，那么他所能获得的工资增长（即调薪水平）就会是 9％～11％。而另一位员工的绩效评价等级同样是 EX，但比较比率为 85，员工所能获得的工资增长却是 13％～15％（注意，由于受到通货膨胀率的影响，表 6-7 中的数字所表明的调薪幅度可以说是很低的）。这种根据比较比率确定相同评价等级下不同的调薪比例的做法，是为了控制企业的工资成本。如果前面那位比较比率已经达到 120 的员工得到的调薪比率为 13％～15％，他的工资水平将很快超出薪酬制度中规定的目标比较比率。

不同评价等级下的目标存在比较比率，如表 6-8 所示。一个绩效评价等级连续达到 EX 的员工应当被按照市场工资率水平的 115％～125％来支付工资（也就是说，比较比率为 115～125）。如果这位员工现在的工资水平与上述水平相差很远，就有必要以较大的增长比例调整其工资水平，使这名员工的工资尽快提升到目标水平。同时，如果员工的工资水平已经达到了应有的水平（接近目标比较比率），就只需要对其提供较小的工资增加比例。在这种情况下，调薪的目标就是使该员工的工资水平维持在目标比较比率的水平上。

表 6-8 绩效评价等级与目标比较比率（单位：%）

绩效评价等级	目标比较比率
EX（绩效超常）	115～125
WD（绩效优秀）	100～120
HS（绩效良好）	90～110
RI（尚有改进余地）	80～85
NA（绩效不佳）	无

实际上不论采用前面介绍的哪种做法，都不能对基本工资总额进行精确的控制。很显然，如果大多数员工都处于最高的两个评价级别，就意味着大多数员工的工资最终都会达到企业愿意支付的最高水平，这将给企业带来很大的工资成本负担。因此，绩效评价等级的分布也成为绩效调薪制度中用于控制总额的关键因素。前面我们在控制绩效工资总额时所谈的第一种方法同样能够在这里得到运用。

绩效加薪采用的是逐年累加的做法，这种方式会造成一种既得利益心理。在员工职业生涯早期所给予的较大的绩效加薪会成为员工基本工资中固有的一部分，这种利益不需要员工继续做出努力就能够持续地得到。因此，出现了不对基本工资进行累加的绩效工资，甚至出现了用绩效奖金（不会成为基本工资一部分的绩效奖励）取代绩效工资增长的做法。

绩效工资和绩效调薪都是作用于工资的绩效薪酬制度。工资通常是一般员工工作收入的重要组成部分，也是影响企业劳动力成本的关键因素，绩效工资和绩效调薪制度的科学性和合理性因此成为人们关注的焦点。

关于这两种工资制度的批评一直都存在。反对这两类工资制度的人将争论的焦点集中在绩效评价系统的科学性上。如果绩效评价被认为是不公平的，那么以评价结果为基础的绩效工资制度也是不公平的。例如，关于绩效评价主体选择的争议就是一个突出问题。传统只有上级作为评价者的做法容易导致评价结果的片面性和主观性，但360度选择评价主体的方法适用于薪酬制度调整的做法负面效应也很明显。另外，由于工资在员工收入中的特殊地位，当绩效评价结果与工资相联系时，评价者往往会有中心化倾向，从而缩小不同员工加薪额度的差距。另外，著名的管理学家爱德华·戴明（W. Edward Deming）也曾经针对绩效工资制度提出反对意见。他认为，对员工个人进行绩效评价是不公平的，因为“人与人之间存在的绩效差异基本上都是由他们所处的工作系统本身造成的，而不是由于其个人的原因”，如工作环境、原材料、设备、上级的管理水平、同事的工作状况、客户等因素在很大程度上超出了员工个人所能够控制的范围；他还认为对于员工个人绩效的过分关注（将个人绩效与薪酬水平相挂钩）不利于团队工作。因此，他提出应该尽量削弱个人绩效与工资之间的联系。

当然，对于绩效工资的批评并不能抹杀这种工资制度能够带来的激励作用。至少在目前，还没有人能够对绩效工资制做出一个得到广泛认同的、最终的评判。在绩效薪酬管理实践中，目前关注的重点不是是否使用这两种制度，而是如何虚心接受批评意见以切实改善其缺陷，使其更加科学合理。通常，为了更好地发挥这两类制度的科学性和合理性，提高绩效评价制度的有效性就成为最关键的问题。

四、个人长期激励计划

与绩效工资等个人短期的激励报酬不同，长期激励计划把目光放到员工多年努力的成果上。长期激励计划关注的是超过一年的绩效周期内员工的绩效，并对这个长期的绩效进行考核和奖励。最常见的长期激励计划是员工持股计划（employee stock ownership plan，ESOP），但除此之外还有很多种长期激励计划形式，其中典型的长期激励计划形式如表 6-9 所示。

表 6-9 典型的长期激励计划形式

类型	内容
溢价股票期权	股票的预购价格高于发行价，其目的在于比标准股权产生更强的激励作用
长期股权	将股权期限延长到 10 年以上，使授予期限比传统授予期限长 3～4 年，目的是将公司高层管理人员长期留在公司
指数化股权	股票的预购价格按照一种股指上下浮动，激励绩优股的产生
外部标准的长期激励	分期授予基于外部标准而不是内部的预算或目标。推动本公司与其他大公司进行业绩比较，尤其是同行业大型公司，只有继续高于这些公司，才能获得风险收益
职业津贴	在雇员退休以前，股票不得全额兑现。这种方法适用于对公司核心雇员的激励和约束，增加核心员工在组织的工作时间

资料来源：米尔科维奇 G T，纽曼 J N. 薪酬管理［M］. 第六版. 董克用，等译. 北京：中国人民大学出版社，2002

员工持股计划是资本持有者、知识所有者等全体员工分享企业所有权和未来收益权的一种制度安排。员工持股计划基于自愿行为，企业所有者自愿有计划地将企业的部分所有权和未来收益权转让给员工，员工也自愿认购或受赠企业的股权。企业通过员工持股计划实现知识资本化，使劳动、知识以及经营者的管理和风险的累计贡献得到体现和回报，从而使企业竞争优势的经验曲线不断得到延伸。从现代企业管理的角度看，员工持股计划是企业在由传统的简单契约到复杂契约转变的过程中，为了解决各资本（资金、土地、劳动、技术、知识产权等）所有方的权利与利益分配问题，在各资本所有者之间建立利益共同体和命运共同体的具体措施。

目前员工持股计划的应用越来越广泛。美国实行全员持股的公司有 17 000 多家，其中至少有 1 000 家企业的大股东是全体员工；在超过 1/4 的 500 强企业中，员工持有 10%以上的股份。继美国之后，德、法、英、日等国家也把员工持股计划作为重新安排产权的一项重要措施加以实施。日本在 20 世纪 60 年代后期开始建立员工持股计划，在上市公司及非上市公司中都普遍实行，如目前 91%的在日本证券市场上市的公司都向员工提供了员工持股计划。

作为一种绩效薪酬计划，为了使员工持股计划更好地起到激发员工工作积极性的作用，应该将员工的行为与相应的收入挂钩。但是对于普通员工而言，通过自己的行为影响企业绩效是比较困难的。因此，员工持股计划往往需要强调员工拥有参与企业决策的权利。研究表明，在员工参与企业决策的程度较高的情况下，这种所有权计划能够对企业绩效产生更大的积极影响。

员工持股计划也带来了许多问题。员工自愿参与员工持股计划之所以重要，其主要原因在于员工可能会由于参与了这样的计划而遭受财务上的损失。这种风险是员工持股计划中存在的一个非常重要的负面问题。员工投入自己的财产购买本公司股票，这种证券购买行为往往不是基于某一个合理的投资组合，这种单一性的投资可能会给员工带来巨大的风险：当企业的经营陷入财务困境，员工为了保住工作往往不得不选择购买企业的股票，这种情况下，员工面对的风险是非常明显的；即使公司目前经营状况良好，在员工持股计划与企业补充养老金相结合的情况下，企业一旦经营不善，就会给员工的养老问题带来长远的忧患。另外，由于员工持股计划对员工而言，不仅意味着收益，也意味着风险，员工可能会据此要求企业提供更高的工资来补偿这种风险，这也是企业必须考虑的问题。

企业实施各种绩效薪酬制度的目的是进一步提高企业绩效。我们知道，员工持股计划是将员工的部分收入与企业绩效在股票价格上的表现相联系。由于企业的股票价格在很大程度上受到许多外部条件的影响，这种绩效薪酬计划的货币成本往往很难确定。对于企业来说，如果在实施员工持股计划后，企业的实际价值并没有发生变化，那么股东所掌握的企业价值实际上就降低了，但实施员工持股计划的企业却不能准确预见和控制这种“损失”。

五、团队激励计划

团队正在日益成为人们关注的焦点。团队可以实现个体无法实现的任务，很多时候合作比个人单枪匹马所产生的效果要好。要保证团队的协调与合作，通常需要制订团队激励计划。当然，团队激励计划也存在一定的问题，其中最主要的是“搭便车”问题。在每个团队中，总有绩效高低之分，员工对团队的贡献肯定存在差异，但干得少的员工并没有因为其低绩效而比别人薪酬少，这就挫伤了优秀员工的积极性。因此，团队激励计划可能会造成优秀员工的流失。尽管对团队报酬制度存在许多悲观的论调，仍有许多公司在相互有工作影响的员工团队内部采用了一种团队报酬。

团队报酬主要有两种形式：利润分享和收益分享。在利润分享计划中，支付薪酬的依据是组织绩效在利润指标上的表现。收益分享计划是让员工得到对企业收益进行分享的权利。与利润分享不同，收益分享计划被认为是成本节省所带来的收益在企业和员工之间进行分配的一项计划。因此，收益分享实际上是成本节省分享，又分为基于总成本节省的拉克（Rucker）计划和基于劳动力成本节省的斯坎伦（Scanlon）计划。

（一）利润分享计划

作为一种团队激励计划，利润分享计划能够激发员工更多地考虑如何提高组织绩效。受益于利润分享计划的员工能够像企业所有者一样去思考企业的经营问题，从而有效降低代理成本，增强员工的合作精神。利润分享计划不涉及员工的基本工资，因此当企业的经营发生困难时，企业无须依据利润分享计划支出或过多地支出员工的报酬，也就无须在很大程度上依靠解雇员工来解决问题，有利于实施长期雇佣。

但是在利润分享计划下，员工所获得的利润分享收入的多寡并不能体现他们的工作绩效。并不是所有的员工都能够控制企业利润的多寡，对于普通员工来说，影响企业的利润水平更是一件遥不可及的事情。由于一般员工无法通过自己的行为控制组织的绩效，其期望值很低，甚至为零，因此利润分享计划并不能起到很好的激励作用。从这个意义上讲，利润分享计划更适用于企业的高层管理者（有时还包括一些中层管理者）。

（二）收益分享计划

20 世纪 30 年代收益分享计划最初运用于美国俄亥俄州曼斯菲尔德市的帝国钢铁与马口铁工厂。该方案的设计者约瑟夫·斯坎伦是该工厂所在地的地方工会主席，因此这个收益分享计划也被称为斯坎伦计划。斯坎伦计划也就是我们所说的基于劳动力成本节省的分享计划，该计划旨在在不影响员工积极性的前提下降低公司的劳动力成本。表 6-10 是收益分享计划中的一个月报表。

表 6-10 收益分享计划（单一比率斯坎伦计划月报表）示例

单一比率斯坎伦计划月报表	收益分享额/美元
1. 销售额	1 100 000
2. 减：销售退回、补贴、折扣	25 000
3. 净销售额	1 075 000
4. 加：库存增加（根据成本价或销售价）	125 000
5. 产品价值	1 200 000
6. 允许的工薪成本（产品价值的 20%）	240 000
7. 实际工薪成本	210 000
8. 奖金总额	30 000
9. 公司份额	15 000
小计	15 000
10. 为赤字月份留存（25%）	3 750
11. 雇员分享——立即发放	11 250

资料来源：诺伊 R A，霍伦拜克 J，格哈特 B，等．人力资源管理——赢得竞争优势［M］．第三版．刘昕译．北京：中国人民大学出版社，2001

斯坎伦计划规定，如果工厂的劳动力成本占产品销售额的比例低于某一特定的标准，员工（和组织）将获得货币奖励。在上面的例子中，标准劳动力成本为 24 万美元（见项目 6），而实际的劳动力成本为 21 万美元（见项目 7），节约了 3 万美元。工厂获得成本节约的 50%，而员工获得成本节约的另外 50%。另外，员工份额的 25%被储备起来，以预防下个月出现实际劳动力成本超出标准劳动力成本的情况。

拉克计划的公式比斯坎伦计划的公式更复杂，需要确定一个比率反映总工资中每一单位货币生产的价值。当总工资确定后，乘以确定的比率，得到预期的生产价值，将预期的生产价值与实际的生产价值相比较，余额再根据比率分配给员工。可见，拉克计划将激励与各种节省联系起来（不像斯坎伦计划只关注劳动力成本的节省），这使得拉克计划可以更好地与个人激励计划结合在一起。

六、绩效薪酬制度的比较

前面介绍了各种常见的绩效薪酬制度。这些薪酬制度具有不同的特征，适用于不同类型的员工。下面对这些绩效薪酬制度进行全面比较，如表 6-11 所示。

表 6-11　绩效薪酬制度对比

<table>
<tr><th colspan="2">项目</th><th>绩效工资制度</th><th>绩效调薪制度</th><th>员工持股计划</th><th>利润分享计划</th><th>收益分享计划</th><th>班组激励计划</th></tr>
<tr><td rowspan="4">方案特征</td><td>支付形式</td><td>一次结清的工资</td><td>累进式地调整工资</td><td>产权（收益权）</td><td>奖金</td><td>奖金</td><td>奖金</td></tr>
<tr><td>支付频率</td><td>每季度或每年</td><td>每年</td><td>出售股票或分红时</td><td>每半年或一年</td><td>每月或每季度</td><td>每月或每季度</td></tr>
<tr><td>需要评价绩效</td><td>员工个人绩效</td><td>员工个人绩效</td><td>股票价值</td><td>利润</td><td>分公司或工厂绩效</td><td>团队绩效</td></tr>
<tr><td>覆盖面</td><td>全体员工</td><td>全体员工</td><td>全体或部分员工</td><td>全体员工</td><td>全体员工</td><td>全体员工，常见为生产工人</td></tr>
<tr><td rowspan="4">实施结果</td><td>激励效果</td><td>收入与绩效之间的联系密切</td><td>收入与绩效之间的联系密切</td><td>收入与个人绩效之间联系很少</td><td>收入与个人绩效之间联系较少</td><td>在较小的组织单位中能够起一定激励作用</td><td>在团队与团队之间的竞争中起激励作用</td></tr>
<tr><td>吸引力</td><td>有助于留住高绩效员工</td><td>有助于留住高绩效员工</td><td>有利于留住员工</td><td>有利于吸引所有员工</td><td>有利于吸引所有员工</td><td>有利于吸引所有员工</td></tr>
<tr><td>文化影响</td><td>鼓励个人竞争</td><td>鼓励个人竞争</td><td>关注组织绩效</td><td>关注组织绩效</td><td>团队合作</td><td>团队合作</td></tr>
<tr><td>成本影响</td><td>需要完善的个人绩效评价系统</td><td>需要完善的个人绩效评价系统</td><td>不易明确成本</td><td>将支付能力与成本挂钩</td><td>将支付能力与成本挂钩</td><td>将支付能力与成本挂钩</td></tr>
<tr><td rowspan="3">适用条件</td><td>组织结构</td><td>适用于大多数企业</td><td>适用于大多数企业</td><td>适用于股份制企业</td><td>适用于大多数企业</td><td>适用于较小的独立工作单位</td><td>适用于较小的独立工作单位</td></tr>
<tr><td>管理风格</td><td colspan="6">员工参与</td></tr>
<tr><td>工作类型</td><td>适用于易于衡量绩效的工作</td><td>适用于易于衡量绩效的工作</td><td colspan="4">适用于各类工作</td></tr>
</table>

思考题

1. 分析薪酬的构成。
2. 试运用强化理论和期望理论分析绩效薪酬制度对员工行为的影响。
3. 试结合实际对比各种绩效薪酬方案。
4. 请谈一谈你对绩效薪酬的理解。你认为我国企业在实施绩效薪酬制度的过程中面临哪些方面的问题？

第七章 绩效管理工具

管理学是一门直接面向实践的科学，绩效管理工具作为管理实践与管理理论之间的桥梁与纽带，来源于管理实践并形成理论又指导管理实践。绩效管理工具的革命性创新始于20世纪50～70年代。在20世纪50年代之前，不论是绩效管理的理论还是工具，主要关注的都是表现性评价。所谓表现性评价，顾名思义，即由主管根据绩效周期内的工作表现对下属做出评价的绩效管理模式。表现性评价的最大缺陷在于没有很好地与整个组织的战略相承接，而只是一种纯粹的人事评价工具。50年代及其之后几十年，绩效管理逐渐发展成为人力资源管理理论研究的重点。学者们先后提出了目标管理、标杆管理、关键绩效指标、平衡计分卡等绩效管理理论和工具。纵观绩效管理工具的演变历程，它在横向上不断拓展评价内容范围，从单纯的财务指标扩展到全面地考察企业；在纵向上也不断提升关注经营的功能，从单纯的绩效评价工具上升到承接组织战略的战略性绩效管理工具。绩效管理工具的演变历程如图7-1所示。

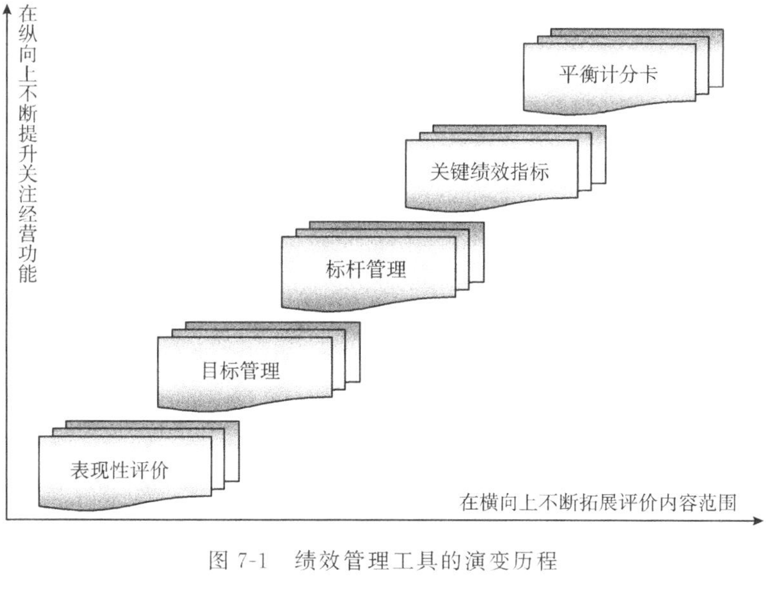

图7-1 绩效管理工具的演变历程

目标管理、关键绩效指标、平衡计分卡是应用非常普遍的战略性绩效管理工具。三个管理工具在产生的时代、性质、对象、特征、关注点、构成要素、指标构成等方面虽相互联系，但却存在较大区别，如表7-1所示。

表 7-1 绩效管理工具的比较

项目		目标管理	关键绩效指标	平衡计分卡
时代		20 世纪 50～70 年代	20 世纪 80 年代	20 世纪 90 年代以来
性质		管理思想； 重视工作与人的结合	指标分解的工具与方法； 将战略与考核指标相结合	集大成的理论体系； 将战略管理与绩效管理有机结合
对象		个人	组织、群体、个人	组织、群体、个人
特征		员工参与管理； 体现“我想做”； 自我管理与自我控制	战略导向； 指标的承接与分解； 指标层层分解、层层支撑	战略导向； 目标的共享与分享，承接与分解； 强调因果关系、平衡
关注点		管理、考核 （关注结果）	考核、管理 （关注结果）	管理、考核 （关注过程和结果）
构成要素		目标 指标 目标值	战略 关键成功领域 关键绩效要素 关键绩效指标	使命、核心价值观、愿景、战略； 四个层面的目标、指标、目标值、行动方案
指标构成	设计	根据组织目标，由上下级协商确定	根据战略，自上而下层层分解	根据使命、核心价值观、愿景、战略等，依据目标层级分别制定
	关系	指标之间基本上独立； 彼此没有联系	指标之间基本上独立； 彼此没有联系	目标的因果关系导致四个层面的指标之间有关联性
	类型	侧重定量指标	无前置指标和滞后指标之分； 强调客观指标	有前置指标和滞后指标之分； 侧重客观指标、主观判断指标

第一节 目标管理

目标管理（management by objectives，MBO）是美国著名管理学家彼得·德鲁克（Peter Drucker）在 1954 年出版的《管理的实践》（*The Practice of Management*）一书中提出的，从某种意义上说，目标管理是德鲁克提出的最重要、最有影响的概念。他认为古典管理学派偏重于以工作为中心，忽视人的需求；行为科学学派又偏重于以人为中心，忽视了同工作相结合。目标管理综合了对工作的兴趣与人的价值，强调在工作中满足社会需求，同时又致力于组织目标的实现，这样就实现了工作和人的需要两者的统一。德鲁克提出的“目标管理和自我控制”的管理思想促使目标管理发展成为一个卓越的管理工具。

一、目标管理的概念

德鲁克认为，所谓的目标管理就是一种程序或过程，它使组织中的上下级一起协商，根据组织的使命确定一定时期内组织的总目标，由此决定上下级的责任和分目标，并把这些目标作为组织经营、评估和奖励的标准。他认为，是先有了目标之后，才根据目标确定每个人的工作，而不是有了工作后才有目标。组织的使命和任务都必须转化为具体目标，而组织目标只有通过分解变成多个更小的目标后才能够实现，或者说只有有工作目标的领域在管理实践中才不会被忽视。他还指出“目标管理和自我控制”最大的优点在于：以目标给人带来的自我控制力取代来自他人的支配式的管理控制方式，从而激发人的最大潜力，把事情办好。本书所讲的目标管理就是指德鲁克提出的目标管理。

在德鲁克之后，也有很多学者对目标管理的概念进行了探索和研究。约翰·亨布尔（John Humble）认为，目标管理是在管理者努力发展自己的前提下，积极整合组织的需要来阐明和实现组织利益的动力系统，是对管理风格的要求与奖赏。戴尔·麦康基（Dale D. MeConkey）在分析了近40位权威人士对目标管理的观点之后认为，就目标问题在三方面具有普遍一致的看法：目的和目标应当具体，应该根据可衡量的标准来定义目标，应当将个体目标与组织目标联系起来。因此，他把目标管理看做一种业务管理计划和考核方法，即每一位管理者都按其应达成的目标与成果订立一年或一定期间内具体可行的工作内容与进度，期满时以预定目标来衡量实际的成果。对目标管理理论做出了重大贡献的乔治·欧迪伦（George Odiorne）曾将目标管理描述为如下过程：“一个组织中的上级和下级一起制定共同的目标；同每个人的应有成果相联系，规定他的主要职责范围；并用这些措施作为经营一个单位和评价其每个成员的贡献的指导。”他认为目标管理是一种秩序，凭借上下层级对目标的共同了解，制定个人的工作目标及职责，使之能齐心协力地完成组织目标，并以预定目标作为工作推进的指导原则和评审成果的客观标准。

另外，德鲁克提出的目标管理，与我们一般意义上的目标分解、落实、执行、监督、检查、激励、惩罚等过程有着原则性的区别。要深入理解德鲁克提出的目标管理，还应该从如下三个方面着手。

（1）目标管理是一种基本原则。目标管理通过将目标管理和自我控制结合，即通过持续深入地推进“员工参与”，将管理者和员工的注意力及努力引向一个共同的目标，来实现管理效率和效果的持续提升。各级管理者和全体员工通过明确需要达到的结果是什么，同时确保上级充分了解每个下级管理者的期望，建立起协作关系，从而将“要我做”变成“我要做”，最终把个人的潜力和责任心充分发挥出来，从而激励组织内所有人为共同的目标不懈努力。目标管理正是一种以“员工”为中心，以“人性”为本位的管理方法，其本质就是以“民主”代替“集权”，以“沟通”代替“命令”，使组织成员充分而切实地参与决策，并采用自我控制、自我指导的方式，从而把个人目标与组织目标结合起来。

（2）目标管理是一种责任。德鲁克认为，目标是组织最根本的策略，应该体现组织发展的方向，具体从“我们的事业是什么？我们的事业将是什么？我们的事业应该是什么？”三个问题中获得。同时，目标还是一种承诺，是实现未来的手段，也是用来衡量组织绩效的标准。因此，德鲁克的目标管理表现为一种责任意识。关于责任，德鲁克曾经做了如下诠释：“责任既是外在的也是内在的。对外而言，它意味着组织或组织内其他人能够通过自己达到特定要求的绩效表现。对内而言，它意味着一种承诺，即一个负责任的人不仅对具体结果负责，他也有权为产生这些结果采取一切必需的行动；还有他尽力去取得这些结果，并把它看作是个人的成就。”也正是通过这种“责任”，在组织内部推行自我管理的方式，推动实现个人目标、部门目标和组织目标的统一。

（3）目标管理是一种管理哲学。德鲁克认为，目标管理和自我控制可以合法地称之为管理的“哲学”。目标管理之所以可以称为一种管理哲学，突出表现在它适用于所有人，不受其职位和职责差异的影响，其也适用于任何类型的组织，不管组织性质和规模如何。目标管理通过将人类行动、人类行为和人类动机等基本概念与管理工作实践相结合，体现了管理实践的一种基本趋向；也通过将组织目标转化为个人目标，充分激发出员工的内在动力，使组织绩效得到了保障。可以说目标管理是在探索管理哲学的基本问题（管理是什么、为什么和怎么做）的基础上发展起来的系统管理理论。

二、目标管理的理论基础

在充分吸收前人研究精华的基础上，德鲁克提出、发展和完善了目标管理理论。目标管理理论的主要理论基础包含科学管理理论、管理过程理论和人际关系学派等方面。

（一）科学管理理论

泰勒认为，在现代科学管理中最突出的要素是任务观念。《伟大的管理思想》的作者邓肯认为“从纯理论的角度看，泰勒所说的任务实质上就是目标”，泰勒对“任务”的详细论述表明了泰勒对组织中制定目标的重视。泰勒还认为“计划如果同执行混在一起，计划就不能执行”，并提出了把计划职能与执行职能分开的思想。莉莲·吉尔布雷思进一步发展了泰勒的“任务管理”观点，她意识到目标的完成涉及“手段和目的之间的相互关系”。基于此，她认为个人任务的实现是组织目标实现的一个前提，从而把组织中的“任务”发展成为组织的“目标”。德鲁克认为，泰勒发现“计划不同于操作”，认识到计划是管理工作中单独的一部分的见解对目标管理的贡献最大。

（二）管理过程理论

管理过程学派侧重于对管理过程的研究，它与科学管理学派侧重于提高劳动生产率不同，着重研究组织职能。管理过程学派的主要代表人物法约尔提出管理的五项基本职能，开始把计划作为管理的一种职能。厄威克把“目标原则”作为其系统化行政管理原则之一，他认为“除非是为了一个共同的目标，否则就无理由要求人们进行合作，也无理由要把他们组织起来”。管理过程学派的另一个代表人物穆尼在《工业，前进！——组织原理及其对现代工业的意义》一书中谈到了“组织效率原理”，强调“组织是每种人群为了实现某种共同目标的联合形式”，即协调原理。管理过程学派关于管理职能的分析、对组织中“计划”和“目标”的论述，与德鲁克目标管理相比，有很多相似之处，只是目标管理将管理重心从关注过程转移到关注结果，强调目标就是管理的根本。

（三）人际关系学派的理论

人际关系学派的理论对目标管理理论具有直接的影响，其中很多观点为目标管理体系的形成提供了一个基本框架。对人的假设决定了一个管理者将采取什么样的管理方式对待自己的下属员工，道格拉斯·M. 麦格雷戈（Douglas M. McGregor）提出的 X 理论和 Y 理论为此提供理论基础。主张 X 理论的管理者认为，工作对大多数人而言是没有乐趣的，大多数人都会逃避责任，因此管理的行为应该是“严厉的”或“强硬的”，管理者要采取严格的监督与控制方式。而 Y 理论则认为工作是一种像游戏和休息一样自然的事，人在工作中也愿意负责任，人的自我实现的要求与组织的要求并不矛盾。麦格雷戈在《企业中人的方面》一文中把Y理论叫做“个人目标与组织目标的结合”，在这种哲学的指引下，管理者的重要任务就是创造一个使人得以发挥才能的工作氛围，并主要通过员工的内在激励，给予员工更多的自主权，让员工参与决策，实现自我控制，满足其自我实现的需要。

三、目标管理的实施

（一）目标管理的实施步骤

目标管理的实施是一个持续的管理过程，具体包括计划目标、实施目标、评价结果、反馈四个步骤。

（1）计划目标。计划目标是目标管理最重要的步骤，是指建立每位被评价者所应达到的目标。这一过程是通过目标分解来实现的，通常是评价者与被评价者共同制定目标。在此需要明确的是：本部门的员工如何才能为部门目标的实现做出贡献。通过计划过程可以明确期望达到的结果，以及为达到这一结果所应采取的方式、方法及所需的资源。同时，还要明确时间框架，即当他们为这一目标努力时，了解自己目前在做什么，已经做了什么和下一步还将要做什么，以及合理安排时间。该环节需要高度重视如下两个方面的内容：一是需要明确目标的类型；二是需要具体问题具体分析，制定出适合组织管理实际的目标体系。

（2）实施目标。实施目标就是对计划实施的监控，是保证制订的计划按预想的步骤进行，掌握计划进度，及时发现问题。如果发现成果不及预期，应及时采取适当的矫正行动，必要时还可对计划进行修改。同时通过监控，也可使管理者注意到组织环境对员工工作表现产生的影响，从而帮助被评价者克服这些他们无法控制的客观环境。

（3）评价结果。评价结果是将实际达到的目标与预先设定的目标相比较。这样做的目的是使评价者能够找出未能达到的目标，或实际达到的目标远远超出了预先设定的目标的原因，有助于管理者做出合理的决策。

（4）反馈。反馈就是管理者与员工一起回顾整个周期，对预期目标的达成和进度进行讨论，从而为制定下一绩效周期的目标及战略制定或战略调整做好准备。凡是已成功实现目标的被评价者都可以而且愿意参与下一次新目标的设置过程。

在目标管理实施过程中，有两个方面的内容需要特别注意。第一，必须与每一位员工共同制定一套便于衡量的工作目标。目标管理理论特别重视员工对组织的贡献。在传统的绩效评价方法中，评价者的作用类似于法官的作用。在目标管理的过程中，管理者起的是顾问和促进者的作用，管理者同员工一起建立目标，然后在如何达到目标方面，管理者给予员工一定的自由度；参与目标建立使得员工成为该过程的一部分。第二，定期与员工讨论他的目标完成情况。管理者在整个评价时期要保持联系渠道公开，员工的作用也从消极的旁观者转变成为积极的参与者。在评价后期，员工和管理者需要进行评价面谈。管理者首先审查所实现目标的程度，然后审查解决遗留问题需要采取的措施。在目标管理下，在评价会见期间，解决问题的讨论仅仅是另一种形式的反馈面谈，其目的在于根据计划帮助员工进步。在沟通中，管理者和员工还可以讨论下一个评价期目标的设定问题，并且开始重复评价过程的循环。

（二）目标管理成功实施的基本条件

很多组织有清晰的战略目标，但是管理者对如何实现目标并不清楚，员工更不清楚他们的工作与组织的战略目标有何关系。员工有努力的良好愿望，但是由于没有明确的目标，往往无所适从，不知道努力的方向，终日忙碌而不知所图。成功实施目标管理的关键点主要体现在如下四个方面。

（1）选择有效的管理风格。员工参与是目标管理的精髓。在成功的目标管理中，普遍采用的管理风格是参与式管理。从目标制定、目标实施和结果评价的全过程都离不开员工的参与。管理者只有和员工进行了充分的、持续的沟通，才有利于充分激发员工的创造性、主动性和积极性，促使员工信守承诺，从而真正实现员工的自我控制和自我管理，进而确保目标的实现。

（2）做到组织层次分明。在目标管理实践中，组织层次分明是目标体系具体明确的前提和基础，而目标体系本身的科学性、具体性、明确性以及针对性则是目标管理成败的关键性因素；在组织混乱的情况下，很难有效推行目标管理。成功实施目标管理，要求所有管理者为已确定的目标负起绝对责任，即通过明确指定其具体承担的具体目标，同时授予相应的管理权限，来实现其对目标的负责。为每个组织成员制定目标，有助于发现组织设计上的弱点，即是否重复授予权限，或授予的权限与职责是否一致，但是这些弱点的纠正工作必须由最高管理部门进行。如果在职责和权限之间出现错位，往往会使目标无法达到，并且会使管理者受到很大的挫折。

（3）制定挑战性的目标。在目标管理中，目标制定是关键。大量的理论研究和管理实践都证明，具有挑战性的目标通常能带来高绩效。管理者和员工经过充分沟通制定出具有挑战性的目标，就成了目标管理成功的关键内容，其中对目标实现难度的把握非常关键。

（4）进行及时的工作反馈。及时反馈是实现目标的必要机制，这一点体现在如下两个方面：第一，管理者越以成就为导向，越需要对他自己的工作进行反馈；第二，管理者越以成就为导向，越不能忍受日常文书工作、不必要的日常事务和原始数据，而是需要在决策时能直接采用的、最小量的、有质量的和经过组织的数据。

四、对目标管理的评价

目标管理是德鲁克提出的重要管理思想，也是重要的管理工具，对管理思想的系统化和操作化做出了重要贡献。20世纪50～70年代，在西方管理学界和企业管理实践中，目标管理风行一时，并产生了重要的影响。罗宾斯认为目标管理是一种运用目标激励人而不是控制人的方法。美国旧金山大学商学院教授理查德·D. 巴布柯克（Richard D. Babcock）认为“目标管理概念的提出具有划时代的意义，目标管理注重管理行为的结果而不是对行为的监控，这是一个重大贡献。因为它把管理的整个重点从工作努力（输入）转移到生产率（输出）上来”。美国南卫理公会大学商学院教授理查德·H. 巴斯科克（Richard Hobart Buskirk）认为，目标管理是划时代的思想革命，重视管理行为的结果，而非监督活动本身，为管理者把管理中心从努力工作（投入）转移到生产力（产出）方面做出了极大的贡献。虽然目标管理已经取得了长足的进步，但是任何管理理论都不能脱离管理实践，随着社会的发展，目标管理的弊端也逐渐显现。

（一）目标管理的优点

第二次世界大战后的各国经济由恢复转向迅速发展的时期，企业亟须采用新的方法调动员工积极性以提高竞争能力，目标管理由于适应了当时的环境变化和企业管理实践的需要而迅速地发展起来，并在企业管理中发挥了巨大的作用。与传统的表现性评价（由主管根据绩效周期内员工的工作表现，包括工作的数量、工作的行为等，对其做出评价的绩效管理模式）相比，目标管理有巨大的优势。

（1）重视激发员工内在潜力。目标管理重视人的因素，强调“目标管理和自我控制”。在工作中实行自我控制，通过让员工参与、由上级和下级经过协商共同确定绩效目标，来激发员工的工作兴趣和价值，满足员工自我实现的需要。实施目标管理还可以提高个人的能力，由于目标管理所制定的目标是以个人能力为基础的，要达成这个目标，必须经过一番努力。因此，员工实现目标的过程也是其不断挖掘自身潜力和提高个人能力的过程。

（2）有利于组织目标的实现。目标管理通过专门的过程，使组织各级管理者及所有员工都明确了组织的目标、组织的结构体系、组织的分工与合作及各自的任务。在目标制定过程中，通过明确权力和责任，将个人的需求和组织目标结合起来，有利于目标实施过程中的相互配合和既定目标的顺利实现。目标管理还迫使管理者仔细思考实现目标所应采取的方式、方法，所需的时间和资源，以及行动计划的效果和可能遇到的问题等，从而可以确保行动计划的切实可行。许多着手实施目标管理的组织，通常在目标管理实施的过程中会发现组织体系存在的缺陷，从而帮助组织对自己的管理实践进行改造。

（3）有利于改进管理方式和改善组织氛围。有效实施目标管理，还能改进管理方式和改善组织氛围。目标管理以目标制定为起点，以目标完成情况的评价为重点，以评价结果反馈为终点，其中工作结果是评价工作绩效的最主要依据。这样使得在实施目标管理的过程中，监督的成分较少，而控制目标实现的能力却大大增强。由于目标的制定和执行过程中，强调上下级充分沟通，能够有效地改善人际关系和营造良好的组织氛围；再加上重视员工激励，可以使员工的向心力大为提高。

（二）目标管理的不足

到了20世纪70年代末，目标管理的不足之处逐渐暴露出来，目标管理也开始遭到质疑。目标管理的不足主要体现在如下四个方面。

（1）目标管理的人性假设受到质疑。目标管理假定人们对成就动机、能力与自治有强烈的需求，员工愿意接受有挑战性的目标，因此，允许员工制定自己的目标与绩效标准。但是，组织中的员工并非都具有高成就动机和愿意参与决策和承担挑战性任务，它忽视了组织中的本位主义以及员工的惰性和成熟程度，对人性的假设过于乐观，使目标管理的效果在实施过程中大打折扣。正是基于这个原因，当今许多组织将目标管理的应用范围仅局限于中高层管理者或技术人员。

（2）实施目标管理的成本过高。目标管理实施过程中，上下级为目标制定和统一思想，必须进行反复沟通，需要耗费大量的时间和成本。罗伯特·斯科法（Robert Schaffer）指出：“值得嘲讽的是目标管理经常制造的是纸片风景，计划变得越来越长，文件越来越厚，焦点散漫，质量因目标标准过多而混乱，能力都花在机制上而不是结果上。”这容易使目标管理流于形式。

（3）目标及绩效标准难以确定。目标管理过分强调通过量化指标来衡量绩效，然而组织中的许多工作却是难以量化的，并且绩效标准也因人而异，因而采用目标管理的组织无法提供一个相互比较的平台。目标管理的公平性因此受到质疑。

（4）容易导致短视行为。目标管理实施过程中，强大考核压力使员工倾向于选择短期目标，即更加注重在评价周期内必须衡量的目标，从而导致组织内部员工为了达到短期目标而牺牲长期目标。这最终会导致组织长期利益受到忽视，不利于组织的可持续发展。

无论如何，目标管理在管理思想史上，仍具有划时代的意义。它不仅作为一种绩效管理工具，为未来绩效管理的发展奠定了基础，而且作为一种先进的管理思想，对后期的很多管理学理论产生了重大影响。

第二节 标杆管理

20世纪70年代末80年代初，日本企业借助其产品质量和成本控制的优势，在世界范围内取得了举世瞩目的成就。1979年，美国施乐公司在学习日本的运动中，首创了标杆管理法（benchmarking）。在经过美国生产力与质量中心系统化和规范化之后，标杆管理发展成为一个重要的支持企业不断改进和获得竞争优势的管理工具之一。

一、标杆管理的概念

（一）标杆管理的内涵

从施乐公司推定标杆管理取得明显成效之后，很多大型企业纷纷效仿。研究表明，1996年世界500强企业中有近90%的企业在日常管理活动中应用了标杆管理，其中包括柯达、AT&T、福特、IBM等。随着研究的深入和管理实践的探索，标杆管理（又称基准管理）的内涵逐渐明晰。

施乐公司将标杆管理定义为“一个将产品、服务和实践与最强大的竞争对手或者行业领导者相比较的持续流程”。美国生产力与质量中心则将标杆管理定义为“标杆管理是一个系统的、持续的评估过程，通过不断地将企业流程与世界上居领先地位的企业相比较，获得帮助企业改善经营绩效的信息。”其实这个定义并不全面深刻，标杆管理不仅是一个信息过程和评估过程，而且涉及规划和组织实施的过程。

基于前人的研究，本书认为标杆管理是通过不断寻找和研究同行一流公司的最佳实践，并以此为基准与本企业进行比较、分析、判断，使本企业不断得到改进，进入或赶超一流公司，从而创造优秀业绩的良性循环过程。标杆管理的核心是向业内外最优秀的企业学习，通过学习，企业重新思考和改进经营实践，创造自己的最佳实践，这实际上是模仿创新的过程。

标杆管理突破了产业界限，模糊了企业性质，重视实际经验，强调具体的环节和流程。其思想就是企业的业务、流程、环节都可以解剖、分解和细化；企业可以根据需要去寻找整体最佳实践或者优秀部分来进行标杆比较；通过比较和学习，企业重新思考和设计经营模式，借鉴先进的模式和理念，创造出适合自己的全新的最佳经营模式。通过标杆管理，企业能够明确产品、服务或流程方面的最高标准，然后做出必要的改进来达到这些标准。因此，标杆管理是一种摆脱传统的封闭式管理方法的有效工具。

（二）标杆管理的类型

在标杆管理实践中，如下四种类型的标杆管理比较常见。

（1）内部标杆管理。内部标杆管理以企业内部操作为基准，是最简单且易操作的标杆管理法之一。辨识企业内部最佳职能或流程及其实践，将其推广到组织的其他部门，从而实现信息共享，是企业提高绩效的最便捷的方法之一。但是，单独执行内部标杆管理的企业往往容易持有内向视野，产生封闭思维，因此内部标杆管理法应该与外部标杆管理法结合使用。

（2）竞争标杆管理。竞争标杆管理的目标是与有着相同市场的企业在产品、服务和工作流程等方面的绩效和实践进行比较，直接面对竞争者。它实施起来比较困难，原因在于除了公共领域的信息容易获取之外，有关竞争企业的其他信息较难获得。

（3）职能标杆管理。职能标杆管理是以行业领先者或某些企业的优秀职能操作为基准进行的标杆管理，标杆的基准是非竞争性外部企业及其职能或业务实践。由于没有直接的竞争者，职能标杆管理法的合作者常常愿意相互分享或提供一些技术和市场信息。

（4）流程标杆管理。流程标杆管理是以最佳工作流程为基准进行的标杆管理。由于比较的是类似的工作流程，因此流程标杆管理法可以跨不同类型的组织进行。它一般要求企业对整个工作流程和操作有很详细的了解。

二、标杆管理的特点

标杆管理作为一个重要的管理工具，在组织变革、组织学习和绩效管理中都有广泛应用，在实施标杆管理的实践中，通常表现出如下特征。

（1）绩效比较和超越贯穿于整个标杆管理的始终。选择标杆就是选择一个超越的绩效基准，超越标杆就是绩效改进、绩效提升并实现超越的过程。整个标杆管理都体现了比较和评价的基本思想。

（2）标杆通常是最佳实践或者最优标准。在标杆管理的过程中，通常是在全行业范围内，甚至是全球范围内选择最佳实践或者最优标准作为标杆。通过与标杆进行全面的比较和分析，找出差距，制订超越方案，实施超越。组织在选择标杆的时候，可以根据其领域不同，选择不同的标杆进行超越。例如，华为公司在选择标杆时就是根据领域的差异选择向不同企业学习：在业务流程管理上，华为于1998年启动了“IT策略与规划”项目，通过向IBM学习，华为逐渐由电信设备制造商向电信整体方案提供商和服务商转变；在干部队伍培养上，华为则选择向GE学习，把组织发展和个人发展结合起来。

三、标杆管理的实施

（一）标杆管理实施的基本流程

施乐公司的罗伯特·开普是标杆管理的先驱和最著名的倡导者。20世纪70年代末，施乐公司失去了复印机市场的领导地位，并于1979年对竞争对手进行调查和分析，发现竞争对手的销售价格与施乐公司的制造成本相同。罗伯特·开普决定从产品质量和特性上对制造活动进行改进，实施标赶超越。在制造活动取得成功后，施乐公司又在企业内其他领域进行了推广。施乐公司的标杆管理实践为标杆管理确立了一种基本范式，该公司将标杆管理活动划分为五个阶段，每阶段有 2～3 个步骤。

（1）计划。确认对哪个流程进行标杆管理；确定用于比较的公司；决定收集资料的方法并收集资料。

（2）分析。确定自己目前的做法与最好的做法之间的绩效差异；拟定未来的绩效标准。

（3）整合。就标杆管理过程中的发现进行交流并获得认同；确立部门目标。

（4）行动。制订行动计划；实施明确的行动并监测进展情况。

（5）完成。处于领先地位；全面整合各种活动；重新调校标杆。

标杆管理的规划实施有一整套逻辑严密的步骤，大体可分为以下五步。

第一步，确认标杆管理的目标。在实施标杆管理的过程中，要坚持系统优化的思想，不是追求组织某个局部的优化，而是着眼于组织总体的最优。另外，要制定有效的实践准则，以避免实施过程中的盲目性。

第二步，确定比较目标。比较目标就是能够为企业提供值得借鉴信息的组织或部门，比较目标的规模和性质不一定与企业相似，但应在特定方面为组织提供良好的借鉴。

第三步，收集与分析数据，确定标杆。分析最佳实践和寻找标杆是一项比较烦琐的工作，但对于标杆管理的成效非常关键。标杆的寻找包括实地调查、数据收集、数据分析、与自身实践比较找出差距、确定标杆指标。标杆的确定为企业找到了改进的目标。

第四步，系统学习和改进。这是实施标杆管理的关键。标杆管理的精髓在于创造一种环境，使组织成员在战略愿景下工作，自觉地学习和变革，创造出一系列有效的计划和行动，以实现组织的目标。另外，标杆管理往往涉及业务流程的重组和行为方式的变化。这时组织就需要采用培训、宣讲等各种方式，真正调动员工的积极性。

第五步，评价与提高。实施标杆管理不能一蹴而就，而是一个长期渐进的过程。每一轮完成之后都有一项重要的后续工作，即重新检查和审视标杆研究的假设、标杆管理的目标和实际达到的效果，分析差距，找出原因，为下一轮改进打下基础。

标杆管理在企业发展中的重要作用已经逐渐被企业认同，其使用范围也从最初衡量制造部门的绩效发展到不同的业务职能部门，包括客户满意度、后勤和产品配送等方面。标杆管理也被应用于一些战略目的，如衡量一个企业在创造长期股东价值方面与产业内其他公司的差距等。标杆管理已经成为改善企业经营绩效、提高全球竞争优势最有用的一种管理工具，甚至很多非营利组织也开始采用这一工具。标杆管理作为一种管理思想，还可以与其他管理工具结合在一起使用，如在设置绩效目标或者提炼关键绩效指标时，都可以使用标杆管理。

（二）我国标杆管理中存在的问题

我国企业在管理实践中也引进了标杆管理的思想，学习先进企业的最佳实践，但是很多企业都忽略了管理情境的差异以及企业自身的不断提高，导致标杆管理“形似而神不似”。组织的情况各不相同，在一种情境下有效的最佳实践知识在其他情境下未必有同样的效果。在标杆管理中，主要存在以下五类缺陷。

（1）标杆主体选择缺陷。比较目标的选择要恰当，作为标杆的组织应在某一方面做得尤其出色，并因此形成竞争优势且实现持续增长。

（2）标杆瞄准的缺陷。系统地界定优秀的经营管理机制与制度、优秀的运作流程与程序以及卓越的经营管理实践的活动，被称作标杆瞄准。在锁定标杆时，应更注重制度、文化等隐性因素的挖掘。

(3) 标杆瞄准执行成员选择的缺陷。参与标杆管理的团队成员应包括业务流程的最直接参与者，没有这些人的参与，以改进流程为目的的任何措施都不会成功。

(4) 过程调整的缺陷。对最佳实践的学习是一个渐进的过程，并不是一蹴而就的，需要谋求从高层领导到基层员工的各种支持，要向员工说明“怎样”和“为什么这样”工作，这需要一个持续的管理周期。

(5) 忽视创新性的缺陷。现在很多公司（尤其是那些跨国公司）将标杆管理视为获取竞争优势的关键性管理工具，因为当前市场竞争的主题是创新速度，是如何确保自身的创新速度超过竞争对手，而标杆管理恰恰紧紧围绕这个主题。而我国很多企业运动式、形式化模式，不利于在超越中形成竞争优势。那些曲解标杆管理思想实质、只模仿而不自我创新的错误做法，使一些企业在实施标杆管理的同时，不可避免地陷入了企业经营战略日益趋同的误区。

四、对标杆管理的评价

树立标杆是手段，实现超越才是目的。企业实施标杆管理，必须抓住学习创新的关键环节，以适应企业自身特点并促进企业战略目标的实现为原则，既有组织又有创新，才能真正发挥标杆管理的作用。片面理解标杆管理而惰于创新，不但与标杆管理的初衷背道而驰，而且不能从根本上提高企业的核心竞争力。对标杆管理的优点和局限性全面理解，有助于更有效地使用该管理工具。

（一）标杆管理的优点

作为一种优秀的管理方法和管理工具，标杆管理的使用能够帮助企业形成一种持续追求改进的文化，其优点主要表现在以下几个方面。

首先，有助于改善绩效。标杆管理在绩效管理中发挥重要作用，特别适合作为绩效改进的工具。在管理实践中，实施标杆管理的组织，通过辨识行业内外最佳企业的绩效及其实践途径，确定需要超越的标杆，然后制定需要超越的绩效标准，同时制定相应的改善措施，进而实施标杆超越，最后制定循环提升的超越机制，从而实现绩效的持续提升。

其次，有助于企业的长远发展。标杆管理是企业挖掘增长潜力的工具，经过一段时间的运作，组织内部与全面标杆进行比较，使个人、部门甚至组织的潜力得到充分的激发，克服组织内部短视现象。组织内在潜能的充分激发，有利于形成固定的企业文化，从而实现外在动力转化为内在发展动力，从而为组织长期健康发展打下扎实的基础。

最后，有助于建立学习型组织。学习型组织实质上是一个能熟练地创造、获取和传递知识的组织，同时也要善于修正自身的行为，以适应新的知识和见解。标杆管理的实施有助于企业发现其在产品、服务、生产流程以及管理模式方面存在的不足，通过学习标杆企业的成功之处，结合实际情况将其充分运用到自己的企业当中。同时，随着企业经营环境和标杆的变化，这一过程也在持续更新。

（二）标杆管理的不足

标杆管理是一种片段式的、渐进的管理工具。因为所有的业务、环节和具体的工作都可以作为比较的对象，都能够实施标杆管理。很多组织在实施标杆管理的时候，不一定能从整体最优的角度出发实施标杆超越，虽然可能也会取得一定的效果，但是在很多时候会遇到困难和挫折。在我国的管理实践中，标杆管理的经典案例还非常匮乏。因此，标杆管理工具通常是与其他管理工具一起配合使用，才更能发挥其作用。

第三节 关键绩效指标

进入20世纪80年代，随着管理实践的发展，绩效管理作为人力资源管理的重要方面，受到了更加广泛的关注。这一时期管理学界开始关注将绩效管理与企业战略相结合，并采用各种评估方法，将结果导向与行为导向的评估方法的优点相结合，强调工作行为与目标达成并重。在这种背景下，关键绩效指标应运而生。

一、关键绩效指标的概念

（一）关键绩效指标的内涵

所谓关键绩效指标，是指将组织战略目标经过层层分解而产生的、具有可操作性的、用以衡量组织战略实施效果的关键性指标体系。其目的是建立一种机制，将组织战略转化为内部流程和活动，从而促使组织获取持续的竞争优势。关键绩效指标作为一种战略性绩效管理工具，其核心思想是根据“二八”原则，认为找到组织的关键成功领域（key result areas，KRA），洞悉组织的关键绩效要素（key performance factors，KPF），有效管理组织的关键绩效指标，就能以少治多、以点带面，从而实现组织战略目标，进而打造持续的竞争优势。其中，关键成功领域是为了实现组织战略而必须做好的几方面工作；关键绩效要素是对关键成功领域的细化和定性描述，是制定关键绩效指标的依据。关键成功领域、关键绩效要素和关键绩效指标始终以战略为导向，三者的关系如图7-2所示。

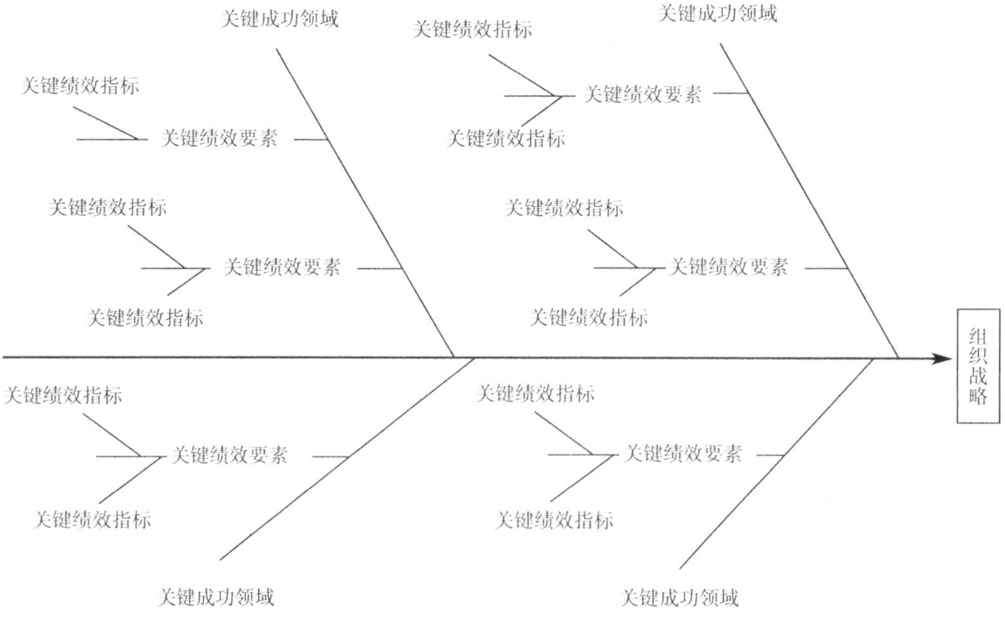

图7-2 基于组织战略的关键成功领域、关键绩效要素和关键绩效指标的关系鱼骨图

对关键绩效指标体系内涵的理解通常需要把握如下几个方面。

(1) 关键绩效指标是衡量组织战略实施效果的关键性指标体系。组织战略对关键绩效指标具有决定性的作用。关键绩效指标体系的目的就是通过设计一套以战略为导向的管理机制，将组织战略转化为内部流程和活动，从而促使组织获取持续的竞争优势。因此，关键绩效指标必须确保能够衡量组织战略的实施效果，这具体包括如下两方面的含义：一方面，确保关键绩效指标是战略导向的，即关键绩效指标是由组织战略层层分解得出的，是对组织战略的进一步分解和细化；另一方面，确保关键绩效指标必须是“关键性的”，对组织成功具有重要影响。

(2) 关键绩效指标反映的是最能有效影响组织价值创造的关键驱动因素。关键绩效指标是对驱动组织战略目标实现的关键领域和重要因素的深入发掘，它实际上提供了一种管理的思路。作为管理者，应该抓住关键绩效指标进行管理，通过关键绩效指标将员工的行为引向组织的战略目标方向。其主要目的是引导管理者将精力集中在能对绩效产生最大驱动力的经营行为上，及时了解和判断组织运营过程中出现的问题，及时采取提高绩效水平的改进措施。

(3) 关键绩效指标体现的是对组织战略目标有增值作用的可衡量的绩效指标体系。关键绩效指标不是指与组织经营管理相关的所有指标，而是指对组织绩效起关键作用的指标。基于关键绩效指标的绩效管理，是连接个人绩效与组织战略目标的桥梁。通过关键绩效指标，可以落实组织的战略目标和业务重点，传递组织的价值导向，有效激励员工，确保对组织有贡献的行为受到鼓励，通过关键绩效指标将员工行为引向组织目标方向，从而促进组织和员工绩效的整体改进与全面提升。关键绩效指标还通过可量化或可行为化的方式，对管理者和员工的工作效果和工作行为进行最直接的衡量。

(二) 关键绩效指标的类型

根据不同的标准，可以将关键绩效指标分为不同的类型。目前，最常见的分类方式是按照绩效指标层次和绩效指标性质划分两种。

(1) 按照关键绩效指标的层次划分。与绩效分为组织绩效、部门绩效和个人绩效一样，关键绩效指标体系也可以按照层次的差别分为组织关键绩效指标、部门关键绩效指标和个人关键绩效指标三个层次。其中组织关键绩效指标来自于对组织战略的分解；部门关键绩效指标来自于对组织关键绩效指标的承接和分解；个人关键绩效指标则来自于对部门关键绩效指标的承接和分解。这三个层次的指标共同构成了组织整体的关键绩效指标体系。关键绩效指标体系的建立过程，强调在组织战略的牵引下，将组织的战略规划和目标通过自上而下的层层分解落实为组织、部门和个人的关键绩效指标，并通过在组织系统内推行关键绩效指标，将组织战略规划转化为内部管理过程和具体行动，从而确保战略目标的有效实施。

(2) 按照关键绩效指标的性质划分。根据指标性质的不同可以将关键绩效指标分为财务指标、经营指标、服务指标和管理指标。其中财务指标侧重衡量组织创造的经济价值；经营指标侧重衡量组织经营运作流程的绩效；服务指标侧重衡量利益相关者对组织及其所提供的产品和服务的态度；管理指标侧重衡量组织日常管理的效率和效果。这种分类方式的目标、范例和作用如表 7-2 所示。

表 7-2 关键绩效指标分类

类别	目标	范例	作用
财务指标	侧重与公司会计职责一致的价值创造	公司投资资本回报； 业务单元损益	确保创造财务价值
经营指标	侧重在日常经营运作流程以及跨职能/跨业务辅助流程中创造价值	新品收入占总收入的份额； 细分市场的份额； 新渠道的收入份额	确保近期和远期的侧重点
服务指标	提供客户对公司经营注意度/满意度的看法	客户满意度指数，如服务质量、购买价值、公司形象	确保近期和远期的侧重点
管理指标	培养与保留人才	员工满意度指数； 关键人才流失率； 员工培训与发展	对公司业绩的内部和外部进行评判

二、基于关键绩效指标的绩效指标体系

虽然关键绩效指标根据不同的分类方式可以分为不同的类型，但是在实际构建以关键绩效指标为基础的绩效管理系统的时候，通常是以组织关键绩效指标、部门关键绩效指标和个人关键绩效指标为主体，其他分类方式为补充的。在管理实践中，关键绩效指标不是绩效指标的全部，还有一类绩效指标来源于部门或个人的工作职责，体现了组织各层次具体工作职责的基础要求，通常被称为一般绩效指标（performance indicators，PI）。在设计基于关键绩效指标的绩效管理体系时，通常组织层面的绩效指标都是关键绩效指标，而部门层面的绩效指标和个人层面的绩效指标则由关键绩效指标和一般绩效指标共同构成，如图 7-3 所示。但是，不同部门所承担两类指标的构成不同，有的部门承担的关键绩效指标多，有的部门承担的关键绩效指标少，有的部门甚至不承担关键绩效指标。例如，对于一些支持性部门（如办公室、财务部、人力资源部等）而言，它们的绩效指标更多的是来自部门的职能或职责，而不是源于组织战略的分解，因此这类部门的一般绩效指标所占比重较大，而关键绩效指标所占比重相对较小。另外，个人层面的绩效指标构成也是由关键绩效指标和一般绩效指标构成。

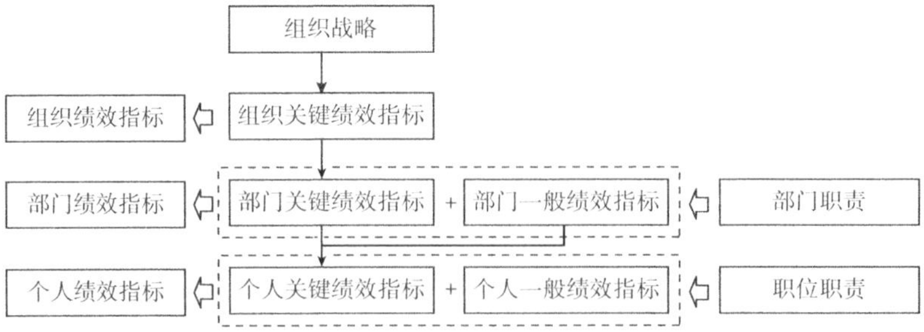

图 7-3 基于关键绩效指标的绩效指标体系

二、建立关键绩效指标体系的过程

关键绩效指标体系通常是采用画鱼骨图的方法来建立的。其基本思路是通过对组织战略的分析，找出组织获得成功的关键成功领域；再把关键成功领域层层分解为关键绩效要素；为了便于对这些要素进行量化考核和分析，须将要素细分为各项指标，即关键绩效指标。把战略置于绩效管理的核心，善用关键绩效指标来推进绩效管理实践，发挥其战略导向的牵引作用。设计一个完整的基于关键绩效指标的绩效管理系统通常包含如下六个步骤，即确定关键成功领域、确定关键绩效要素、确定关键绩效指标、构建组织关键绩效指标库、确定部门关键绩效指标和一般绩效指标以及确定个人关键绩效指标和一般绩效指标六个步骤，如图 7-4 所示。其中，组织关键绩效指标的制定涉及关键绩效指标体系建立的前面四步，这四步是设计关键绩效指标体系的关键和核心内容。

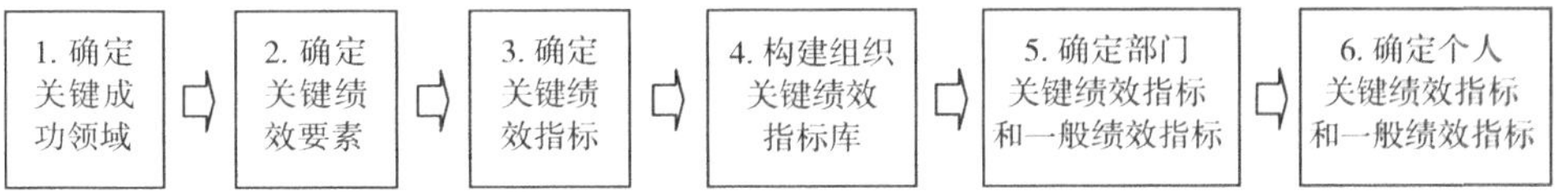

图 7-4　基于关键绩效指标的绩效指标体系的建立步骤

（一）确定关键成功领域

建立关键绩效指标体系的第一步就是根据组织的战略，通过鱼骨图分析，寻找使组织实现战略目标或保持竞争优势所必需的关键成功领域，即对组织实现战略目标和获得竞争优势有重大影响的领域。确定组织的关键成功领域，还必须明确三个方面的问题：一是这个组织为什么会取得成功，成功依靠的是什么；二是在过去那些成功因素中，哪些能够使组织在未来持续获得成功，哪些会成为组织成功的障碍；三是组织未来追求的目标是什么，未来成功的关键因素是什么。这实质上是对组织的战略制定和规划过程进行审视，对所形成的战略目标进行反思，并以此为基础对组织的竞争优势进行剖析。某制造企业通过访谈和头脑风暴法，寻找并确定了该企业能够有效驱动战略目标的关键成功领域：优秀制造、市场领先、技术支持、客户服务、利润与增长和人力资源，如图 7-5 所示。

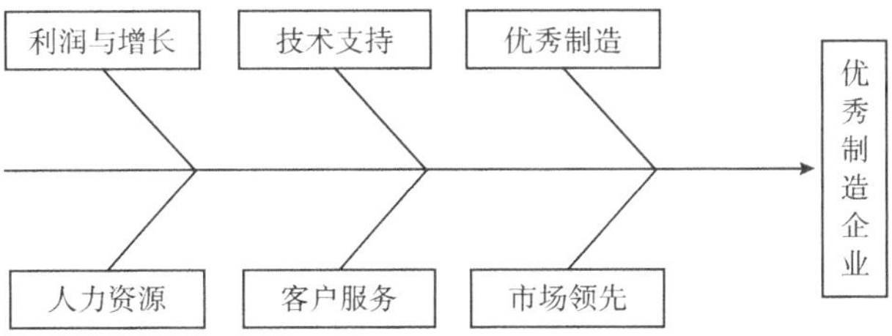

图 7-5　某制造企业关键成功领域的确定（示例）

（二）确定关键绩效要素

关键绩效要素提供了一种描述性的工作要求，是对关键成功领域进行的解析和细化。主要解决以下几个问题：第一，每个关键成功领域包含的内容是什么；第二，如何保证在该领域获得成功；第三，达成该领域成功的关键措施和手段是什么；第四，达成该领域成功的标准是什么。上述制造企业的关键绩效要素如图 7-6 所示。

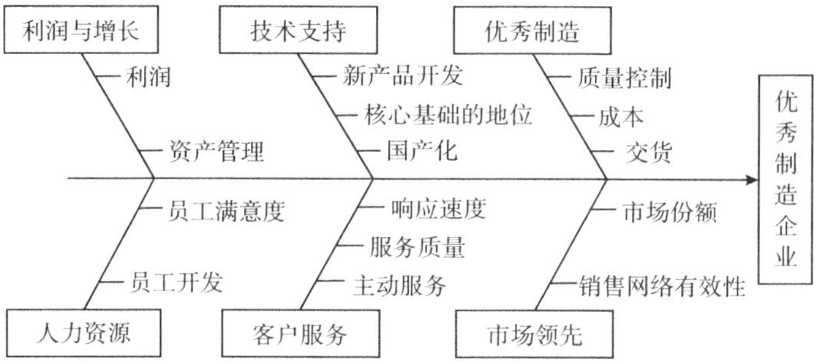

图 7-6　某制造企业关键绩效要素的确定（示例）

（三）确定关键绩效指标

对关键绩效要素进一步细化，经过筛选，关键绩效指标便得以确定。选择关键绩效指标应遵循三个原则：①指标的有效性，即所设计的指标能够客观地、最为集中地反映要素的要求；②指标的重要性，通过对组织整体价值创造业务流程的分析，找出对其影响较大的指标，以反映其对组织价值的影响程度；③指标的可操作性，即指标必须有明确的定义和计算方法，容易取得可靠和公正的初始数据，尽量避免凭感觉主观判断的影响。以优秀制造和市场领先为例，该企业确定的关键绩效指标如图 7-7 所示。

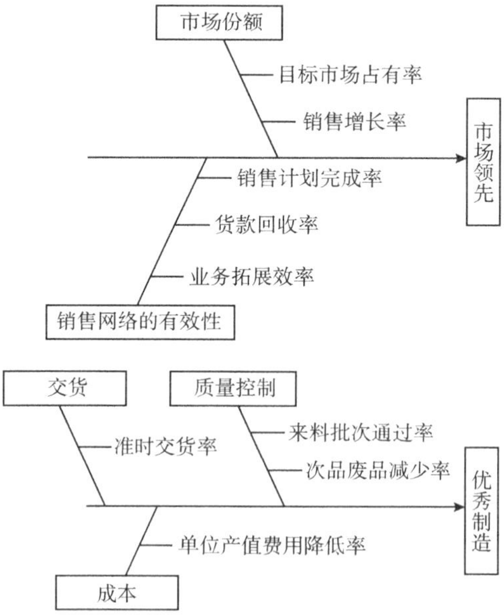

图 7-7　某制造企业关键绩效指标的确定（示例）

（四）构建组织关键绩效指标库

在确定了组织关键绩效指标之后，就需要按照关键成功领域、关键绩效要素和关键绩效指标三个维度对组织的关键绩效指标进行汇总，建立一个完整的关键绩效指标库，作为整个组织进行绩效管理的依据。上述制造企业汇总后的关键绩效指标库如表 7-3 所示。

表 7-3 某制造企业的关键绩效指标库（示例）

关键成功领域	关键绩效要素	关键绩效指标
优秀制造	质量控制	来料批次通过率
		次品废品减少率
	成本	单位产值费用降低率
	交货	准时交货率
市场领先	市场份额	目标市场占有率
		销售增长率
	销售网络的有效性	销售计划完成率
		货款回收率
		业务拓展效率
技术支持	新产品开发	新产品开发计划完成率
		新产品立项数
	核心技术的地位	设备维修平均时间
		与竞争对手产品对比分析
	国产化	国产化的费用节约率
		国产化率
客户服务	响应速度	服务态度
		问题及时答复率
	主动服务	客户拜访计划完成率
		客户拜访效率
		产品售后调查及时性
	服务质量	质量问题处理及时性
		质量问题处理成本
利润与增长	资产管理	资产负债率
		应收账款周转率
		存货周转率
		净资产收益率
	利润	销售利润率
		成本费用利润率
		销售毛利率
人力资源	员工满意度	员工满意度综合指数
	员工开发	优秀员工流动性
		绩效改进计划完成率
		员工培训满意度

（五）确定部门关键绩效指标和一般绩效指标

部门绩效指标一般由关键绩效指标和一般绩效指标构成。关键绩效指标绝大部分来自对组织关键绩效指标的承接或分解，也有一部分是部门自身独有的指标。一般绩效指标通常来源于流程、制度或部门职能。

组织目标的实现需要部门的支持。对组织关键绩效指标的承接和分解是制定部门绩效指标的关键环节。因此，在获得组织关键绩效指标后，就应当考虑将这些指标通过承接和分解两种形式落实到具体部门，获取部门关键绩效指标体系，如图 7-8 所示。首先，要确认这些指标能否直接被相关部门承接。有些关键绩效指标是可以直接被部门承接的，如单位产值费用降低率、新产品立项数等，这些关键绩效指标就可以直接确定为部门关键绩效指标。其次，对不能被直接承接的指标，则必须对这些指标进行进一步的分解。对关键绩效指标进行分解通常有两条主线：一是按组织结构分解；二是按主要流程分解。例如，"次品废品降低率"这一关键绩效指标需要由采购部门的"采购有效性"、品质保证部的"不合格品再发生率"和生产部的"生产技术问题处理的有效性"几个指标共同支撑才能实现。

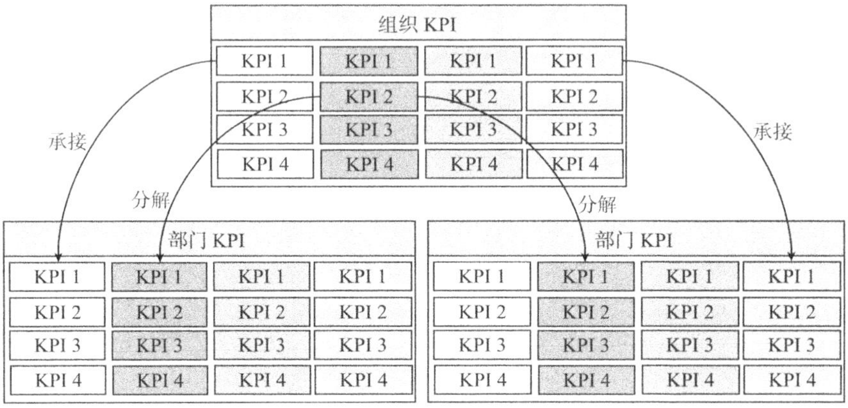

图 7-8　部门关键绩效指标的确定

组织关键绩效指标需要全部落实到具体的部门，否则必然会导致重要工作遭到忽视。部门关键绩效指标的确定过程也可以看做在组织关键绩效指标库中根据分工进行指标选择的过程。另外，由于部门绩效指标通常包含关键绩效指标和一般绩效指标，并且所有的绩效指标需要全面体现在部门绩效计划中。例如，某汽车制造厂的销售中心通过承接或分解组织关键绩效指标确定了部门的关键绩效指标，再补充来自于部门职责和工作流程的一般绩效指标，就获得了该部门的绩效指标体系，如表 7-4 所示。

表 7-4　某汽车制造厂销售中心绩效计划表（示例）

序号	关键绩效指标	权重	指标类型	目标值	评价周期	信息来源	实际得分
1	盈利性产品比率		关键绩效指标				
2	市场信息反馈流程优化达成率		关键绩效指标				
3	客户管理流程优化达成率		关键绩效指标				
4	战略客户销售比重		关键绩效指标				

续表

序号	关键绩效指标	权重	指标类型	目标值	评价周期	信息来源	实际得分
5	期末应收账款数量		关键绩效指标				
6	销售费用		关键绩效指标				
7	整改措施计划达成评价		关键绩效指标				
8	部门行政人员出勤率		一般绩效指标				
9	……		……				

部门经理签字　　　　　　　　　　主管领导签字　　　　　　　　　　　　　年　　月　　日

（六）确定个人关键绩效指标和一般绩效指标

个人关键绩效指标的确定方式同部门关键绩效指标的设计思路一样，主要是通过对部门关键绩效指标的分解或承接来获得，如图 7-9 所示。个人绩效指标体系同样包括关键绩效指标和一般绩效指标两类指标。其中一般绩效指标通常来源于员工所承担职位的职责，也有部分来自于对部门一般绩效指标的承接和分解。

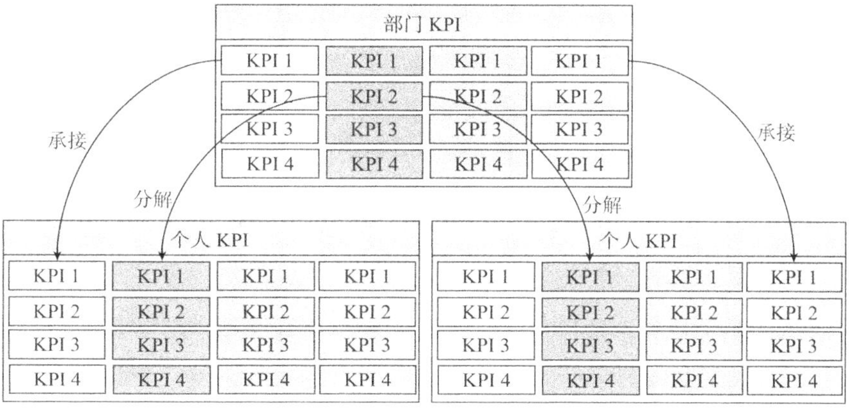

图 7-9　个人关键绩效指标的确定

所有部门关键绩效指标最终都需要有人来承担，这样确保组织战略能够有效指导员工的工作行为。但是，不同的岗位承担关键绩效指标的数量也有很大的差异，有的岗位承担的关键绩效指标数量多，有的岗位承担的关键绩效指标数量少，甚至有的岗位承担的全是一般绩效指标，没有关键绩效指标。从某公司企管部的信息化管理员的绩效评价表中可以看出，该员工承担了 6 个关键绩效指标和 3 个一般绩效指标，如表 7-5 所示。

表 7-5　某公司员工月度绩效评价表（示例）

姓名			部门		企管部	职位		信息化管理员
评价周期								
序号	指标名称		权重	指标类型	目标值	挑战值	完成情况	实际得分
1	硬件故障发生率			关键绩效指标				

续表

序号	指标名称	权重	指标类型	目标值	挑战值	完成情况	实际得分
2	故障排除及时率		关键绩效指标				
3	硬件、软件升级的及时率		关键绩效指标				
4	策划报告的及时率		关键绩效指标				
5	增加网络节点的及时率		关键绩效指标				
6	网络故障排除的及时率		关键绩效指标				
7	维护检查频率		一般绩效指标				
8	验货质量（发现问题数）		一般绩效指标				
9	信息化方案完成率		一般绩效指标				
其他日常工作的完成情况						最后等级	A/B/C
信息反馈						评价者签名	
						被评价者签名	

四、指标权重与员工责任

设计良好的关键绩效指标是绩效管理成功的保障，它所提供的基础性数据是绩效改进的依据和绩效评价的标准。通常关键绩效指标对个人行为具有引导和规范作用。不同的指标类型以及同一指标被赋予不同的权重，都会对员工产生不同的影响。一个岗位的关键绩效指标的数量一般应该控制在5～10个。指标过少可能导致重要工作遭到忽略，指标过多可能出现指标重复现象，并且可能分散员工的注意力。每个指标权重一般不高于30%，但是也不能低于5%。指标权重过高可能导致员工“抓大放小”，而忽视其他与工作质量密切相关的指标；另外，还可能造成绩效评价的风险过于集中，万一该指标不能完成，则整个绩效周期的奖金薪酬都会受到很大的影响。指标权重太低则对评价结果影响力小，也容易产生无法突出重点工作的现象。为了便于计算，指标权重一般取5的倍数，得分也一般使用线性变化计算比例。下面对每种类型的关键绩效指标的权重分配都举一个例子进行说明，如表7-6所示。

表7-6 关键绩效指标类别（示例）

指标类型	关键绩效指标	单位	权重	目标值	完成情况	最后得分
财务指标	业务收入	亿元	25%			
	……	……	……			

续表

指标类型	关键绩效指标	单位	权重	目标值	完成情况	最后得分
经营指标	网络资源利用率	%	5%			
	……	……	……			
服务指标	服务对象满意度	%	5%			
	……	……	……			
管理指标	关键人员流失率	%	5%			
	……	……	……			

员工绩效是结果与行为过程的集合体。对于处在不同层次和担任不同角色的员工而言，反映其工作绩效结果和行为过程的关键绩效指标所占的比重是不一样的。因此在设置关键绩效指标权重时，就要考虑员工所处的不同层级。由于高层管理者对组织的整体经营管理负责，因此对财务指标负有更大的责任，也就是说，在其评价指标中财务指标所占的权重较大。中层管理者的经营、服务类指标的权重应该更大，如图 7-10 所示。

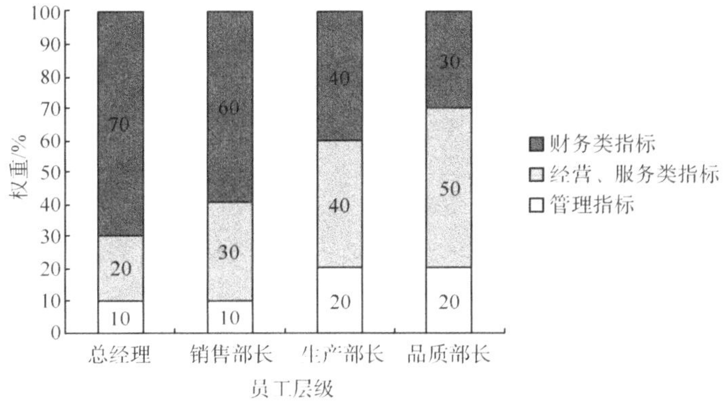

图 7-10 关键绩效指标权重在不同层级员工中的分配

在一个企业中，履行不同职能的员工对企业绩效所发挥的作用是不同的，由此决定了其对关键绩效指标的责任有所不同：处于企业前端部门（销售等）员工比后端部门（生产等）员工的财务指标权重大；职能部门员工一般情况下财务指标权重偏小，经营、服务指标权重偏大，如图 7-11 所示。

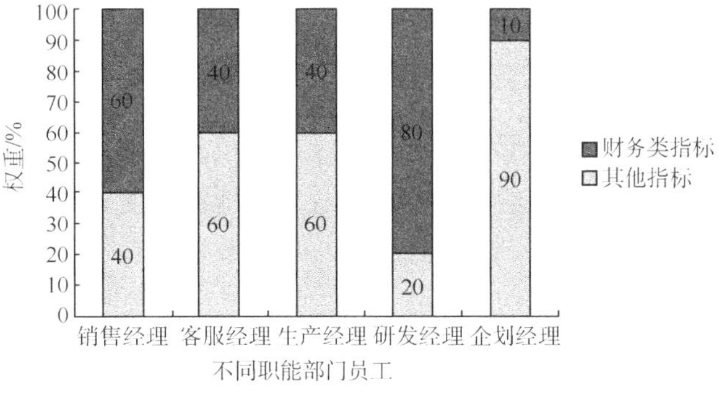

图 7-11 关键绩效指标权重在不同职能员工中的分配

五、对关键绩效指标的评价

（一）关键绩效指标的优点

关键绩效指标作为一个战略性绩效管理工具，在绩效管理实践中得到了广泛应用。善于运用关键绩效指标对组织进行绩效管理，有助于发挥战略导向的牵引作用，形成对员工的激励和约束机制。具体来讲关键绩效指标主要有以下优点。

（1）关键绩效指标强调战略性。一方面，关键绩效指标体系直接源于组织战略，有利于组织战略目标的实现。通过分解战略找出关键成功领域，然后确定关键成功要素，最后通过对关键成功要素的分解得到关键绩效指标，这个过程有助于在组织系统内形成一致的行动导向，从而助推组织战略目标的实现。另一方面，使关键绩效指标体系与组织战略保持动态一致性，确保在组织环境或战略发生转变时，关键绩效指标会相应地进行调整以适应组织战略的新重点，确保组织战略对绩效管理系统的动态化牵引，有利于提升绩效管理系统的适应性和操作性。

（2）推行基于关键绩效指标的绩效管理，有利于组织绩效与个人绩效的协调一致。个人关键绩效指标是通过对组织关键绩效指标的层层分解而获得的，员工努力达成个人绩效目标就是助推组织绩效实现的过程，也是助推组织战略目标实现的过程。因此，关键绩效指标有利于确保个人绩效与组织绩效保持一致，有利于实现组织与员工的共赢。

（3）推行基于关键绩效指标的绩效管理，有助于抓住关键工作。关键绩效指标强调目标明确、重点突出、以少带多。关键绩效指标一般可以克服由于指标庞杂、工作重点不明确而发生关键工作受忽视或执行不到位的现象。

（二）关键绩效指标的不足

虽然关键绩效指标为管理者提供了一个新的思路和途径，为以后绩效管理思想和工具的发展提供了一个新的平台，受到了理论界和实践界的肯定与认可，但随着管理实践的不断深入，关键绩效指标也暴露出一些不足和问题，主要体现在以下几个方面。

（1）关键绩效指标的战略导向性不明确。关键绩效指标虽然强调战略导向，但是并没有明确指出“战略”是公司战略、竞争战略，还是职能战略。在实践中，绝大多数人将这里的战略理解为竞争战略，可是关键绩效指标也没有提供可供选择的战略基本模板。另外，关键绩效指标没有关注组织的使命、核心价值观和愿景，这可能导致战略导向的长期性和稳定性不够，同时也会导致企业在战略检验和调整时缺乏根本标准。在面对不确定性环境的时候，或在战略需要调整和修正的过程中，使用关键绩效指标的局限性尤为明显。

（2）关键成功领域相对独立，各个领域之间缺少明确的逻辑关系。关键成功领域是根据战略的需求确定的对战略有贡献的相关独立的领域，这就会忽略领域间横向的协同和合作，相互之间没有逻辑关系，并直接导致关键绩效指标间缺乏逻辑关系。在管理实践中，关键成功领域没有数量的限制，不同的设计者可能提出不同的关键成功领域，最终就会导出不同的关键绩效指标。

（3）关键绩效指标对绩效管理系统的牵引方向不明确。各关键绩效指标之间相对独立并且缺乏明确的因果关系，可能导致关键绩效指标对员工行为的牵引方向不一致。关键绩效指标对资源配置的导向作用不明确，甚至出现指标间相互冲突，容易导致不同部门和不同员工在完成各自绩效指标的过程中，对有限的资源进行争夺或重复地使用资源，从而造成不必要的耗费和损失。

(4) 关键绩效指标过多地关注结果，而忽视了对过程的监控。科学高效的绩效管理系统不仅需要关注最终的结果，还需要对实现路径进行全面的关注，便于在过程中加强监控和管理，从而保障组织获得持续稳定的高绩效。

第四节　平衡计分卡

20 世纪 90 年代，随着知识经济和信息技术的兴起，无形资产的重要性日益凸显，人们对以财务指标为主的传统绩效衡量模式提出了质疑。在此背景下，美国哈佛大学商学院教授罗伯特·卡普兰（Robert Kaplan）和 RSI 公司总裁戴维·诺顿（David Norton）针对企业的组织绩效评价创建了平衡计分卡。平衡计分卡是以战略为核心的系统、完备的战略管理和绩效管理工具，并在企业、政府、军队、非营利机构等各类组织中得到广泛应用。

一、平衡计分卡的形成与演变

20 世纪中后期，为了对环境变化和市场需求迅速做出反应，管理者需要全面掌握组织的经营业绩和运作情况，尤其是无形资产对价值创造的贡献。然而，传统的财务业绩衡量模式因其固有的滞后性，已无法满足管理实践的需要，这为平衡计分卡的诞生提供了契机。

（一）平衡计分卡的产生

传统绩效衡量模式重财务指标而轻非财务指标，这种模式的弊端在 20 世纪 80 年代就日益明显。这个时期的管理实践已经认识到了非财务绩效是通过经营管理系统获得的内因、过程和无形资产的积累，与企业的盛衰成败关系极大，是本质的东西；也认识到将财务指标与非财务指标有机结合的做法已经成为企业业绩衡量的发展趋势。但是，实践中尚缺乏一个将财务指标与非财务指标有机结合起来，并能协调好各个指标之间关系的系统框架。管理实践的需要为平衡计分卡的产生创造了必要条件。

1990 年，美国毕马威会计师事务所（Klynveld，Peat，Marwick，Goerdeler，KPMG）的研究机构诺兰诺顿（Nolan Norton Institute）资助了一个名为“未来的组织业绩衡量”的研究项目，诺兰诺顿的 CEO 戴维·诺顿担任该项目的负责人，罗伯特·卡普兰则担任学术顾问。项目开始后，小组成员查阅了大量的有关绩效衡量系统创新的案例研究，最终把目光锁定在模拟设备公司（Analog Devices）的“企业计分卡”上。这张卡不仅包括传统的财务指标，还包括与交货时间、制造流程的质量和周转期、新产品开发效率等相关的业绩指标。小组成员都认为这张卡最可能满足项目的预期要求，因此它也就成为了日后所创建的平衡计分卡的原型。之后，小组成员经过反复的讨论，对计分卡的内容进行了扩展，形成了一个新的具有四个独特层面的衡量系统，并将其命名为“平衡计分卡”。在项目结束后，卡普兰和诺顿总结了小组的研究成果，写成了一篇论文《平衡计分卡——驱动业绩的衡量体系》，发表于 1992 年 1～2 月号的《哈佛商业评论》，该文的发表标志着最初用于衡量组织绩效的平衡计分卡正式问世。

（二）平衡计分卡的发展脉络

平衡计分卡自问世以来，得到管理界人士的广泛认可，迅速风靡全球，成为近百年来最具影响力的管理理论之一，目前其应用领域也由企业组织逐步扩张至政府部门、非营利组织、准军事组织，乃至军事机关。卡普兰和诺顿经过二十余年的努力，使平衡计分卡不断发展、丰富和完善，形成了一批极具价值的研究成果。平衡计分卡理论体系全面地阐述了组织获得高绩效的管理框架或基本原则，即描述战略、衡量战略、管理战略、协同战略以及整合战略（链接战略与运营）。这些理论成果集中反映了两位创始人的思想轨迹，也体现了平衡计分卡的理论演变脉络。

（1）初步构建理论体系。平衡计分卡与战略之间的联系在实践中得到进一步完善，并逐渐从一个改良的绩效衡量系统演变成一个核心的管理系统。1996 年他们的第一本平衡计分卡专著——《平衡计分卡——化战略为行动》出版，标志着平衡计分卡从绩效衡量工具转变为战略实施工具，标志着平衡计分卡理论体系的初步形成。

（2）建立战略中心型组织。一些组织的高层管理者利用平衡计分卡把经营单位、共享服务单位、团队和个人围绕整个战略目标联系起来，并通过平衡计分卡的导入，使组织拥有了新的管理中心、新的协调机制以及新的学习模式，实现了整体价值大于各部分价值的总和。2000 年，他们推出了《战略中心型组织——如何利用平衡计分卡使企业在新的商业环境中保持繁荣》，系统阐述了建立战略中心型组织的五个基本原则，为该理论的继续发展找到了新的支点。

（3）绘制战略地图以描述战略。战略地图将平衡计分卡由菱形结构改为四个矩形叠加的逻辑结构，将管理者的关注焦点从绩效指标转移到了绩效目标上，其中发现“目标应该通过因果关系连接”是平衡计分卡管理工具的重要突破。战略地图通过四个层面目标之间的因果关系来描述战略，为战略沟通和战略描述提供了一个可视化的工具，从而为人们提供了一个清晰、逻辑性强并且经得起考验的描述战略的工具。战略地图的提出是对最初提出的平衡计分卡的发展和升华，对管理实践的解释更明晰和指导作用更高。他们出版的《战略地图——化无形资产为有形成果》，创造性地解决了化无形资产为有形成果的技术路径问题，廓清了传统战略管理理论中存在于战略制定和战略执行之间的模糊地带。

（4）围绕战略协同组织。在实践中，协同的重要性越来越凸显出来，但是很多大型组织协同不一致却普遍存在。要释放组织系统的全部潜能，获得“1＋1＞2”的效应，必须在纵向上将组织、部门、团队和个人协调和整合起来，在横向上将组织中的业务单元、支持单元、外部合作伙伴等利益相关者协调和整合起来。于 2006 年他们推出了《组织协同——运用平衡计分卡创造企业合力》，阐述了一整套以战略地图和平衡计分卡为工具的治理框架，并为深入挖掘组织协同所产生的衍生价值提供了技术指导。

（5）连接战略和运营并对战略实施流程化管理。许多组织运用战略地图和平衡计分卡来明晰战略路径和协调组织行动，取得了卓越的经营业绩。但是，如何才能将持续的战略管理融入组织的经营活动以保持这一来之不易的卓越业绩，成为困扰高层管理者的难题。2004 年，卡普兰和诺顿与美国平衡计分卡协会的同事成立了一个工作组，旨在研究如何才能使组织持续聚焦于战略执行。经过几年的研究，他们于 2008 年推出了《平衡计分卡战略实践》，描述了公司怎样以战略与运营进行连接的所有关键流程为突破口，实现战略与运营之间的无缝对接，从而使员工的日常工作能够支持战略目标的实现。

二、平衡计分卡的特点

作为一个新的战略管理体系，平衡计分卡具有自身的鲜明特点。了解这些特点有助于我们在平衡计分卡的设计与实施过程中准确把握其内在本质。

（一）始终以战略为核心

平衡计分卡以提升战略执行力为出发点，始终围绕战略核心，全面阐述战略衡量、战略管理、战略描述、战略协同、连接战略与运营，使平衡计分卡发展成为以战略为核心的管理工具、绩效管理工具和战略沟通工具。以战略为核心是平衡计分卡最根本的特点，这一特点全面体现在其整个发展历程之中，也是其功能定位的基石。

（二）重视协调一致

为了实现化战略为行动的目的，平衡计分卡将协调一致提升到了战略的高度，认为协同不仅是创造企业衍生价值的根本途径，也是实现客户价值主张的必要保障，有必要形成一套严谨的协同机制以确保战略“落地”。

（1）从逻辑上明晰协同思路。平衡计分卡通过战略地图，围绕“为谁创造价值”和“如何创造价值”，形成了一系列因果链条贯穿起来的一个有机整体，其中通过四个层面之间具有因果关系的目标体系，构建了一套在横向和纵向上都协同的管理体系。

（2）从体系上整合协同主体。在明晰组织协同的逻辑关系的基础上，卡普兰和诺顿从组织体系上对协同的主体进行了分析，确定了外部协同和内部协同中四种不同的协同关系，涉及企业总部、董事会、总部职能部门、经营单位、支持服务部门、客户和外部合作伙伴七个协同主体和企业价值主张、公司与董事会/股东、公司与公司支持单元、公司与业务单元、支持单元与业务单元、业务单元与客户、业务单元与供应商/战略合作伙伴、业务支持单元与公司支持单元八个协同查验点。通过目标之间的因果或协作关系以及指标之间的关联性，平衡计分卡创造企业衍生价值的协同思想覆盖了组织的整个架构体系。

（3）从机制上保障协同效果。平衡计分卡包含了一整套用以保障协同效果的管理机制，包括管理工具、管理流程、保障机制、沟通机制、监测和控制机制以及激励政策等。战略地图和平衡计分卡是协同的管理工具，也可以说是协同的操作平台，它从财务、客户、内部业务流程、学习与成长四个层面界定了协同的内容，以及协同效果的衡量指标。

（三）强调有效平衡

平衡计分卡所强调的平衡，不是平均主义，不是为平衡而平衡，而是一种有效平衡。这种有效平衡是指在战略的指导下，通过平衡计分卡各层面内部以及各层面之间的目标组合和目标因果关系链，合理设计和组合财务与非财务、长期与短期、内部群体与外部群体、客观与主观判断、前置与滞后等不同类型的目标和指标，实现组织内外部各方力量和利益的有效平衡。

（1）财务指标与非财务指标的平衡。为了弥补传统业绩衡量模式单纯依赖财务绩效指标的局限性，平衡计分卡引入了客户、内部业务流程、人力资源、信息管理、组织发展等方面的非财务指标，对组织绩效进行综合评价，这是平衡计分卡的基本特征。

（2）长期目标与短期目标的平衡。企业的主要目标是创造持续增长的股东价值，它意味着一种长期承诺，但是企业必须同时创造出较高的短期业绩。在平衡计分卡中，内部业务流程层面的每一类内部流程为组织带来益处的时间段都不同，管理者可以通过内部流程的组合，形成不同的战略主题，以确保企业的长短期利益能够得以兼顾，从而实现可持续发展。

（3）外部群体评价指标与内部群体评价指标的平衡。作为社会系统的构成单元，组织的经营管理决策和行为总是受政府、股东、客户等外部利益相关者的影响。同时，内部业务单元和支持单元也需要组成一个协同系统，并且员工的特点和诉求也有差异。平衡计分卡认识到在实施战略的过程中有效平衡这些群体的利益的重要性。

（4）客观指标与主观判断指标的平衡。传统的业绩衡量模式偏重于从财务数据上考察员工个人的工作成效和组织的整体经营成果，在指标选择上过于强化定量指标，这样难免忽略一些十分重要的定性指标。而平衡计分卡所倡导的定性与定量的结合，仅包括能够即时获取客观数据的财务类指标，而且纳入了客户、流程以及无形资产方面的指标。很多定性指标，尤其是关于无形资产的衡量指标，常常难以根据单一数据对其做出准确判断，而更多地依赖亲身体验、主观感受和经验判断。

（5）前置指标与滞后指标的平衡。一般来说，对工作过程或阶段性成果进行衡量的指标为前置指标，对工作的最终结果进行衡量的指标为滞后指标。在平衡计分卡四个层面中，财务和客户层面描述了组织预期达成的绩效结果，属于前置指标。而内部业务流程和学习与成长层面则描述了组织如何达成战略的驱动因素，需要在管理实践中动态管理，属于滞后指标。

三、平衡计分卡的功能定位

整体来看，平衡计分卡的功能随着理论体系自身的不断发展和完善而发生着变化。这种变化表现在它由最初的绩效评价工具逐渐转变为战略管理工具。了解平衡计分卡的功能定位，有利于发挥这一管理工具的比较优势，从而设计出科学有效的绩效管理体系。

（一）战略管理工具

平衡计分卡对战略管理的突破性贡献主要有三点：第一，通过绘制战略地图这一管理工具，实现对战略的可视化描述。卡普兰和诺顿说："战略地图创新的重要性丝毫不亚于最初的平衡计分卡本身。管理层找到了战略内在属性和外在力量的可视化表述方法。"可以说，对于战略的清晰描述填补了传统战略管理过程中战略制定和战略规划之间的模糊地带。第二，通过战略地图和平衡计分卡建立了战略协同的机制。平衡计分卡将协同视为经济价值的来源，构建了一个逻辑严密、体系完整和机制健全的协同机制。第三，尝试通过战略地图、平衡计分卡以及仪表盘等工具将战略和运营进行连接。实现战略和运营无缝连接的宗旨是将战略转化为员工日常行为，确保战略"落地"。

（二）绩效管理工具

1990年"未来的组织业绩衡量"项目组所创建的平衡计分卡，仅限于对组织绩效的评价，没有涉及部门和员工个人的绩效。但是，"化战略为行动"这一新的定位形成以后，平衡计分卡在绩效评价方面的应用范围才覆盖了组织中的每个层级和个体。随着平衡计分卡理论的继续发展和丰富，绩效管理的计划、监控、评价和反馈环节都纳入了其理论范畴，涉及绩效目标的设置和评价指标的选择、绩效沟通和辅导、绩效监控和评价、绩效结果反馈和应用等内容，平衡计分卡也因此成为一个以战略为核心的绩效管理工具。作为一个新的绩效管理工具，平衡计分卡不仅克服了传统财务绩效衡量模式的片面性和滞后性，而且相对于目标管理、关键绩效指标等绩效管理工具也在目标制定、行为引导、绩效提升等方面具有明显的管理优势，能够为组织绩效目标的达成提供有力保证。

（三）管理沟通工具

平衡计分卡是一个具有鲜明个性的有效的管理沟通平台，通常可以从如下三方面对其进行深入理解：第一，平衡计分卡具有一套层次分明、意义明确、表述清晰的统一的概念和术语，如使命、核心价值观、愿景、战略、企业价值主张、客户价值主张、战略主题、无形资产等。这些词汇在统一的平衡计分卡框架内形成了一种新的语言，保证了信息沟通的统一和规范。第二，平衡计分卡是一个具有严密逻辑关系的管理工具。从沟通的角度看，逻辑上的清晰和严谨具有两方面作用：一是它能够将平衡计分卡的概念和术语有机地组合起来，形成一个语言体系；二是目标之间严密的因果和协作关系以及指标之间的关联关系能够明确界定组织各构成单元和个人所遵循的沟通渠道、沟通内容以及责任权限。第三，平衡计分卡建立了一套良好的沟通机制。这套机制包括领导者的沟通责任、员工的培训和教育、战略反馈和学习流程、结构化会议等，从而对沟通的渠道、传播媒介、沟通方式和频次以及沟通管理等内容做出了明确的界定。

四、平衡计分卡的框架与要素

对平衡计分卡的理解，有广义和狭义之分。广义的平衡计分卡是就理论体系而言，其本质是通过以战略为管理核心实现组织整体协同，从而提升战略执行力的管理体系，包括战略地图和狭义的平衡计分卡；狭义的平衡计分卡是就管理工具而言，它是与战略地图相并列的一种管理表格。本书从广义的视角出发，对平衡计分卡的内部构件及其组合原理进行全面的考察，即通过对战略地图和狭义的平衡计分卡的构成和逻辑结构的全面理解，系统理解平衡计分卡化战略为行动的全过程。

（一）战略地图的框架

战略地图是对组织战略要素之间因果关系的可视化表示方法，是一个用以描述和沟通战略的管理工具。

1. 战略地图的框架

为便于理解和记忆，我们把通用的战略地图形象地比喻为一座四层楼房。房顶部分由使命、核心价值观、愿景和战略构成，房子的主体部分为四个楼层，从上往下依次是财务层面、客户层面、内部业务流程层面、学习与成长层面，这四个层面是一个“2—4—4—3”框架，如图 7-12 所示。其中，“2”指的是两大财务战略，即财务层面的生产率提升战略和收入增长战略；“4”指的是四种通用的客户价值主张，即总成本最低战略、产品领先战略、全面客户解决方案、系统锁定战略；“4”指的是四类创造价值的内部业务流程，即运营管理流程、客户管理流程、创新流程、法规与社会流程；“3”指的是三种无形资产，即人力资本、信息资本、组织资本。

2. 战略地图的逻辑结构

战略地图的框架不仅包括以方框标示的各构成要素，还包括以箭头标示的用以将各构

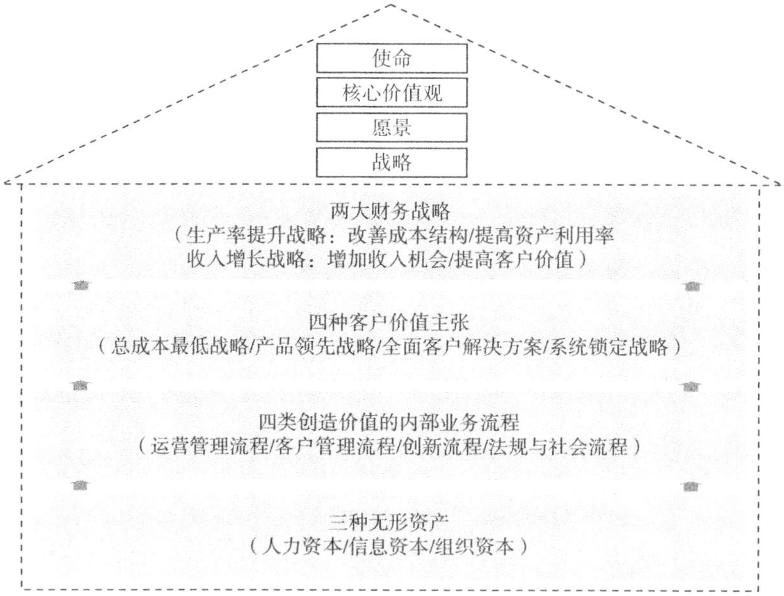

图 7-12 战略地图的框架

成要素串联起来的逻辑关系。首先，就房顶部分而言，使命和核心价值观描述了组织长期奉行的核心理念，愿景和战略描述了组织在特定期限内的发展蓝图和战略选择。这四者之间的关系是，使命指引核心价值观的形成，使命和核心价值观指引愿景和战略的形成，愿景指引战略的形成。其次，就层面而言，通常需要从层面之间的关系和各层面目标之间的关系两个层次来分析。

从层面来看，财务层面和客户层面分别描述了组织期望达成的财务绩效和市场绩效，描述的是组织希望达成什么样的结果，可以归结为结果因素。内部业务流程层面和学习与成长等界定了组织如何创造价值，以及创造价值需要什么样的无形资产，这两个层面描述了如何才能实现战略，属于达成结果的驱动性因素。战略地图四个层面之间的关系如图 7-13 所示。

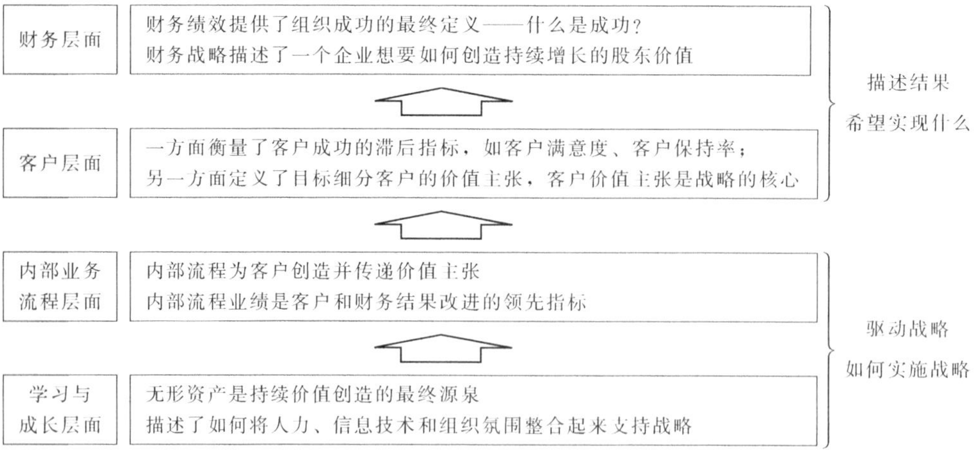

图 7-13 战略地图四个层面之间的关系

从各层面的目标体系来看，四个层面的目标自上而下层层牵引，自下而上层层支撑。具体来说，首先需要在明晰组织的使命、核心价值观、愿景和战略的基础上，形成以战略为核心的、因果关系明确的框架体系，然后确保各层面的目标能够依次回答以下四个问题：财务目标如何满足股东的期望；客户目标如何满足目标客户的需求；流程目标回应我们必须做好哪些重点工作；学习与成长目标描述必须在哪些无形资产上做好准备。通过回答这些问题，为开发战略地图做好充分的准备，具体如图 7-14 所示。

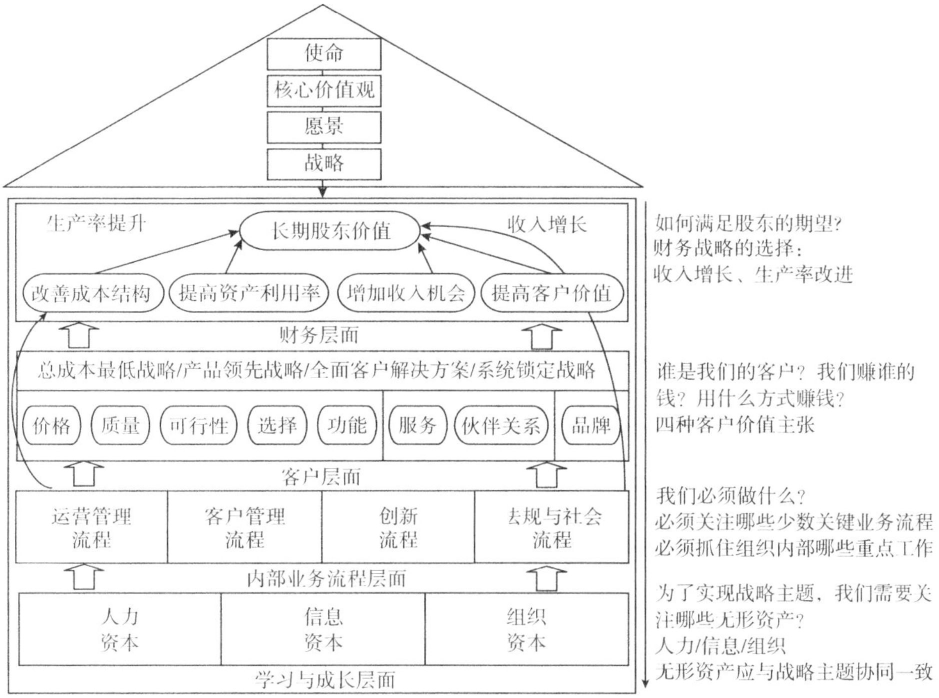

图 7-14　战略地图四个层面回答的四个问题

（二）战略地图的通用模板

在理解战略地图的框架和四个层面的逻辑结构之后，将使命、核心价值观、愿景、战略四个层面及其构成要素通过因果关系整合起来，就形成了战略地图的通用模板。卡普兰和诺顿通过对营利性企业组织的研究、分析和凝练而提出的战略地图通用模板如图 7-15 所示。管理实践中，不同组织还需要根据客户价值主张的差异，分别开发出总成本最低战略、产品领先战略、全面客户解决方案和系统锁定战略四种不同类型的通用模板，其中每种客户价值主张的目标体系都有不同的聚焦点。另外，政府、事业单位、军事机关等公共组织的战略地图的基本模板则需根据组织属性及相应的运营实际进行必要的调整。

（三）战略地图的构成要素

由战略地图的基本框架可知，战略地图包含房顶和四个层面两大部分。战略地图的房顶部分是制定战略地图四个层面的基础和依据，四个层面的具有因果关系的目标体系是战略地图的主体内容。

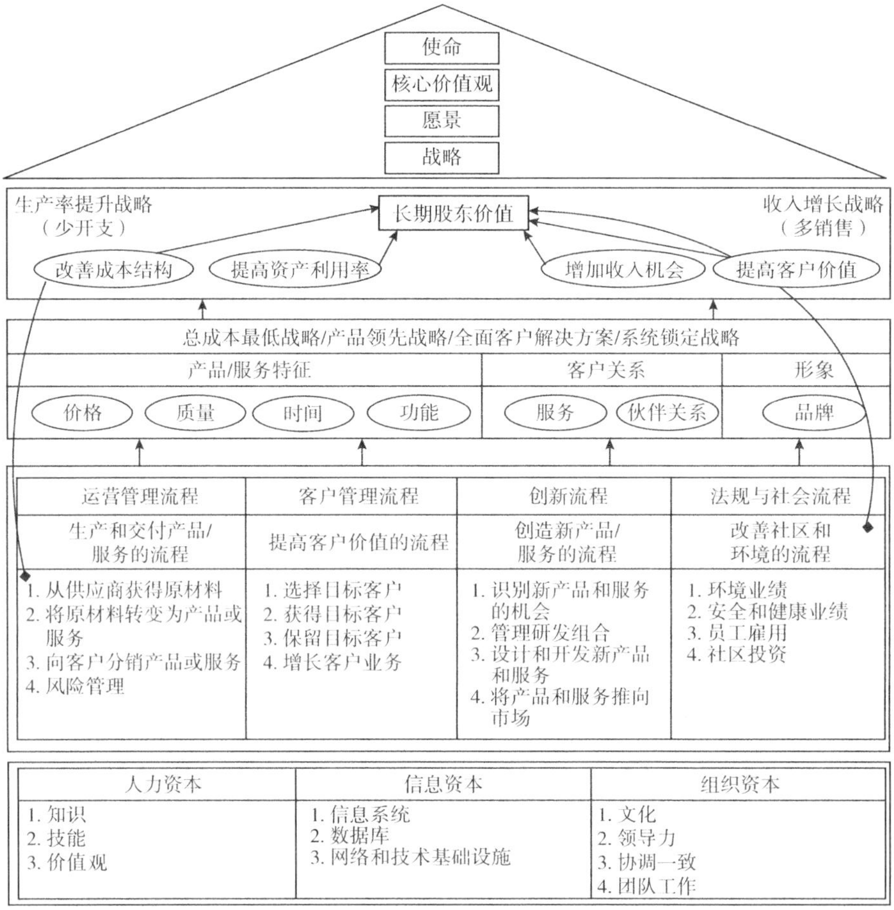

图 7-15　战略地图通用模板

资料来源：改编自卡普兰 R S，诺顿 D P. 战略地图：化无形资产为有形成果［M］. 刘俊勇，孙薇译. 广州：广东经济出版社，2005：9

1. 顶层设计的构成

1）使命

使命是指组织存在的根本价值和追求的终极目标，回答了“组织为人类做出什么样的贡献和创造什么样的价值”这一首要问题。使命是一个简明的、重点清晰的内部陈述，应该说明企业希望如何创造并向客户传递价值。使命及伴随它的核心价值观在一段时间内是保持相对稳定的。

2）核心价值观

核心价值观是指组织中指导决策和行动的永恒原则，回答了“组织长期奉守的坚定信仰是什么”这一基本问题。公司的价值观体现了组织的态度、行为和特质。核心价值观源于领导人的个人信仰，是组织文化长期积累和沉淀的成果，为全体成员所共同认可和遵从。

3）愿景

愿景是指组织的发展蓝图，反映了组织对未来的期望，回答了“组织的中长期目标是什么”这一关键问题。愿景是一个简明的陈述，界定了组织的中长期目标（3～10年）。愿景是实现从使命和核心价值观的稳定性到战略的动态性的中间一环，它阐明了组织的方向，并帮助员工理解他们为什么及如何支持组织的发展。

4）战略

战略是一种假设，是关于为或不为的选择，是组织在认识其经营环境和实现使命过程中所接受的显著优先权和优先发展方向，描述了组织打算为谁创造价值以及如何创造价值；而从组织过去发展历程的角度来看，战略则表现为一种模式。战略是平衡计分卡的核心，其内涵主要包括如下几个方面。

第一，战略是一个假设，是关于为或不为的选择。战略隐含着组织从目前位置到它所期望的但又具有不确定性的未来位置的运动方式。因为组织从没有到过这个未来位置，所以它准备走的道路包含一系列相互联系的假设。平衡计分卡使这些战略性假设被描述成一系列清晰的和可行为化的因果关系。更进一步说，战略性假设要求列出组织所期望的结果以及能够带来这些结果的驱动因素。实现战略的关键是组织内的每个人清楚地理解潜在的假设，将资源和假设协调一致，不断地测试假设，并在实际需要时进行调整。

第二，顶层设计是一个连续统一体，对战略的理解必须回归到这个统一体中。使命和核心价值观描述了组织存在的根本原因以及管理决策和行为的基本准则，是战略形成的基本依据。愿景是对组织未来远景的生动描绘，它反映了稳定的核心理念向动态战略转化后的图景。而战略则解释了实现愿景的逻辑，具体通过目标、指标、目标值、行动方案和预算等系统性的管理措施，使抽象的使命表述、价值理念和发展蓝图转化为员工的日常工作行动。

第三，战略的内在逻辑通过平衡计分卡四个层面体现。战略地图是一个给战略下定义的逻辑框架，能够帮助组织以连贯、整体和系统的方式来看待战略。其一，战略必须尽量使财务层面的长期目标和短期目标保持平衡，从而为其他层面的设计提供依据。其二，客户价值主张是竞争战略的核心。通过确定能为组织带来增长的目标客户，以及描述公司为目标客户提供的独特产品组合、价格、服务、关系和形象，差异化的价值主张定义了公司的竞争战略。其三，战略的精髓在于行为，行为是竞争优势的基本单位，而行为体现在其价值链上的各内部业务流程之中。对于组织来说，运营管理、客户管理、创新以及法规和社会等流程都很重要，但组织必须在某一个对其客户价值主张影响最大的流程上形成竞争优势，而其他流程则应该对核心流程起到支撑作用。其四，无形资产是组织价值创造的源泉，是战略结果的最终驱动力。人力资源、信息技术和组织资本等无形资产要发挥基础支撑作用，就必须在战略的整合下统一起来，不能处于离散状态。

第四，战略由多个相互依存的战略主题组成。战略主题是一组相关战略目标的集合，它提供了一种将战略细分成几个一般类别的方式。大多数战略主题是创造价值的少数关键业务流程的纵向组合。这些关键业务流程体现了战略的差异化，对于创造和传递客户价值至关重要，必须受到特别关注和重视。这些业务流程的目标向上连接客户层面和财务层面的目标，向下连接学习与成长层面目标，构成了一个包含绩效结果和驱动因素的完整的价值创造链，这就是战略主题。所以说，战略主题将战略分解为若干个独立的价值创造链，根据不同周期的战略主题来构建战略地图，使组织可以同时管理短期、中期和长期的价值创造流程。

2. 战略地图的四个层面

战略地图的主体框架由财务、客户、内部业务流程、学习与成长四个层面构成。需要特别说明的是，战略地图的四个层面与平衡计分卡的四个层面是完全一致的。在平衡计分卡中，最初结构形式是菱形模式的四个维度；后来在战略地图中，改变为四个矩形叠加的逻辑结构，更能体现不同层面及其目标之间的因果关系。下面按照从上到下的顺序依次介绍这四个层面以及各层面的内部构成要素。

1）财务层面

财务层面用传统财务术语（如投资报酬率、收入增长和单位成本等）描述了战略的有形成果，提供了组织成功的最终定义（针对企业而言）。卡普兰和诺顿认为，为了防止战略假设、经营决策与财务业绩的脱节，平衡计分卡必须继续关注财务结果。平衡计分卡强调财务、客户、内部业务流程、学习与成长层面的目标要按照战略主题形成若干条因果关系链，从而对战略进行清晰的描述。而财务目标和指标就是这一系列因果关系链的终端，为其余三个层面目标的确定和指标的选择提供依据。它们一方面直观地诠释了战略假设的最终成果，另一方面有助于管理者在各种力量和利益之间进行平衡，防止出现经营上的短视或扭曲行为。对企业来说，平衡计分卡财务层面的最终目标是实现股东价值的持续提升。为了达成这一统领性目标，组织可以通过两种战略来改善财务业绩，即收入增长和生产率提升，如图 7-16 所示。

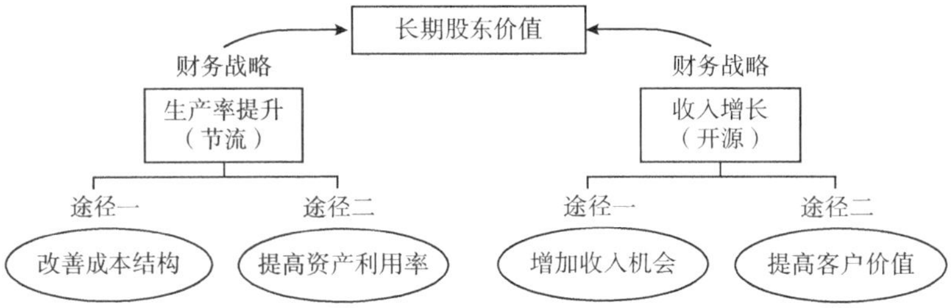

图 7-16　平衡计分卡的两大财务战略

第一，收入增长战略。收入增长即“开源”，可以通过两种途径实现：一是增加收入机会，企业通过销售新产品或发展新的客户创造收入增长。例如，商业银行在做好传统的中间业务和对外担保业务的基础上，通过业务组合与创新推出了金融期货、远期利率协议、互换等一系列新的金融产品。二是提高客户价值，即加深与现有客户的关系，销售更多的产品和服务。例如，银行努力使其账户客户使用本行发行的信用卡并从本行借款购房或买车。

第二，生产率提升战略。生产率提升即“节流”，也可以通过两种途径实现：一是改善成本结构，即企业可以通过降低直接或间接成本来改善成本结构，这可以使企业生产同样数量的产品却消耗更少的人、财、物等资源。例如，订单式生产在加速资金流转速度的同时，可以使生产制造企业大幅降低材料和成品的储存成本。二是提高资产利用率，即通过更有效地利用财务和实物资产，企业可以减少支持既定业务量水平所必需的流动资金和固定资本。例如，通过减少计划外的设备停工时间，企业可以充分利用现有生产能力，在不增加厂房和设备的情况下生产更多的产品。

相比而言，收入增长通常比生产率改进花费更长的时间。出于向股东显示财务成果的压力，企业通常倾向于支持短期而非长期行为，因此对组织发展的可持续性构成了威胁。为此，平衡计分卡强调在确定财务层面的目标时，必须同时关注收入增长战略和生产率改进战略，在竞争战略的指引下实现四种途径的有机组合，使企业能够在短期利益和长期目标之间保持平衡。

2）客户层面

客户层面由组织在市场上的预期绩效成果和驱动绩效达成的客户价值主张构成。预期绩效成果代表了组织希望在既定的细分市场上所取得的最终业绩，通常表现为组织针对预期成长和获利能力最大的目标客户群确定的概括性目标和指标。客户价值主张是一种针对竞争对手的战略模式，是企业经过战略分析，在界定细分市场和目标客户的基础上，为客户提供的一整套有关产品与服务特征、关系和形象等方面的独特组合。差异化的客户价值主张不仅决定了战略所瞄准的市场群体，而且决定了企业如何使自己相对于竞争对手更具特色。因此，企业应当通过深入的市场调查，揭示不同的市场和客户群体及其对价格、质量、功能、形象、声誉、关系和服务的偏好，进而针对自己所选择的客户和细分市场确定客户价值主张。通常，客户价值主张有一套鲜明的特征，这些特征主要可以归结为三类，即产品/服务特征、客户关系、形象和声誉，如图 7-17 所示。

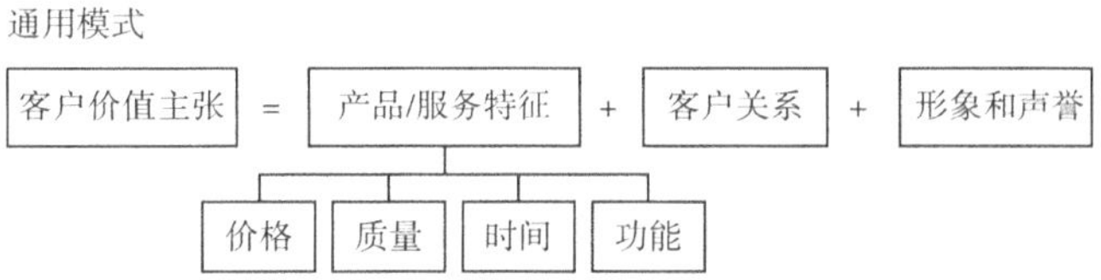

图 7-17　客户价值主张的维度

第一，产品/服务特征。产品/服务特征包括价格、质量、时间和功能。及时交货和上市时间的先后、采购和使用产品或服务的成本差异、产品质量的稳定性和服务承诺的履行状况、产品功能的齐全程度和领先水平体现了不同的客户价值主张在产品或服务特征上的区别。例如，沃尔玛公司采取“天天平价、始终如一”的价值定位，通过低廉的价格来吸引对价格敏感的顾客。

第二，客户关系。客户关系涉及客户购买产品的体验、产品/服务的交货周期、客户需求的响应时间。例如，IBM 公司采取的服务战略主题为“创新服务、成就客户”，针对行业客户的需求，提供端到端的行业解决方案，增强开发能力并提供“交钥匙”解决方案，关注中小企业和发展高可用性服务。

第三，形象和声誉。形象和声誉是企业吸引客户的无形因素，有些公司能够利用广告及高质量的产品和服务创造客户忠诚，使客户对其品牌的支持程度远超过产品或服务本身的有形价值。例如，迪士尼作为主题游乐园品牌，百事可乐和可口可乐作为饮料品牌，阿迪达斯作为运动服饰品牌等，都对其目标客户具有极强的吸引力。

客户价值主张的选择是战略制定的核心环节。不同的组织通过向目标客户群体提供的独特产品组合（价格、质量、可用性、选择、功能）、关系（服务、伙伴关系）和形象（品牌）等客户价值主张定义其战略选择，并形成与竞争对手的差异化战略。卡普兰和诺顿在前人研究的基础上总结出四种通用的客户价值主张，即总成本最低、产品领先、全面客户解决方案以及系统锁定。战略的本质在于选择，因此，组织应当在综合分析环境因素以及自身情况的基础上，选择一种合适的客户价值主张，并将它转化为特定的目标、指标、目标值和行动方案，以便组织成员更深入地认识、更准确地把握体现差异化的战略要素，从而把客户价值主张落实到每个人的具体工作中。四种客户价值主张的内涵及相互间的区别如表 7-7 所示。

表 7-7　四种通用的客户价值主张

类型 项目	总成本最低	产品领先	全面客户解决方案	系统锁定
价值定位	为客户提供可靠的、及时的、低成本的、有限选择的产品和服务	为客户提供高品质的、领先的、选择多样化的产品和服务	为客户提供全面的、定制化的产品以及周到的、持续的服务	为客户提供需要高额转换成本的、标准化的产品、服务或交流平台
差异化因素	关注价格、时间、质量、功能和品牌	关注时间、功能和品牌	关注服务、伙伴关系和品牌	关注功能、服务、伙伴关系和品牌
代表性企业	丰田、松下电器、西南航空、戴尔、麦当劳、沃尔玛	宝马、奔驰、耐克、索尼、英特尔	IBM、高盛、美孚石油	微软、苹果、思科、eBay、黄页、美国运通、威士、万事达
基本要求	具有很强的成本控制能力，善于调查大众消费偏好	具有很强的创新和产品研发能力，能快速将产品投入市场	善于客户关系管理，强调同客户建立长期的友好关系	拥有专利、许可协议或专业知识，能够创建行业标准并持续创新

3）内部业务流程层面

流程是指一系列活动的组合，这一组合接受各种投入要素，包括信息、资金、人员、技术等，最后产生客户所期望的结果，包括产品、服务或某种决策结果。平衡计分卡的内部业务流程层面阐述了创造价值的少数关键业务流程，这些流程驱动着企业的两个关键的战略要素，即向客户生产和传递价值主张，降低并改善成本以实现生产率改进。根据创造价值时间的长短，内部业务流程又被划分为四类，即运营管理流程、客户管理流程、创新流程、法规与社会流程，每类流程由若干个子流程构成，如图 7-18 所示。

第一，运营管理流程。运营管理流程是指生产和交付产品/服务的流程，包括以下四个子流程：一是开发并保持供应商关系。良好的供应商关系可以降低总获得成本，也就是获得货物、材料和服务的总成本，还可以提高供货和服务的及时性。随着外包业务的发展，提高外包服务的绩效（成本、质量和反应时间）也是运营管理的一个重要目标。有的企业依赖其供应商进行产品革新和设计，或者将自身的产品和服务与供应商的产品与服务集成起来，以强化客户价值主张。在这种情况下，供应商关系管理还应该包括供应商创新或直接向企业的客户提供增值服务的目标。二是生产产品和服务。运营管理的核心在于高效率、高质量、快速地为客户生产产品和服务。这一子流程的目标主要包括：降低生产产

运营管理流程	客户管理流程	创新流程	法规与社会流程
生产和交付产品/服务	提高客户价值的流程	创造新产品/服务的流程	改善社区和环境的流程
生产并向客户提供产品和服务	建立并利用客户关系	开发新产品、服务、流程和关系	遵纪守法 满足社会的期望 建立繁荣的社区
1. 从供应商获得原材料 2. 将原材料转变为产品或服务 3. 向客户分销产品或服务 4. 风险管理	1. 选择目标客户 2. 获得目标客户 3. 保留目标客户 4. 增长客户业务	1. 识别新产品和服务的机会 2. 管理研发组合 3. 设计和开发新产品和服务 4. 将产品和服务推向市场	1. 环境业绩 2. 安全和健康业绩 3. 员工雇用 4. 社区投资
短波	中波	长波	长期

图 7-18　四类创造价值的内部业务流程

资料来源：改编自卡普兰 R S，诺顿 D P. 战略地图：化无形资产为有形成果［M］. 刘俊勇，孙薇译. 广州：广东经济出版社，2005：36

品和服务成本、持续改进流程、改进流程反应速度、提高固定资产利用率和提高营运资本效率等。三是向客户分销产品和服务。典型的分销流程目标包括企业的成本、质量和时间业绩，如降低服务成本、快速反应、向客户交货、提高质量等。和降低与供应商合作总成本一样，企业在与分销商合作或者直接向客户销售并提供产品和服务的过程中，在确保分销目标达成的前提下，要从整体上控制分销总成本。四是风险管理。企业的潜在风险通常包括财务风险、信用风险、运营风险和技术风险等。当今的组织面临动荡的社会环境，风险与机遇并存，如果期望零风险，那么很可能就会失去组织发展的大好机遇。因此，加强风险管理是所有组织都要面对的一个重要问题，组织要在其战略地图中设置至少一个风险管理类的目标。

第二，客户管理流程。客户管理流程是建立并利用客户关系以提高客户价值的流程，它反映了组织选择、获得、保留目标客户并不断扩大客户规模的能力。同样，客户管理流程也包括四个子流程：一是选择目标客户。选择客户就是确定对企业有吸引力的细分客户，构思吸引这些客户的价值主张，并且创建吸引这些细分客户的产品和服务的品牌形象。二是获得目标客户。获得客户就是向市场宣传公司的价值主张，吸引目标客户购买公司的产品和服务。通常，企业都是利用入门级产品或高折扣产品启动客户关系。三是保留目标客户。保留客户就是确保产品质量、迅速纠正问题并提供卓越的客户服务，提高客户的忠诚度。客户的忠诚表现为重复购买、客户参与（为企业提供有关改善产品和服务的信息反馈）和客户所有（客户参与新产品设计和供应商推荐）三种形式。企业创造高度忠诚的客户，一方面是通过持续地传递其基本价值主张，另一方面则是靠万无一失的服务质量。四是扩大客户业务。通过了解客户需求，培育并深化客户关系，企业可以增加客户购买活动中本企业的份额。企业应该积极地管理其客户的生命周期价值。也就是说，利用入门级产品获得新客户，通过向新客户提供其他的高盈利产品和服务来扩大客户的购买份额。

第三，创新流程。创新流程是指开发新产品、新服务、新流程和新关系，它是提升客户获得率和增长率、创造客户忠诚和增加利润的必要条件。不管战略如何，所有企业都应该在战略地图中至少设置一个创新目标，而对于采取产品领先和系统锁定战略的公司，创新流程的业绩可能是最具决定性的成功因素。通常，创新流程包括以下四个子流程：一是识别新产品和服务的机会。通过这一流程，企业了解和预测未来的客户需求，从而开发新的、更有效的或更安全的产品与服务。一般情况下，新产品的思想来源于对过去产品和流程创新中所积累的技能和技术的理解。但是，组织不应当仅仅局限于在内部获得创新思想。它们还必须从外部，如各类实验室、大学，特别是供应商和客户，获得创新思想。二是对研究和开发进行管理。获得新产品/服务的思想后，管理者必须决定应该资助、延迟或否决具体的研发项目。管理者应该在完全依靠内部资源生产、进行合资生产或从其他公司获得许可证和外包等方式中做出选择。三是设计和开发新产品和服务。成功的产品设计和开发能够使产品符合市场的期望从而对客户产生吸引力，在一致的质量和一定的成本条件下能够为企业赚取令人满意的边际利润。四是将新产品和服务推向市场。新产品上市是产品开发循环的最后阶段，即项目团队发布新产品，并逐步增加产品的生产批量，最终进入商业生产。

第四，法规与社会流程。法规与社会流程主要是指改善社区和环境的流程，如遵纪守法、满足社会期望、建立繁荣的社区等。有效的法规与社会流程可以驱动长期股东价值创造，也有利于提高效率和降低运营成本。企业一般从以下四个方面管理其法规与社会流程：一是环境业绩。环境业绩主要包括能源和资源消耗、污水排放、废气排放、固体废弃物产生和处理、对上代产品的处理和重新利用、综合的环境指标等。管理者必须确定那些与客户价值主张相关并对长期价值创造至关重要的环境衡量指标。二是安全和健康业绩。企业在生产和运营过程中必须遵守相关的政策和法规，确保安全生产，为员工健康提供必要的职业保障。当然，并非所有安全、健康、职业等方面的指标都应当纳入平衡计分卡的指标体系。平衡计分卡不是企业唯一的指标体系和监控系统。管理者应当将那些有助于降低成本、增加收入，能够推动战略实现的目标和指标纳入平衡计分卡。三是员工雇用。多样性是组织创新的源泉，多样化的员工队伍能够从不同的视角看待和处理问题，更有效率、更好地完成工作任务，提高组织的整体竞争力。四是社区投资。为了实现组织的可持续发展，越来越多的有实力的企业开始注意到社区投资所带来的收益。其中，大多数企业都通过基金组织，甚至建立基金会，为所在社区的非营利组织系统化地提供资金。但是，很少有企业对社区投资的产出进行衡量，因而无法系统地了解持续性投资所产生的影响。运用平衡计分卡，管理者可以建立社区投资方面的目标和指标以衡量其产出和成果，从而真正达到社区投资的目的。

4）学习与成长层面

学习与成长层面描述了组织的无形资产及其在战略中的作用。所谓无形资产，是指没有实物形态，但能被所有者占有、使用并带来经济效益的非货币性长期资产。一切与企业生产经营有关，能为企业带来经济效益，不具备物质实体的资产，都属于无形资产。无形资产是组织价值创造的源泉，是任何一个持久转变的真正起点，其重要性容易被大家认可。但是，对如何定义、衡量和实现相关目标，人们的认识程度还较低，且常常难以达成共识。经过对大量实践案例的分析和总结，卡普兰和诺顿将无形资产划分为三种类型，即人力资本、信息资本和组织资本，如图 7-19 所示。

人力资本	信息资本	组织资本
执行战略所需的 知识、技能和才干等	支持战略所需的 信息系统、数据库、网络和技术基础设施	执行战略所需的 动员和维持变革流程的组织能力
有用性（战略能力）	有用性（战略信息）	有用性（变革议程）
1. 知识（工作所需的一般知识） 2. 技能（谈判/协商/项目管理） 3. 价值观（价值取向）	1. 信息系统 2. 数据库 3. 网络和技术基础设施	1. 文化 2. 领导力 3. 协调一致 4. 团队工作

图 7-19 三种无形资产

资料来源：改编自卡普兰 R S，诺顿 D P. 战略地图：化无形资产为有形成果［M］. 刘俊勇，孙薇译. 广州：广东经济出版社，2005：42

第一，人力资本。在平衡计分卡中，人力资本被划分为知识、技能、价值观三个方面。其中，知识是指完成工作所要求的一般背景知识，既包括具体的工作知识，又包括使具体工作适应环境的外围知识，如“了解客户”；技能是指弥补一般基础知识要求的技能，如谈判、协商和项目管理等技能；价值观是指在既定工作中能产生突出业绩的特性和行为。例如，有些工作要求团队合作精神，有些则要求以客户为导向。

第二，信息资本。信息资本可以分为“硬件”和“软件”两个部分，即技术基础设施和信息应用程序。技术基础设施包括能有效地传递和利用信息应用程序的技术（如中央服务器和通信网络）以及管理专长。信息应用程序是由信息、知识和技能组成的程序包，它建立在技术基础设施之上，支持组织的内部业务流程。技术基础设施和信息应用程序构成了信息资本组合。不同的信息资本组合可以支持运营管理、客户管理、创新等内部业务流程。例如，供应链管理（supply chain management，SCM）和物料需求计划（material requirement planning，MRP）是支持运营管理流程的典型系统。管理者必须知道如何为组织的特定战略选择信息资本组合，以及如何管理支持战略所需的信息资本组合。

第三，组织资本。组织资本被定义为执行战略所要求的动员和维持变革流程的组织能力，即组织拥有的能力和技术协同起来以实现战略目标的能力。有较高组织资本的企业对愿景、使命、价值观和战略有共同的认识，它们围绕战略创造绩效文化，并且在整个企业内共享知识，保证每个员工共同工作并方向一致。管理者通常没有一个统一的框架将注意力集中于组织文化和氛围，使它们与战略保持协调一致。为了便于描述和衡量组织资本，平衡计分卡提供了一个仍处于测试阶段的框架，这个框架将组织资本划分为四个组成部分，即文化、领导力、协调一致和团队工作。其中，文化是指对执行战略所需的使命、核心价值观和愿景的认知和内在化；领导力是指组织各层级中能够动员组织朝着战略方向发展的领导能力；协调一致是指个人、团队和部门的目标与战略目标的结合以及激励政策对战略实现的有效性；团队工作则侧重于知识共享，即在整个组织中创造、组织、开发和分配知识。

（四）平衡计分卡的框架及构成要素

狭义的平衡计分卡与战略地图一样，由财务、客户、内部业务流程以及学习与成长四个层面构成，是通过将战略地图四个层面的目标转化为衡量指标和目标值，并制订行动方案和预算计划的管理工具。需要特别注意的是，战略地图所制定的目标与平衡计分卡中的目标需要完全保持一致，这是平衡计分卡体系化战略为行动的重要体现。

1. 平衡计分卡的框架

平衡计分卡的表现形式是一张二维的表格，如表 7-8 所示。纵向是财务、客户、内部业务流程、学习与成长四个层面，横向是目标、指标、目标值、行动方案和预算。由于战略地图和平衡计分卡是相配套使用的，因此在战略地图开发出来之后，平衡计分卡四个层面的目标也就随之确定，也就是说制作平衡计分卡的过程实际上就是针对每个目标确定其指标、目标值、行动方案和预算。

表 7-8 平衡计分卡（样表）

要素 层面	目标	指标	目标值	行动方案	预算
财务					
客户					
内部业务流程					
学习与成长					

2. 平衡计分卡的逻辑关系

平衡计分卡的逻辑关系包括两个方面：一是四个层面及其目标之间在纵向上因果关系与战略地图是一致的，不再赘述。二是目标、指标、目标值、行动方案和预算之间的横向推导关系。具体来说，目标是战略与绩效指标之间的桥梁，它说明了战略期望达成什么，即要想实现战略在各层面中要做好哪些事情；指标则紧随目标，用以衡量该目标的实现程度；目标值是针对指标而言的，说明了该目标在特定指标上的期望绩效水平；行动方案说明了怎么做才能实现预定的战略目标，制订行动方案要综合考虑目标、指标和目标值；预算则说明了实施行动方案所需的人、财、物等资源。由于指标是由目标推导出来的，而目标之间具有因果关系，因此指标之间也形成了一定的关联关系。从整体上看，平衡计分卡的逻辑关系呈现为一个由纵向因果关系、横向推导关系以及指标关联关系构成的网状结构，如图 7-20 所示。

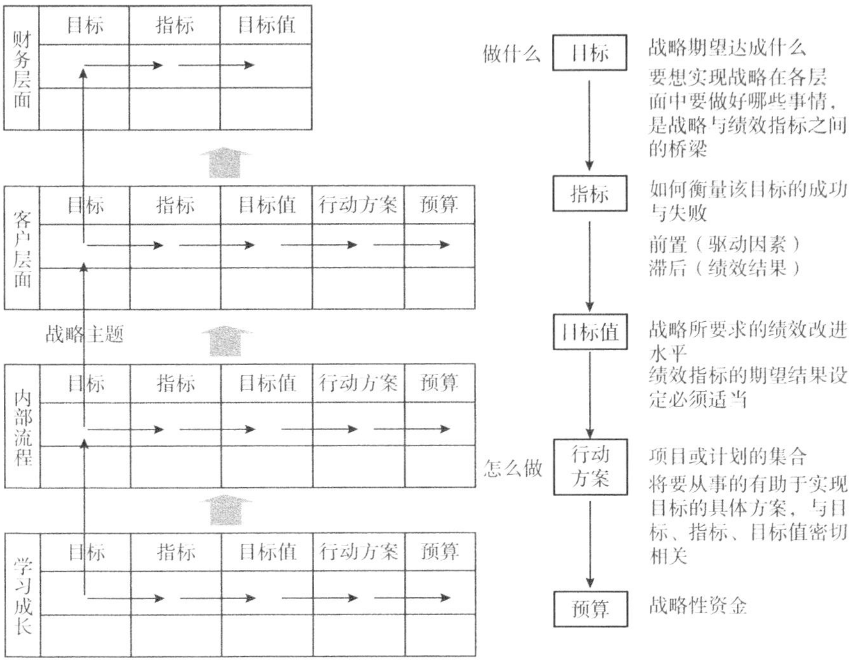

图 7-20　平衡计分卡的逻辑关系

3. 平衡计分卡的构成要素

从上述的框架中可以看出，平衡计分卡的基本构成要素包括目标、指标、目标值、行动方案和预算等内容。在很多情况下，明确绩效管理责任制也是平衡计分卡的重要构成要素。

1）目标及其类型

目标是组织在一定时期的特定绩效领域内所希望取得的理想成果，是战略的重要组成部分。目标指出了有效实施战略所必须做好的事情，是对组织使命、愿景和战略的展开和具体化，在战略所选择的比较宽泛的优先权与用于绩效评价状况的指标之间架起了一座桥梁，它们比战略的内容具体，但比绩效指标抽象。通过战略地图，组织的战略在组织、部门和个人三个层次均被具体化为一整套财务目标、客户目标、内部业务流程目标、学习与成长目标。这些目标围绕战略主题协同起来，形成若干个战略绩效领域，共同支撑组织战略的实现。下面从具体类型上对平衡计分卡中的目标进行分析。

第一，长期目标、中期目标、短期目标。从价值创造周期来看，平衡计分卡中内部业务流程层面的目标可以划分为长期目标、中期目标和短期目标。平衡计分卡的构成是以战略主题为基本单元的，而单个战略主题的确定主要是对内部业务流程层面中少数关键的流程进行组合，继而通过因果关系链与财务、客户以及学习与成长的目标进行连接，这就意味着内部业务流程中价值创造的长短波将决定不同战略主题在时间期限上的区分。不同时限战略主题的组合能够从整体上直接反映战略的意图，保证组织在短期利益和长远发展之间取得有效平衡，从而实现股东价值的持续增长。通常，得益于运营管理流程改善的成本节约一般在6～12个月能显现成效；源于加强客户关系的收入增长通常需要12～24个月；创新流程一般需要24～48个月才能产生收入和利润改善；法规和社会流程的好处是规避诉讼和倒闭以及提高组织的社会形象，这需要更长时间才能获得，如图7-21所示。

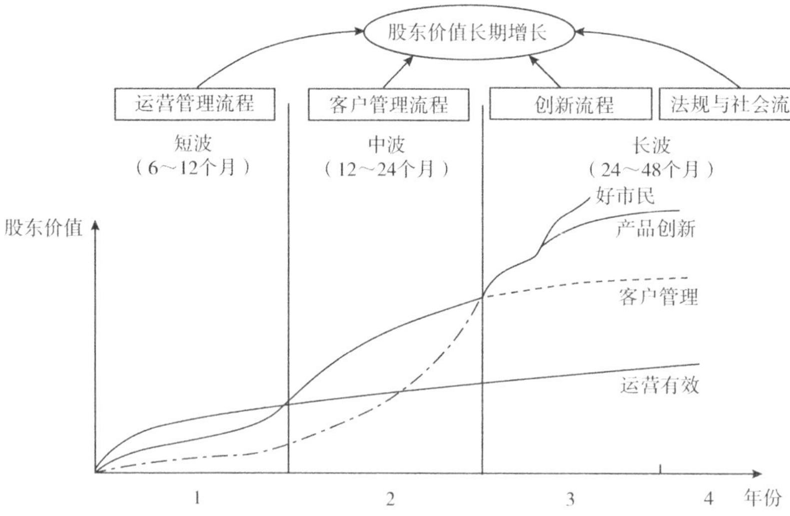

图7-21 不同的价值创造周期

资料来源：改编自卡普兰 R S，诺顿 D P. 战略地图：化无形资产为有形成果［M］. 刘俊勇，孙薇译. 广州：广东经济出版社，2005：39

第二，组织目标、部门目标、个人目标。从组织的纵向协同来看，平衡计分卡是通过分层进行承接和分解的方式，把战略转化为组织目标、部门目标和个人目标。根据组织不同层级的主要作用，这三类目标的侧重点有所不同。组织目标主要是创造企业价值，即把各个分散的业务单元和职能部门的不同工作协同起来，实现“1＋1＞2”的功效；部门目标主要创造客户价值，即通过生产和提供产品和服务传递客户价值主张，从而创造企业利润；个人目标则是落实战略，即通过决策和执行具体落实战略行动方案和运营计划。

第三，共享目标、分享目标、特有目标。从组织的横向协同来看，平衡计分卡是按照分工与协作相结合的原则，把部门和个人的目标划分为共享目标、分享目标和特有目标。共享目标是指目标所确定的事项是一个整体，不可分解，需要不同部门或不同员工合作才能完成的目标。分享目标是指目标所确定的事项虽然是一个整体，但是可以分解，不同部门或不同员工根据各自的职责承担部分任务，按照各自所处的流程节点位置进行衔接和配合完成的目标。特有目标则是根据职责、权限的划分，由单个部门或员工独立完成的目标，通常不需要与他人进行协作。

2）指标及其类型

指标是衡量目标实现程度的标尺，是对绩效因子或绩效维度进行提炼后形成的评判绩效状况的媒介。通常对单个指标进行评价所形成的结果只能反映绩效的某个方面，只有从工作的数量、质量、时间、成本、效率、效果等不同维度进行指标设计和组合，才能得到一个综合的评价结果，从而真实地反映目标的预期绩效与实际绩效的吻合程度。因此，在平衡计分卡中，指标也被划分为不同类别。

第一，财务指标与非财务指标。平衡计分卡在保留财务指标的同时，将非财务指标划分为客户类指标、流程类指标和无形资产类指标，从而形成一个基于目标因果关系链的有机指标体系。

第二，客观指标与主观判断指标。将指标分为定性指标和定量指标是管理实践中最为常见的做法。实际上，无论是定性指标还是定量指标，都能转化为数值形式，从而模糊了两者之间的界限。为避免这一现象，平衡计分卡将指标的定性和定量之分改为主观判断指标和客观指标之分。两者的区别在于，主观判断指标的评价建立在对数据和信息的综合分析之上，受制于评价者的知识、经验和主观感受，而客观指标的评价依赖于直接的数据。

第三，前置指标与滞后指标。平衡计分卡为了凸显价值创造过程中绩效结果和驱动因素之间的因果关系，将指标划分为前置指标和滞后指标，并力求在两者之间取得平衡。把前置指标纳入组织绩效管理的体系中弥补了以往的绩效管理工具只重视滞后指标的片面性，使那些对组织成功有利的、不容易发现和评价的行为能够得以衡量，如表 7-9 所示。

表 7-9 滞后指标与前置指标的比较

项目	滞后指标	前置指标
定义	一段时期结束时的结果指标 通常具有历史绩效的特征	驱动或导致滞后指标绩效的指标 通常评价中间过程和活动的绩效
举例	市场份额 销售额 员工满意度	花在客户身上的时间 书面提议 缺勤率
优势	易于辨别和确认	起预测作用 允许组织根据结果随时调整
劣势	侧重于历史，无法反映现时活动 缺乏预测力	难以辨别和确认 许多新指标在组织中缺乏历史数据支持

第四，计分卡指标和仪表盘指标。计分卡指标涉及财务、客户、业务流程和无形资产四个层面，通常是战略性的、结果性的、员工的日常行为不能直接影响的指标，多为聚焦于跨业务和跨职能的滞后指标。其更新频率往往是以月或年为周期，作用在于牵引组织将资源投入有限的战略重点上，对关系组织战略成败的、具有战略意义的目标进行衡量。而仪表盘指标主要涉及内部业务流程，通常是运营性的、过程性的、员工的日常行为可以影响的指标，多为聚焦于局部的部门、职能和流程的前置指标。其更新频率往往是以天甚至小时为周期，作用在于规范员工的具体行为和监测日常运营过程。计分卡指标和仪表盘指标之间通过目标的衔接相互连接在一起，形成一个有机的整体，而非主次有别的、互不关联的不同指标。计分卡指标和仪表盘指标的比较如表 7-10 所示。

表 7-10 计分卡指标与仪表盘指标比较

计分卡指标	仪表盘指标
• 战略性的 包括财务、客户及人力资本开发等指标	• 运营性的 可能没有财务、客户或人力资本开发指标
• 结果性的 员工的日常行为不能直接影响的指标 更新频率是月度或季度	• 过程性的 员工的日常行为可以影响的流程指标 更新频率为天甚至小时
• 聚焦于跨业务和跨职能的结果指标	• 聚焦于局部的部门、职能和流程绩效
• 多为滞后指标	• 多为前置指标
• 引导资源分配和衡量目标绩效	• 规范员工行为和监测运营过程

第五，评价指标和监控指标。组织的经营管理所涉及的指标可以说是成百上千，十分复杂。为了从这些名目繁多的指标中找出对战略成败最具影响的因素，平衡计分卡主张将绩效指标划分为评价指标和监控指标。评价指标，又称为战略指标，是指那些为了取得竞争优势而界定一个战略的指标，这类指标一般均需纳入绩效评价量表以便定期对目标进行衡量。监控指标，又称为诊断指标，是指那些可以监控组织是否按部就班地运转并在出现异常现象时需要立刻注意的指标。平衡计分卡中的指标多是帮助组织达成战略成功的战略性指标，而不是那些监控组织运行的诊断性指标。正是在此基础上，我们才能将平衡计分卡指标控制在极为有限的数量范围之内。

3）目标值

目标值是组织所期望的绩效结果，一般用一个带有时间限制的、带有具体数值的表述，将目标和指标转变成在今后一段时期内所期望达成的状态，其作用在于确立既定目标在相应指标上的期望标准。如果说目标描述了实现战略所需做好的事项，指标显示了如何追踪和评价目标的实现程度，那么目标值则规定了衡量目标的指标应该做到何种程度。通过有时间限制和量化的目标值，我们就可以把笼统的、描述性的目标转变为明确具体的绩效任务。如同目标一样，目标值既提供了前进的方向，指明了需投入的资源规模和应有的努力程度，又能对员工产生内在激励的作用。但是，激励作用的形成取决于目标值设置的合理性。也就是说，目标值要具有一定的挑战性，员工必须经过一定的努力才能达成；同时，目标值也不宜过高，以免使员工望而生畏，产生过大的压力。如果目标值定得过高而使员工不能达成，必将会影响员工的绩效评价结果，从而对其薪酬和个人发展产生影响，久而久之，还会使员工产生焦虑，不满意感上升，进而导致员工流失。

4）行动方案

战略行动方案是指有时间限制的、自主决定的项目或计划，旨在确定达成战略目标的途径，从而帮助组织实现目标绩效，应该与组织的日常运营计划和活动区分开来。一般来说，每个非财务目标至少有一个行动方案来支撑。行动方案的制订要兼顾目标、指标、目标值的要求，因为目标界定向度，指标描述维度，目标值说明力度，行动方案则将具有时间限制的、量化的目标值转化为具体的行动。至此，组织的战略经过目标、指标、目标值和行动方案的步步阐述，已经从一个静态的、笼统的战略思维转变成组织在某一个时间段内必须完成的若干个具体的计划或项目。不同目标的行动方案通过战略主题捆绑起来，形成一个整体性的行动方案组合，基于同一个战略主题的所有行动方案必须同步实施。需要注意的是，组织中存在数量众多、形式多样的行动方案，管理者必须对行动方案进行筛选、管理和评估，确保所选择的行动方案能够有效支撑战略目标并切实得到有效执行。

5）预算和责任制

与行动方案密切相关的是预算和责任制，其中预算要解决的问题是为战略行动方案提供资金支持，责任制的目的则是明确战略行动方案管理和执行的责任人及其职责。在确定行动方案之后，组织需要为这些行动方案编制预算。平衡计分卡主张将组织的战略规划过程和预算制定过程结合起来进行，而不是作为两个完全独立的流程。利用平衡计分卡来驱动预算程序，可以使组织明确制定预算的根本目的是什么，确保组织将有限的资金分配给那些最重要的战略行动方案。在为战略行动方案提供资金保证的同时，组织应该建立起有关战略执行的责任机制。平衡计分卡要求组织根据管理层级、职责权限以及执行和管理跨业务和跨职能流程的需要，以战略主题为单元为相应的战略行动方案选择主题负责人和团队，以执行战略行动方案，并通过一系列管理会议来定期回顾战略行动方案的进程和效果。由此，组织的战略管理形成了一个包括计划、执行、监测、评价、调整和问责等诸环节在内的封闭循环，为战略的实现提供了清晰路线和有力保障。

（五）平衡计分卡的目标确定和指标选择举例

目标的设置和指标的选择是平衡计分卡的核心内容。目标不仅应该紧扣当前工作的重心，而且应该在各个层面之间形成清晰的因果联系；设计出的指标要完整地体现目标的意图，能够对目标的绩效状况给以准确衡量。针对平衡计分卡的四个层面，卡普兰和诺顿分别介绍了相应的目标和指标范例。

1. 财务层面的目标和指标

平衡计分卡在财务层面通常会首先明确代表企业长远目标的统领性目标，即提升长期股东价值。在此基础上，根据战略分析与定位进行生产率目标和增长目标的设置与组合，明确终极目标的驱动因素。表 7-11 列举了四种不同战略途径的具体目标和指标。

表 7-11　四种不同战略途径的财务目标和指标

战略途径	目标	指标
改善成本结构	成为行业中的成本领先者	单位成本；单位产出
	改善销售效率	销售成本（渠道） 电子化客户交易比率
	降低服务成本	维修成本占总制造成本的百分比
	管理产品生命周期总成本	处理成本占总制造成本的百分比
提高资产利用率	最大化利用现有资产	销售/资产 存货周转率 投资效率 可用生产能力的生产和开发渠道

续表

战略途径	目标	指标
增加收入机会	提高新客户的收入	来自新客户的收入金额
	创造新收入来源	新客户收入
	提高新产品的收入	新产品和服务收入 收入总额
	研发投资回报	技术投资回报 实际和目标盈亏时间 专利的特许权和许可权收入
	新客户的收入增长	使用新产品的新客户收入和利润
提高客户价值	提高现有客户的账户份额	现有客户业务增长比率
	增加单位客户收入	钱包份额 单位客户利润
	提高客户盈利性	非盈利客户比率
	现有客户的收入增长	最近一年现有客户的收入和利润增长 现有客户的销售额增长百分比

平衡计分卡要求四个层面的目标都必须与组织的战略保持一致，并且以财务目标为起点形成层层牵引和支撑的因果关系，因此财务目标的设置为其他层面的目标选择确定基调。所以，财务目标必须首先明确战略方向，这就应该在四种不同战略路径中进行取舍，形成能够体现战略重点的目标组合。表 7-12 列举了针对其中三种不同战略的财务目标和指标。

表 7-12　针对不同战略的财务目标和指标

战略类型	目标	指标
总成本最低	成为行业中的成本领先者	单位成本，竞争对手作为标杆 单位产出成本年降低率 成本预算差异百分比 单位产出总成本最低
	现有资产利用最大化	销售/资产 存货周转率 投资效率 可用生产能力的生产和开发渠道 准时开票的百分比
	增加新客户的收入	来自新客户的收入金额
	提高现有客户的账户份额	现有客户业务增长比率

续表

战略类型	目标	指标
全面客户解决方案	创造新收入来源	新客户收入 新产品和服务收入
	增加单位客户收入	客户份额（钱包份额）
	提高客户盈利性	单位客户利润（通过ABC系统来衡量） 非盈利客户比率
	改善销售效率	销售费用/收入总额 单位销售成本（通过渠道） 电子化客户交易比率
产品领先	研发投资回报	技术投资回报 实际和目标盈亏时间 专利的特许权和许可权收入
	现有客户的收入增长	最近一年现有客户的收入和利润增长 现有客户的销售额增长百分比
	新客户的收入增长	使用新产品的新客户收入和利润
	管理产品生命周期总成本	维修成本占总制造成本的百分比 处理成本占总制造成本的百分比

2. 客户层面的目标和指标

制定客户层面的目标和指标关键在于辨别细分市场和目标客户，以及明确为目标客户提供何种价值主张。据此，平衡计分卡的客户指标通常有两套：第一套是适用于所有企业的概括性指标，卡普兰称之为核心衡量指标群，包括市场份额、客户保持率、客户获得率、客户满意度、客户获利率。其中，客户获得率一般支持增长战略中的增加收入机会途径，客户保持率一般支持增长战略中的提高客户价值途径，客户获利率一般支持生产率战略的两个途径。客户层面的第二套指标代表客户成果的驱动因素——价值主张，表明了企业如何获得较高的客户满意度、保持率、获利率，并创造预期的市场份额。企业在战略选择上的差异，通过客户价值主张及其特征体现出来，表现为不同的客户目标组合。表7-13列举了针对三种不同战略的客户目标和指标。

表 7-13 针对不同战略的客户目标和指标

战略类型	目标	指标
总成本最低	降低客户成本；增加客户利润	相对于竞争对手的价格 客户的获得成本 本公司产品和服务的客户盈利性
	向客户交付零缺陷的产品和服务	缺陷率或客户体验缺陷等级的比率 客户抱怨数量和百分比 质保事件和现场维修数量
	准时交付产品	准时交付比率 客户提前期（从订货到交付） 完美订单比率
	提供良好的选择	衡量客户需求满足程度的产品或服务提供状况指数 缺货比率
全面客户解决方案	提高客户满意度（价值主张）	高度满意客户百分比
	提高客户忠诚度	客户保持率 客户关系深度
	创造狂热爱好者	客户推荐业务比率
产品领先	为客户提供高质量产品/服务	新产品/服务的独特性能和特征
	新产品/服务首次上市	相对于竞争者的提前时间 首次上市产品/服务的数量 及时上市产品百分比
	把产品/服务拓展到新市场	平台产品的新应用领域 新市场和细分客户的收入

3. 内部业务流程层面的目标和指标

平衡计分卡的内部业务流程层面按照价值创造周期的长短，划分为运营、客户、创新、法规与社会共四类流程。每类流程内部根据价值创造的逻辑顺序进一步细分为若干个子流程，每个子流程都包含各自典型的目标和指标。通过目标之间的因果关系，每类内部业务流程的目标都能够和与之相对应的客户目标和财务目标相连接，并引导学习与成长层面目标的选择。

（1）运营管理流程的目标和指标。运营管理流程的总目标是为客户生产和提供产品与服务，具体可分为开发并保持供应商关系、生产产品和服务、向客户分销和提供产品与服务、管理风险四个子流程。每个子流程都聚焦于价值创造链的特定目标，如降低总获得成本、确保产品及时交付、提高外包服务业绩等。同时，它们向上驱动相应的客户目标和财务目标，如提供有竞争力的价格和较低的供应成本、质量上乘的产品、快速及时的购买、良好的选择等；向下则为组织设置学习与成长层面目标提供了依据，如提高全面质量管理能力、开发供应链管理软件和建设持续改善的文化等。表 7-14 列举了运营管理流程的目标和指标及与之相关层面的目标和指标。

表 7-14 运营管理流程的目标和指标及与之相关层面的目标和指标

层面	目标		指标
财务	成为行业中的成本领先者		单位成本，将竞争对手作为标杆；单位产出成本年降低率；成本预算差异百分比；单位产出；销售和管理费用
	现有资产利用最大化		销售/资产；存货周转率；投资效率；可用生产能力的生产和开发渠道；准时开票的百分比
	增加新客户的收入		来自新客户的收入金额
	提高现有客户的账户份额		现有客户业务增长比率
客户	降低客户成本；增加客户利润		相对于竞争对手的价格；客户的获得成本；本公司产品和服务的客户盈利性
	向客户交付零缺陷的产品和服务		缺陷率或客户体验缺陷等级的比率；客户抱怨数量和百分比；质保事件和现场维修数量
	准时交付产品		准时交付比率；客户提前期（从订货到交付）；完美订单比率
	提供良好的选择		衡量客户需求满足程度的产品或服务提供状况指数；缺货比率
内部业务流程（运营管理）	开发并保持供应商关系	降低获得成本	获得材料和服务的作业成本；采购成本占采购总价百分比；电子化采购百分比；供应商排名
		获得即时交付的供应能力	从订货到收获的提前期；交货及时率；订单迟到率；供应商直接将货送到生产流程的百分比
		开发高质量供应商的能力	到达订货中每百万件的次品数或次品率；送货免检的供应商百分比；接收优质订货的百分比
		运用来自供应商的新理念	来自供应商的创新数量
		实现供应商伙伴关系	直接向客户提供服务的供应商数量
		外包成熟、非核心产品和服务	外包关系数量；外包伙伴的标杆业绩
	生产产品和服务	降低生产产品和服务成本	关键运营流程作业成本；单位产出成本；营销、销售、分销和管理费用占总成本的百分比
		持续改进流程	持续改进流程数量；减少无效流程数量；缺陷率；合格率；废品率；检查测试成本；质量总成本
		改进流程反应程度	周转期；加工时间；加工效率
		提高固定资产利用率	生产能力利用百分比；设备可靠性；故障次数或百分比；灵活性
		提高运营资本效率	存货周转率；日应收账款；库存比率；现金周转期

续表

层面	目标		指标
内部业务流程（运营管理）	向客户分销和提供产品与服务	降低服务成本	向客户交付和储存的作业成本；通过低服务成本渠道到达的客户比率
		快速反应向顾客交货	从订货到交付的提前期；从产品/服务完成到可供客户使用的时间；准时交付率
		提高质量	无缺陷交付项目的百分比；客户投诉的数量和频率
	管理风险	管理财务风险/保持高信用质量	劣质负债比率；坏账比率；来自利率、外汇或商品价格波动的风险或损失；过时或变质存货；负债权益比率；利息保障倍数；每月薪水的现金支出
		管理运营风险	积压订单；现有和积压订单所需要生产能力的比率
		管理技术风险	与竞争对手相比，产品或工艺的技术排名
学习与成长	人力资本	开发质量管理和流程改善技能	参加质量管理技术培训的员工百分比；共有六西格玛“黑带”水平的员工比率或数量；参加作业管理、即时制和限制理论培训或具有这方面知识的员工比率
	信息资本	推动流程改善和客户满意的技术	从运营中获得及时反馈的员工比率；能够对订单情形进行电子化跟踪的客户比率
	组织资本	持续改善文化	持续改善和知识共享文化的员工调整；提出流程改善新思路的数量；采纳员工流程改善建议的比率；跨多个部门共享质量和流程改善思路的数量；来自员工建议或行动

（2）客户管理流程的目标和指标。客户管理流程聚焦于促销和销售企业的产品，可分为客户的选择、获得、保留以及培育客户关系等子流程。虽然建立客户关系并不是客户管理流程优先考虑的事情，但是它与客户层面之间存在较强的联系，因为在很大程度上该流程决定了组织所提出的客户价值主张能否实现；同时，还对客户价值主张的关系和形象维度产生直接的支撑作用。从无形资产的角度看，客户管理流程要求管理者更多地关注客户，如进行客户关系管理的培训、建立客户关系管理系统、培育一种以客户为中心的企业文化等。表 7-15 列举了客户管理流程的目标和指标及与之相关层面的目标和指标。

表 7-15　客户管理流程的目标和指标及与之相关层面的目标和指标

层面	目标	指标
财务	创造新收入来源	新客户收入；新产品和服务收入
	增加单位客户收入	钱包份额
	增加客户盈利性	单位客户利润；非盈利客户比率
	改善销售效率	销售成本（渠道）；收入总额；电子化客户交易比率
客户	提高客户满意度（价值主张）	高度满意客户百分比
	提高客户忠诚度	客户保持率；关系深度
	创造狂热爱好者	客户推荐业务比率

续表

层面		目标	指标
内部业务流程（客户管理）	选择	了解细分市场	细分市场贡献
		筛除非盈利客户	非盈利客户比例
		瞄准高价值客户	战略客户数量
		品牌管理	品牌意识/偏好
	获得	宣传价值主张	品牌意识
		客户化大规模营销	响应率运动；使用促销样品的客户数
		获得新客户	客户线索数量/转化率；获得每个客户的成本；获得新客户的寿命价值（估计）
		开发经销商关系	经销商计分卡；经销商调查反馈
	保留	提供额外客户服务	额外服务客户数量；优质客户的质量评价；解决客户关注问题或抱怨的时间；客户对质询的初次应答的不满意比率
		创造唯一来源伙伴关系	唯一来源收入比率
		提供卓越服务	服务水准（渠道）
		创造终身客户	客户生命周期价值；推荐新客户的数量；通过现有客户的推荐获得新客户的数量；来自“信徒”客户的推荐书数量；忠诚客户对产品和服务提升的建议数量
	增长	交叉销售	单位客户产品数量；交叉营销收入；入门级产品以外的市场或产品创造的收入
		解决方案销售	联合开发服务协议数量；售后服务的收入/利润；客户可获得的增值服务数量
		伙伴/集成管理	单一来源合同数量；获得共享协议数量；从共享协议中赚取的收入
		客户教育	与客户接触时间
学习与成长	人力资本	开发战略能力	人力资本准备度
		吸引和保留顶尖人才	关键员工周转率
	信息资本	开发客户资源管理系统组合	客户资源管理系统组合运用准备度
		增加知识共享	接触知识管理系统的客户/员工数量
	组织资本	创造客户中心型文化	客户调查
		创造个人目标协调一致	将个人目标与平衡计分卡连接

（3）创新流程的目标和指标。创新流程的总目标是持续开发新产品、服务和流程，以培育和保持组织的竞争优势，同样也可以分为识别新产品和服务机会、管理研发组合、设计和开发新产品和服务、新产品和服务上市四个子流程。这些子流程向上与客户层面目标

相联系，进一步阐释了公司的新产品和服务特性及其与竞争对手之间的差异，明确了客户获得产品增强功能的最新时间。需要注意的是，创新流程本身具有一个财务上的限制，即需要进行研发管理，保证投入产品研发上的资金能够得到回报。在学习与成长层面，创新流程要求组织从能力、技术和工作氛围等不同方面培育无形资产，如建设一支高素质的科学家和工程师队伍、引进最新的信息技术、培育创新型和鼓励变革的文化等。表 7-16 列举了创新流程的目标和指标及与之相关层面的目标和指标。

表 7-16　创新流程的目标和指标及与之相关层面的目标和指标

层面		目标	指标
财务		研发投资回报	技术投资回报；实际和目标盈亏时间；专利的特许权和许可权
		现有客户的收入增长	最近一年现有客户的收入和利润增长；现有客户的销售额增长百分比
		新客户的收入增长	使用新产品的新客户收入和利润
		管理产品生命周期总成本	维修成本占总制造成本的百分比；处理成本占总制造成本的百分比
客户		为客户提供高质量产品/服务	新产品/服务的独特性能特征
		新产品/服务首次上市	相对于竞争者的提前时间；首次上市产品/服务的数量；及时上市产品百分比
		把产品/服务拓展到新市场	平台产品的新应用领域；新市场和细分客户的收入
内部业务流程（创新）	识别机会	预期未来客户需求	花费在关键客户上的时间，获得他们的机会和需求；基于新客户推出的新项目数量和百分比
		发现和开发更好的产品和服务	提出的新项目和概念的数量；确定新增值服务的数量
	管理研发组合	为优秀的创新和客户定位、业绩和利润积极管理产品/方案组合	项目的实际和预期组合比较；每个项目的实际和预期花费；技术排名；项目传递途径的产品净现值；扩展（在传递途径中，基于产品原型的客户反馈和收入计划）
		把产品平台拓展到新的和既有的市场	利用既有平台（瞄准新市场）的项目数量；生命周期延长的项目数量
		通过协作拓展产品组合	被许可产品的数量；新市场的合资项目数量；技术或产品伙伴数量
	设计和开发新产品和服务	管理项目组合	专利数/专利引用数；项目通过率；进入每个产品开发流程的项目数量；正式分析和回顾项目流程的百分比
		缩短开发周期	及时交付的项目数量；项目在开发流程的平均时间；总时间（从概念到上市）
		管理开发周期成本	每个开发阶段项目的实际与预算费用

续表

层面		目标	指标
内部业务流程（创新）	新产品和服务上市	新产品快速上市	从试产到全面实现产能的时间；再设计循环数量；新产品上市或商业化数量
		新产品的有效生产	新产品的制造成本；新产品制造流程产量；从客户那里获得的损失或收益；初始保证和现场服务成本；消费者对新上市产品的满意度或抱怨；新产品的安全事故量；新流程的环境事故量
		新产品的有效营销、分销和销售额	新产品的6个月收入（实际与预算）；新产品的脱销与毁约
学习与成长	人力资本	实现渊博的功能专长	关键研发职位的战略技能覆盖率
		开发有效的交叉学科和跨职能团队	交叉学科和跨职能研发团队中有效的研发员工比例；有效的项目管理领导能力的员工比例
	信息资本	为模拟和虚拟模型开发计算机技术	具有先进模型工具知识的研发员工比例
		为产品快速上市利用技术	有效整合CAD/CAM的上市产品比例
	组织资本	从科技界获得领先知识	从外部来源获得的新思想的数量；研究同行的现有科学和技术能力
		培育创新文化	新产品和能力的建议数量；对创新和变革的员工文化调查

注：CAD的全称是computer aided design，即计算机辅助设计；CAM的全称是computer aided manufacturing，即计算机辅助制造

（4）法规与社会流程的目标和指标。法规与社会流程涉及环境业绩、员工安全和监控、员工雇佣和社区投资等方面，目的在于最小化公司经营风险和提高长期股东价值。企业在环境、员工、市民和社会责任上的主动担当和突出表现，能够帮助其树立良好的品牌形象，强化公众的认可度，促使潜在客户加快转化；同时，企业在遵守法规政策和处理社区关系上的良好记录，为其有序经营和长远发展赢得了支持和空间。但是，企业在环境保护、员工健康和社区发展上的投资应有的放矢并取得预期成效，这就要求企业具有相应的能力、技术和文化氛围，据此可以设置有关学习与成长方面的目标和指标。表7-17列举了法规与社会流程的目标和指标及与之相关层面的目标和指标。

表7-17　法规与社会流程的目标和指标及与之相关层面的目标和指标

层面	目标	指标
财务	减少业务执行风险	略
	吸引有社会意识的客户和投资者	略
客户	社区伙伴	略
	负责的公民	略

续表

层面		目标	指标
内部业务流程（法规与社会）	环境	能源和资源消耗	能源来源/能源类型；其他资源的总计和消耗数量
		污水排放	清洁水的需求量；污水排放总量
		废气排放	有毒气体和致癌物的排放情况
		固体废物处理	有害或无害固体废弃物的处置
		产品业绩	产品生命周期内环境影响；产品中有害有毒物；材料的种类和数量；包装；可回收
	安全与健康	安全	事故率；失去工作的日事件率
		健康	职业病频率；员工暴露在有害化合物中的情况；员工工作之外事故情况
	招聘	多样性	信仰；国籍；种族；性别
		招聘失业者	招聘失业者数
	社区	社区计划	对社区投资的定量信息（年份、金额等）
		联合非营利组织	对社区非营利组织的资金贡献；企业员工为社区提供的支援活动
学习与成长	人力资本	投资于人力资本	略
	信息资本	清洁技术	略
	组织资本	社会意识和责任文化	略

4. 学习与成长层面的目标和指标

平衡计分卡的学习与成长层面是对人力资本、信息资本和组织资本等无形资产的描述，阐释无形资产如何成为持续性价值创造的决定性因素。该层面目标的确定在于根据战略一致性原则，合理界定能够有效驱动业务流程目标的无形资产类型，并对其战略准备度进行准确评估。战略准备度是平衡计分卡引入的一个新概念，用以描述无形资产支持组织战略的程度，具体指支持战略优先任务的无形资产需求状态与组织现有状态之间的比率。根据无形资产的类型，战略准备度可以细分为人力资本准备度、组织资本准备度和信息资本准备度，准备度比率越高，说明无形资产支撑价值创造的力度越大。

1）衡量人力资本准备度

人力资本准备度用以反映员工的知识、能力和技能对成功执行战略的有效性。衡量人力资本准备度从确定个人执行战略地图中每一个关键内部业务流程所要求的能力开始，整个过程分为确定战略工作组群、构建能力图解、评估人力资本准备度和制订人力资本开发计划四个步骤。通过人力资本准备度评估，组织应将关注的焦点放在战略工作组群的人力资本投资和开发计划上，以便集中优势资源较快地实现突破性业绩。组织需要想方设法缩小实际能力和要求能力之间的差距，使实际能力达到要求能力的标准。唯有如此，组织才有可能实现其战略目标。

2）衡量信息资本准备度

组织的信息资本包括技术基础设施和信息资本应用程序两个部分，它们同样只有置于战略背景下才具有价值。因此，与衡量人力资本准备度一样，基于战略地图的关键内部业务流程来选择基础设施和应用程序，使之与战略保持协调一致，形成战略IT组合，并不断对这些经过优先性检验的技术组合进行投资，才能充分发挥信息资本的支撑作用。对于信息资本的衡量同样可以使用准备度这个指标，具体评价可以采用等级法或者是满意度评价，但总体要求能够全面了解信息资本的准备度情况并有针对性地制订优化计划。

3）衡量组织资本准备度

平衡计分卡将组织资本定义为执行战略所要求的动员和维持变革流程的组织能力。人力资本和信息资本，以及有形实物资产和财务资产，不仅要与战略保持协调一致，而且要为实现战略目标集成起来共同工作，组织资本则为这种整合提供了能力。因此，拥有较高组织资本的企业对其使命、价值观、愿景和战略有共同认识，能够围绕战略创造高绩效文化，并且在组织高层、中层以及整个公司共享知识，保证每个员工共同工作并协调一致。战略地图描述了战略所要求的变革，这些变革确定了组织所需的新行为和价值观。开发组织资本的第一步就是确定战略所隐含的变革议程，通常有两类：一是为客户、股东创造价值所需的行为变革，包括关注客户、有创造力和创新性、结果导向等；二是执行战略所需的行为变革，包括理解使命和战略、责任感、公开交流、团队工作等。一般情况下，一个单一组织应选择将3～4个对于战略实施最为重要的变革议程纳入平衡计分卡。

卡普兰和诺顿从上述变革议程中选择了文化、领导力、协调一致和团队工作共4个方面作为组织资本的基本框架。平衡计分卡对文化的概念界定是，执行战略所需要的使命、核心价值观和愿景的意识和内在化；关注客户、创新和冒险、理解使命和战略、责任心、公开交流等是最常用的文化变革目标。平衡计分卡对领导力的概念界定是，动员组织朝着战略发展各级合格领导的可获得性；领导力，特别是管理转型变革的领导力，是成为战略中心型组织的核心要求。平衡计分卡对协调一致的概念界定是，个人、团队和部门目标和激励与战略目标的实现相结合；协调一致的组织要求团队的所有成员都有共同的目的、共享的愿景和对个人如何支持整个战略的共识；协调一致通常分两步：一是创造意识，二是建立激励机制。平衡计分卡对团队工作的概念界定是，整个组织共享的具有战略潜力的知识。许多组织利用知识管理系统（knowledge management system，KMS）来创造、组织、开发和分配知识，但是，对于衡量知识共享或知识管理流程的产出则难以入手，因此在实践中大多采用投入或流程指标而不是结果或产出指标来衡量知识共享状况。事实上，企业可以通过被采用的新建议数目、与其他团队和个人共享的新建议和实践的数目等来更好地衡量产出。

五、公共部门的平衡计分卡

（一）公共部门平衡计分卡总体介绍

平衡计分卡最初是针对企业组织开发设计的，但随着平衡计分卡在企业组织获得的极大成功，也逐渐被公共组织采纳。卡普兰和诺顿认为，“虽然平衡计分卡最初的焦点和运用是改善营利性企业的管理，但是平衡计分卡在改善政府部门和非营利性组织的管理上效果更好”。由于政府组织结构复杂，涉及领域众多，在政府绩效管理实践中，更需要消除部门沟通的鸿沟，实现全面的协同。目前已经有越来越多的政府组织开始或者已经着手实施平衡计分卡。全面引入平衡计分卡是提高政府绩效的有效途径，也是政府组织绩效管理的发展趋势。

关于平衡计分卡在公共部门的应用，卡普兰和诺顿提出了三点建议：其一，公共部门应当根据自己所承担的社会责任选择一个长期性的使命目标作为平衡计分卡的终极目标，如减少贫困、消除种族歧视等；其二，公共部门需要拓展“客户”的内涵，根据既定战略来识别并选择真正的客户，进而提炼相应的客户层面目标；其三，将政府组织平衡计分卡框架调整为包含实际成本、价值创造和合法性支持三个层面。

作为对完善公共部门平衡计分卡做出了较大贡献的学者，保罗·尼文（Paul R. Niven）对卡普兰和诺顿的公共部门平衡计分卡框架提出了六点修订意见：第一，使命位于平衡计分卡的最顶层；第二，战略依然是平衡计分卡的核心；第三，顾客层面得到提升；第四，没有财务层面，平衡计分卡不完整；第五，辨认驱动顾客价值的内部业务流程；第六，学习与成长层面为构建良好的平衡计分卡奠定基础。关于公共部门绩效指标体系，尼文还提出了两点建设性意见：第一，在前置指标和滞后指标的基础上，将投入指标、产出指标和成果指标嵌入了平衡计分卡框架中；第二，就各层面的指标选择问题提出了建议，如客户层面主要衡量公共产品和服务的准确性、易获取性、时间性、可选择性、效率和顾客满意度等。此外，还有其他学者也进行了相关研究和探索。例如，Dodor 和 Gupta 等开发了政府组织平衡计分卡，该模型自上而下分别是财务状况、服务选民、内部运营、学习与成长四个层面。

我国与西方在政治体制和政府职能等方面存在显著差异，因此西方学者所提出的公共部门平衡计分卡框架不宜在我国直接应用，通常还需要根据我国国情和实际情况进行模式重构。组织的使命、核心价值观、愿景和战略等方面的相关知识在公共部门和企业两类组织中，没有本质的差别。但是，财务绩效不是公共部门所追求的结果性目标，因此公共部门平衡计分卡在层面构成及其具体内涵上都与企业有相对较大的差异。本书在附录中提供了北京市延庆县人民政府实施平衡计分卡的案例，通过该案例我们比较详细地诠释了公共部门的战略地图和平衡计分卡的基本内容。

（二）绘制公共部门战略地图

公共组织战略地图的制定与企业组织相比有一定的差别。基于我国特殊的政治体制和政府治理模式，在绘制符合我国政府实际的战略地图时，要对西方国家相关成果进行中国化转换之后才能用于中国政府的管理实践中。笔者在充分吸收国外研究成果的基础上，结合我国实际提出了我国地方政府战略地图的基本模板，如图 7-22 所示。这个模板仅仅是地方政府战略地图基本逻辑框架的一个素描，在地方政府具体的绩效管理实践中，还需要结合地方实际，进行有针对性的和具体化的设计。

在该模板中，使命、核心价值观、愿景与战略仍然处于顶层，它们是战略诠释和化战略为行动的指针。该模式的战略地图在层次上则由四层变为三层，分别包括“利益相关者”、“实现路径”和“保障措施”三个层面。利益相关者层面作为绩效结果层面，由平衡

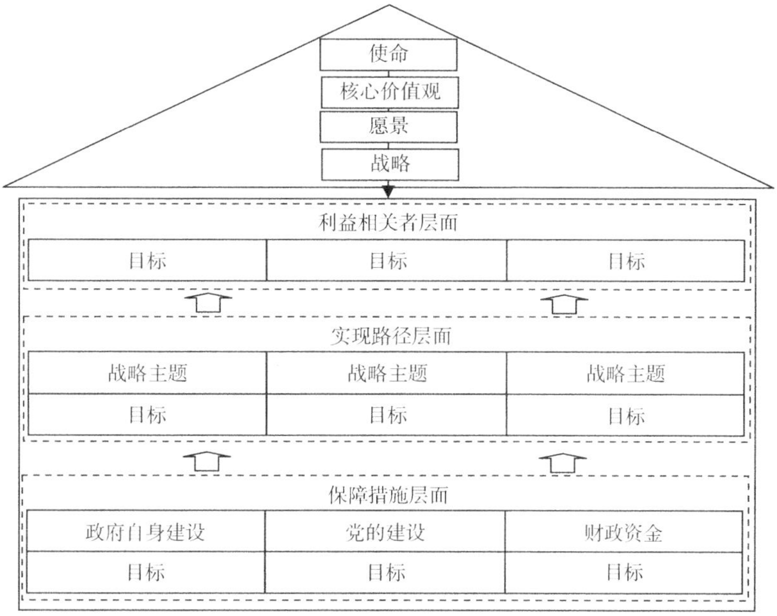

图 7-22 地方政府战略地图模板

计分卡通用框架的财务层面与客户层面改造而成。由于“内部业务流程”一词与政府组织的沟通风格相悖，同时这一层面所描述的是驱动结果层面目标得以实现的因素，因此将创造公共价值的层面命名为实现路径层面。保障措施层面处于最底层，与原来的学习与成长层面相对应。原有的人力资本、信息资本和组织资本不能完整描述我国政府组织的无形资产内容，因此我们在保障措施层面设置了“政府自身建设”和“党的建设”两个战略主题，提高了地方政府无形资产的周延性；同时，还辅以“财政资金”这一有形资产方面的战略主题，从而为实现路径层面提供了无形资产和有形资产双重保障。

（三）制定公共部门平衡计分卡

为了进一步对战略进行诠释，同时衡量战略目标的实际绩效，需要设计与战略地图相匹配的平衡计分卡。公共部门平衡计分卡同样是一个二维表格。在纵向上，需要与战略地图保持一致，具体包括利益相关者、实现路径和保障措施三个层面；在横向上，通常包括绩效目标、绩效指标、目标值、指标类型、指标等级、主管领导、责任部门、行动方案等栏目。虽然在绩效管理实践中，不同的公共部门可以根据需要增减横向上的栏目设置，但是目标、指标、目标值和行动方案四个栏目始终是必不可少的。

我国地域辽阔，各地发展程度极不平衡，因此我国地方政府绩效管理实践具有很大的差异。同时，我国政府职能庞杂，管理层级较多，这也增加了政府绩效管理实践难度。因此，政府领导在进行绩效管理实践时，需要结合地方实际，按照平衡计分卡开发的步骤和程序，建立起完善的绩效管理系统，将地方发展战略转化为每一个公务员的日常行动，为实现地方又好又快发展提供制度保障。

思考题

1. 谈谈绩效管理工具和技术的发展与演变。
2. 目标管理的内涵是什么？如何认识和评价目标管理的历史地位？
3. 谈谈标杆管理的含义和类型以及实施步骤。
4. 关键绩效指标设计的理念和思路是什么？
5. 谈谈你对平衡计分卡的特点与功能的认识。
6. 谈谈你对平衡计分卡的框架与要素的认识。

参考文献

阿吉斯 H. 2008. 绩效管理［M］. 刘昕译. 北京：中国人民大学出版社.

巴克沃 R. 2000. 绩效管理——如何考评员工表现［M］. 陈舟评译. 北京：中国标准出版社，科文（香港）出版有限公司.

波特 M E. 2005. 竞争战略［M］. 陈小悦译. 北京：华夏出版社.

陈芳. 2002. 绩效管理［M］. 深圳：海天出版社.

陈清泰，吴敬琏. 2001. 公司薪酬制度概论［M］. 北京：中国财政经济出版社.

成天祥. 2001. 人力资源管理［M］. 广州：中山大学出版社.

戴维 F R. 2006. 战略管理［M］. 第10版. 李克宁译. 北京：经济科学出版社.

德鲁克 P F. 1987. 管理：任务、责任、实践［M］. 孙耀君译. 北京：中国社会科学出版社.

德鲁克 P F. 1989a. 创新和企业家精神［M］.《世界经济科技》周刊编辑室译. 北京：企业管理出版社.

德鲁克 P F. 1989b. 有效的管理者［M］. 屠瑞华，张晓宇译. 北京：工人出版社.

德鲁克 P F. 1999a. 变动中的管理界［M］. 王喜六，等译. 上海：上海译文出版社.

德鲁克 P F. 1999b. 公司绩效测评［M］. 李焰，江娅译. 北京：中国人民大学出版社.

德鲁克 P F. 1999c. 现代管理宗师德鲁克文选（影印版）［M］. 北京：机械工业出版社.

德斯勒 G. 1999. 人力资源管理［M］. 第六版. 刘昕，吴雯芳译. 北京：中国人民大学出版社.

杜寒松. 2008. 我国员工持股计划存在的问题及对策研究［J］. 胜利油田职工大学学报，(3)：16-17.

杜胜利. 1999. 企业经营业绩评价［M］. 北京：现代出版社.

杜映梅. 2003. 绩效管理［M］. 北京：对外经济贸易大学出版社.

方振邦. 2001. 运用360°绩效反馈计划改善绩效［J］. 中国人力资源开发，12：4-7.

方振邦. 2011. 管理学基础［M］. 第二版. 北京：中国人民大学出版社.

方振邦. 2014. 战略性绩效管理［M］. 第四版. 北京：中国人民大学出版社.

方振邦，葛蕾蕾. 2012. 政府绩效管理［M］. 北京：中国人民大学出版社.

方振邦，徐东华. 2012. 管理思想百年脉络［M］. 第三版. 北京：中国人民大学出版社.

佛尼斯 F. 2002. 绩效！绩效！提高员工业绩的教导对谈法［M］. 丁惠民，游琇雯译. 北京：中国财政经济出版社.

付亚和，许玉林. 2003. 绩效管理［M］. 上海：复旦大学出版社.

哈里森 J F，圣约翰 C H. 2006. 战略管理精要［M］. 第三版. 陈继祥译. 大连：东北财经大学出版社.

哈维特 B. 2001. 绩效评估［M］. 白云译. 长春：长春出版社.

何燕珍. 2002. 企业薪酬管理发展脉络考察［J］. 外国经济与管理，11：25-30.

黄宪仁. 2001. 目标管理实务［M］. 广州：广东经济出版社.

卡普兰 R S，诺顿 D P. 2004a. 平衡计分卡：化战略为行动［M］. 刘俊勇，孙薇译. 广州：广东经济出版社.

卡普兰 R S，诺顿 D P. 2004b. 战略中心型组织［M］. 上海博意门咨询有限公司译. 北京：人民邮电出版社.

卡普兰 R S，诺顿 D P. 2005. 战略地图：化无形资产为有形成果［M］. 刘俊勇，孙薇译. 广州：广东经济出版社.

卡普兰 R S，诺顿 D P. 2006. 组织协同：运用平衡计分卡创造企业合力［M］. 上海博意门咨询有限公司译．北京：商务印书馆．
卡普兰 R S，诺顿 D P. 2009. 平衡计分卡战略实践［M］．上海博意门咨询有限公司译．北京：中国人民大学出版社．
孔茨 H，韦 H. 1993. 管理学［M］．第九版．郝国华，等译．上海：上海远东出版社，经济科学出版社．
拉姆勒 G A，布拉奇 A P. 2005. 绩效改进——消除管理组织途中的空白地带［M］．第 2 版．朱美琴，彭雅瑞译．北京：机械工业出版社．
莱瑟姆 G P，韦克斯利 K N. 2002. 绩效考评——致力于提高企事业组织的综合实力［M］．第 2 版．萧鸣政，等译．北京：中国人民大学出版社．
李业昆．2007. 绩效管理系统研究［M］．北京：华夏出版社．
廖泉文．2000. 人力资源考评系统［M］．济南：山东人民出版社．
林荣瑞．2000. 管理技术［M］．厦门：厦门大学出版社．
林泽炎，王维．2008. 执行绩效管理［M］．北京：中国发展出版社．
刘伟．2005. 绩效计划的制定流程［J］．中国劳动，(4)：51-52.
刘昕．2005. 薪酬管理［M］．北京：中国人民大学出版社．
罗宾斯 S P. 2002. 组织行为学精要：全球化的竞争策略［M］．郑晓明译．北京：电子工业出版社．
罗宾斯 S P，库尔特 M. 2004. 管理学［M］．第 7 版．孙健敏，黄卫伟，王凤彬，等译．北京：中国人民大学出版社．
麦康 D D. 1985. 如何实行目标管理［M］．第三版．刘惠康译．北京：化学工业出版社．
麦克纳 E，比奇 N. 1997. 人力资源管理［M］．丁凡译．北京：中信出版社．
迈耶 M W. 2005. 绩效测量反思：超越平衡计分卡［M］．汪文波译．北京：机械工业出版社．
尼文 P R. 2003. 政府及非赢利组织平衡计分卡［M］．胡玉明译．北京：中国财政经济出版社．
诺伊 R A，霍伦拜克 J，格哈特 B，等．2001. 人力资源管理——赢得竞争优势［M］．第三版．刘昕译．北京：中国人民大学出版社．
彭剑锋．2003. 人力资源管理概论［M］．上海：复旦大学出版社．
彭剑锋，包政．1993. 现代管理制度·程序·方法范例全集——人事考核卷［M］．北京：中国人民大学出版社．
钱路．2008. 对比鲜明的绩效反馈面谈［J］．人才资源开发，(3)：42-43.
饶征．2002. 以 KPI 为核心的绩效管理［M］．北京：中国人民大学出版社．
任湘云，王垒．2004. 跨团队的绩效考核：案例研究与启示［J］．中国人力资源开发，(9)：1，64-67.
孙金锋．2009. 绩效考核结果在 X 集团销售人员管理中的应用［J］．沿海企业与科技，(1)：83-85.
孙耀君．1995. 西方管理学名著提要［M］．第二版．南昌：江西人民出版社．
王强．2002. 跨部门团队如何进行绩效考核？［J］．经理人，(8)：76-77.
王荣奎．2001. 成功企业人事管理制度范本［M］．北京：中国经济出版社．
王斯年．2006. 论企业如何做好绩效面谈工作［J］．科技经济市场，(7)：259.
王业峰．2007. 兖矿集团岗位绩效薪酬体系设计研究［D］．山东大学硕士学位论文．
威廉姆斯 R. 1999. 业绩管理［M］．赵正斌，胡蓉译．大连：东北财经大学出版社．
魏江．2001. 管理沟通——理念与技能［M］．北京：科学出版社．
翁谢军．2007. ××公司岗位绩效薪酬管理体系的设计与研究［D］．西南交通大学硕士学位论文．
吴春波．2004. 回到原点——关于企业管理基本问题的思考［M］．北京：现代出版社．
武欣．2005. 绩效管理实务手册［M］．北京：机械工业出版社．
希特 M A，爱尔兰 R D，霍斯基森 R E. 2002. 战略管理——竞争与全球化［M］．第 4 版．吕巍，等译．北京：机械工业出版社．

萧鸣政 . 2007. 现代绩效考评技术及应用 [M] . 北京：北京大学出版社 .

杨东龙 . 2001. 如何评估和考核员工绩效 [M] . 北京：中国经济出版社 .

杨杰，方俐洛，凌文辁 . 2001. 关于绩效评价若干基本问题的思考 [J] . 自然辩证法通讯，2：40-51.

杨晓春 . 2007. 保证绩效反馈有效进行措施建议 [J] . 合作经济与科技，22：23-24.

应永胜 . 2007. 美国员工持股计划分析及对我国的启示 [J] . 福建商业高等专科学校学报，(3)：45-48.

约翰逊 G，斯科尔斯 K. 2004. 战略管理 [M] . 第 6 版 . 王军，等译 . 北京：人民邮电出版社 .

张德 . 2001. 人力资源开发与管理 [M] . 第二版 . 北京：清华大学出版社 .

张茜琳 . 2006. 绩效面谈实现双赢的对策探讨 [J] . 经济与管理，10：94-96.

张体勤 . 2003. 知识团队的绩效管理 [M] . 北京：科学出版社 .

Fritz R. 2001. 个人绩效合约——树立切实可行的目标 [M] . 朱珊，朱仁宏，王哲译 . 广州：中山大学出版社 .

Drucker P. 1974. Management：Tasks，Responsibilities，and Practices [M] . New York：Harper & Row.

George J M，Jones G R. 1999. Understanding and Managing Organizational Behavior [M] . Reading：Addison-Wisley Publishing Company，Inc.

Holmes J S，de Piñeres S A G，Kiel L D. 2006. Reforming government agencies internationally：is there a role for the balanced scorecard? [J] . International Journal of Public Administration，29 (12)：1125-1145.

Johnson A. 2001. Balanced scorecard：theoretical perspectives and public management implications [J] . Managerial Auditing Journal，16 (6)：319-330.

Kaplan R S，Norton D P. 1995. The Balanced Scorecard：Translating Strategy into Action [M] . Boston：Harvard Business School Press.

Kaplan R S，Norton D P. 2001. Transforming the balanced scorecard from performance measurement to strategic management [J] . Accounting Horizons，15 (1)：87-104.

McAdam R，Walker T. 2003. An inquiry into balanced scorecards within best value implementation in UK local governments [J] . Public Administration，81 (4)：873-892.

Stanton N. 2009. Mastering Communication [M] . 5th ed. London：Palgrave MacMillian.

Wheelen T L，Hunger J D. 2000. Strategic Management and Business Policy [M] . 7th ed. Upper Saddle River：Pearson Education India.

附　　录

案例1　摩托罗拉公司的管理经验与教训

摩托罗拉公司（Motorola Inc.）成立于1928年，曾经是世界财富百强企业之一和全球芯片制造、电子通信的领导者。摩托罗拉公司有三大业务集团，分别是企业移动解决方案部、宽带及移动网络事业部和移动终端事业部。2011年1月4日，摩托罗拉正式拆分为政府和企业业务的摩托罗拉系统公司和移动设备及家庭业务的摩托罗拉移动公司，其中摩托罗拉移动公司先被谷歌收购，目前又被联想集团收购。摩托罗拉跌宕起伏的发展历程全面展示了组织战略、人力资源管理和绩效管理等内容的复杂关系，为企业管理留下了宝贵的经验和深刻的教训。

从保罗·加尔文（Paul Galvin）创办摩托罗拉公司之后的一段时间，该公司逐渐将公共安全业务定位其核心业务。1956年，鲍勃·加尔文（Bob Galvin）接替了父亲使命，并将摩托罗拉公司建成了美国最大的50家公司之一，他自己也被誉为20世纪美国最伟大的实业家之一。摩托罗拉的管理实践也为企业管理理论的发展做出了重要的贡献。

摩托罗拉公司形成了独特的管理风格，确立了“科技融于生命，成就使命”（Technology that's Second Nature）的基本信条，坚持“企业＝产品＋服务”和“企业管理＝人力资源管理＝绩效管理”的管理理念，并形成了“在摩托罗拉工作不仅仅是在打一份工，而且也是在达成一项使命”的企业文化。其中，“企业＝产品＋服务”锁定了摩托罗拉关键业务流程，通过准确的定位，为公司资源配置和重点发展领域的确定提供了根本标准。“企业管理＝人力资源管理＝绩效管理”则体现了摩托罗拉将绩效管理提升到了战略管理的层面，将其作为整个管理系统的核心，通过激励员工成就事业来达成一个个挑战性目标，从而极大地推动了公司的发展。

摩托罗拉将绩效管理定义为一个不断进行的沟通过程，在这个过程中员工和主管以合作伙伴的形式就下列问题达成一致：员工应该完成的工作；员工所做的工作如何为组织的目标实现作贡献；用具体的内容描述怎样才算把工作做好；员工和主管怎样才能共同努力帮助员工改进绩效；如何衡量绩效；确定影响绩效的障碍并将其克服。同时公司也建成了包括绩效计划、持续不断的绩效沟通、绩效信息的收集和记录、绩效评价、绩效诊断与绩效改进、绩效结果应用在内的完整的绩效管理流程。绩效管理系统推动了竞争文化的形成，并且鲍勃和他参与挑选的继任者都坚定地认为，公司在有效竞争的推动下还能百尺竿头更进一步。

产品创新推动了公司的发展。摩托罗拉创造了很多产品，手机无疑是最变革性的。1973年，电器工程师马丁·库珀（Martin Cooper）带领其团队开发了首款蜂窝电话原型机，但直到1984年，摩托罗拉Dyna TAC手机才做好了投放市场的准备。手机业务的极大成功将摩托罗拉推向了成就顶峰，但是公司并没有因此而实现基业长青。对明星产品和技术创新的迷恋，导致了摩托罗拉做出了一系列的决策失误，各自为战的机制导致其战略调整的低效，最终没能挽救公司走向衰败。

首先，技术永远是摩托罗拉战略选择的第一要素。技术要素成为摩托罗拉走向巅峰的主要推手，也是其战略选择失败的重要影响因素。

摩托罗拉秉承“供给创造需求”的理念，在很多领域成为引领尖端技术和卓越典范的代表。摩托罗拉发明过车载收音机、彩电显像管、全晶体管彩色电视机、半导体微处理器、对讲机、寻呼机、手机；并先后开创了汽车电子、晶体管彩电、集群通信、半导体、移动通信、手机等多个产业，并长时间成为多个领域的引领者。但是摩托罗拉重视技术忽视消费者的需求及变化，同时对市场的把握失准导致了公司衰败。由于竞争力的下降，1974 年，摩托罗拉退出电视机行业；1998 之后的 10 年间，又退出了自己所开创的半导体、汽车电子行业。

关于技术第一导致其战略选择失败，“铱星”项目可能最具代表性。“铱星”计划的目的是使人类在地球上任何“能见到天空的地方”都可以享受无缝隙的通信，从容实现“真正意义上的全球通”，具体搭建覆盖包括南北极及各大海域的低轨道卫星网络来实现。这个耗资数百亿美元的“铱星”计划于 1987 年提出，1991 年正式立项，原计划于 1995 年投入运营，但由于技术太复杂和融资等方面的原因，直到 1998 年 11 月才投入运营。2000 年 3 月，背负 40 多亿美元债务的铱星公司破产，直到 2001 年，拥有铱星公司 17.7%股份的摩托罗拉才从这个巨大的无底洞中抽身而出。从技术角度看，铱星系统是真正的科技精品，但是由于移动通信很快就以非常简单的技术手段解决网络漫游问题，加上该项目的信号要求没有任何遮挡的缺陷，导致项目的失败。

其次，市场选择的失误。半导体工业的真正鼻祖摩托罗拉在 20 世纪 60 年代保持领先时，英特尔还是一家充满危机的存储器制造商，1978 年摩托罗拉和英特尔几乎同时推出 16 位的第三代微处理器，并且性能明显占优。但是摩托罗拉选择了技术封闭的苹果而拒绝了 IBM，而英特尔选择了 IBM，结果是摩托罗拉败北。另外，手机制式的选择失误，也是其没落的重要原因。1994 年，美国的移动运营商们开始关注数字技术，并向摩托罗拉明确传达需求，但是囿于其在模拟手机上的统治地位，而拖延数字技术的产品研发。1995 年和 1996 年，美国消费者对数字手机趋之若鹜，导致其市场份额大幅下降至 31%，即使采取了补救措施，但公司数十年的技术和市场优势还是化为乌有。CDMA 技术比 GSM 技术先进和复杂，公司在第二代手机上押宝 CDMA 制式，但是直到 2007 年 1 月，世界上有 82%的手机在使用 GSM 网络。市场选择失误的根本原因在于摩托罗拉是以技术而非市场作为战略的驱动力，习惯于从技术蓝图出发去勾画市场。

最后，管理各自为战。模拟手机业务的极大成功，使手机业务员工获得很高的绩效奖励，但是公共安全等部门并没有因此获得很大的好处，同时公司没有把网络技术和手机技术融合起来的计划，从而使这两个部门朝着完全不同的方向发展独立运作。甚至出现上千名网络工程师都使用竞争对手高通公司的数字技术手机而没有一个人使用摩托罗拉手机的怪现象。摩托罗拉这种产品群之间缺乏协同，直接导致了公司竞争力的减弱。另外，在与其大客户（无线运营商）之间的关系上不和谐，并不能按照其承诺提供相应的产品。摩托罗拉业务单位之间各自为政以及与大客户之间的不和谐，直接影响了其市场反应敏锐性和战略执行力。即使高层管理者发现了问题症结之所在，但还是没能避免本案例开始所描述的厄运。

案例2　美国西北航空公司的员工持股计划

20世纪90年代，由于美国政府解除了对航空业的管制，放开价格，取消政府补贴，再加上航空业经营主体增多、市场竞争激烈、油价上涨等原因，美国航空业普遍出现了亏损。1990～1993年，亏损额超过了前20年美国航空业盈利的总和，其中西北航空公司是亏损最严重的企业。

西北航空公司是美国第三大航空公司，总资产近50亿美元，拥有员工3万多人，主要经营美国—日本航线。两个私营投资者于1989年收购该公司后，在管理方面做了一些改进，但到1992年仍亏损严重，资产负债率达到100%。由于债务负担沉重，企业的净收入逐年下降，1993年公司的净收入是1.6亿美元，当年扣除正常成本和利息支出后，需偿还本金3.3亿美元。西北航空公司陷入经营困境，希望通过重整来挽救企业。

经股东、员工和银行之间的多次协商，各方最后达成了如下重整协议：①四家大的债权人（原购买公司的股东、荷兰皇家公司、澳大利亚的持股人和银行）同意再贷款2.5亿美元给公司，贷款协议规定一年后偿还；②已欠的2.67亿美元债务延期一年支付；③7 000万美元的购物款停止支付一年；④取消已订购物资的订单。然而，重整协议并没有使公司摆脱困境。据统计，1993年1月公司负债仍高达73.6亿美元，其中，银团长期贷款12.90亿美元，短期循环贷款4.93亿美元，政府特别贷款2.50亿美元，其他欠款17.80亿美元，飞机制造公司设备租赁款9.23亿美元。

为了避免公司破产、员工失业，经过激烈的谈判，企业的债权人、股东与员工代表（包括飞行员、技师、空中服务人员三个工会）在相互妥协的基础上，达成了调整股权结构、实行员工持股、加强公司管理、挽救企业的协议。协议的核心内容是实行员工持股计划，具体做法是：西北航空公司的员工以3年内自动降低工资的方式偿还公司债务，购买公司30%的股权。由于公司员工的收入差异很大，降低工资采取的是按比例降低的办法。具体比例是：年薪1.5万美元以下者不降低工资；年薪2万～2.5万美元者降低5%的工资；年薪3万～4.5万美元者降低10%的工资；年薪5万～8万美元者降低15%的工资；年薪8万美元以上者降低20%的工资。

员工持股后，西北航空公司的股权结构为：公司原来的两个股东持股占32.5%；员工持股占30%；荷兰皇家公司及澳大利亚和美国的两个公司分别持股14%、8.8%、7%，合计持股占29.8%；银行持股占7.7%。在30%的员工持股中，飞行员持股占42.6%，技工持股占39%，空中服务人员持股占9%，其他地勤人员持股占9.4%。在实行员工持股的谈判过程中，员工代表提出了两个条件：一是债权人重新确认还债年限，把还债高峰由1993年推移到1997年和2003年；二是2003年公司偿还全部债务后，公司有义务从自愿出售公司股票的员工手中回购他们的股票。

在这个员工持股计划中，员工持有的股份是特殊的优先股，每年的红利为5%。符合条件的员工股可由优先股转为普通股，并在股市上自由转让。公司在2003年之前可随时收回员工股，但必须提前60～90天通知员工。员工股也有投票权，由托管机构代理行使投票权。西北航空公司的员工股托管机构每年向员工通报已拥有多少股份，股票市价多少。在每次召开股东大会前，托管机构把股东大会上要表决的问题发到员工手中，员工填好意见后交给托管机构，托管机构再按员工同意与不同意的比例在股东大会上投票。由于员工持股的比例较高，员工代表直接进入公司董事会。该公司董事会由 15 人组成，其中员工董事 3 人，分别由飞行员工会、技师工会和空中服务人员工会选举产生。

西北航空公司实行员工持股后，在短期内迅速扭转了亏损局面，并在 1994 年成为上市公司，股票增值很快。由于员工们将新增的收入继续购买本公司的股票，员工持股比例逐渐增至 55%，成为一个典型的员工控股公司。

但是，情况并未像预想的那样继续发展。1998 年，西北航空公司的劳资关系陷入困境。该公司的飞行员于 8 月 29 日举行了罢工，罢工坚持了 20 天。另外，技师和空中服务人员的罢工行动也在酝酿之中。

也许这一切混乱并不能完全归咎于员工持股计划。但是，员工持股计划并没有真正改变雇主与员工之间的关系，我们可以从这一点寻找员工采取极端行为的理由。

首先，在员工持股计划的实施过程中，越来越多的员工发现：这个员工持股计划并没有让普通员工与管理层一样充分享受公司扭亏为盈带来的收益。西北航空公司 3.9 万名员工拿出 90 亿美元购买公司股票将公司从困境中解救出来。但对那些在刚开始时加入计划的员工而言，他们持有优先股的投资收益并不随股票价格的波动而发生变化。当 1994 年公司股票上市后，只有飞行员将他们的股票转换为普通股，大多数空中服务人员和技师没有这么做（即使现在要这么做，也只能在较低的转换率下进行，其余的投入部分只能享有固定的未来收益），因为飞行员薪酬较高，能够承担较高的风险，而后两者没有足够的承受风险的能力。正因为如此，员工并未能充分享受公司盈利带来的收益。另外，即使是飞行员，也觉得自己的收益被企业克扣了。他们虽然将自己所持股票的 40% 卖出并获利 11.7 亿美元，但这些钱都进入了他们的养老金账户。而与此同时，公司的高层管理者得到的却是以最高点股价折算的现金形式的收益。

其次，员工持股计划并不能确保员工对公司决策名副其实的参与。从前面的介绍中知道，有三位工会代表加入了董事会，而且直到 1996 年股票返还后仍然被允许留在董事会中。但是，员工并没有感到自己拥有实实在在影响公司决策的能力。员工持股计划激起了员工关注企业绩效的热情，但当企业并没有提供相应的措施时，员工感到自己被愚弄了。这种感觉也在促进矛盾的激化。

员工持股计划能够真正调和资方与员工之间的关系吗？这一点是每一个实施员工持股计划的企业都应该考虑的问题。金钱是一个十分关键的问题，但并不是只要有金钱就足以使员工持股计划取得应有的成效。

案例 3　华鹤集团公司平衡计分卡体系

华鹤集团的总部坐落在素有丹顶鹤故乡之称的中国东北部黑龙江省齐齐哈尔市，主导产品为华鹤家具、华鹤木门。华鹤集团在公司总部和北京，建有 20 余万平方米的两个生产基地，拥有 3 个家具制造公司和 1 个与德国豪迈金田木业有限公司合资的成品木门制造公司，以及装饰工程、家居商场等公司，员工队伍超过 3 000 人。多年来，华鹤集团先后从德国、意大利、日本引进了具有当今世界先进水平的家具、木门生产制造设备及工艺技术，是目前中国家具、木门制造业的龙头企业，也是对欧美、亚太等国家和地区的重要出口企业之一。华鹤集团根据其战略规划研究制作、修改和完善了组织和个人平衡计分卡，现将成果展示如下。

一、华鹤集团战略地图与平衡计分卡

按照战略地图通用模板的基本结构，结合华鹤集团的实际绘制了集团公司战略地图。

（1）使命：华鹤帮您实现对家的梦想。

（2）核心价值观：诚信为人，善美做事，追求卓越。

（3）愿景：到2015年，成为中国家居市场的最佳品牌。

（4）财务层面：华鹤集团的财务层面主要是提升长期股东价值、持续降低成本基数、提高资产利用率、有效管控财务风险、优化收入组合、持续提升企业利润。

（5）客户层面：华鹤集团客户层面分为三个方面，分别是帮助子公司形成协同的客户价值主张、为客户提供最佳的整体价值、塑造一体化的品牌形象。

（6）内部业务流程层面：华鹤集团的内部业务流程层面分为实现对流程和技术的优化管理、高度整合企业价值链、平衡发展战略和风险掌控力、建设高效的企业总部、把握战略性市场并监控其运作、开发并维护战略合作关系、推进华美“西进北上”战略、推进产品和技术创新、推动全员质量改进、营造良好的企业外部环境和成为员工喜爱的企业11个目标。

（7）学习与成长层面：华鹤集团的学习与成长层面分为提升与整合战略执行能力、建立关键岗位储备计划、建设先进适用的信息系统、促进信息资源共享、塑造追求卓越的企业文化和促进企业整体协调一致六个目标。华鹤集团战略地图如图1所示。

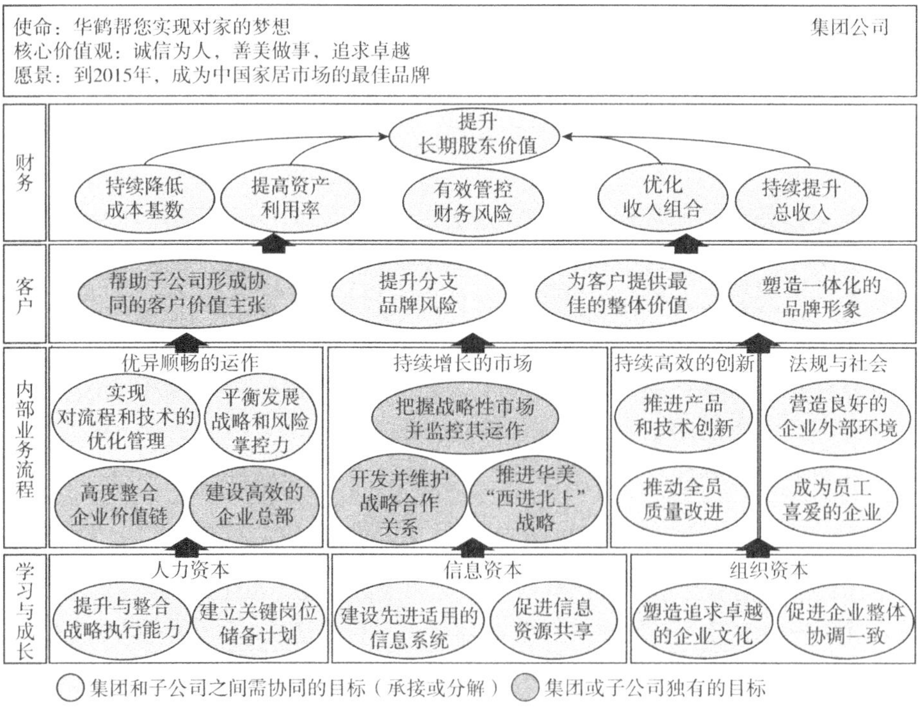

图1　华鹤集团战略地图

华鹤集团根据年度工作目标和年度工作任务，依据战略地图中 27 个目标确定了“投资回报率”、“总成本基数”和“总资产周转率”等 33 个指标，并为其设定了目标值，形成了华鹤集团平衡计分卡，如表 1 所示。

表 1　华鹤集团平衡计分卡

要素 层面	目标	指标		目标值
财务	F1：提升长期股东价值	F1-1：投资回报率		略
	F2：持续降低成本基数	F2-1：总成本基数		略
	F3：提高资产利用率	F3-1：总资产周转率		略
	F4：有效管控财务风险	F4-1：坏账比率		略
	F5：优化收入组合	F5-1：新产品/服务占总收入的百分比		略
		F5-2：明星产品/服务个数		略
	F6：持续提升总收入	F6-1：总收入增长率（子公司收入增长率）		略
客户	C1：帮助子公司形成协同的客户价值主张	C1-1：子公司客户价值主张清晰度	金鹤	略
			华美	略
			华鹤	略
	C2：提升分支品牌价值	C2-1：分支品牌市场占有率	金鹤	略
			华美	略
			华鹤	略
	C3：为客户提供最佳的整体价值	C3-1：客户满意度		略
	C4：塑造一体化的企业形象	C4-1：企业美誉度		略
内部业务流程	I1：实现对流程和技术的优化管理	I1-1：共享流程数量		略
		I1-2：共享技术数量		略
	I2：高度整合企业价值链	I2-1：协同销售收入		略
		I2-2：共同客户人数		略
	I3：平衡发展战略和风险掌控力	I3-1：自我识别的风险问题个数	财务风险	略
			技术风险	略
			管理风险	略
	I4：建设高效的企业总部	I4-1：子公司评议		略
	I5：把握战略性市场并监控其运作	I5-1：战略性市场销售目标达成率	上海市场	略
			北京市场	略
			广东市场	略
	I6：开发并维护战略合作关系	I6-1：战略合作伙伴利润贡献度		略
	I7：推进华美“西进北上”战略	I7-1：连锁经营店个数		略
	I8：推进产品和技术创新	I8-1：新增专利个数		略
	I9：推动全员质量改进	I9-1：外部故障成本损失率		略
		I9-2：合理化建议收益		略
	I10：营造良好的企业外部环境	I10-1：获取政府支持的成功率		略
	I11：成为员工喜爱的企业	I11-1：员工满意度		略

续表

层面 \ 要素	目标	指标	目标值
学习与成长	L1：提升与整合战略执行能力	L1-1：人力资本准备度	略
		L1-2：交叉提升高管人次	略
	L2：建立关键岗位储备计划	L2-1：已储备人员的岗位比率	略
	L3：建设先进适用的信息系统	L3-1：信息资本准备度	略
		L3-2：综合评价指数	略
	L4：促进信息资源共享	L4-1：信息共享项目个数	略
	L5：塑造追求卓越的企业文化	L5-1：文化认知度	略
	L6：促进企业整体协调一致	L6-1：子公司协作满意度	略

二、金鹤门业战略地图与平衡计分卡

华鹤集团有多家子公司，包括金鹤门业、华美家居和华鹤家居等。本案例选取金鹤门业作为范例。金鹤门业根据集团公司的总体发展战略以及木门需求变化情况，确定公司自身发展途径，开发了战略地图，如图 2 所示。

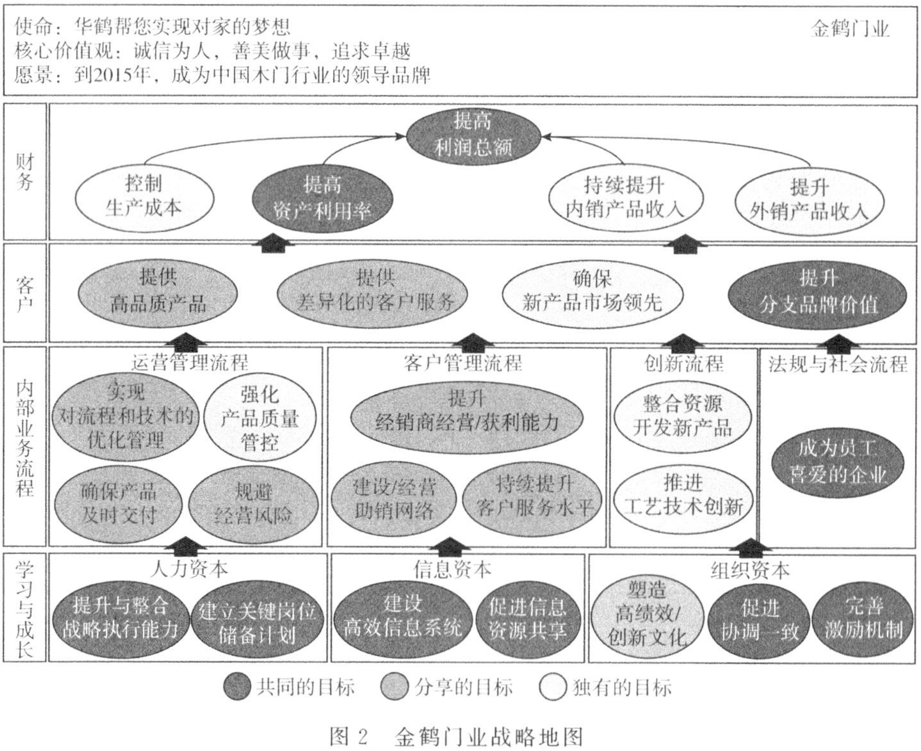

图 2　金鹤门业战略地图

金鹤门业根据其战略地图目标确定了“利润增长率”、“材料成本降低率”和“流动资产周转率”等39个指标，并为其设定了目标值，形成了金鹤门业的平衡计分卡，如表2所示。

表2 金鹤门业平衡计分卡

<table>
<tr><th>要素
层面</th><th colspan="2">目标</th><th colspan="2">指标</th><th>目标值</th></tr>
<tr><td rowspan="8">财务</td><td colspan="2">F1：提高利润总额</td><td colspan="2">F1-1：利润增长率</td><td>略</td></tr>
<tr><td colspan="2" rowspan="3">F2：控制生产成本</td><td colspan="2">F2-1：材料成本降低率</td><td>略</td></tr>
<tr><td colspan="2">F2-2：制造费用降低率</td><td>略</td></tr>
<tr><td colspan="2">F2-3：期间费用降低率</td><td>略</td></tr>
<tr><td colspan="2">F3：提高资产利用率</td><td colspan="2">F3-1：流动资产周转率</td><td>略</td></tr>
<tr><td rowspan="2">F4：持续提升内销产品收入</td><td>提升新产品收入</td><td colspan="2">F4-1：新产品销售额</td><td>略</td></tr>
<tr><td>提升现有产品收入</td><td colspan="2">F4-2：现有产品销售额</td><td>略</td></tr>
<tr><td colspan="2">F5：提升外销产品收入</td><td colspan="2">F5-1：外销产品销售额</td><td>略</td></tr>
<tr><td rowspan="7">客户</td><td colspan="2">C1：提供高品质产品</td><td colspan="2">C1-1：无缺陷订单交付率</td><td>略</td></tr>
<tr><td colspan="2" rowspan="3">C2：提升分支品牌价值</td><td rowspan="3">C2-1：目标市场覆盖率</td><td>荣廷</td><td>略</td></tr>
<tr><td>凯撒罗</td><td>略</td></tr>
<tr><td>一棵一阁</td><td>略</td></tr>
<tr><td colspan="2">C3：提供差异化的客户服务</td><td colspan="2">C3-1：客户满意度</td><td>略</td></tr>
<tr><td colspan="2" rowspan="2">C4：确保新产品市场领先</td><td colspan="2">C4-1：新产品上市提前期（与竞争对手相比）</td><td>略</td></tr>
<tr><td colspan="2">C4-2：新产品铺样率</td><td>略</td></tr>
<tr><td rowspan="18">内部
业务
流程</td><td colspan="2" rowspan="2">I1：实现对流程和技术的优化管理</td><td colspan="2">I1-1：优化的流程数量</td><td>略</td></tr>
<tr><td colspan="2">I1-2：技术标准化目标达成率</td><td>略</td></tr>
<tr><td colspan="2" rowspan="3">I2：强化产品质量管控</td><td colspan="2">I2-1：完工产品合格率</td><td>略</td></tr>
<tr><td colspan="2">I2-2：内部故障成本损失率</td><td>略</td></tr>
<tr><td colspan="2">I2-3：外部故障成本损失率</td><td>略</td></tr>
<tr><td colspan="2">I3：确保产品及时交付</td><td colspan="2">I3-1：订单履约率</td><td>略</td></tr>
<tr><td colspan="2">I4：规避经营风险</td><td colspan="2">I4-1：应收账款按期回收率</td><td>略</td></tr>
<tr><td colspan="2" rowspan="3">I5：提升经销商经营/获利能力</td><td colspan="2">I5-1：战略性市场销售目标达成率</td><td>略</td></tr>
<tr><td colspan="2">I5-2：经销商平均销售额增长率</td><td>略</td></tr>
<tr><td colspan="2">I5-3：业绩提升的经销商比率</td><td>略</td></tr>
<tr><td colspan="2" rowspan="2">I6：持续提升客户服务水平</td><td colspan="2">I6-1：客服信息及时处置率</td><td>略</td></tr>
<tr><td colspan="2">I6-2：客服项目达标率</td><td>略</td></tr>
<tr><td colspan="2" rowspan="2">I7：建设/经营助销网络</td><td colspan="2">I7-1：来自助销网络的订单金额</td><td>略</td></tr>
<tr><td colspan="2">I7-2：有效助销网络覆盖率</td><td>略</td></tr>
<tr><td colspan="2" rowspan="2">I8：整合资源开发新产品</td><td colspan="2">I8-1：开发的新产品数量</td><td>略</td></tr>
<tr><td colspan="2">I8-2：新增专利个数</td><td>略</td></tr>
<tr><td colspan="2">I9：推进工艺技术创新</td><td colspan="2">I9-1：创新成果数量</td><td>略</td></tr>
<tr><td colspan="2">I10：成为员工喜爱的企业</td><td colspan="2">I10-1：员工满意度</td><td>略</td></tr>
</table>

层面＼要素	目标	指标	目标值
学习与成长	L1：提升与整合战略执行能力	L1-1：人力资本准备度	略
	L2：建立关键岗位储备计划	L2-1：已储备人员的岗位比率	略
	L3：建设高效的信息系统	L3-1：信息资本准备度	略
		L3-2：综合评价指数	略
	L4：促进信息资源共享	L4-1：信息共享项目个数	略
	L5：塑造高绩效/创新的文化	L5-1：文化认知度	略
	L6：促进协调一致	L6-1：部门协作满意度	略
	L7：完善激励机制	L7-1：激励政策覆盖率	略

通过对公司目标的承接与分解，结合部门职责，就可以得到部门战略地图与平衡计分卡。部门战略就是执行组织战略，没有专门的战略描述，部门平衡计分卡在结构上与组织保持一致，本案例不专门陈述。

三、个人平衡计分卡

华鹤集团内各层级管理者和员工都开发了个人平衡计分卡，并且结构都完全一致。具体目标都是通过对组织或部门目标的承接（单独承接或共同承接）和分解，并结合具体岗位职责设置的。本案例选择华鹤集团质量总监进行详细描述。集团质量总监在总经理的领导下，全面主持公司的质量和环境管理工作，参与集团高层质量管理方面的战略规划，依据国家法律法规和公司规划制定本公司的质量管理制度，根据 ISO 9000 系列、ISO 14000 系列管理体系建立公司的质量和环境管理体系，针对公司的质量、环境情况进行监督和管理，主持国家质量认证申报工作，提高全员质量意识。根据个人的岗位职责设置了个人平衡计分卡，如表 3 所示。

表 3　华鹤集团质量总监个人平衡计分卡（示例）

层面＼要素	目标	指标	目标值
财务	F1：控制质量成本	F1-1：外部故障成本损失率	略
		F1-2：内部故障成本损失率	略
	F2：扩大合理化建议收益	F2-1：合理化建议收益	略
客户	C1：提供卓越的产品/服务	C1-1：完工产品合格率	略
		C1-2：客户满意度	略
	C2：提供专业化的质量指导	C2-1：子公司满意度	略
	C3：提供有效的决策支持	C3-1：上级认可度	略
内部业务流程	I1：完善质量管理体系	I1-1：内/外审整改完成率	略
	I2：加强生产现场管理	I2-1：5S 检查整改完成率	略
	I3：强化质量/客服监督	I3-1：重大质量/客服事故次数	略
	I4：提升质量分析水平	I4-1：质量分析报告有效性	略

续表

层面＼要素	目标	指标	目标值
内部业务流程	I5：营造良好的外部质量环境	I5-1：获取政府支持成功率	略
	I6：持续推进质量改进	I6-1：质量整改项目完成率	略
		I6-2：合理化建议数量	略
		I6-3：QC小组成果数	略
	I7：持续优化质量管理流程	I7-1：优化的管理流程数量	略
		I7-2：共享技术数量	略
	I8：及时排查质量风险	I8-1：自我识别的风险问题个数	略
学习与成长	L1：提高质量管控能力	L1-1：参加培训课时	略
	L2：推进质量管理信息化	L2-1：综合评价指数	略

案例4　北京市延庆县政府平衡计分卡体系

延庆地处北京市西北部，为北京市所辖区县之一。其生态环境优良，是首都西北重要的生态屏障。平均海拔500米以上，气候独特，冬冷夏凉，有北京“夏都”之美誉。延庆地域总面积1 993.75平方千米，常住人口31.9万人。延庆实施生态文明战略，县域发展理念坚持“生态立县”，生态建设和环境保护成绩喜人，先后获得全国绿化模范县、ISO 14000运行国家示范区、国家园林县城、国家卫生县城、北京市可再生能源示范区、国家生态县等荣誉称号。成为全国控制农村面源污染示范区、全国生态文明建设试点县。延庆生态优势已经成为发展优势，生态经济蓬勃发展。加快发展都市型生态农业，加快调整农业结构，培育和壮大优势产业，奶牛、蔬菜、果品等传统产业得到巩固提高，马铃薯种薯、花卉、中药材等特色产业发展迅速，奶牛存栏量、蔬菜出口量、无公害农产品数量居全市第一。延庆旅游资源丰富，是国家旅游大县。对外开放的景区景点30余处，其中A级以上景区16家，包括举世闻名的八达岭长城、塞外小漓江龙庆峡、广袤辽阔的康西草原、国家自然保护区松山森林公园、千古之谜古崖居、国家级湿地保护区野鸭湖等景区、景点。

延庆县委县政府根据北京市的发展要求，结合区位优势和自身特点，量身制定了“十二五”发展战略，并在此基础上制定了县委县政府的平衡计分卡体系（含战略地图、平衡计分卡和评价量表等），然后全县各二级班子再以此为依据设计各自的平衡计分卡体系。本案例重点介绍县委县政府平衡计分卡体系的设计。

一、延庆县委县政府战略地图

延庆县委县政府依据北京市和延庆县的“十二五”规划、2011年度县委县政府工作报告等，制定了延庆县人民政府2012年度的战略地图，如图3所示。该战略地图由战略顶层设计和平衡计分卡构成。

战略地图顶层设计主要包括四项内容，依次是使命、核心价值观、愿景和战略，具体

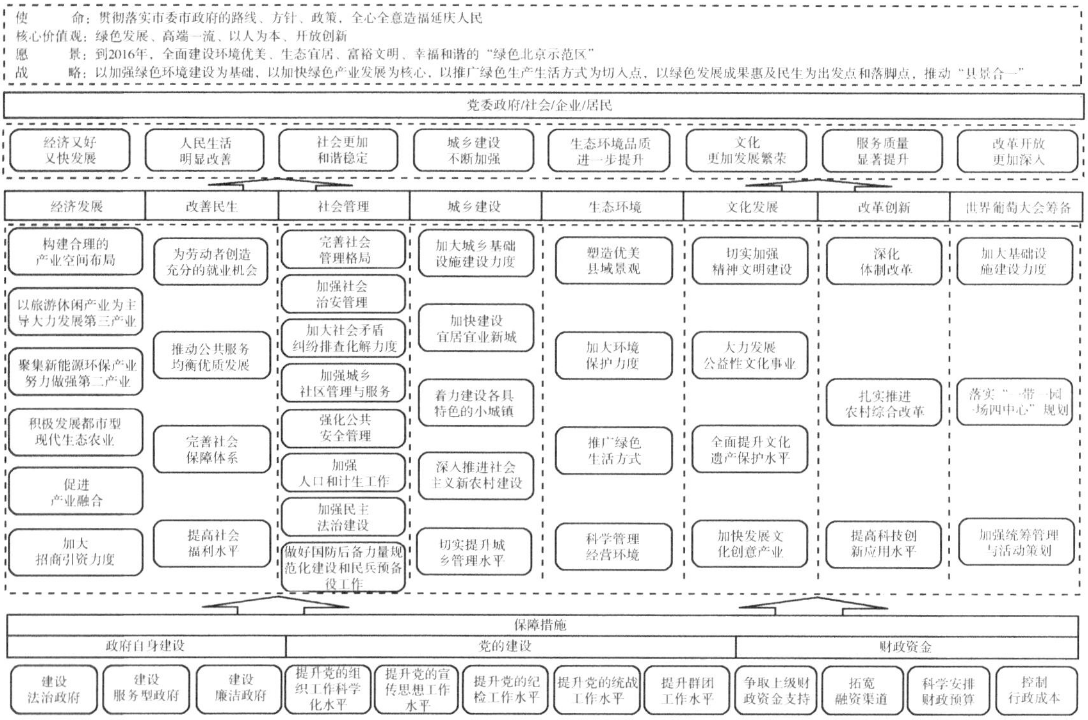

图 3　延庆县人民政府战略地图

内容如下。

（1）使命。根据市委市政府和全县人民赋予的基本职责，将延庆县政府的使命描述为“贯彻落实市委市政府的路线、方针、政策，全心全意造福延庆人民”。

（2）核心价值观。结合近些年延庆在经济社会建设中一贯秉承的发展理念，其核心价值观可概括为“绿色发展、高端一流、以人为本、开拓创新”。这既是全县人民的共同心声和行动准则，也是践行“北京精神”的具体表现。

（3）愿景。根据延庆县“十二五”规划，明确中长期发展目标，其愿景陈述是“到2016年，全面建设环境优美、生态宜居、富裕文明、幸福和谐的‘绿色北京示范区’”。

（4）战略。延庆县政府的战略构想是“以加强绿色环境建设为基础，以加快绿色产业发展为核心，以推广绿色生产生活方式为切入点，以绿色发展成果惠及民生为出发点和落脚点，推动‘县景合一’”。

平衡计分卡包括利益相关者、实现路径和保障措施三个层面，每个层面又包括若干具体目标，具体内容如下。

（1）利益相关者层面设计。按照隶属关系，延庆县政府需对北京市政府负责；按照管辖范围和服务对象，其利益相关者又可分为社会、企业和居民。为了巩固党的执政地位，充分体现社会主义优越性，体现首都北京的政治、经济、文化中心地位，必须把市政府各项惠民政策抓紧落实，切实有效地维护全县人民的根本利益。因此，在利益相关者层面设置了经济、社会、资源与环境、文化发展、改革发展、服务质量等 8 个战略目标。这些目标与北京市有关经济社会发展的总体思路保持高度一致，是延庆人民共同追求的预期成果。

（2）实现路径层面设计。实现路径层面的目标要紧扣既定战略的重点，成为县政府及其二级单位班子的工作抓手，对利益相关者层面的全部目标起到有效支撑作用。为此，实现路径层面设置了8个战略主题，其中“经济发展”、“改善民生”、“社会管理”、“城乡建设”、“生态环境”、“文化发展”和“改革创新”是实现延庆中长期目标必须坚持的战略主题，“世界葡萄大会筹备”则是年度重点工作项目。随后，以每个战略主题为基本分析单元进行实现路径层面的目标设置。例如，在经济发展战略主题下设置了“构建合理的产业空间布局”、“以休闲旅游产业为主导大力发展第三产业”、“聚焦新能源环保产业做大做强第二产业”、“促进产业融合”和“加大招商引资力度等目标作为支撑”等目标。

（3）保障措施层面设计。根据当前我国地方政府的管理体制和基本职能，一级地方政府既要抓好经济社会建设，又要抓好党的建设、群团组织建设，团结和带领全县人民干事创业。所以在保障层面既要体现政府工作，又要体现党群工作，二者相辅相成。在保障措施层面共设置了12个目标，其中党的建设主要设置了“提升党的组织工作、宣传思想工作、纪检工作、统战工作、群团工作的科学化水平”等方面目标；政府自身建设则突出“建设法治型、服务型、廉洁型政府”的要求。财政资金是顺利推进全县各项事业的重要物质保障。延庆目前的状况是经济基础薄弱，财力物力不充足，必须从开源与节流两方面保障财政资金支持。开源包括两种途径：一方面要确保经济持续稳定增长，提高政府财政收入；另一方面要想方设法“争取上级财政资金支持”“拓宽融资渠道”，吸引社会投资。节流则通过“科学安排财政预算”、严格“控制行政成本”等举措来实现。

二、县委县政府平衡计分卡的设计

根据战略地图中的层面和目标，延庆县委县政府经过细致讨论，多轮协商，针对每个目标设置相应的指标、目标值、指标等级、指标类型、主管领导、责任部门和行动方案，形成县委县政府的平衡计分卡（示例），如表4所示。

表4 延庆县委县政府平衡计分卡（示例）

层面	目标	指标	目标值	指标等级	指标类型	主管领导	责任部门	行动方案
利益相关者	经济又好又快发展	地区生产总值年增长率	10%	县级	考核指标	略	发改委	略
		财政一般预算收入年增长率	10%	县级	考核指标	略	财政局	略
	人民生活明显改善	城镇居民人均可支配收入年增长率	8%	县级	考核指标	略	发改委	略
		农民人均纯收入年增长率	9%	县级	考核指标	略	发改委	略

续表

层面	目标	指标	目标值	指标等级	指标类型	主管领导	责任部门	行动方案
实现路径	■经济发展							
	构建合理的产业空间布局	“一城一川两园四带”建设进展度	%	县级	监控指标	略	发改委	略
		新能源环保产业占规模以上工业产值比重	30%	县级	考核指标	略	经信委	略
		万元GDP能耗同比下降	4%	市级	考核指标	略	发改委	略
	建设都市型现代生态农业	农业产值年增长率	5%	县级	考核指标	略	农委	略
		有机农业占农业产值比重	%	县级	考核指标	略	农业局	略
	促进产业融合发展	融合产业产值同比增长率	%	县级	考核指标	略	发改委	略
	加大招商引资力度	引进项目数量	个	县级	监控指标	略	投资促进局	略
		招商引资当年形成固定资产投资额	元	县级	考核指标	略	投资促进局	略
	■改善民生							
	创造充分的就业机会	城镇登记失业率	<3.5%	县级	考核指标	略	人保局	略
		城镇失业人员就业率	>60%	县级	考核指标	略	人保局	略
	■社会管理							
	健全社会管理格局	网格化管理覆盖率	%	县级	监控指标	略	相关部门	略
		新增服务类公益性社会组织数量	个	县级	考核指标	略	社会办 民政局	略
	■城乡建设							
	加快建设宜居宜业新城	新城公共基础设施建设累积投资额	元	县级	考核指标	略	发改委	略
		城镇居民生活工作便利度	等级	县级	监控指标	略	住建委	略
		住宅小区改造建设面积	平方米	县级	考核指标	略	住建委	略
	■生态环境							
	塑造优美县域景观	新增林地面积	2万亩	县级	考核指标	略	园林绿化局	略
		城市人均公共绿地面积	平方米	市级	考核指标	略	园林绿化局	略
	■文化发展							
	切实加强精神文明建设	精神文明先进单位数量	个	县级	考核指标	略	宣传部	略
		精神文明先进个人数量	个	县级	考核指标	略	宣传部	略
	■世界葡萄大会筹备							
	加大基础设施建设力度	基础设施建设投资额	元	县级	考核指标	略	发改委	略
		年内开工和建设工程数量	4个	县级	考核指标	略	住建委	略

续表

层面	目标	指标	目标值	指标等级	指标类型	主管领导	责任部门	行动方案
保障措施	■政府自身建设							
	建设法治政府	行政诉讼案件败诉次数	0次/年	县级	考核指标	略	法制办	略
		行政处罚案卷合格率	100%	县级	考核指标	略	法制办	略
	■党的建设							
	提升党组织工作科学化水平	班子和干部队伍建设工作	达标	县级	考核指标	略	组织部	略
		人才队伍建设工作	达标	县级	考核指标	略	组织部	略
	■财政资金							
	争取上级财政资金支持	市级以上财政资金支持总额	元	县级	加分项	略	发改委 财政局	略
	拓宽融资渠道	社会融资总额	元	县级	加分项	略	发改委 财政局	略
	科学安排财政预算	预算执行率	%	县级	考核指标	略	财政局	略
		基本公共服务支出比率	%	县级	监控指标	略	财政局	略
	控制行政成本	“三公”经费占总支出比重	%	县级	考核指标	略	财政局	略

三、县委县政府绩效评价量表的设计

在平衡计分卡的基础上，为了评价便利，剔除目标、指标等级、指标类型等内容，形成延庆县委县政府的绩效评价量表（示例），如表5所示。

表5　延庆县委县政府绩效评价量表（示例）

层面	指标	目标值	满分	权重系数	数据来源	评价主体
利益相关者	1. 地区生产总值年增长率	10%	100	略	市统计局	市发改委
	2. 财政一般预算收入年增长率	10%	100	略	市统计局	市发改委
	3. 全社会固定资产投资增长率	10%	100	略	市统计局	市发改委
	4. 城镇居民人均可支配收入年增长率	8%	100	略	市统计局	市发改委
	5. 农民人均纯收入年增长率	9%	100	略	市统计局	市发改委
	6. 空气质量二级和好于二级的天数占全年比重	>84%	100	略	市环保局	市环保局
	7. 游客满意度	%	100	略	市统计局	游客
实现路径	1. 旅游休闲业产值占第三产业产值比重	%	100	略	市统计局	市发改委
	2. 社会消费品零售额	元	100	略	市统计局	市发改委
	3. 耕地保有量	286平方千米	100	略	市农业局	市农业局

续表

层面	指标	目标值	满分	权重系数	数据来源	评价主体
实现路径	4. 融合产业产值同比增长率	%	100	略	市统计局	市发改委
	5. 招商引资当年形成固定资产投资额	元	100	略	市统计局	市发改委
	6. 城镇登记失业率	<3.5%	100	略	市人保局	市人保局
	7. 失业人员再就业人数	人/年	100	略	市人保局	市人保局
	8. 农村富余劳动力转移就业人数	4000 人	100	略	市人保局	市人保局
	9. 职业技能培训人数	4000 人	100	略	市人保局	市人保局
	10. 义务教育普及率	>99%	100	略	市教委	市教委
	11. 安全饮水达标率	96%	100	略	市水务局	市水务局
	12. 公共安全事件发生次数	<次	100	略	市综治办	市综治办
	13. 重点食品安全监测抽查合格率	98%	100	略	市卫生局	市卫生局
保障措施	1. 行政诉讼案件败诉次数	0 次/年	减分项	略	市法制办	市法制办
	2. 行政处罚案卷合格率	100%	100	略	市法制办	市法制办
	3. 腐败案件发生数量	0 件/年	减分项	略	市监察局	市监察局
	4. 预算执行率	%	100	略	市财政局	市财政局
	5. “三公”经费占总支出比重	%	100	略	市财政局	市财政局

在县委县政府的战略地图和平衡计分卡开发出来之后，各局委办、乡镇和街道都可以基于此开发适合本单位的战略地图、平衡计分卡和绩效考核量表。